高质量发展与评价研究系列丛书

人才流动与经济高质量发展

——以高技术产业为例

RENCAI LIUDONG YU JINGJI GAOZHILIANG FAZHAN

YI GAOJISHU CHANYE WEILI

陈燕儿 著

中国社会科学出版社
国家一级出版社 · 全国百佳图书出版单位

图书在版编目（CIP）数据

人才流动与经济高质量发展：以高技术产业为例 / 陈燕儿著 .—北京：中国社会出版社，2021.12

（高质量发展与评价研究系列丛书）

ISBN 978-7-5087-6664-5

Ⅰ.①人… Ⅱ.①陈… Ⅲ.①人才流动—研究—中国 ②中国经济—经济发展—研究 Ⅳ.① C964.2 ② F124

中国版本图书馆 CIP 数据核字（2021）第 263559 号

出 版 人：浦善新
终 审 人：李 浩
责任编辑：杨春岩
责任校对：朱永玲
封面设计：时 捷

出版发行：中国社会出版社
地 址：北京市西城区二龙路甲 33 号
邮政编码：100032
编 辑 部：(010)58124829
网 址：shcbs.mca.gov.cn
发 行 部：(010)58124864；58124848
经 销：新华书店

印刷装订：北京九州迅驰传媒文化有限公司
开 本：170 mm×240 mm 1/16
印 张：19.5
字 数：293 千字
版 次：2021 年 12 月第 1 版
印 次：2021 年 12 月第 1 次印刷
定 价：80.00 元

中国社会出版社微信公众号

中国社会出版社天猫旗舰店

序

在世界百年未有之大变局和新冠肺炎疫情严重冲击的大背景下，如何实现中国经济的持续、快速、健康发展是一项异常艰巨的任务。《中共中央关于制定国民经济和社会发展第十四个五年规划和二〇三五年远景目标的建议》提出加快构建以国内大循环为主体、国内国际双循环相互促进的新发展格局，这对破解当前中国经济发展难题、实现经济行稳致远具有重要的战略意义。作为经济增长的内在动力，创新是引领发展的第一动力，创新人才更是科技创新活动的基础和核心，是保障创新驱动、推动经济高质量发展的重要战略资源，创新人才流动在畅通经济循环、推动高质量发展中扮演着重要角色。

创新是实现双循环的重要问题，目前中国的创新格局已发生了重要变化：一是双循环的特殊背景在于中美贸易摩擦以及围绕着知识产权和技术转让发生的冲突，这不是简单的贸易战，而是科技战、经济战，是原有大国遏制新兴大国发展的一场较量，美国采用国家力量遏制中国企业的发展，对中国企业断供、停止正常学术交流、拒绝中国科学家访问、拒绝中国留学生学习某些专业，导致了部分技术和知识的断供，客观上倒逼中国加大自主创新、自我创新的力度。二是前期以外循环为主的工业化阶段，中国正确地发挥了比较优势和后发优势，通过国际贸易和外商直接投资等形式在国际市场上以低成本甚至免费获取了采矿、炼油、制造等技术；而在后工业化阶段，发展经济所需要的高科技，例如半导体芯片、生命科学技术、大数据与人工智能技术，已经不可能像过去那样以很低成本得到。三是中国通过多年的学习模仿使得很多产业走到了前沿，开始有创新能力，模仿创新所带来的红利逐渐消失，利用现成技术的时代已经过去了，中国目前已经进入“创新驱动”发展阶段，即更加依靠自主技术创新、产品创新的新发展阶段。中国已经“学不来”“学不了”，必须“自主创新”，必须掌握自己的核心技术，必须走自主研发的道路，依靠技术和产品创新，实现可持续的经济增长。

创新不仅仅在于技术创新，还包括商业模式创新、应用模式创新等，作为创新中最活跃、最积极的因素，各类人才是中国创新发展的重要力量。相对于前期依靠大量的研发资金、人力投入推动技术进步，在经济转向高质量发展阶段的当下，还应更加关注对现有人才资源存量的有效盘活，优化人才要素在区域间的优化配置，关注区域间人才流动所产生的知识创造、技术扩散等对经济发展的影响。

陈燕儿同学在我指导下完成的博士论文，对人才流动与经济发展之间关系进行了专门研究，其研究方向是区域经济学领域中要素空间分布结构研究的一个分支，对创新经济发展的研究从技术创新这个角度进行了细化和更新。博士毕业后，她继续从事该主题的研究。现在，在经过进一步研究和对论文进行修改完善后，她的博士论文得以出版，我为之高兴并乐于为之作序。

在书中，作者首先通过对中国人才流动发展的历史沿革进行梳理和分析，对高质量发展这一新概念进行界定和理论溯源，判断当前中国高技术产业发展与人才流动所处的阶段和存在的问题；其次，通过建立概念模型分析人才流动影响经济高质量发展的路径，将人才流动推动技术进步的影响归纳为知识溢出效应和知识增长效应，将人才流动改善技术效率的影响归纳为配置效应和鲇鱼效应；再次，从全要素生产率角度对高技术产业发展质量进行评价，并采用省级面板数据实证讨论科技人才流动对高技术产业全要素生产率的线性影响和非线性门槛效应；最后，结合实证分析结果探讨相关政策建议。值得注意的是，在以国内大循环为主体、国内国际双循环相互促进的新发展格局下，全书将生产要素空间配置对全要素生产率演进影响的机理作为理论依据，在实证分析的基础上，探讨如何通过人才区域优化配置来更好地从要素循环角度推动经济高质量发展，具有一定的新意，并且在测算方式的改进上使各类系数的构成更加合理化并具有实际经济意义。

该书提出了许多具有创新性的观点。例如，该书基于经济增长收敛视角，讨论了中国“资本向西，劳动力向东”的要素流动现象与区域发展不平衡问题之间的关系，提出了向东部发达地区集聚的人才流动将导致区域经济增长趋于发散，但同时也会对不发达地区产生教育激励、知识扩散等效应并在一定程度上提升落后整体人力资本水平进而增强其自主创新能力的观点，这一观点是对传统中西部“人才流失”“人才空心化”等观点的重要补充和完善。又如，该书认为中国高技术产业发展目前正面临增长动力转变的抉择，其基本观点是，随着中国在部分技术领域开始接近前沿面、进入“无人区”，高技术产业技术进步水平的提升转向缓慢增长期，重视技术效率的作用，尽量拉近实际产出与生产可能性边界之间的距离，依靠技术进步与技术效率改善并行，“两条腿走路”共同促进生产率提升是一个更加合适的做法。这些新观点反映出作者具有扎实的经济学基础理论，并反映出对其具有灵活运用的能力。

该书对人才流动发展历程的归纳以及对新发展格局下人才流动趋势的判断具有重要的政策启发价值。在过去的相当长一段时间中，海外创新人才是中国技术进步、经济增长的重要动力，但反全球化、中美经贸摩擦等复杂严峻的国际局势为海归引智带来了强烈的不确定性，全球人才竞争异常激烈、人才结构布局深度调整。世界经济进入深度衰退期、产业分工格局进入多维重塑期、科技革命处于重要窗口期，人才仍是战胜危机、赢得主动、构筑优势的关键资源。作者认为，需要顺应人才国内国际“双循环”发展的新要求，一方面实施更加积极、更加开放、更加有效的人才政策，抢抓海外人才回流的机遇，聚天下英才而用之，“不求所有、但求所用”；另一方面完善区域间创新人才流动机制、促进人才的共享、有序流动，更有效地发挥国内创新人才资源的配置效应，盘活用好本土人才资源，构建国际人才与本土人才交流互动、协同发展的良性格局。

要素流动问题是整体经济发展的一个缩影。作者引用的数据说明，人口在区域间快速流动是近年来中国最重要的经济社会现象。例如，根据该书引用的历次人口普查数据，2010 年到 2015 年中国跨省流动的人口总量达到 1.5 亿人，比 1985—1990 年的 1097 万人增长了近 13 倍，占人口比重由 0.97%上升到 10.97%；特别需要注意的是，中国范围内跨省流动人群的受教育水平在不断提升，2010 年受教育水平在专科、本科和研究生以上的流动人口分别仅占总流动人口的4.57%、1.88%和0.10%，而到了2015年时各项比例已上升为8.09%、4.18%和0.29%，即6年间专科以上学历流动人口占总流动人口的比例由6.55%上升到接近13%，增长近一倍；北京、上海、广东、江苏等经济发达的东部省份成为人口迁移的净流入地，四川、湖南、河南等经济欠发达的中西部地区成为人口迁移的净流出地。

人口流动的方向反映了经济发展的差距，而市场力量引导的人才主动式流动则引发了关于区域人力资源不平衡的担忧。许多研究认为“为增长而失衡”、速度优先的发展模式在促使东部沿海地区率先发展并推动中国整体经济飞跃的同时，也催生了区域经济不平衡、发展差距扩大等问题，制约了中国经济质量的持续提升。那么，是否不应该提倡人才等要素的自由流动呢？答案显然是否定的。要素有序自由流动是区域协调发展的关键，“人口东移”“产业西进”，促进生产要素流向生产效率高、价值创造能力强的区域，让市场在资源配置中起决定性作用，才是解决资源错配、促进经济高质量发展的根本要义。作者讨论了劳动力和人才要素流动可能带来的优化配置或循环累计作用及其对经济差距的影响，同时也从动态变化的、流量的角度对科技人才促进生产率增长的效果作出评价，认为高技术产业科技人才在区域间的流动有助于产业全要素生产率的提升，科技人才流动所带来的知识创新、知识分享等行为可以夯实知识资本，提高要素边际产量和产出弹性，对全要素生产率有正向的显著贡献，促进科技人才在区域间的合理流动是产业发展的新路径。

“问渠那得清如许？为有源头活水来。”加快形成市场决定要素配置的机制，促进要素合理流动，我们还需要解决劳动要素流动的一些体制性障碍，给人才以足够的激励。江苏是东部沿海省份，其突出的优势在人才，全省各类人才资源总量超过1000万人，但也存在高层次人才和科研骨干激励不足、“人才不富”的问题，这将直接影响江苏科技创新的发展。根据江苏省统计局发布的2019年度就业人员平均工资，科学研究和技术服务业的平均工资为128141元，远低于烟草制品业的197285元、货币金融服务业的216785元，甚至低于管道运输等行业。作为社会高知识水平群体和科技创新的主力军，知识分子待遇应该有相应的标准，从而体现国家和社会对知识的尊重，在全社会形成知识创造价值、价值创造者能够得到合理回报的良性循环。2020 年 3 月，《中共中央、国务院关于构建更加完善的要素市场化配置体制机制的意见》指出，要加快发展技术要素市场，开展赋予科研人员职务科技成果所有权或长期使用权试点，这无疑能够进一步打开良好的创新局面。从人才的实际需求入手，采取多元化的激励方式，促进各类人才成长和发展，建立尊重知识、尊重人才的导向，使各级各类人才合理合法、理直气壮地富起来，才能将人才的创新热情和科技生产力一起释放出来。

在新发展格局下研究中国人才的区域流动问题，意义重大。希望本书的出版能够引起更多的研究者和实际工作者对这一问题的关注，因为，新发展格局必然与新的人才队伍、更高的人才质量和更佳的人才流动方式产生更加紧密的关系。

是以为序。

江苏省政府原参事、南京师范大学教授　蒋伏心

2021 年国庆节于南京

前　言

“十四五”时期是我国全面建设社会主义现代化国家新征程的开局起步期，发展是第一要务，人才是第一资源，创新是第一动力，实现高质量发展行稳致远，关键是牢固确立人才引领发展的战略地位。改革开放以来，中国经济快速发展，取得了年均将近10%的增长速度，堪称“世界奇迹”。然而，这一奇迹的背后却是长期依赖于高投入、高能耗、高污染的粗放型经济发展模式。在世界百年未有之大变局和新冠肺炎疫情严重冲击的大背景下，中国发展环境发生深刻复杂变化，经济高质量发展面临挑战，这种发展模式的不可持续性日益凸显，成为制约中国经济高质量发展的重要瓶颈。习近平总书记指出，构建新发展格局的关键在于经济循环的畅通无阻①。人才是第一资源，科技人才更是科技创新活动的基础和核心，是保障创新驱动、推动经济高质量发展的重要战略资源，人才流动在畅通经济循环、推动高质量发展中扮演着重要角色。当追求经济发展质量成为中国经济未来发展的主旋律时，对创新要素与经济发展关系的探究，以创新驱动经济增长，转变经济发展方式，即成为本书的逻辑初衷与根源。

作为生产力中最活跃、最积极的因素，人才是中国创新发展的重要力量。相对于高速增长阶段主要依赖于教育、培训等手段进行人才培育，在经济转向高质量发展阶段的当下，不能单纯依靠投入做大人才增量，还应更加关注对现有人才资源存量的有效盘活，优化人才要素在区域间的优化配置，关注区域间人才流动所产生的知识创造、技术扩散等对经济发展的影响。作为一国经济增长的战略性引领产业，高技术产业引发的研发创新和技术进步对中国产业结构调整、经济增长方式转变具有重要作用，且以

① 习近平．把握新发展阶段，贯彻新发展理念，构建新发展格局［J］．求是，2021（9）．

创新集聚、智力密集为特征，人才密度明显高于其他产业，人才流动对产业发展产生的影响也更为深远。全要素生产率是高技术产业可持续增长与核心竞争力的关键，因此讨论人才流动的经济增长效应，厘清人才流动与经济高质量发展之间关系的研究具有迫切性和重要性。

本书以人才流动为研究对象，在理论回顾与文献综述的基础上，分析人才流动对全要素生产率影响的作用机制，运用全要素生产率指数对区域高技术产业高质量发展情况进行综合测度，讨论全要素生产率变化的时空特征及增长动力，根据机制分析构建实证模型对人才流动与经济高质量发展之间的关系及其作用路径进行检验，并进一步研究人才流动的门槛效应，进而给出提升中国经济发展质量的相关政策建议。

首先，结合研究主题对内生经济增长理论和人力资本理论，要素流动、人力资本流动与经济增长等相关文献进行归纳整理，系统分析人才流动对全要素生产率影响的内在逻辑、中间机制和作用条件，将人才流动纳入内生经济增长模型，讨论人才流动影响全要素生产率的理论机制；梳理人才流动的发展历程、影响因素，从要素流动、中等收入群体等角度进一步探讨人才流动与经济高质量发展之间的关系。

其次，运用实证方法对中国区域高技术产业的全要素生产率进行综合测度，并对其时空特征进行分析，讨论高技术产业发展的质量问题。在观察期内，中国高技术产业呈平稳向好的发展态势，生产率动力来源包括技术进步和技术效率改善，但存在阶段性特征，从趋势上看技术效率发挥了越来越重要的作用；高技术产业的生产率和增长动力都存在区域发展差异，中西部地区生产率增长高于东部地区，但东部地区仍是技术进步水平的领头羊。

再次，通过面板数据对人才流动与中国区域高技术产业全要素生产率之间的关系进行现实检验。依据人才流动对全要素生产率影响的理论机制，收集整理区域高技术产业相关指标历年数据，实证检验人才流动对全要素生产率的影响，并进一步通过门槛效应模型，考察影响人才流动促进作用发挥的环境因素。人才流动可以显著促进区域高技术产业全要素生产率提升，但作用路径较为狭隘，仅通过单一的技术进步方式提升生产率，对技术效率改善的影响并不显著；人才流动与全要素生产率之间的关系呈现明显的门槛特征，存在知识吸收能力、技术设施基础和产业发展水平三个门槛因素，技术进步和技术效率改善的门槛效应存在差异性。

最后，根据理论与实证研究的结论，以人才流动促进生产率提升的视角，从全要素生产率提升路径、要素市场培育、人力资本可持续开发等方面提出政策建议，为创造良好的人才流动环境提供新的思路。

目　录

第一章 导 论

第一节 研究背景和意义

一、研究背景

在世界百年未有之大变局和新冠肺炎疫情严重冲击的大背景下，中国发展环境发生了深刻复杂变化，经济高质量发展面临挑战。《中共中央关于制定国民经济和社会发展第十四个五年规划和二〇三五年远景目标的建议》提出加快构建以国内大循环为主体、国内国际双循环相互促进的新发展格局，这对破解中国经济发展难题、实现经济行稳致远具有重要的战略意义。习近平总书记指出，构建新发展格局的关键在于经济循环的畅通无阻①。人才是第一资源，科技人才更是科技创新活动的基础和核心，是保障创新驱动、推动经济高质量发展的重要战略资源，人才流动在畅通经济循环、推动高质量发展中扮演着重要角色。

人才在适应市场发展、追求自我价值实现的过程中，往往会在区域之间进行迁移变换岗位，从而产生了人才流动。作为实现个人价值的必然选择，人才流动既是社会发展的必然结果也是市场经济的必然现象，在客观上促进了区域间的知识扩散和技术交融。随着迁移运输成本逐步降低和要素流动壁垒的逐步打破，人才流动变得越来越频繁。当下，科技迅猛发展

① 习近平．把握新发展阶段，贯彻新发展理念，构建新发展格局［J］．求是，2021（9）．

且对经济影响日益深远，人才作为先进知识与技术的重要载体，对国家和地区创新发展起着关键作用。事实上，人才特别是顶尖的科学家们在区域间的不断流动已逐渐成为一个普遍现象。通过对高被引科学家的人才流动现象进行定量研究和分析，可以发现大部分高被引科学家的机构流动频次在2~5次，半数以上的高被引科学家有过国外工作经历，且每经过6~7年便会更换一个工作单位或工作地点①。

党的十一届三中全会之前，高度统一人才管理体制下的“统包统配”的计划调节模式是中国人才流动的唯一机制，人才的流动是由政府行政手段推动的“被动”式流动②；随着市场经济体制深入改革，区域实力、企业竞争力取决于人才已成为各省市及企业的共识，“人才大战”愈演愈烈，人才流动也愈加频繁，人才的流动方式逐渐转为市场力量引导的“主动”式流动，地区的经济发展水平、工资收入水平、科研环境、教育水平、生活便利程度等都成为科技人才流动的主要原因③。在国际方面，根据《中国统计年鉴2018》数据，中国出国留学人员和学成回国留学人员分别由2000年的38989人和9121人上升到了2017年的608400人和480900人，年平均增长率分别超过81%和287%，海归比例（即学成回国留学人员与出国留学人员之比）更是由不足24%上升为接近80%。在国内方面，根据国家卫生健康委员会发布的《中国流动人口动态监测调查数据》(China Migrants Dynamic Survey，CMDS）显示，近年来中国范围内跨省流动人群的受教育水平在不断提升，2010年受教育水平在专科、本科和研究生以上的流动人口分别仅占总流动人口的4. 57%、1. 88%和0. 10%，而到了2015年时各项比例已上升为8. 09%、4. 18%和0. 29%（如图1. 1所示），即6年间专科以上学历流动人口占总流动人口的比例由6. 55%上升到接近13%，增长近一倍。

那么，一个自然而然的问题即是：作为先进知识与技术的重要载体，

---

① 刘俊婉. 高被引科学家人才流动的计量分析［J］. 科学学研究，2011，29（2）：192-197+180.

② 郑文力. 论势差效应与科技人才流动机制［J］. 科学学与科学技术管理，2005，26（2）：112-116.

③ 纪建悦，朱彦滨. 基于面板数据的我国科技人才流动动因研究［J］. 人口与经济，2008（5）：32-37.

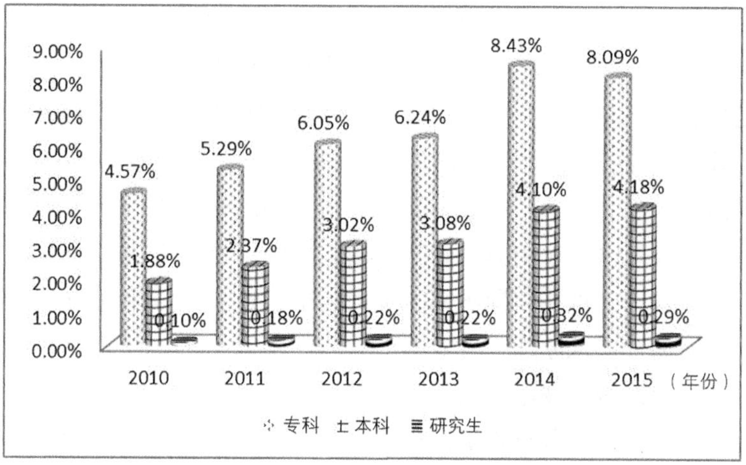

图 1.1　中国流动人口受教育比例变化（2010—2015 年）

人才流动是否能带来技术与知识水平的提升？对中国经济的高质量发展有什么样的影响呢？

人才，特别是科技人才是创新发展的第一资源。自《2002—2005 年全国人才队伍建设规划纲要》首度提出“实施人才强国战略”以来，党和国家高度重视人才培养，不断完善人才政策，深化人才发展体制机制改革，积极提升各类人才规模，但与中国经济社会发展的巨大需求相比，人才依然是非常稀缺的。相对于经济高速增长阶段主要依赖于教育投入、培训投入、健康投入等手段进行人才培育，在经济转向高质量发展阶段的当下，不能单纯依靠投入做大人才增量，还应更加关注对现有人才资源存量的有效盘活，优化人才要素在区域间的配置。因此，讨论人才区域间流动的经济增进效应，厘清人才流动与经济高质量发展之间的关系具有迫切性和重要性。

学者们目前普遍关注教育投入、健康保健、农村剩余劳动力迁移等人力资本开发渠道对中国经济发展的影响，而针对人才在区域间流动所引发的经济增长的讨论还较少。事实上，一方面，由于知识外部性的存在，人才在区域间的流动将显著加快知识的传播并促进新知识的创造，从而推动技术水平提升；另一方面，区域间的合理流动可以实现人才资源的有效配置，减少区域间人才资源错配程度，增进区域经济技术效率并最终影响中国经济发展质量。而由于区域发展不平衡，部分地区的企业很难仅依赖自身有限的资源和能力满足创新所需的技术综合化和复杂化的要求，在现实创新活动中，充分利用外部资源（如人才资源）弥补区域内创新资源的不足，已成为众多企业提升创新绩效、维持竞争优势的主要策略选择①。

人才流动对区域经济发展的影响是一个复杂系统，存在多种影响因素和制约因素。而高技术产业是一国经济增长的战略性引领产业，其引发的研发创新和技术进步对中国产业结构调整、经济增长方式转变具有重要作用。因此，本研究拟在前期研究的基础之上，建立人才流动与区域经济发展之间关系的一般性原理分析框架，并以中国高技术产业为样本，准确判断人才流动与区域高技术产业高质量发展之间的关系，考察影响人才流动经济增长效应发挥的各类因素，为国家和地区利用科技人才流动驱动产业发展提供参考。

二、研究意义

改革开放以来长达40年的经济高速增长创造了“中国奇迹”，但随着中国与世界经济的不断融合交会，贸易摩擦对中国经济的深层次影响不可轻视，在国际形势日益复杂的当下，中国需要苦练内功、提高增长质量、转变增长方式，才能保持经济持续健康增长。作为先进知识与技术的重要载体，正确认识科技人才流动与中国经济发展的内在联系，科学合理地引导人才资源流动，对整体经济的健康发展具有重要意义。

海外科技人才是前期中国技术进步、经济增长的重要动力，但反全球化、中美经贸摩擦等复杂严峻的国际局势为海归引智带来了强烈的不确定性，需要更有效地发挥国内科技人才资源的配置效应；近年来，区域人才流动呈现进一步扩大的趋势，由此引发的“人才争夺战”“人才发展不平衡”等诸多问题也进入高发时期，完善创新人才流动机制、促进人才的共享、有序流动，是推动产业转型升级、推动高质量发展的关键。深入剖析创新人才流动的空间资源配置效应，考察人才流动对区域经济增长的影响，进而分析其作用路径，可以助力深化供给侧结构性改革、形成更高效率和更高质量的投入产出关系。

---

① 陈岩，翟瑞瑞，姜鹏飞．研发方式组合与吸收能力的匹配对企业创新绩效的影响［J］．中国科技论坛，2015（7）：34-39.

本研究将从“人才流动是否能促进经济高质量发展”的现实问题出发，以新发展格局为背景，在全面分析人才流动经济增长效应理论机理的基础上，采用高技术产业统计数据实证检验科技人才流动对高技术产业发展的影响，并进一步讨论影响人才流动经济增长效应的门槛因素，为寻找推动高技术产业可持续发展的路径提供一个新的视角。其研究意义与价值主要体现在包括理论意义和现实意义两方面。

在理论意义方面，一是进一步拓展了内生经济增长理论的研究范围。知识资本是内生经济增长理论的重要概念之一，但目前学者们主要讨论研发投入、技术溢出等途径的知识资本增进及其对经济增长的影响，对人力流动所带来的知识创新、知识分享等及其与经济增长之间关系探讨的研究并不多见，针对特定类型的人力资本——人才流动与经济增长关系的讨论则更少，缺乏完整的一般性原理分析，亟待建立一个既能揭示人才流动经济增长产生的机理，又能测度并指导实证分析的研究框架。本研究通过将人才流动纳入内生经济增长模型，可以在理论上拓展内生经济增长理论研究的范围。二是进一步挖掘了人力资本理论的研究深度。依据人力资本理论，人力资本可以通过保健投资、教育投资、职业培训、人力迁移投资等方式形成，但目前劳动经济学家主要关注教育投入和健康投入两种人力资本形成方式对经济增长的作用，发展经济学家则是从人口迁移与发展的理论模型出发研究农村剩余劳动力的迁移与经济发展的关系，人才流动与经济之间的关系却未得到应有的重视。作为先进知识与技术的重要载体，人才流动对国家和地区创新发展起着关键作用，本研究聚焦人才这一特定的人力资本，剖析人才流动与经济增长的关系机理，可以在一定程度上深化人力资本理论。

在现实意义方面，一是为人力资本可持续开发提供新路径。一方面前期中国经济主要聚焦于工业化发展，由以第一产业为主的经济转向以第二产业为主的经济进行产业结构调整，劳动力也由较低生产率的农业部门向生产率较高的工业部门转移，而在工业化进程逐渐完成的当下，中国开始向城市化发展跃迁，产业结构将再次进行调整，随之而来的便是第三产业部门的人才流动问题，以及在区域发展不平衡背景下的人才跨区域配置问题；另一方面相对于经济高速增长阶段主要依赖于教育投入、培训投入、健康投入等手段对人力资本进行开发，在经济转向高质量发展阶段的当下，单纯依靠投入进行人力资本开发显然是不可持续的，应更加关注人才资源的有效利用、要素的优化配置。本研究将通过人才流动影响区域经济发展的理论和实证研究，为政府对人力资本进行可持续的开发提供一种新路径。二是为合理引导人才在区域间流动提供事实依据。在“两个大局”（中西部支持东部沿海地区加快对外开放，沿海地区发展起来后拿出更多力量来帮助中西部发展）思想的制度安排下，中国采取了非均衡发展道路，发达地区具有更大的市场容量、更完善的基础设施和更高的平均受教育水平等，人才在趋优机制的引导下自发向这些地区流动，以期获得更高的收益，但这却可能催生了人才要素空间分布不合理、区域人才结构不平衡等问题，影响了中国经济发展后劲。本研究将充分讨论人才流动所带来的经济增长效应，并进一步讨论影响人才流动经济增长效应发挥作用的内外部因素，可以为引导人才在区域间流动提供事实依据，为创造良好的人才流动环境提供新的思路。

第二节　研究内容和研究方法

一、研究对象

本研究旨在探讨中国高技术产业人才流动与生产率的关系问题，研究过程中需要对“人才”“人才流动”与“全要素生产率”三个对象进行适当界定。

关于人才：“发展是第一要务，创新是第一动力，人才是第一资源。”作为生产力中最活跃、最积极的因素，人才是中国科技创新的关键要素，对人才流动的研究首先必须准确把握人才的内涵。国际上，经济合作与发展组织［Organization for Economic Cooperation and Development，以下简称经合组织（OECD）］公布的《堪培拉手册》（又称《科技人力资源手册》）对于科学与技术领域的人力资源进行了定义，认为在自然科学、工程与技术、医学科学、社会科学、人文学科及其他领域完成了高等或者大学教育，或者没有正式教育资格但是受雇于上述领域的工作，则可以称之为科技人力资源，显然这种概念并不完整，过于含糊不清需要进一步完善。根据1982年人事部的定义，人才为“具有中专以上学历或初级以上专业技术职称者”，此定义易于统计，具有较强的操作性与可比性，但存在一定的时代局限性，且容易出现唯学历、唯职称的倾向；国务院在2003年发布的《关于进一步加强人才工作的决定》中对人才概念进行了明确，将“具有一定的知识或技能，能够进行创造性劳动，为社会主义建设作出积极贡献”的人认定为人才，此概念考虑了人才定义的广泛性与全面性，但较为抽象，具体统计分析难度较大；随着时代变迁，国家对人才的界定进一步完善，2010年国务院发布了《国家中长期人才发展规划纲要（2010—2020年）》，补充了“人力资源中能力和素质较高的劳动者”的描述，并在2003年版人才定义的基础之上将原来的叙述修订为“具有一定的专业知识或专门技能，进行创造性劳动并对社会作出贡献”的人，这是根据经济社会发展变迁具体情况而对人才概念的进一步改进，丰富和完善了人才的内涵和外延。人才是人力资源的一部分，具体到本研究，对于高技术产业而言，符合以上定义的最重要人才群体应该是科技人才。因此，借鉴2010年版人才定义，并参考《中国高技术产业统计年鉴》的指标解释，本研究将研究对象“科技人才”界定为：具有一定的专业知识或专门技能的、为增加知识总量以及运用这些知识去创造新的应用，进行系统的、创造性科技活动并对高技术产业发展作出贡献的劳动者，统计口径为在高科技产业的企业办科技活动机构中从事科技活动的人员合计。

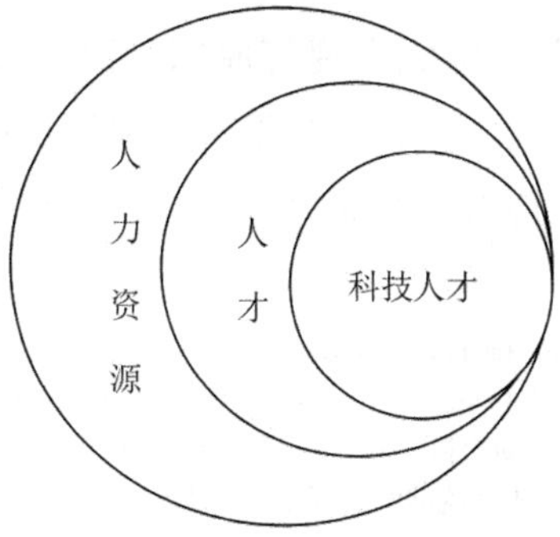

图1.2 人力资源、人才与科技人才的关系示意图

关于人才流动：通过对劳动力、资本、土地等生产要素的合理配比，提升投入产出效率并求得最大的生产产出，是经济学研究的最重要内容。人才也是一种生产要素，只有与其他生产要素进行充分结合，才能得到合理利用并获得更高的产出。作为一种稀缺资源，随着市场经济的发展和分工的不断细化，人才在地区之间、行业之间、国别之间不断优化配置，从而更好地实现资源要素配置，在提升人才个人价值的同时带动了社会进步和经济发展。人才流动是社会分工的结果，作为一种社会现象得到了学者们的持续关注。Denvir & Mcmahon（1992）① 认为，所谓的人才流动是指人才离开原有组织或者成为另外一个组织的被雇佣者的行为，并且可以根据流动是否会影响人才与组织之间的隶属关系，将人才流动划分为组织内流动和组织外流动。张弘和赵曙明（2000）② 将人才流动定义为人才从一种工作地点、工作岗位、职业性质、服务对象等工作状态进入另一种工作状态的变化，并且根据不同的工作状态确定因素，可以将人才流动划分为职业间流动、产业间流动或者地区间流动。徐倪妮和郭俊华（2019）③ 则将人才流动定义为人才在不同岗位、组织、行业、地区和国家之间的一种流动或转换的行为，并且根据人才流动的方向可以将人才流动分为人才外流和人才内流两种，前者又可以分为人才溢出和人才流失，后者则可以分为人才回流和人才流增。马海涛和张芳芳（2019）④ 将人才流动归纳为人才流失、人才流入、人才回流和人才环流四种形式，并且认为人才跨国流动是随着全球化进程不断发展的过程，存在不同的阶段和类型。对于科技人才流动，本研究借鉴徐倪妮和郭俊华（2019）的定义，并进一步将其界定为科技人才为追求个人价值实现等原因，而在省际、区域之间进行迁移，由于自身的高智力性、专业性、创新性和稀缺性等，科技人才流动可以激发人才的潜能、保持组织的活力、促进知识和技术的扩散、推动区域

---

① Denvir A，Mcmahon F. Labour Turnover in London Hotels and the Cost Effectiveness of Preventative Measures［J］. International Journal of Hospitality Management，1992，11（2）：143-154.

② 张弘，赵曙明. 人才流动探析［J］. 中国人力资源开发，2000（8）：4-6.

③ 徐倪妮，郭俊华. 科技人才流动的宏观影响因素研究［J］. 科学学研究，2019（3）：414-421.

④ 马海涛，张芳芳. 人才跨国流动的动力与影响研究评述［J］. 经济地理，2019，39（2）：40-47.

的经济增长等。需要补充说明的是，在关于人口迁移（Human Migration）研究中，迁移（Migration）、流动（Mobility）和移动（Movement）三个名词经常交替使用，现有学者的观点认为迁移主要侧重于人们永久住所的改变，流动主要侧重于人口在地域上的移动，移动指的是人口位置的改变，概念较为宽泛；本研究重点在于讨论区域间人才数量的动态变化与经济增长的关系，因此在对比了三个相似概念后采用“流动”一词。

关于全要素生产率：对于经济增长的研究是经济学一个永不过时的话题，经济学家们普遍认同，全要素生产率的差异是当今世界国与国之间人均产出悬殊差异的重要原因。Paul Krugman 在著名的《亚洲奇迹的神话》（*The Myth of Asia's Miracle*）一文中采用增长核算对东亚国家和地区的经济增长原因进行了分析，认为亚洲数倍于发达国家的经济速度增长是有限且不可持续的，未来将面临增速下滑甚至增长停滞的局面，原因在于大部分东亚国家和地区的经济增长很大程度上是建立在生产要素投入增加的基础之上，技术进步、生产效率等生产率组成因素并没有发挥显著作用，因此不具备长期性。这一观点引起了学术界的热烈讨论，国内众多学者都认为中国经济需要调整增长路径，通过提高全要素生产率来推动经济增长。蔡昉（2013）[①] 认为在“人口红利”逐渐消退和劳动力工资逐渐提高的“刘易斯拐点”来临的当下，纯粹的生产要素投入已无法支撑中国经济持续增长，必须调整经济增长模式，从要素投入驱动的资源消耗型经济转向全要素生产率提升驱动的创新型经济。全要素生产率的理论分析框架由 Solow（1956）[②] 首次提出，并逐渐成为经济学研究的重要内容。Solow（1956）认为全要素生产率指的是除了劳动力、资本、土地等生产要素投入之外，其他因如技术进步、技术效率增长等导致经济增长的因素所产出的经济增长。随后的学者在 Solow 的分析框架上进行进一步深化和扩展，但基本仍遵循了全要素生产率的定义和研究范式，因此，本研究依然沿用这一经典定义，将全要素生产率定义为生产要素投入产出效率的指标，用于衡量某

① 蔡昉．中国经济增长如何转向全要素生产率驱动型［J］．中国社会科学，2013（1）：57-72+207.

② Solow R M. A Contribution to the Theory of Economic Growth［J］. Quarterly Journal of Economics, 1956, 70: 65-94.

一经济体（如国家、产业或企业等）在生产过程中所体现的生产效率，全要素生产率的提升代表单位生产效率提升、福利水平的提高。目前学者们对于造成全要素生产率差异因素的解释仍未统一，早期的经济学家认为全要素生产率主要是由技术进步所带来的，而随着研究的深入，越来越多的研究将全要素生产率的提升归功为技术进步和技术效率提升的共同推动。涂正革和肖耿（2005）① 认为技术进步主要来源于先进技术与工艺的使用，从而在生产投入要素保持不变的条件下可以实现产出的增长，而技术效率则主要来源于管理水平的提升和生产经验的积累，从而在技术水平不变的条件下最大产出能力的增强，本研究沿用这一研究结论，认为技术进步和技术效率提升是全要素生产率增长的重要动力来源。

二、研究内容

本研究以中国区域高技术产业为样本，将人才流动纳入内生经济增长理论研究之中，首先系统研究人才流动影响经济高质量发展的理论机制，其次通过区域高技术产业面板数据全面分析科技人才流动对经济高质量发展影响的经验证据，最后系统性地提出具有一定创新性的全面提升经济高质量发展的政策框架。

一是从全要素生产率角度讨论中国高技术产业的发展质量。首先，讨论全要素生产率变化的时空特征及经济增长动力，运用实证方法对高技术产业的全要素生产率进行综合测度，讨论中国高技术产业发展的质量问题，以点带面分析改革开放以来中国经济增长动力转化的特征。其次，讨论高速增长阶段“中国式经济增长”背后的隐忧分析，在前期高增长发展阶段，中国经济取得了举世瞩目的成就，但“为增长而失衡”、速度优先的发展模式在促使东部沿海地区率先发展并推动中国整体经济飞跃的同时，也催生了空间结构不平衡、区域发展差距扩大等问题，制约了中国经济质量持续提升，不利于政治、社会稳定。为此，本部分将重点研究中国经济中正面临的增长动力不足、区域经济不平衡等一系列制约经济增长的问题，进行系统分析，客观认识中国经济中“经济高速增长与区域发展不

① 涂正革，肖耿．中国的工业生产力革命——用随机前沿生产模型对中国大中型工业企业全要素生产率增长的分解及分析［J］．经济研究，2005（3）：4-15.

平衡”的现实困境。

二是讨论人才流动对中国区域高技术产业发展影响的内在机制。首先是采用逻辑推理与理论模型相结合的方式，在相关模型假设的基础上，结合中国人才流动的事实特征，系统分析人才流动对经济高质量发展影响的内在逻辑、中间机制、作用条件和制约因素。其次是将人才流动纳入内生经济增长模型，对内生经济增长理论进行尝试性补充，在内生增长理论的分析框架下，假定人才流动带来了全要素生产率的提升，模型主要变量包括：一般劳动力、资本、人才流动和产出，系统研究人才流动影响全要素生产率的理论基础。

三是对科技人才流动与中国高技术产业高质量发展的影响进行现实检验。依据以上理论分析推导的命题假说，对科技人才流动如何影响高技术产业高质量发展进行现实检验。通过收集整理区域高技术产业历年投入产出数据，通过建立实证模型考察科技人才流动对高技术产业发展的影响，并进一步通过门槛效应模型，考察影响人才流动促进作用发挥的影响因素，系统性地提出提升高技术产业发展的战略举措，创新性地提出科技人才流动管理的思路。

本研究拟以中国区域高技术产业为样本，系统探索人才流动对区域经济高质量发展的影响机制、作用效果及优化措施等，旨在实现以下目标。

目标一：在中国经济高质量发展的背景下，全面认识提升生产率的路径。本研究以中国经济高质量发展为背景，在正确认识和评估中国改革开放 40 年经济高速增长背后的动力机制和制度性原因的基础上，以高技术产业为例测度中国经济发展质量，对全要素生产率提升路径进行全面解读。

目标二：将人才流动纳入内生经济增长理论研究之中，在高质量发展背景下系统研究区域人才流动影响中国经济增长的理论机制。本研究将在内生经济增长理论中引入人才流动变量，对内生经济增长理论、人力资本理论进行补充，系统地研究人才流动对技术进步、技术效率提升的促进作用并影响经济增长效率的理论机制。

目标三：通过宏观省际面板数据，全面分析人才流动影响微宏观全要素生产率的经验证据。本研究的经验研究部分将通过对区域历年投入产出数据的搜集整理，综合利用能够准确识别因果关系的计量模型，检验人才流动如何影响全要素生产率。

目标四：以促进经济高质量发展为重点，从人才流动促进全要素生产率的视角，系统性地提出具有一定创新性的全面提升经济高质量发展的政策框架。本研究将根据理论与实证研究的结论，以促进经济高质量发展为重点，从人才流动促进生产率提升的视角提出具有创新性的政策建议。

技术路线如图 1.3 所示。

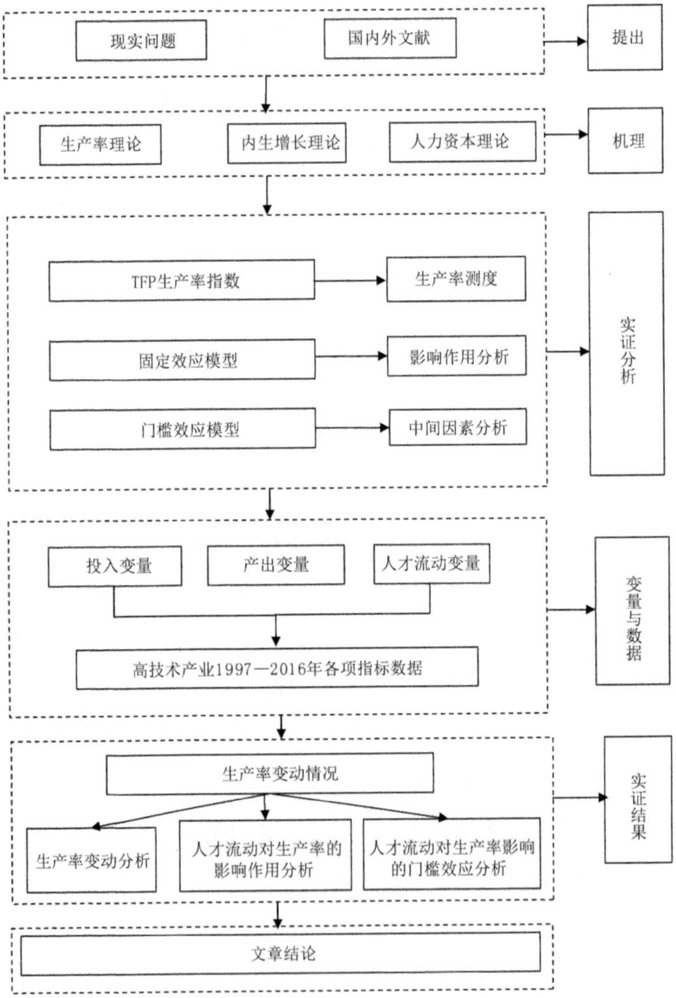

图 1.3　技术路线图

三、研究方法

本研究属于应用研究，涉及的具体研究方法及应用范围如下：

第一，文献整理与归纳研究方法。本研究将综合既有研究中较为成熟的内生经济增长理论以及人力资本理论研究文献，结合本研究主题，对既有文献进行归纳整理，为本研究提供现实背景与理论基础。

第二，逻辑归纳与演绎研究方法。在本研究涉及的人才流动如何影响全要素生产率的内在中间机制与传导路径的研究中，将既有研究结论归纳演绎到本研究所涉及的主题之上。

第三，数理模型研究方法。在本研究涉及的纳入人才流动的内生增长理论模型研究中，将以经典内生经济增长模型为基础，系统研究人才流动如何影响全要素生产率；在涉及人才流动与生产率之间中间因素的研究中，运用数理模型考察人才流动经济增长效应的影响因素。

第四，准确识别因果关系的计量模型方法。在具体实证研究中，于全要素生产率测度上，采用 Malmquist 指数方法；在因果关系识别上，应在充分考虑多重共线性、单位根检验、个体效应等问题的基础上，利用固定效应模型进行计量检验，并采用 Hicks-Moorsteen TFP 指数方法作为稳健性检验；在中间机制识别上，将利用门槛效应模型方法对科技人才流动与生产率之间的中间因素进行识别。

第三节 创新之处

与以往的研究相比，本研究的主要创新之处有以下几点。

第一，从动态角度考察人才对全要素生产率的影响。以往研究主要从静态化角度，讨论人力资本投入对全要素生产率增长的影响。在理论上，对于人力资本投资的机理分析较简单，仅从劳动力为了进行工作替换而进行的信息投资的角度解释流动对人力资本的增进；在实证上，主要关注教育投入和健康投入两种人力资本形成方式与经济增长关系的分析，对于人力资本流动与经济增长关系的追踪甚少。本研究从动态流动的视角，考察人才在区域间流动影响全要素生产率变动的内在机制，从知识扩散的角度重点研究人才在区域间的流动与全要素生产率及其动力来源技术进步、技术效率改善的关系，并采用中国区域高技术产业面板数据进行实证检验。

第二，深入讨论高技术产业的区域发展问题。现有研究大多没有涉及高技术产业发展中可能存在的区域发展不平衡问题，少数对区域高技术产业的研究只是简单列出各地区的生产率指数及分解，主要仍侧重于全国整体产业分析，没有描绘各地区间生产率及生产率增长动力差异的全貌。本研究应用 Malmquist 指数方法对高技术产业生产率水平进行重新测算并分解，对产业发展的真实情况及动力源泉进行判断，分析区域间可能存在的发展不平衡问题及其根源，以期为高技术产业高质量发展提出更具针对性的政策建议。

第三，系统考察人才流动对全要素生产率影响的环境因素。人才流动对经济发展的影响是一个复杂系统，存在多种影响因素和制约因素，人才流动对生产率的影响效果，不仅取决于人才流动本身，还会受到环境因素的影响。本研究应用门槛回归模型讨论环境因素对人才流动与全要素生产率之间关系的影响，克服了常用的交互项连乘和分组检验模型存在的无法确定具体门槛值、无法准确估计门槛效应等不足，准确判断门槛效应并确定具体门槛值，为营造持续提升生产率的环境提出对策。

第二章

理论基础和文献综述

第一节　理论基础

一、经济增长理论

（一）新古典增长理论

对于经济增长的研究，在经济学诞生伊始就开始了，一直延续到今天仍然充满勃勃生机。20 世纪 50 年代，在 Solow、Arrow 等人的带领之下，新古典经济增长理论学派借由全要素生产率概念的提出，极大地扩展了对于经济增长的认识，使经济学家们对经济增长的研究达到了新的高潮。1956 年，Solow 发表的《关于经济增长理论的一篇论文》，被认为是新古典增长理论的开山之作。在论证资本积累的基础上，Solow（1956）以资本收益递减规律为基本假设，将除了资本、劳动力等投入要素所引起的经济增长扣除后剩余的增长率定义为“全要素生产率”，一般也称之为“索洛剩余或索洛余值（Solow Residual）”。Solow（1956）首次从理论推导的角度界定了全要素生产率，认为其主要是由技术进步、技术效率提升所带来的。Solow 的全要素生产率分析框架清楚地刻画了经济增长来源，解决了当时许多困扰经济学者的疑问，且具有易于理解、易于计量等特点，从而得到广泛认同，全要素生产率也逐渐成为现代经济学研究中的重要内容。

在Solow（1956）的基础上，Arrow（1962）[①] 提出了“干中学（learning by doing）”模型，认为知识资本是技术进步的源泉，把从事生产的人获得知识的过程内生于模型。Arrow（1962）的模型是早期研究R&D模型的典型代表，认为技术进步总体上应归因于行动：人们的行动（doing）会总结为经验，对经验系统、合理地总结便是学习（learning）活动，在学习中获取的知识最终促进了技术进步。因此可以由普通的柯布-道格拉斯生产函数推导得到一个规模收益递增的生产函数。新古典经济学认为，一个国家或地区的长期经济增长来源于两个方面：一是生产要素投入的增加，二是要素生产率的提升。单纯的生产要素投入增长、生产规模扩张的粗放型将消耗稀缺的要素和资源，其带来的经济增长在长期而言是不可持续的；只有依赖于全要素生产率的提升才能保证经济的可持续增长，即在资源稀缺性和环境约束条件下，受制于边际产出递减规律，单纯的生产要素投入无法带来经济的长期、持续、快速发展而必须依赖于全要素生产率的提升。

新古典经济增长理论创造性地将除了资本、劳动力等投入要素所引起的经济增长扣除后剩余的增长率总结为全要素生产率，认为除了要素投入等资本积累可以推动经济发展之外，技术进步等创新活动对经济增长也有贡献，且由于资本收益递减规律的存在，生产要素投入对经济的推动作用是有上限的，技术进步才是经济持续增长的根本动力。新古典经济增长理论对经济增长研究的发展作出了重要贡献，但其也存在一定的局限性：在肯定技术进步重要性的同时，新古典经济增长理论假定技术进步是一个“黑箱”，是外生性的，人们的行为无法影响技术进步，也无法通过政策等干预技术进步的进程，因此无法解决长期经济增长问题，也无法解答许多新出现的现实经济现象，如第二次世界大战后的德国与日本等战败国通过“科技立国”等战略迅速崛起。

（二）内生增长理论

早期的经济增长理论侧重于劳动力及实物资本的投入，认为技术进步及人口、资本的增加与否是经济增长的重要动力，但由于实体资本具有边

---

① Arrow K. The Economic Implications of Learning by Doing [J]. Review of Economic Studies, 1962, 29 (80): 155-173.

际规模报酬递减的特质，所以实物资本的增加并不能无限制地提升经济增长率。到了 20 世纪 80 年代，经济学家们不断改进经济增长理论，且随着迪克西特-斯蒂格利茨模型（Dixit-Stiglitz Model）① 的突破，为包括经济增长理论等诸多理论的进一步研究提供了方法。经济学家们在对新古典经济增长理论技术外生假定批判的基础上，逐渐修订全要素生产率外生、规模报酬不变的假设。此后的数年中，由 2018 年诺贝尔经济学奖得主 Romer 以及 1995 年诺贝尔经济学奖得主 Lucas 两人相继发表的 Romer（1986，1990）②③ 和 Lucas（1988）④ 等数篇论文开启了内生增长理论的大门，用内生的技术来解释经济的增长，认为经济增长的动力应该来自内生成长的动力，包括人力资本积累和知识学习，在传统的生产函数中除了传统的资本和劳动力外还增加了人力资本投入，解决了 Solow（1956）模型外生技术进步的问题，纠正了新古典经济增长模型所存在的局限性，得到了经济学界的普遍认可，因此具有里程碑式的意义，导致了经济增长理论的全面复兴。

内生增长理论（Endogenous Growth Theory）最主要的思想在于认为知识是支撑经济长期增长的动力：在 Solow、Arrow 提出的技术进步、“干中学”等因素之外还存在着其他影响因素，通过研究与发展活动（Research and Development，R&D）、人力资本投资活动等所带来的新思想和新技术将充实经济体的知识存量，而知识存量的增长及有效利用同样可以推动经济增长。内生增长理论假设技术进步是内生的，从知识生产与技术扩散等创新活动来讨论经济增长的源泉，强调了 R&D 活动、人力资本投资等对知识存量增长的重要作用，关注经济增长的内生要素积累，认为人们的行为可以影响技术进步，可以通过政府政策等手段干预技术进步的进程从而获得长期经济增长。

---

① Dixit A K，Stiglitz J E. Monopolistic Competition and Optimum Product Diversity［J］. American Economic Review，1977，67（67）：297-308.

② Romer P. Increasing Returns and Long-Run Growth［J］. Journal of Political Economy，1986（5）：1002-1037.

③ Romer P. Endogenous Technological Change［J］. Journal of Political Economy，1990（5）：71-102.

④ Lucas，Robert E.，Jr. On the Mechanisc off Econonic Development［J］. Journal of Monetary Economics，1988（1）：3-4.

Romer（1986）构建了内生技术创新增长模型：假定厂商的产出是有形要素投入（如经典的资本投入和劳动力投入），厂商的知识、全社会总知识存量的函数，单个厂商的生产函数满足新古典生产函数的假定，即规模收益不变；但如果考虑全社会总知识存量，由于知识外部性——技术外溢（technological spillovers）的存在，在技术溢出（以知识形式存在的生产和管理技术具有非竞争性和溢出效应，其他厂商可以获得正的外部性，因此单个厂商在生产过程中所获得的知识将提升全社会的全要素生产率而不限于自身）可以与知识资本的递减趋势（受制于实物要素的边际产出递减规律）相互抵消的情况下，整体社会的知识投资报酬率将呈现增长趋势或趋于不变的稳态，整体经济（由 N 个厂商组成）的生产函数则表现为规模收益递增。假设知识积累不受限制，那么由知识积累所推动的经济增长也相应地没有上限，人类社会的经济可以获得长期、持续的增长。Romer（1986）的模型是建立在 Arrow（1962）"干中学"模型的基础之上的，认为由于实物生产要素不可积累性的存在，终将无法支撑经济的长期增长，只有可积累的知识才是增长的发动机，并进一步将知识溢出也纳入知识生产体系之中，讨论了完全竞争条件的内生技术创新增长模型，阐明了知识对经济增长的作用机制。数年之后，Romer（1990）进一步讨论了更符合现实经济的垄断竞争内生技术创新增长模型，创新性地在模型中引入基于研发投入（R&D-Based）的技术进步，认为知识的生产与累积来自企业"有意识"的研究与开发等创新活动。

内生增长理论的另外一篇重要文章是 Lucas（1988）《论经济发展机制》，与 Romer（1986）的模型相类似，Lucas（1988）也强调了知识对经济增长的重要作用，其区别主要在于 Lucas（1988）对于人力资本的判定，认为经济持续增长的决定性因素是人力资本积累带来的知识存量增长，人力资本是一个独立于劳动力要素、资本要素之外的生产要素，并运用更加微观化的个量分析方法解释了经济持续增长的问题。Lucas（1988）的贡献在于构建了"专业化人力资本积累增长"模型，说明了一个经济体的经济增长并不需要像人口增长、资本投入这样的外生力量就可以实现长期增长，人力资本积累是经济增长的真正源泉；人力资本通过推动技术进步，克服了劳动和物质资本的边际产出递减的限制，使资本的收益率提高，人力资本越多，技术进步越快，经济增长也越快。根据 Lucas（1988）的研究，人力资本的形成主要包括学校教育和实践中学习两条路径，由此形成的人力资本也分为社会一般人力资本和专业化人力资本两种，前者能够产生人力资本的内部效应，后者具有外部效应，使企业受益。

内生经济增长理论最重要的意义在于指出经济增长的来源不只是依赖单纯的劳动力增加及实物资本的投入，若没有持续的人力资本投资，终将会因为资本的边际报酬递减和劳动力的限制产生成长的瓶颈。而随着内生经济增长理论的发展和现实经济问题的涌现，研究者在原有框架中考虑了越来越多的现实因素，如技术扩散、经济周期、制度、环境等，内生经济增长模型的内涵越发丰富，不仅用于解释国家内部的经济增长变化，也被用于解释国与国之间的经济发展差异，不仅用于时间序列数据，也可用于截面或面板数据。

二、人力资本理论

自亚当·斯密以来，不少学者都开始讨论人们能力的增进与物质资本投资对经济增长可能存在类似的作用，但直到 20 世纪 50 年代末，传统经济学仍将人力视为一种单纯的自然禀赋，仅仅将人力投入视为一个均质的量，或者视为一种外生变量。随着第二次世界大战结束，世界范围内的经济现象却对传统观点提出了挑战。人力资本理论的诞生可以归结于经济学家对战后世界经济增长的思考：1945 年第二次世界大战结束以后，作为战败国的德国和日本整体经济受到很大的创伤，如果按照传统经济学理论，这两个国家需要一段很长的时间才能恢复到原有水平；但德国和日本的实际经济发展却非常出人意料，仅用了不足二十年的时间就得到了极大的恢复，两个国家的经济实力又回到了世界前列。传统经济学对这种经济增长现象的解释力远远不足，学者们开始探讨其中的原因，提出了许多新的经济学理论，人力资本理论是其中非常重要的一支。

一方面，劳动力与资本投入的增长率与实际产出增长率之间存在增长“余值”即劳动力和资本投入的增长远远低于产出的增长，说明将要素投入视为单纯的量的增加（如劳动时长）而不考虑要素如劳动力之间可能存在的差异，或劳动质量改进的假设是不符合经济现实的，因此需要将技术进步、资本质量和劳动质量纳入经济增长理论，同时考虑其他代表人力资本的项目，这都是增长“余值”所隐含的；另一方面，经验数据的积累（如《美国当期人口调查》等）也为学者们进行实证研究提供了基础，在收入分配领域，学者们采用个人收入与教育、年龄的经验数据（分别代表积累的技能、劳动质量）进行检验，发现两者之间存在显著的相关性。因此，一些学者开始讨论人的能力发展对经济增长的影响，以及其对收入分配影响等问题，逐步形成了人力资本理论及其分析方法，并由此产生了人力资本研究的两大方向，一是人力资本是如何推动经济增长的，二是人力资本是如何决定收入分配的。本研究主要聚焦于前者。

人力资本理论对经济学的主要贡献在于将研究焦点聚焦于劳动异质性而非传统的劳动力同质性假设，并将人力资本投资定义为长期的投资决策而不仅仅是短期的工资和就业决策。人力资本理论的奠基人主要包括舒尔茨（Thodore W. Schultz）、贝克尔（Gary S. Becker）和明塞尔（Jacob Mincer）。

1979 年诺贝尔经济学奖获得者 Thodore W. Schultz 被公认为是人力资本理论的构建者，Schultz（1961）① 提出劳动力的知识和技能水平是一种资本，即人力资本，它比其他传统形式的资本增长更快，构成了经济系统的异质性。对于德国和日本的战后经济增长奇迹，Schultz（1961）采用人力资本对其进行解释：世界战争破坏了德国和日本的物质资本，但其仍拥有丰富的人力资本，高素质的劳动力使得两国经济得以迅速复兴，两国重视教育的历史传统对经济发展也具有重要意义。Schultz 还首次从劳动者能力角度阐述了人力资本投资问题，认为与土地、资本等传统投入要素相类似，人可以通过对自身进行投资而产生资本即“人力资本”，主要体现为体能、技能和智能的改善，可以通过保健投资、教育投资、职业培训、人力迁移投资等方式形成，且人力资本投资在促进经济增长、提高劳动者收入方面具有重要作用。

1992 年诺贝尔经济学奖得主 Gary S. Becker 是人力资本理论的又一代

① Schultz T W. Investment in Human Capital [J]. American Economic Review, 1961, 51 (1): 1-17.

表性人物，其贡献主要体现在对人力资本的微观经济分析上。Becker (1962)① 把人力资本分为通用性人力资本和专用性人力资本，前者主要通过正规教育形成，适用范围广，可以在任何组织中发挥作用，后者主要通过特定岗位培训、“干中学”形成，只能在特定组织中发挥作用。

1957 年劳动经济学家 Jacob Mincer 在其博士论文 Investment in Human Capital and Personal Income Distribution 中，首次开创性地将人力资本投资这一概念引入对于决定收入分配因素的研究当中，是现代人力资本理论的开拓者。Mincer (1958)② 建立了人力资本投资收益率模型，是最早采用受教育年限作为人力资本水平衡量标准的研究，使用“明塞尔收益率 (Mincerian returns)”计量劳动者由于增加一年教育而增加的个人收入，可以用于解释劳动市场行为和家庭决策，其贡献主要在于将人力资本理论研究由宏观社会扩展到微观组织、家庭和个人。后续大多数学者进行人力资本实证研究时通常参考 Mincer (1958) 的做法，以衡量一个社会人力资本存量的大小，这种方法具有数据可得、计算简便等特点，但却严重掩盖了促使人力资本形成的其他因素③。

Schultz 的人力资本理论研究侧重于经济增长方面、Becker 的研究侧重于人类行为和家庭生产角度、Mincer 的研究侧重于收入分配和劳动力市场行为方面④，继三者的开拓性工作之后，学术界对人力资本理论的讨论逐渐进入高潮，形成了许多有深度、有意义的研究成果和研究结论。但在 20 世纪 70 年代后出现了一段萧条期，直到八九十年代才重新兴起，主要沿着两条路线发展：一是从经济学视角构建经济增长模型，将人力资本与劳动力、货币资本一同纳入生产函数，讨论人力资本存量的形成以及人力资本投资对经济增长的影响；另一个是从管理学的视角，采用微观研究，强调人力资本作为组织资本的重要构成部分，强调对知识型员工的管理。

---

① Becker Gary S. Investment in Human Capital: A Theoretical Analysis [J]. Journal of Political Economy, 1962, (70): 19-49.

② Jacob Mincer. Investment in Human Capital and Personal Income Distribution [J]. Journal of Political Economy, 1958, 66 (4): 281-302.

③ 马红旗，王韧. 对人力资本形成理论的新认识 [J]. 经济学家，2014 (12): 33-41.

④ 郭庆松. 人力资本理论研究的最新进展及其现实启示 [J]. 上海行政学院学报，2006, 7 (6): 82-91.

三、高质量发展理论

党的十九大报告首次提出了高质量发展的概念，“中国特色社会主义进入了新时代，我国经济发展也进入了新时代，基本特征就是我国经济已由高速增长阶段转向高质量发展阶段”。经济高质量发展是中国经济在新时代背景下转向高质量发展阶段所确立的与之相适应的目标，我国经济已由高速增长阶段转向高质量发展阶段，要“坚持质量第一、效益优先，要提高全要素生产率”。对于什么是高质量发展，学者们还没有形成统一的共识。究其原因，主要是“经济质量”这一概念难以准确衡量与统计核算。正如金碚（2018）所指出的，在现代经济学的学术主体框架中，“质量”基本上是一个被“抽象”掉的因素，一般假定其不变或者采用价格进行代替，缺乏研究质量因素和质量现象的学理基础，以及以此为依据的分析工具①。“质量”难以研究，以此为基础的经济发展质量问题更是一个崭新的复杂课题。因此，目前针对“高质量发展”的研究仍处于初步阶段，需要继续深入探讨。

马克思主义理论是指导高质量发展的根本遵循。马克思虽然没有直接提出“经济高质量发展”这一概念，却在大量经典著作中蕴含深邃的具有当代价值意义的经济发展思想，马克思主义发展观把社会看作是一个由相互联系的诸要素组成的整体系统，突出整体性、协调性和以人为本，论述了经济增长的源泉、经济发展的根本目的、经济发展的内生动力、经济发展水平的评价、经济发展的重要条件、经济持续发展的实现条件，涵盖科技创新理论、以提高生产要素质量为核心的生产力理论、社会再生产理论、内涵扩大再生产理论和集约增长方式理论，为经济高质量发展的提出提供了重要思想来源。高质量发展遵循马克思主义发展观的基本规律，能够用来指导改造自然的实践活动。

马克思主义政治经济学的主要内容是在数量和质量统一的条件下研究生产力理论，马克思在《资本论》中指出：“生产力当然始终是有用的、具体的、劳动的生产力，它事实上只决定有目的的生产活动在一定时间内

① 金碚．关于“高质量发展”的经济学研究［J］．中国工业经济，2018（4）：5-18.

的效率。同一劳动在同样的时间内提供的使用价值量会是不同的：生产力提高时就多些，生产力降低时就少些。”① 这充分表明生产力有质量要求，生产力效率提高时所提供的使用价值量就多些，反之就少些。生产力反映人们的生产能力，是质量和数量的统一，具有质量和数量的二重属性；生产力数量决定经济高速增长，而生产力质量则决定了经济高质量发展。

在我国经济转向高质量发展的新阶段，需要注重生产力质量的提升问题。马克思讨论了三个方面的生产力质量问题，可以作为高质量发展的理论依据。一是生产力要素的质量。亚当·斯密曾将生产力要素概括为分工工艺、教育和政策等，之后，马克思将这一观点进一步发展，除去劳动、劳动对象、劳动资料等简单要素外，将生产的组织与管理、分工协作、自然力以及科学技术都纳入了生产力要素的范畴。所有生产力要素的合力共同决定了生产力质量，生产力要素创造价值的能力提升，生产力要素的价值就会有所提高，从而劳动生产率相应提高，最终实现生产力质量的有效提升。二是生产力要素的组合质量。马克思指出：“不论生产的社会形式如何，劳动者和生产资料始终是生产的因素。但是，二者在彼此分离的情况下只在可能性上是生产要素。凡要进行生产，就必须使它们结合起来。”② 这表明不仅生产力要素能独立发挥作用，而且组合起来的生产力要素能发挥更大的作用。生产力要素的有效组合会提高生产效率，效率的提升会促进生产力质量的提升。因此，在生产力要素的组合中需要使劳动者和生产资料间维持适当比例，提高生产力要素的组合质量，从而创造出最大的经济效益。三是生产力的物化成果质量。质量是生产力发挥作用的结果，也是生产力的物化成果。马克思曾指出：“由于在产品上使用了更多的手工劳动，产品的使用价值不是通过产品量的提高而是通过产品质的提高而提高了。”③ 因此，质量也是提高使用价值量的因素，个体商品的使用价值要转化为社会使用价值，就意味着物化成果的质量要符合社会需求的质量水平。

---

① 马克思．资本论：第三卷［M］．北京：人民出版社，2004.

② 马克思．资本论：第二卷［M］．北京：人民出版社，2004.

③ 马克思．资本论：第二卷［M］．北京：人民出版社，2004.

第二节　文献综述

一、要素流动与经济增长

人才是经济发展的投入要素之一，因此在讨论人才流动与经济发展的关系之前首先需要回顾要素流动与经济增长的现有研究情况。要素是经济增长的重要动力，其在各地区间的配置与流动是影响经济增长水平进而影响地区经济差距的重要因素①。由于不同产业部门的要素边际产出不相等，整体经济是一个非均衡的状态，导致不同产业、区域的要素边际生产率并不一致，生产要素在不同部门、区域之间的流动会促进整体经济全要素生产率的提升②。根据历次人口普查数据，2010 年到 2015 年中国跨省流动的人口总量达到 1.5 亿人，比 1985—1990 年的 1097 万人增长了近 13 倍，占人口比重由 0.97%上升到 10.97%；北京、上海、广东、江苏等经济发达的东部省份成为人口迁移的净流入地，四川、湖南、河南等中西部地区成为人口迁移的净流出地。而随着金融体系不断完善、支付手段日新月异，资本在区域间更加方便、快捷，规模也越发庞大。根据中国人民银行数据，2010 年省际通过大额支付系统流动的资金总额为 2208.73 亿元，是当年 GDP 的 53.48 倍，比 2006 年的资金流量增长了 7.57 倍；且资金流量较高程度集中在经济发达地区，2016 年北京、上海、广东（不含深圳市）三地的资金流动总量合计占全国资金流动总量的 61.45% [数据来源：《中国支付体系发展报告（2010—2016）》]。如此大规模且集中的劳动力与资本流动必将对区域经济产生重要影响，也引起了政府和学术界的高度重视。

与要素流动和经济增长关系研究相近且容易出现概念混淆的是对于要

---

① 余壮雄，杨扬．市场向西、政治向东——中国国内资本流动方向的测算［J］．管理世界，2014（6）：53-64.

② 刘伟，张辉．中国经济增长中的产业结构变迁和技术进步［J］．经济研究，2008（11）：5-16.

素配置与经济增长关系的研究，为了更好地明确研究对象，有必要在此对要素配置与经济增长关系的研究进行分析比较。对要素配置的研究主要考虑资本和劳动结构变迁对经济增长的贡献，讨论资本和劳动等生产要素的结构变迁效应及对经济增长的贡献，一般都是从三大产业之间要素的再配置角度进行研究，如 Dowrick & Gemmell（1991）① 的经典研究便是讨论劳动力要素从农业部门向工业部门和服务部门转移所带来的生产要素再配置效应，实证发现劳动再配置效应能解释 25%的中等收入国家和高收入国家之间人均收入差异，对于经济增长具有重要意义。前期研究主要采用偏离-份额法和多国模型法对要素配置与结构变迁效应进行研究，但这两种方法都将结构变迁效应作为从生产率中分解出来的一部分进行现实解释，因此存在一定局限性②；针对原有模型的不足，现有研究多使用改进后的 Wurgler 模型，其衡量标准为要素结构对生产率变化的敏感程度，由于其不但将要素再配置效应作为与生产率增长并列的因素而且可以同时考虑多种要素的配置效应变化，较好地修正了原有方法的不足之处，得到了学者的认可和广泛应用。生产要素再配置效应对全要素生产率和 GDP 增长具有重要贡献，其主要关注点在于三大部门间要素配置问题，随着研究的深入，学者们开始从分行业、分区域的角度进行细化研究，将视角延伸到了区域之间、产业内部同样存在的要素流动现实，对原有研究进行了深化。本研究研究的人才流动问题，正是关注产业内部现实存在的要素流动问题，讨论区域之间人才流动可能带来的知识溢出等效应及其对产业发展的影响。

（一）经济增长收敛假说

对于要素流动与区域经济之间的关系，新古典经济理论认为由于报酬递减性质的存在，要素在区域间的自由流动将导致要素报酬均等化的趋势，从而最终使各地区的经济达到收敛稳态；但在对中国实际问题的分析方面，学者们却有不同观点，主要有“收敛论”“发散论”和“不确定

① Dowrick, Gemmell N. Industrialisation, Catching Up and Economic Growth: A Comparative Study Across the World's Capitalist Economies [J]. The Economic Journal, 1991, 101 (405): 263-275.

② 赵春雨，朱承亮，安树伟. 生产率增长、要素重置与中国经济增长——基于分行业的经验研究 [J]. 中国工业经济，2011 (8): 79-88.

论”三种说法。姚枝仲和周素芳（2003）①、王小鲁和樊纲（2004）② 都认为要素流动对区域经济收敛产生了积极作用：劳动力流动可以在全国范围内优化资源配置，并通过追赶效应、收入转移效应、“干中学”效应等③，消除地区间资源禀赋差异，缩小地区差距，使得经济走向趋同。持相反观点的学者却认为，流动要素会在要素流入地不断累积，形成不断强化地区聚集力优势的循环累积过程，最终导致区域经济差异；要素的循环累积本质上是生产要素追逐“集聚红利”过程中呈现的向某一区域逐渐集中的过程④，这意味着如果没有其他机制可以促进区域间收敛态势的话，要素流动的累积效应将导致区域经济差距逐渐扩大，许多学者也通过实证研究验证了劳动力、资本的流动加剧了中国区域经济不平衡⑤。另一种较为容易被忽略的观点是“不确定论”，认为由于劳动力流动规模差异⑥、资本外部性以及城市拥挤效应的存在⑦，劳动力流动可能导致区域经济收敛，也可能扩大地区差距，存在不确定性。张晏和龚六堂（2004）⑧ 认为要素流动性和内生劳动选择使得两个地方政府之间的收入税竞争效应较为复杂，高生产力地区不仅吸纳更多的人口，而且其代表性消费者通常提供更多的劳动，人口向高生产力地区的流动也降低了低生产力地区的拥挤效应。

（二）结构红利假说

结构主义理论认为可以通过产业结构变迁完成生产要素的再配置，以实现社会生产效率的提升并推动整体经济增长，其最重要的假设是结构红

---

① 姚枝仲，周素芳．劳动力流动与地区差距［J］．世界经济，2003（4）：35-44.

② 王小鲁，樊纲．中国地区差距的变动趋势和影响因素［J］．经济研究，2004（1）：33-44.

③ 侯燕飞，陈仲常．中国“人口流动-经济增长收敛谜题”——基于新古典内生经济增长模型的分析与检验［J］．中国人口·资源与环境，2016，26（9）：11-19.

④ 刘彦军．中国产业集聚是由因果循环积累导致的吗？［J］．经济经纬，2016（3）：90-95.

⑤ 黄文军，荆娴．资本流动是否影响我国地区经济增长——基于1979—2010年省际面板数据的实证［J］．财经论丛，2013（1）：8-12.

⑥ 沈坤荣，唐文健．大规模劳动力转移条件下的经济收敛性分析［J］．中国社会科学，2006（5）：46-57.

⑦ 许召元，李善同．区域间劳动力迁移对地区差距的影响［J］．经济学（季刊），2009，8（1）：53-76.

⑧ 张晏，龚六堂．地区差距、要素流动与财政分权［J］．经济研究，2004（7）：59-69.

利假说（Structural Bonus Hypothesis）理论。结构红利假说认为，要素流动可以促进社会生产力的提升，原因在于社会各生产部门具有差异化的生产率，当生产要素从生产率水平较低的部门转移流动到生产率较高的部门，或从较低生产率增长水平的部门向较高生产率增长水平的部门流动时，社会总体的生产率将得到提升①，这种要素流动再配置对经济增长产生的影响叫作要素重置效应，是经济增长的重要源泉。持结构主义观点的学者们认为，产业结构的改变是发展中国家和发达国家之间的核心经济差异，同时也是发展中国家经济发展的重要方向，要素在不同生产率部门之间流动所带来的“结构红利”是发展中国家经济高速增长的重要支撑。于斌斌（2015）② 将结构红利对中国的影响区分为两个阶段，认为市场化改革带来的产业结构调整在改革开放初期对中国经济的增长产生了巨大推动作用，甚至超越了全要素生产率提升的意义，但随着中国改革开放的持续推进，结构红利不断释放，产业结构调整所能提供的经济增长动力逐渐减少，中国经济增长的主要源泉由结构红利转变为全要素生产率的提升；出现此种阶段性变化的原因在于结构红利存在创造与破坏并存的“两面性”：一方面，生产要素从生产率水平较低的部门转移流动到生产率较高的部门时，提升了生产要素的配置效率，资源在部门之间的重新配置将提升新兴行业的发展速度，促进经济发展；另一方面，生产要素的流出也会导致原本生产率水平较低的部门无法得到足够的资本与劳动力，造成传统产业的衰退，可能压缩了整体生产率提升的空间并降低了经济增长速度，无法为中国经济提供长期持续的增长动力，必须寻找新的增长点。

许多学者认为，经济增长既包括全要素生产率的增长，也包括基于部门间资本、劳动力等生产要素配置效率改善所带来的各经济部门结构的不断调整。由于中国产业之间、区域之间要素边际生产率存在较大差异，要素流动再配置所带来的要素重置效应将是未来中国经济增长的重要源泉，

---

① Peneder M. Industrial Structure and Aggregate Growth [J]. Structural Change & Economic Dynamics, 2003, 14 (4): 427-448.

② 于斌斌. 产业结构调整与生产率提升的经济增长效应——基于中国城市动态空间面板模型的分析 [J]. 中国工业经济, 2015 (12): 83-98.

可以从产业结构调整中获得巨大收益①。但在实证方面，学者们根据“结构红利假说”采用中国数据对要素流动与经济增长之间关系进行检验的结论却不尽相同：李小平和陈勇（2007）②采用1998—2004年中国工业数据进行了实证检验，结果表明中国省际工业的资本流动可以促进生产率增长，但劳动力流动却对生产率增长没有显著性影响，生产率增长的主要原因是内部增长效应；干春晖和郑若谷（2009）③的研究结论却与之相反，认为产业间的资本流动并不符合结构红利假说，反而可能存在“结构负利”，但产业间的劳动力流动却具有“结构红利”现象，要素重置效应具有明显的阶段性；丁焕峰和宁颖斌（2011）④基于广东省的实证研究也支持了干春晖和郑若谷（2009）的观点，发现生产率的增长主要来源于劳动力的结构效应，劳动力要素在产业间的流动和区域间的流动都符合结构红利假说，具有“结构红利”现象，但资本流动却不明显，甚至产生了“结构负利”；姚战琪（2009）⑤使用跨产业面板数据，发现要素流动再配置所带来的要素重置效应对于中国经济总体部门和工业部门的贡献都较低，其资本生产率再配置效应均为负数，其原因在于部门内部要素配置得不合理和要素在部门间配置得扭曲；与之相类似的，吴寿平（2013）⑥讨论了工业行业之间要素流动的问题，认为资本和劳动力的流动明显倾向于第二、三类产业，劳动力流动对第三类产业具有显著的“结构红利”。以上都是基于整体经济或者工业生产率的研究，张宗益等（2014）⑦则从能源生产

① 温杰，张建华．中国产业结构变迁的资源再配置效应［J］．中国软科学，2010（6）：62-72.

② 李小平，陈勇．劳动力流动、资本转移和生产率增长——对中国工业“结构红利假说”的实证检验［J］．统计研究，2007，24（7）：53-59.

③ 干春晖，郑若谷．改革开放以来产业结构演进与生产率增长研究——对中国1978—2007年“结构红利假说”的检验［J］．中国工业经济，2009（2）：55-65.

④ 丁焕峰，宁颖斌．要素流动与生产率增长研究——对广东省“空间结构红利假说”的实证分析［J］．经济地理，2011，31（9）：1421-1426.

⑤ 姚战琪．生产率增长与要素再配置效应：中国的经验研究［J］．经济研究，2009（11）：132-145.

⑥ 吴寿平．中国工业结构变化与技术进步率增长研究——对中国1985—2009年工业“结构红利假说”的检验［J］．产经评论，2013，4（1）：36-46.

⑦ 张宗益，陈夕红，吴俊，等．产业结构调整、能源要素流动与能源生产率增长——基于结构红利假说的实证分析［J］．管理工程学报，2014，28（2）：174-181.

率的角度对结构红利解说进行了检验，根据2000—2009年全国数据分析发现产业内部能源要素的合理流动有助于提高产业能源生产率的增长率，且与结构红利的出现与产业的能源比重有关。

综上，可以认为要素流动所带来的结构红利对于发展中国家经济增长的意义存在阶段性特征，其重要性将随着发展中国家所处经济发展阶段的不同而有所差异，结构变迁带来的红利对中国经济增长的贡献一度十分显著，但在中国经济进入新常态的当下，随着市场化程度的提高，结构红利不足以支撑中国经济的长远发展。

（三）新经济地理学

近年来发展起来的新经济地理学（New Economic Geography），将空间因素纳入经济增长理论，认为对要素流动问题的分析需要充分考虑空间相关性对经济活动的影响，其分析思路为：首先，本地市场效应所引发的向心力将促进生产要素在空间上的集聚，促进了经济增长；其次，两部门（可以为城乡之间，也可以为高级产业与初级产业之间）的差异引起生产要素向高级部门集中，进一步加强了向心力的作用；最后，高级部门的经济环境改善则进一步强化生产要素集聚，引起规模效应，加大发展差异。当然，当要素过分集聚时，拥挤效应大于向心力，生产要素则从集聚趋于分散。Krugman（1991）① 基于冰山成本假设，构建了“中心-外围”两地区模型以分析贸易成本、劳动力流动和产业集聚的关系，认为产业空间分布将影响产业市场需求；Baldwin（1999）② 通过讨论内生资本积累与产业集聚的关系，研究区域间资本要素流动经济增长的影响机制。

何雄浪（2014）③ 以自由企业家模型为基础分析了多种流动要素在产业空间演化中的均衡问题，提出如果企业生产的规模报酬递增程度足够显

---

① Krugman P. Increasing Returns and Economic Geography [J]. Journal of Political Economy, 1991, 99 (3): 483-499.

② Baldwin R E. Agglomeration and Endogenous Capital [J]. European Economic Review, 1999, 43 (2): 253-280.

③ 何雄浪．多要素流动、产业空间演化与多重经济地理均衡［J］．财贸研究，2014（1）：38-46.

著，或者工业品支出份额很高，市场拥挤效应将不复存在。杨孟禹和杨芳(2015)① 以重庆为例，讨论了经济增长的空间演化规律，并详细分析了要素流动、收入差距在区域经济增长中扮演的角色。梁碧波（2016)② 基于“中心-外围模型”对广东省的“双转移战略”进行了评价，认为在国家宏观政策指导下所产生的产业转移是根据国内外环境和要素禀赋结构的变化所作出的策略，将从原来的典型二元结构逐步转变为“中心区”和“周边区”，但两者之间并不冲突而是存在分工明确、优势互补和更高的全要素生产率有机整合等优点，要素的有序流动和产业转移有利于提高稀缺资源的配置效率并推动传统产业转型升级。

随着城市规模的日益扩大，生产要素空间集聚现象在现实经济中不断涌现，新经济地理学得到了经济学家们越来越高的认可。许多学者在新经济地理学的理论框架之下对生产要素的空间分布这一话题进行了深入讨论，聚焦于经济要素集聚与区域经济之间的关联性，认为生产要素的空间集聚可以带来规模报酬递增和要素自我强化。相对于中小城市，空间集聚所催生的大城市可能具有生产率优势③，其作用机理在于“集聚效应”和“选择效应”。“集聚效应”来源于生产要素、经济活动在空间上的高度集聚，大城市具有更大的市场容量，一是可以容纳更多的生产要素并允许生产要素在更大范围内进行匹配，身处大城市的企业也可以在更大范围内获得投入要素供给，从而提升了资源合理匹配的可能性，并降低了市场交易成本，如有更多的人才储备且可以企业间共享，此为大城市的“匹配机制”；二是由于企业众多，大城市企业之间的交流、合作与学习，以及人员流动等将更加频繁，由此带来了各类知识、技术、信息等的交互更加活跃，无论是企业还是个人都可以更多地获得要素流动所带来的知识溢出并提升自身知识存量，并推动自身生产效益的改善，此为大城市的“学习机制”，两者共同促进了大城市企业生产效率的提升。“选择效应”则来源于

① 杨孟禹，杨芳．城乡收入差距、要素流动与经济增长再研究——以重庆为例［J］．中国软科学，2015（8）：71-76.

② 梁碧波．产业转移、要素流动与结构优化——基于中心-外围模型的理论分析和实证检验［J］．经济问题探索，2016（4）：88-96.

③ Combes P P , Duranton G , Gobillon L , et al. The Productivity Advantages of Large Cities: Distinguishing Agglomeration from Firm Selection［J］. Econometrics，2012，80（6）：2543-2594.

激烈的市场竞争，低效率的企业将无法适应大城市的市场竞争从而被淘汰，从而转向规模较小的中小城市，因此在大城市存活下来的企业可能具有更高的生产效率，与之相类似的，存在一个市场的均衡临界效率，高于临界效率值的企业可以对外输出产品，实现均衡临界效率值的企业只能在本地市场进行生产运营，而低于均衡临界效率值的企业只能退出市场。刘寒波等（2007）① 参照空间经济分析标准的建模思路，建立了一个两个区域经济的模型，发现如果地方政府扩大公共支出规模则会延缓要素空间分布分异的过程，吸引稀有生产要素流入，从而减弱经济聚集的力量，减小地区经济差距，促进经济均衡发展。王钺和刘秉镰（2017）② 认为创新要素具有知识性、技术性和趋利性的特征，其在区际的流动对区域生产率水平有正向促进作用，一是通过加速发明创造推动技术进步，二是调整生产模式提升技术效率，而这两者便是生产率提升的重要途径；并采用空间计量分析技术，对中国 30 个省级行政区的创新要素流动与全要素生产率之间的关系进行了实证检验，发现研发资本在区际的流动对区域全要素生产率有显著的正向影响。卓乘风和邓峰（2017）③ 采用中国 30 个省级行政区 2003—2014 年的面板数据考察了区域间创新要素流动与区域创新绩效之间的关系，认为创新要素区际流动会对流入地的创新绩效有显著的积极作用，在要素流动发挥创新效应的过程中，政府研发支持的调节作用均呈现出门槛特征。在进一步的研究中，卓乘风和邓峰（2018）④ 又从产业角度研究了要素流动的问题，采用中国 2003—2015 年分省面板数据进行实证分析，发现创新要素区际流动在发挥产业结构升级效应时存在适宜边界，超过边界时由集聚拥挤效应带来的负面影响会显著削弱创新要素流动对产业结构升级的积极作用，提出在转型时期各地应依据产业发展现状，合理调控创新要素流动。

---

① 刘寒波，王贞，刘婷婷．地方公共服务供给对区域间要素流动的影响——不考虑本地交易成本的均衡分析［J］．系统工程，2007，25（9）：73-79.

② 王钺，刘秉镰．创新要素的流动为何如此重要？——基于全要素生产率的视角［J］．中国软科学，2017（8）：91-101.

③ 卓乘风，邓峰．创新要素流动与区域创新绩效——空间视角下政府调节作用的非线性检验［J］．科学学与科学技术管理，2017，38（7）：15-26.

④ 卓乘风，邓峰．创新要素区际流动与产业结构升级［J］．经济问题探索，2018（5）：70-79.

除了上述的经济增长收敛假说、结构红利假说、新经济地理学等理论之外，还有学者从要素禀赋理论的要素相对价格、竞争优势等方面对要素流动与经济增长之间的关系进行解释。陆善勇和李国英（2015）[①] 认为生产要素流动可以增强要素禀赋优势，有利于内生竞争优势和交易效率优势的发挥，对1986—2013年全国29个省级行政区的面板数据进行实证分析，结果发现劳动、资本、技术三种生产要素流动对区域的外贸增长率有正向效应，建议继续加快生产要素的流动，提高资源配置效率。《资本论》中对要素流动也有相关阐述，作为商品的生产要素具有价值和劳动价值二重性，其在经济体之间的自由流动是经济运行的基础，对资本主义经济的发展和整体社会的发展都有二重性影响，王暖春和李爱华（2015）[②] 对此进行了总结，认为要素流动在增强微观商品生产者之间的竞争中降低了个别商品生产者的生产成本，提高了其资本利润率；在影响宏观的原有经济布局调整中，促进了经济发展，形成了新的经济格局；在社会发展价值主体方面，既加重了人的压力，也促进了社会进步和人的发展。与此相关的其他研究还包括熊励和孙文灿（2016）[③] 基于系统动力学的理论和方法的研究，考察了全球范围的创新要素流动现象，分析认为作为创新要素的人才、技术和资金在区域间的流动和集聚，会影响经济体的影响力，并且在完善城市功能、提升城市能力等方面也有显著的正向影响。

从现有对要素流动与经济增长之间关系的讨论可以发现，学者们普遍认可要素流动与经济增长之间有较强的相关性，并从不同角度解释作用机理，得出了许多有益结论。但是，现有大部分研究普遍忽略了劳动力的异质性问题，而将所有劳动力均视为同质性。实际上，与资本要素不同，劳动力要素的异质性是客观存在的：由于天赋、后天的教育、培训、经历等，不同人的劳动能力存在差异，人力资本是劳动力异质性的主要内容[④]。

① 陆善勇，李国英．生产要素流动、区域外贸增长与转型升级——基于PVAR的实证分析［J］．经济管理，2015（12）：31-38.

② 王暖春，李爱华．《资本论》中关于生产要素自由流动的社会影响研究［J］．理论与改革，2015（6）：25-28.

③ 熊励，孙文灿．“互联网+”背景下创新要素流动对城市能级提升的动力机制研究——以上海数据和模型仿真为例［J］．科技进步与对策，2016，33（20）：43-49.

④ 焦斌龙，孙晓芳．劳动力异质性及其流动——兼论我国劳动力从自发流动向自主流动转变［J］．当代经济研究，2013（9）：61-66.

人力资本理论基于劳动力异质性假设提出了人力资本的概念，认为作为体现在劳动者身上的一种资本类型，人力资本是劳动者的知识、技术、工作能力以及健康状况等方面价值的总和，与物质资本一样是生产要素。因此，对劳动力要素流动的研究需要充分考虑人力资本的存在，才能更好地分析并解释要素流动与经济发展之间的关系。

二、人力资本与经济增长

（一）人力资本与经济增长

最开始研究人力资本与经济增长之间关系的研究来自 Uzawa（1965）[①]，Uzawa 将教育部门引入了经济增长模型中，并假定非生产的教育部分可以得到一定水平的社会配置资源，而教育部门则通过提高生产率的技术进步水平间接促进产出增长，从而对经济增长有所贡献。Uzawa（1965）的工作为内生经济增长的人力资本模型奠定了基础，上一小节所提到的 Lucas（1988）的“专业化人力资本积累增长”模型，也是建立在 Uzawa（1965）模型的基础上，修改了 Uzawa（1965）的理论，将人力资本部门引入了内生经济增长模型，作为与物资资本部门相同地位的生产部门进行考量。

内生经济增长理论构建了包括物质资本和人力资本两部门的经济增长模型，无论对于经济增长理论而言还是对于人力资本理论而言都是一次突破，对经济增长理论和人力资本理论研究的进一步深入有巨大的贡献。在后续的研究中，具有代表性的是 Mankiw、Romer & Weil（1992）[②]的研究，在 Solow 模型的基础之上讨论作为生产要素的人力资本因素，构建了包含人力资本因素的外生的 MRW 模型，并采用跨国经验数据进行了实证分析，模型较好地解释了跨国经济增长和收入差距问题。也有部分学者怀疑人力资本对于经济增长的促进作用，如 Benhabib & Spiegel（1994）[③] 利用跨国

① Uzawa H. Optimum Technical Change in an Aggregative Model of Economic Growth [J]. International Economic Review, 1965, 6 (1): 18-31.

② Mankiw N Gregory, David Romer, David Weil. A Contribution to the Empirics of Economic Growth [J]. The Quarterly Journal of Economics, 1992, 107 (2): 407-437.

③ Benhabib J, Spiegel M M. The Role of Human Capital in Economic Development Evidence from Aggregate Cross-country Data [J]. Journal of Monetary Economics, 1994, 34 (2): 143-173.

的实体资本和人力资本存量的估计，采用 Cobb-Douglas 总生产函数对人力资本与经济增长之间的关系进行回归，结果表明，人力资本投资对解释人均增长率的作用不显著，但全要素生产率的增长率则取决于一个国家的人力资本存量水平。

国内学者的大多数研究也支持人力资本与经济增长的正面作用，如徐晔和陶长琪（2008）[①] 将人力资本分为集约型人力资本与增量型人力资本，基于扩展的内生经济增长理论讨论了 IT 企业成长的模型，考虑了包括人力资本在内的多个因素，发现无论是仅仅考虑人力资本，还是考虑多个因素，人力资本及其溢出都对 IT 企业的持续发展具有重要贡献；李强（2011）[②] 首先通过理论分析得出产业转移、人力资本和中部经济增长的假定假设，并使用安徽省 1990—2006 年的时序数据，基于向量自回归的多元协整方法进行了实证研究，发现一个地区的人力资本水平对地区的经济增长具有促进作用，而且不同程度的人力资本的影响是不同的，人力资本积累是产业转移促进地区经济增长的前提条件，其原因在于人力资本积累带来的技术进步。李忠民（2011）[③] 建立了面板数据模型，以"新丝绸之路"沿线城市为样本，实证发现人力资本变量通过了 1%的水平检验，且产出弹性较大，人力资本变量对交通经济带的经济发展具有重要作用。赵立斌（2013）[④] 利用新加坡的数据，发现外商直接投资（Foreign Direct Investment，FDI）与异质型人力资本的互动作用是促进一国技术进步与经济增长的关键因素，异质型人力资本水平是东道国引进 FDI 以及吸收 FDI 技术外溢的关键因素。

当然，也有部分学者有不同的见解。张望（2011）[⑤] 构建了包含生产部门、消费部门、政府部门和人力资本开发部门的四部门模型，认为人力

① 徐晔，陶长琪．IT 企业的成长与人力资本效应——基于扩展的内生增长模型与实证研究［J］．数量经济技术经济研究，2008，25（3）：114-125.

② 李强．产业转移、人力资本积累与中部经济增长［J］．数理统计与管理，2011，30（1）：107-117.

③ 李忠民，刘育红，张强．"新丝绸之路"交通经济带经济增长的实证研究——基于人力资本等 6 个因素的面板数据模型［J］．经济问题，2011（1）：77-80.

④ 赵立斌．FDI、异质型人力资本与经济增长——基于新加坡的数据分析［J］．经济经纬，2013（2）：67-71.

⑤ 张望．财政支出结构、人力资本积累与经济增长［J］．产业经济研究，2011（2）：77-86.

资本对于经济增长的促进作用并不明确，只有在公共支出占财政支出的比重以及政府投入占教育资金的比重超越临界条件后，人力资本存量才将达到可以促进经济增长的水平；刘瑞翔和夏琪琪（2018）① 通过计算发现各省域的经济增长质量具有空间自相关性，其样本来自 2001—2015 年 31 个省域数据，基于时空双固定的空间杜宾模型（Spatial Dubin Model，SDM）对各影响经济增长质量的因素进行研究分析，认为各省域的人力资本存量仅仅促进了本省的经济增长，但却产生了一定的负外部性，抑制了邻近区域的经济增长，即对周边省份有负的溢出作用。

在具体的人力资本投资途径方面，学者们主要从教育投入和健康投入两个方面展开，基于内生经济增长理论讨论人力资本对经济增长的贡献度，下文对此进行综述。

（二）教育投入与经济增长

有大量文献研究了通过教育投入路径进行的人力资本投资，对生产力和经济增长是否产生积极影响的问题，如 Bils & Klenow（2000）② 使用“明塞尔收益率”检验了各国的学校教育投入情况是否促进了其经济增长的问题，测算结果显示学校的教育投入解释了经济增长中三分之一的经验性关系；Bassanini & Scarpetta（2001）③ 与以前的面板数据研究不同，使用改进的数据集和组均值估计（Pooled Mean Group estimator，PMG 估计），对 1971—1998 年 21 个 OECD 国家的人力资本存量进行了计算，实证发现人力资本积累是各经合组织国家人均产出增长的重要动力，两者之间存在显著的正向关系，对额外一年教育产出（约 6%）的估计长期影响也与私人教育回报率的微观经济证据一致，支持了 Lucas（1988）的内生经济增长模型，发现了人力资本对增长的显著影响；Cohen & Soto（2007）④ 使用

① 刘瑞翔，夏琪琪．城市化、人力资本与经济增长质量——基于省域数据的空间杜宾模型研究［J］．经济问题探索，2018（11），34-42.

② Bils M，Klenow P J．Does Schooling Cause Growth?［J］．American Economic Review，2000，90（5）：1160-1183.

③ Bassanini A，Scarpetta S．Does Human Capital Matter for Growth in OECD Countries? A Pooled Mean-group Approach［J］．OECD Economics Department Working Papers，2001，74（3）：399-405.

④ Cohen D，Soto M．Growth and Human Capital：Good data，Good results［J］．Journal of Economic Growth，2007，12（1）：51-76.

经合组织教育成就数据库和联合国教育、科学及文化组织（简称联合国教科文组织）公布的1960—2000年各国学校教育年限，进行了跨国经济增长回归研究，认为学校教育可以解释物质资本积累。

也有实证研究并不支持教育投入与经济增长的正面关系。Simionescu（2018）① 采用2003—2016年的数据，认为FDI是大多数中东欧国家经济增长最重要的决定因素，而与劳动力资源水平和质量有关的指标在解释这些国家的经济增长方面并不重要；此外，在克罗地亚、爱沙尼亚、拉脱维亚、立陶宛和波兰，政府教育支出对经济增长具有负面影响。当然，衡量和模拟教育的方式会影响实证结果，Krueger & Lindahl（2001）② 在梳理了微观计量学和实证宏观增长理论中关于学校教育对收入和GDP增长的影响的证据后发现，许多微观计量的证据表明教育是国家内部个人收入的重要因果决定因素，但许多宏观层面的研究却认为教育程度的提高与国家经济增长无关，指出可能是由于计算和控制平均经验的困难，或者因为宏观文献偏离了标准的明瑟收入方程（Mincer income equation），导致了这样的研究结论。Fuente & Rafael（2006）③ 也认为，低质量的数据是人力资本对经济增长影响弱的原因。

国内近期的研究中，朱晓东等（2014）④ 首先对区域要素禀赋、产业结构和经济发展三者之间的关系进行了讨论，认为由于要素禀赋差异、区域产业结构调整等因素的存在，区域之间的人力资本产出弹性也存在差异，不同地区对于高等教育投入并不一定能获得同样的经济增长回报，其次采用2001—2010年省级面板数据进行实证检验，发现三大地区的人力资本弹性和高等教育经济增长回报都存在差异，东部前者低而后者高，西部

---

① Simionescu，M. What Drives Economic Growth in Some CEE Countries?［J］. Studia Universitatis Vasile Goldis Arad Economic Series，2018（28）. 46-56.

② Krueger A B，Lindahl M . Education for Growth：Why and for Whom?［J］. Journal of Economic Literature，2001，39（4）：1101-1136.

③ Fuente A D L，Rafael Doménech. Human Capital in Growth Regressions：How Much Ddfference does Data Quality Make?［J］. Journal of the European Economic Association，2006，4（1）：1-36.

④ 朱晓东，张忠家，王利军. 我国高等教育对经济增长贡献的区域差异研究——基于人力资本产出弹性视角［J］. 江西社会科学，2014（2）：82-86.

则相反，中部地区介于两者之间。王辉和刘茂松（2016）① 基于中国2000—2012年30个省份的面板数据，将教育人力资本引入传统的C-D生产函数中，检验了教育人力资本是否促进了中国农业经济增长的问题，发现农村的教育人力资本与整体农业经济增长正相关且高度显著，同时还发现发达地区具有比较优势，东部沿海省份以及部分经济发达的直辖市的农业经济更发达，即区域经济差异对农业经济增长有正向促进作用。方超和罗英姿（2017）② 基于我国1996—2014年的省级面板数据，借鉴并改进Lucas（1988）模型，利用空间计量经济学方法探讨研究生教育对我国经济增长的影响与空间效应，发现研究生教育能够正向促进我国经济增长，增长效应在0.8%~1.9%，研究生人力资本空间溢出后，对相邻省域经济增长与技术进步的弹性产出分别为1%~1.4%与1.6%，说明教育投入与经济增长存在正向关系。

（三）健康投入与经济增长

教育投入是目前学者们研究人力资本投资与经济增长之间关系的另一个重要途径。Bloom et al.（2004）③ 估计了一个包含两个变量的总经济增长的生产函数模型，这两个变量已被微观经济学家确定为人力资本的基本组成部分：工作经验和健康，发现即使控制了劳动力的经验，良好的健康状况对总产出也有积极的、相当大的和统计上显著的影响。Bhargava et al.（2001）④ 调查了成人存活率（ASR）等健康指标对5年间GDP增长率的影响，通过重新审视预期寿命-收入关系，建立了GDP增长率与解释变量之间相互关系的模型，发现成人存活率与经济增长呈正相关，当用预期寿命代替成人存活率时，结果仍然相似。类似地，Weil（2007）⑤ 也使用了

---

① 王辉，刘茂松．教育人力资本对农业经济增长影响的实证研究——基于30个省份的面板数据［J］．湖南社会科学，2016（5）：152-155.

② 方超，罗英姿．研究生教育对我国经济增长的影响研究——兼论研究生人力资本的空间流动性［J］．高等教育研究，2017（2）：52-60.

③ Bloom D E，Canning D，Sevilla J．The Effect of Health on Economic Growth：A Production Function Approach［J］．World Development，2004，32（1）：1-13.

④ Bhargava A，Jamison D T，Lau L J，et al. Modeling the effects of health on economic growth［J］．Journal of Health Economics，2001，20（3）：423-440.

⑤ Weil D N．Accounting for the Effect of Health on Economic Growth［J］．Quarterly Journal of Economics，2007，122（3）：1265-1306.

成人存活率指标，参考微观经济学估计健康对个体结果影响的估计方法，构建了宏观层面上健康对人均 GDP 近似影响的经济估计，通过使用平均身高、成人存活率和预期寿命作为健康状况的指标发现，健康是不同国家收入变化的重要决定因素，跨国收入差异的大约 17%～20%可以用健康状况的跨国差异来解释。

学者们对不同国家的健康投入与经济发展都进行了深入分析，结论有所差异：Mayer（2001）① 采用 1950—1990 年按年龄和性别群体生存的概率指标，运用格兰杰型因果关系检验增长回归分析了 18 个拉丁美洲国家健康投入与收入的因果关系，认为改善医疗设施可以提高拉丁美洲的生产率和收入增长率，原因是健康的状况可以降低丧失工作能力的机会，减少因衰弱和疾病而失去的工作天数来提高劳动力的生产率和工资；相反，健康状况不佳导致相应的工作时间损失、生产力和整体工资的下降。Gyimah-Brempong & Wilson（2004）② 使用扩展的 Solow 增长模型研究了 OECD 国家和非洲南部国家人均收入增长与健康人力资本投资之间的关系，发现在控制其他变量之后，健康人力资本的投资（医疗支出）和存量（儿童死亡率）与人均收入增长呈正相关关系。人力资本的健康状况以一种二次方式对人均收入的增长产生强烈而积极的影响：当健康存量相对较大时，其对经济增长的影响变小；且撒哈拉以南非洲和经合组织国家分别 22%和 30%的人均收入转型增长率可归因于健康。Frimpong & Adu（2014）③ 利用 1970—2010 年 30 个撒哈拉以南非洲国家的面板数据，调查了人口健康对经济绩效的影响程度，采用基于扩展的索洛增长模型的理论模型，采用面板协整计量策略对撒哈拉以南非洲地区人口健康资本与经济增长之间的关系进行了估计，发现人口的健康状况并没有显著地推动经济表现；然而考虑到艾滋病毒/艾滋病的影响，人口健康对经济增长产生了显著的负面影响。作为发展中国家的代表，国外学者对中国健康与经济增长的关系话题

---

① Mayer D. The Long-Term Impact of Health on Economic Growth in Latin America［J］. World Development, 2001, 29（6）: 1025-1033.

② Gyimah-Brempong K, Wilson M. Health human capital and economic growth in Sub-Saharan African and OECD countries［J］. Quarterly Review of Economics & Finance, 2004, 44（2）: 296-320.

③ Frimpong P B, Adu G. Population Health and Economic Growth in Sub-Saharan Africa: A Panel Cointegration Analysis［J］. Journal of African Business, 2014, 15（1）: 36-48.

非常感兴趣，Popkin（2008）[①] 发现社会地位的变化导致中国人群体重指数（BMI）的分布迅速增加，成年男性超重状态增加三倍，女性超重状态在 1989 年至 2000 年间翻了一番，相关的经济成本占经济的 4%～8%，需要公共投资来阻止与这种营养转变相关的发病率，医疗保健费用的大幅增加从而对经济产生压力。

在国内方面，骆永民（2011）[②] 基于随机动态一般均衡模型，对经济增长是否包含了公共卫生投入、健康型人力资本投资所带来的贡献等问题进行了分析，采用数据包络分析（Data Envelopment Analysis，DEA）方法对 1998—2008 年面板数据进行计算，得到公共卫生的投入产出效率，并以此考察健康型人力资本投资变量，实证检验结果为健康型人力资本投资是经济增长的重要源泉，不仅对本地区有经济贡献还辐射了周边省份，产生了正向溢出作用，分析还发现地区原本的经济发展状况、人力资本集聚条件等也对健康型人力资本投资与经济增长之间的关系有影响。王弟海（2012）[③] 讨论了消费部门中物质资本投资、健康型人力资本投资的影响，将食物消费和营养健康两个变量引入扩展的 Ramsey 模型，分析了现实经济中发达国家与发展中国家具有差异性的物质资本、人力健康和消费水平及其原因所在，认为在外生技术进步存在的条件下，基于食物消费和营养健康的人力资本投资对经济增长有扩张作用，但不能产生内生经济增长。解洪涛（2014）[④] 则从公共支出角度讨论基于内生经济增长理论的人力资本与经济增长关系问题，与其他研究不同的是其人力资本累积函数包含了公共支出，并关注内部结构变化对于经济增长的贡献，在理论分析的基础上采用 1978—2008 年面板数据检验了中国公共卫生支出、教育支出、基础设施对经济增长的贡献，认为三者对人力资本的贡献决定了各项公共支出

---

① Popkin B M. Will China’s Nutrition Transition overwhelm its Health Care System and Slow Economic Growth? [J]. Health Affairs, 2008, 27 (4): 1064-1076.

② 骆永民．公共卫生支出、健康人力资本与经济增长［J］．南方经济，2011，29（4）：3-15.

③ 王弟海．健康人力资本、经济增长和贫困陷阱［J］．经济研究，2012（6）：143-155.

④ 解洪涛．公共支出结构、人力资本积累与中国经济增长路径［J］．现代财经（天津财经大学学报），2014（8）：92-101.

的最优比例配置。祁毓等（2015）[①] 在世代交叠模型的基础上，运用1992—2011年28个省份的数据，通过面板差分高斯混合模型（Gaussian Mixed Model，GMM）和系统GMM方法在克服内生性影响基础上考察了环境污染如何通过健康影响到经济增长，认为环境污染确实对国民健康产生了显著的负面影响，并通过健康影响到经济增长。封岩和柴志宏（2016）[②] 在一个包含两部门的内生增长模型中分析了政府和私人两种健康投资对健康积累和经济增长的影响，公共健康投资和私人健康投资要保持适当比例，经济增长率才会达到最优；两种健康人力资本投资的产出收益均存在一定的阶段性差异和滞后性特征，政府公共健康投资相较于私人健康投资滞后期更长，但产出效应也会维持更长时间。

（四）人力资本流动与经济增长

流动是人力资本投资的另一个重要途径，人力资本流动一直是学界和业界的重要研究议题，其关系着一个地区的人力资本存量、年龄结构和劳动力规模等，也和经济兴衰、资源运用、技术发展有关，进而影响国家社会的经济、政治和文化等政策。研究人力资本流动与经济增长的文献最早可以追溯到《国富论》。亚当·斯密在《国富论》第一篇第十章中认为，劳动力在选择职业时是追求个人利益最大化的，当不同职业之间的收益存在差异时，则必然会导致流动行为的发生，而劳动力流动的结果会使不同职业间的收益尤其是工资收益趋于相等。相对于教育投入和健康投入，目前对人力资本流动与经济增长的直接研究较少，学者们主要聚焦于一般劳动力流动与经济增长之间的关系，以及流动型人力资本的形成等话题。

由于劳动力流动对流入地和流出地两地的经济发展会产生显著影响，讨论劳动力流动的理论相继出现，如拉文斯坦的人口迁移法则、唐纳德的推拉理论等。过去的半个世纪，跨境的金融资本流动改变了全球经济和政治格局，而在接下来的几十年中，由于人口和技术因素以及不可避免的各国之间巨大收入差距的持续存在，人力资本流动可能与资本流动发挥同等

① 祁毓，卢洪友，张宁川．环境质量、健康人力资本与经济增长［J］．财贸经济，2015（6）：124-135.

② 封岩，柴志宏．健康人力资本对经济增长的影响［J］．经济与管理研究，2016，37（2）：21-27.

影响力，对国际政治和经济格局的塑造产生重要影响。目前从内生增长理论出发，对人力流动与经济增长之间关系探讨的研究并不多见，针对特定类型的人力资本——人才流动与经济增长关系的讨论则更少。学者们主要的研究是从发展经济学人口迁移与发展的理论模型，如扎达罗模型、凯利-威尔逊模型出发，研究农村剩余劳动力的迁移与经济发展的关系。前期的人力资本流动主要发生在发展中国家内部，特别是中国和印度两个典型国家，大量的农民从农村迁移到城市，因此现有研究一般将劳动力转移视为剩余劳动力在产业之间的资源再配置活动，农民从第一部门向第二、第三部门转移时产生了生产率的提升。农村剩余劳动力转移对我国经济增长作出了重大贡献。张广婷等（2010）[①] 实证发现剩余劳动力转移对中国整体的 GDP 增长和劳动生产率增长都有重要贡献，1997—2008 年贡献了 GDP 增长的 1.72%和劳动生产率增长的 16.33%，其理论机理是经典的二元城乡结构，讨论剩余劳动力转移对经济增长的配置效应，但也进一步指出这种贡献存在地区差异性，中部地区从剩余劳动力转移中获得的收益最大，其次是东部地区，西部地区最小。

但随着经济发展与人口结构的变化，学者们的研究逐渐深入，部分学者认为剩余劳动力的转移与区域差距同时扩大（蔡昉，2005）[②]。杨忠直等（2010）[③] 发现，中国历年的农村剩余劳动力转移对内陆农村和沿海城市都带来了巨大冲击，如此长时间、大规模的跨地区劳动力流动并没有缩小地区间经济水平的落差，反而扩大了内陆农村和沿海城市之间的发展差距，劳动力转移中客观存在的摩擦问题、产业与生产要素在沿海城市的过度集聚等都加剧了区域发展不平衡问题。蔡昉（2007）[④] 在坚持原有研究结论的基础之上，进一步指出改革开放 30 年来中国农村已向城市输出了巨大的劳动力群体，二元经济结构所假设的农村拥有源源不断的、可以持续输出

---

① 张广婷，江静，陈勇．中国劳动力转移与经济增长的实证研究［J］．中国工业经济，2010（10）：15-23.

② 蔡昉．农村剩余劳动力流动的制度性障碍分析——解释流动与差距同时扩大的悖论［J］．经济学动态，2005（1）：35-39.

③ 杨忠直，姚林如，李莉．劳动力地区间转移的经济发展趋势分析［J］．管理科学学报，2010，13（8）：89-96.

④ 蔡昉．破解农村剩余劳动力之谜［J］．中国人口科学，2007，2007（2）：2-7.

的剩余劳动力的观点已不合时宜，应该放弃原本假设，否则无法对于中国未来的劳动力市场状况进行科学的预计；徐宏伟（2015）① 估算了湖北省1990—2012年劳动力转移的规模，对劳动生产率和经济增长中农村剩余劳动力的贡献份额进行分析，认为农村剩余劳动力转移对经济增长的贡献不可以一概而论，而应该考虑时间和产业的异质性特征。

从劳动经济学理论出发，劳动力流动包含不同职业之间、产业之间、区域之间或者企业之间的工作转换，而这些转换的动机通常是为了要追求更高的薪资或者效用，当其他工作可以提供较好的待遇时，便有可能形成工作转换，而薪资较高的工作也反映出较高的劳动生产力。除了薪资方面的差异外，还有其他因素也会连带影响流动的意愿，既包括“搜寻成本”，即花费的额外时间与金钱以搜集新工作的信息，还包括“转移成本”，即新工作可能无法立刻任职，且适应新的环境也需要耗费一些精力等，若是更具专业性的工作则还必须有一段学习时间等。只有当新工作与现有工作的薪资差异大于“搜寻成本”与“转移成本”之和时，流动才有可能发生。Booth et al.（1999）② 指出，不论是劳动的需求还是供给增加，两者皆会改变劳动报酬以及雇佣劳动力的支出，就供给层面而言，当劳动力期望的效益或者其他可以选择的方案有所不同时，就会产生流动；就需求层面而言，一旦企业所必须付出的成本大于利润时，就有可能停止提供工作机会，这两种原因都会导致劳动力产生流动。

根据人力资本投资理论，流动，事实上是一种人力资本投资决策。因为任何一个人都视自己为一项重要的资本，即人力资本。在个人追求利益最大化原则之下，就会将人力资本投资于预期报酬率最大的地方，如果此地与现归属地不同时，就会发生流动。因此，可以以投资的报酬与成本的概念去分析人力资本流动现象，当报酬减去成本得到的投资现值大于零时，流动的行为就会发生。人的能力并不完全是先天所得，而是可以通过教育投入、健康投入和流动迁徙等手段进行后天开发所得。人们需要花费

---

① 徐宏伟．农村剩余劳动力转移的再配置效应分析——以湖北省为例［J］．管理世界，2015（12）：178-179.

② Booth，A. L.，M. Francesconi，and C. Job Tenure and Job Mobility in Britain［J］. Industrial & Labor Relations Review，1999，53（1）：43-70.

一定的成本或者放弃一定的报酬或消费，才能完成教育投入、健康投入和流动迁徙等活动，但又可以从这些活动中获得收益，因此教育投入、健康投入和流动迁徙等都是一种投资活动，即人力资本投资。人力资本投资可以细分为教育型人力资本投资、健康型人力资本投资和流动型人力资本投资，与物质投资不同的是，人力资本投资的收益具有长期持久、逐渐增长等特点。人力资源在厂商之间工作流动的收益来自其在寻找工作方面投资的报酬，信息投资对于增加工作机会，进而实现工作流动的机制如下：知晓不同商店同一物品价格变动的信息，可以使得人们买到最便宜的东西，从而提供消费激励，提升销售数量；类似地，如果劳动者可以获取不同企业同一岗位工资变化的信息，则将让劳动者获得最高的工资。关于增加工作机会的信息投资可能包括：花钱在职业介绍机构进行登记；花钱购买招聘广告；花费时间搜集求职信息，如与朋友们讨论、到意向企业进行面谈、通过网络等渠道进行查询等。以上的金钱、时间等的花费都构成了人力流动的信息投资，其目的是为了获得更高的工资收入。如果劳动者支付了信息投资的成本并取得了收益，那么这些花费对于其收入曲线及折旧的影响应该与其他人力资本投资行为，如学校教育、一般在职培训等是一样的。因此，流动也将构成人力资本投资。

劳动力的流动问题是整体经济发展的一个缩影。前期中国经济主要聚焦于工业化发展，由以第一产业为主的经济转向以第二产业为主的经济进行产业结构调整，劳动力也由较低生产率的农业部门向较高生产率的工业部门转移，因此学者们主要聚焦于农村剩余劳动力的转移问题，讨论产业间劳动力资源的要素再配置效应对经济增长的贡献；而在工业化进程逐渐完成的当下，中国开始向城市化发展跃迁，产业结构将再次进行调整，随之而来的便是第二、第三产业部门的人才流动问题，以及在区域发展不平衡背景下的人才跨区域配置问题，这应当是未来研究的重点领域。

作为先进知识与技术的重要载体，正确认识人才流动与中国经济发展的内在联系，科学合理地引导人才资源流动，对整体经济的健康发展具有重要意义。根据人力资本理论，人力资本可以通过保健投资、教育投资、职业培训、人力迁移投资等方式形成，但目前学者们主要关注教育投入和健康投入两种人力资本形成方式对经济增长的作用，而对人力资本流动与经济之间的关系却未加以应有的重视，对人力流动与经济增长的关系理论机理的追踪甚少，对于人才流动与经济增长的关系研究更是少之又少，缺乏完整的一般性原理分析，亟待建立一个既能揭示人才流动与经济增长关系的机理，又能测度并指导实证分析的研究框架。

三、经济高质量发展

（一）高质量发展的概念研究

“高质量发展”是一个新概念，前期学者主要针对“经济发展质量”的评价问题进行讨论，如李永友（2008a）① 从“质量”的概念谈起，认为经济发展质量是经济发展满足使用者需要的能力或程度，即经济发展对人的适用性；与一般产品或服务相比，经济发展质量的特殊性在于投入产出关系、结构特征；经济质量评价是考察经济扩张的速度和效率，即所谓增长的速度和效率问题，速度是保障，效率是中心，两者共同决定着经济增长质量的高低，其中经济增长的效率实质上是经济增长的投入产出关系，在产出既定的情况下，投入越小或在投入既定的情况下产出越大则被认为经济增长的质量越高。在对长三角地区进行全要素的增长源泉分析的基础上，李永友（2008b）② 又指出在发展框架下经济增长绩效主要表现为投入产出的比较关系，对一个地区经济发展质量的评价应该同时包括增长绩效和结构优化两个方面，必须同时得到改进才能称得上发展；增长是结构优化的基础，结构优化是经济可持续增长的条件，两者呈现出互为内生的关系。宋明顺等（2015）③ 认为宏观经济发展质量应包括竞争质量、民生质量、生态质量三个维度，以此建立了评价模型并进行实证测量，测量结果认为与标杆国家水平比对，中国宏观经济质量呈现出较好的增长势头，但仍处在重增长、轻民生和生态环保的粗放式发展状态。

党的十九大之后，学者们从不同角度对“高质量发展”进行了界定：

---

① 李永友．经济发展质量的实证研究：江苏的经验——基于经济发展质量指标体系的分析［J］．财贸经济，2008（8）：113-118.

② 李永友．基于江苏个案的经济发展质量实证研究——兼与浙江、上海的比较分析［J］．中国工业经济，2008（6）：138-147.

③ 宋明顺，张霞，易荣华，等．经济发展质量评价体系研究及应用［J］．经济学家，2015（2）：35-43.

金碚（2018）[①] 提出进入高质量发展新时代体现经济发展的本真性质，以追求一定经济质态条件下的更高质量目标为动机；发展质量的内容所表现出的多维性和丰富性，要求发展战略和模式选择的高度创新性；系统性地创造发展优势，走符合实际和具有特色的道路，以各种有效和可持续方式满足人民不断增长的多方面需要，是高质量发展的本质性特征；认为高质量发展是能够更好满足人民不断增长的真实需要的经济发展方式、结构和动力状态，是一个具有强烈动态含义的概念。“高质量发展”是相对于“高速增长”而言的，两者既有关联，也有区别：关联在于两者的本质含义都是社会所生产和消费的有用产品的增加，两者的经济学含义都是使用价值量的增加、更多的使用价值满足人民日益增长的需要；两者的区别在于高速增长阶段主要关注的是以交换经济（货币单位）计算的产品总量增加，且经济关系中的工具性目标（如 GDP、收入、利润等）成为社会追求的最重要目标，而高质量发展阶段则更加注重产品和经济活动的使用价值及其质量合意性。洪银兴（2019）[②] 认为高质量发展依据的是新发展理念，经济增长要由主要依靠投资、出口拉动向依靠消费、投资、出口协调拉动转变，由主要依靠第二产业带动向依靠第一、第二、第三产业协同带动转变，由主要依靠增加物质资源消耗向主要依靠科技进步、劳动者素质提高、管理创新转变，走“生产发展，生活富裕，生态良好”的文明发展道路；转变经济发展方式，是实现科学发展的核心内容。张涛（2020）[③] 认为探讨高质量发展的丰富内涵，梳理构建高质量发展测度体系应当遵循的思想准则，建立可供参考的、较为系统的、符合各项思想准则的高质量发展测度体系。任保平（2018）[④] 认为高质量发展包括经济发展、改革开放、城乡建设、生态环境和人民生活等一系列发展内涵，而其关键是解决发展的不平衡、不充分问题。高质量发展是经济的总量与规模增长到一定阶段

① 金碚．关于“高质量发展”的经济学研究［J］．中国工业经济，2018（4）：5-18.

② 洪银兴．改革开放以来发展理念和相应的经济发展理论的演进——兼论高质量发展的理论渊源［J］．经济学动态，2019（8）：10-20.

③ 张涛．高质量发展的理论阐释及测度方法研究［J］．数量经济技术经济研究，2020，37（5）：23-43.

④ 任保平．新时代高质量发展的政治经济学理论逻辑及其现实性［J］．人文杂志，2018（2）：26-34.

后，经济结构优化、新旧动能转换、经济社会协同发展、人民生活水平显著提高的结果，如何将经济从高速增长转向高质量发展是新时代背景下中国经济增长中的关键问题。林兆木（2018）[①] 认为高质量发展是能够更好满足人民日益增长的美好生活需要的发展，也是生产要素投入少、资源配置效率高、资源环境成本低、经济社会效益好的发展，其内涵和要义包括商品和服务质量普遍持续提高的发展，投入产出效率和经济效益不断提高的发展，创新成为第一动力的发展，绿色成为普遍形态的发展，经济重大关系协调、循环顺畅的发展，坚持深化改革开放的发展，以及共享成为根本目的的发展。孙久文（2018）[②] 指出高质量的经济发展不仅是总量增长、效率提升，而且是结构均衡、协调发展，区域经济差距是经济高质量发展中不可回避的重要问题。高质量的平衡的区域经济发展，是指在区域协调发展战略的指引下，强调树立追求卓越的区域发展观，树立科技创新为动力的、以质取胜的区域发展理念，把资源开发优势、产业规模优势、生态环境优势转化为区域经济的品质优势，从注重发展速度向速度与质量并重转变。师博和张冰瑶（2018）[③] 认为高质量发展体现为三个层面，经济增长的强度、稳定性和经济结构的合理化，人力资本积累使社会成员充分分享经济发展的成果，加大对生态环境保护的投入力度。邵景均（2018）[④] 认为在经济领域推动高质量发展的目的在于调整原先主要依靠要素投入、规模扩张的高速增长模式，解决发展效率不高、依赖传统动能过重、资源环境消耗过大等问题。徐康宁（2018）[⑤] 认为把经济增长中劳动、投资等传统要素的贡献度降下来，转而提升新知识、新技术和新管理等对经济的贡献度，提升全要素生产率，使得中国能在不耗费大量新劳动力、固定投资和资源环境的情况下也保持持续增长，就是一种高质量的发展。刘世锦

---

① 林兆木，关于我国经济高质量发展的几点认识［N］. 人民日报，2018-01-17（07 版）.

② 孙久文. 从高速度的经济增长到高质量、平衡的区域发展［J］. 区域经济评论，2018（1）：1-4.

③ 师博，张冰瑶. 新时代、新动能、新经济——当前中国经济高质量发展解析［J］. 上海经济研究，2018（5）：25-33.

④ 邵景均. 坚定不移走好高质量发展之路［J］. 中国行政管理，2018（1）：5.

⑤ 徐康宁. 全面推动经济进入高质量发展阶段［J］. 群众，2018（1）：15-16.

(2017)[①] 指出中国经济不可能继续依靠要素投入数量的增长，推动质量、效率、动力的三大变革，是高质量发展阶段的必然要求，而三大变革的关键在于切实、持续地提高全要素生产率，因此保证高质量发展的关键基础在于发挥全要素生产率的引领作用。

国外没有高质量发展的概念，相似的研究为经济增长质量，学者们从结构优化、周期波动、增长效率等角度进行讨论[②③]，理论外延远窄于高质量发展，但可借鉴其研究视角与方法。

综上，对于中国经济从高速增长阶段转向高质量发展阶段这一重大现实经济问题，学者们在各领域进行了开创性的研究，提出了不同角度的概念界定，但尚未有统一定义，且目前对高质量发展的讨论主要集中在理论探讨，尚未通过实证进行测度检验，亟须进一步研究。

本研究认为，虽然目前对高质量发展的概念还没有统一界定，但“资源配置效率”“调整增长方式”是许多学者均认可的、达成普遍共识的关键词，因此本研究参考林兆木（2018）的论述并对其进行补充，将“高质量发展”定义为“能够更好满足人民日益增长的美好生活需要的发展，也是一种可持续的、结构合理的、有效率的发展”。随着“人口红利”的结束，高速增长阶段期间依靠大规模政府主导型投资以保持经济增长速度的方式不再具有可持续性，如何保持中国经济健康发展、提升经济发展质量，是众多学者一直关注的话题。李子联等（2019）[④] 认为要突破土地供应紧张、人口增长放缓、能源消耗严重、治污成本内化等高质量发展约束，构建经济发展内在动力和长效机制，其关键在于促进经济由粗放式的

---

① 刘世锦. 推动经济发展质量变革、效率变革、动力变革［J］. 中国发展观察，2017（21）：5-6.

② QI J. Fiscal Expenditure Incentives，Spatial Correlation and Quality of Economic Growth：Evidence from A Chinese Province［J］. International Journal of Business and Management，2016，11（7）：191-201.

③ Montfort Mlachila，Rene Tapsoba，Sampawende J. A. Tapsoba. A Quality of Growth Index for Developing Countries：A Proposal［J］. Social Indicators Research，2017，134（2）：675-710.

④ 李子联，王爱民. 江苏高质量发展：测度评价与推进路径［J］. 江苏社会科学，2019（1）：247-256.

高速增长向集约式的高质量发展转变。蔡昉（2013）① 认为通过劳动力在部门间的转移所获得的资源重新配置效应，以及劳动力无限供给所赢得的稳定的资本报酬效应消失之后，应从技术进步和体制改善中获得更高效率，中国经济增长应向全要素生产率支撑型模式转变。首先，全要素生产率的提升意味着投入产出比率的提高，全要素生产率系指在各种要素投入水平既定的条件下所达到的额外生产效率，全要素生产率越高，同样的投入就可以获得越多的产出，而在不耗费大量新劳动力、固定投资和资源环境的情况下也持续增长，就是一种高质量的发展②。其次，提升全要素生产率意味着技术进步，意味着降低劳动力、资本等传统生产要素的贡献度，转而提高新知识、新工艺和新技术等创新要素对经济发展的促进作用；经济结构的知识密集程度是经济发展质量的一个重要判断标准，也就是能否实现从“有没有”向“好不好”的转变，生产性技术水平的提升将驱动整体经济向知识集约化方向发展，从而提升经济增长质量 ③。最后，全要素生产率的提升还意味着资源优化配置，部门内部资源优化配置主要表现为生产率最高的企业得以扩大，效率高的企业规模更大、成长也更迅速，部门间资源优化配置则表现为生产要素从生产率低的产业向生产率高的产业转移，最终实现产业结构调整、升级或者高度化，资源配置效率改善是高质量发展阶段中国经济增长的重要新动能④。由此可见，提升全要素生产率充分契合经济高质量发展的内涵，从全要素生产率角度研究高质量发展问题是恰如其分的。

（二）高质量发展的测度

许多学者关注经济高质量发展的测度与评价问题，包括指标体系构建、时空演变特征等。师博和任保平（2018）⑤ 利用新方法测算了基于经

---

① 蔡昉．中国经济增长如何转向全要素生产率驱动型［J］．中国社会科学，2013（1）：57-72+207.

② 徐康宁．全面推动经济进入高质量发展阶段［J］．群众，2018，575（1）：15-16.

③ 张治栋，廖常文．全要素生产率与经济高质量发展——基于政府干预视角［J］．中国软科学，2019（12）：29-35.

④ 许宪春，张钟文，常子豪，雷泽坤．中国分行业全要素生产率估计与经济增长动能分析［J］．世界经济，2020，43（2）：25-48.

⑤ 师博，任保平．中国省际经济高质量发展的测度与分析［J］．经济问题，2018（4）：1-6.

济增长基本面和社会成果两个维度的经济高质量发展指标，认为未来中国经济增长质量将进入较长时期的上升通道，但东、中、西部经济增长质量分布非均衡的态势，难以在短期内弥合。王伟（2020）① 基于经济高质量发展的内涵、目标和原则，从经济发展的基本面和新发展理念两个视角，构建六大维度共 34 项指标的经济高质量发展评价测度体系，运用熵值法结合 TOPSIS 法对我国 31 个省份 2018 年经济高质量发展水平进行测度。唐晓彬等（2020）② 基于 2013—2018 年中国省域数据，结合了“VHSD-EM”模型对中国经济高质量发展展开时空测度与驱动因素分析，认为科技要素、劳动力要素以及财政支出水平在很大程度上影响了省域经济高质量发展的差异化。

许多学者认为全要素生产率是经济高质量发展的重要评价指标之一，提高全要素生产率、实现向高效增长的跃升，是高质量发展的核心任务。刘志彪和凌永辉（2020）③ 研究发现加速经济结构转换虽然会造成一定程度的“结构性减速”，但有利于促进全要素生产率的提升，通过发挥结构转换中的存量优化和增量创新作用，有助于推进中国经济的高质量发展。王一鸣（2020）④ 认为产业结构高度化将更多体现为产业数字化转型带来的边际效率改善和全要素生产率提升；推动高质量发展，核心任务之一是要提高全要素生产率；在经济增速放缓和要素成本提高的背景下，只有提高全要素生产率，才能对冲劳动力成本上升，投资的边际产出才能稳定增长，企业才能提高盈利水平，积累的风险才能有效释放，资源环境压力才能逐步减缓；提高全要素生产率，实现向高效增长的跃升，是转向高质量发展的主旋律。

对高质量发展的测度本研究参考徐康宁（2018）的研究，具体将采用全要素生产率进行衡量，原因在于：一方面，全要素生产率是在各种生产

① 王伟．我国经济高质量发展评价体系构建与测度研究［J］．宁夏社会科学，2020，224（6）：83-93.

② 唐晓彬，王亚男，唐孝文．中国省域经济高质量发展评价研究［J］．科研管理，2020，301（11）：46-57.

③ 刘志彪，凌永辉．结构转换与高质量发展［J］．社会科学战线，2020（10）：50-60+281-282.

④ 王一鸣．百年大变局、高质量发展与构建新发展格局［J］．管理世界，2020，36（12）：1-13.

要素的投入水平既定的条件下，所达到的额外生产效率①，是反映技术进步水平、生产要素使用效率的重要指标，可以通过对全要素生产率绝对值的分析判断经济发展是否具有效率，可以通过对全要素生产率的长期观察判断经济发展是否具有可持续性，可以通过对全要素生产率进行分解以判断经济发展动力结构是否合理，符合高质量发展的概念；另一方面，全要素生产率的现有测量方法已比较成熟，Malmquist 生产率指数方法是大部分学者研究中国经济发展情况时所使用的工具，如张海洋（2005）②、吴丹和王娅莉（2006）③、李小平（2007）④、张健华和王鹏（2010）⑤、成力为和孙玮（2012）⑥ 等，得到了学术界的普遍认可，可以较直接地对“高质量发展”进行统计核算，解决了经济质量难以定量衡量的问题。

（三）高质量发展的路径研究

针对如何实现经济更高质量发展，促进经济高质量发展的动力与路径的研究，学者们普遍认为创新是高质量发展的重要动力，可通过技术创新、模式创新、制度创新等方式培育发展新动能。王慧艳等（2019）⑦ 从系统论角度把科技创新驱动经济高质量发展复杂系统过程分解为科技创新和经济高质量发展两个阶段，由此构建科技创新驱动经济高质量发展绩效评价概念模型和指标体系，运用网络 WSBM 模型对中国 30 个省份科技创新驱动经济高质量发展的绩效水平进行测算。赵涛等（2020）⑧ 探讨了数字经济促进城市高质量发展的效应及其背后的机制，认为数字经济可以通

---

① 蔡昉．全要素生产率是新常态经济增长动力［J］．党政干部参考，2016（1）：19-20.

② 张海洋．R&D 的两面性、外资活动与中国工业经济增长［J］．经济研究，2005（5）：107-117.

③ 吴丹，王娅莉．基于 Malmquist 生产率指数的 R&D 投入对制造业影响评价［J］．管理学报，2006（9）：580-585.

④ 李小平．自主 R&D、技术引进和生产率增长——对中国分行业大中型工业企业的实证研究［J］．数量经济技术经济研究，2007（7）：15-24.

⑤ 张健华，王鹏．中国银行业广义 Malmquist 生产率指数研究［J］．经济研究，2010（8）：128-140.

⑥ 成力为，孙玮．市场化程度对自主创新配置效率的影响——基于 Cost-Malmquist 指数的高技术产业行业面板数据分析［J］．中国软科学，2012（5）：128-137.

⑦ 王慧艳，李新运，徐银良．科技创新驱动我国经济高质量发展绩效评价及影响因素研究［J］．经济学家，2019（11）：64-74.

⑧ 赵涛，张智，梁上坤．数字经济、创业活跃度与高质量发展——来自中国城市的经验证据［J］．管理世界，2020，36（10）：65-76.

过提升创业活跃度，从而赋能高质量发展。汪淑娟和谷慎（2020）① 基于“巴斯德象限”理论，将基础创新、应用创新与高质量发展纳入一个统一的分析框架，系统地剖析了不同创新活动对高质量发展的作用机制；基础创新和应用创新均有效驱动了“一带一路”高质量发展，但后者产生了更积极的影响；受技术发展水平影响，基础创新和应用创新的驱动效应均呈现出正向边际递增的非线性特征，且前者的递增幅度远超后者。

部分学者从产业发展的角度进行研究，主要包括产业升级、某单一产业对高质量发展的意义。向晓梅和吴伟萍（2018）② 从动态比较优势的角度，特别强调了经济发展中与要素禀赋无关的后天可获取要素对经济高质量发展的重要作用，分阶段讨论了广东改革开放 40 年的经济发展历程，认为产业升级是高质量发展的主要目标及核心推力，广东从低成本要素驱动到投资驱动、嵌入式创新驱动、再到全面创新驱动，持续性产业升级的驱动力主要来自持续不断的动力转换以及比较优势的动态化调整，而这种动力转换是与供给和需求结构变动相适应的，生产要素供给、市场需求、技术创新、政府干预及制度安排等的相互影响与作用，可以形成推动产业持续升级的动力机制。张月友等（2018）③ 从服务业发展与“结构性减速”的相关性出发讨论了现代化经济体系问题，认为中国经济问题的根源在于产业结构性失衡，但产业结构服务化对我国全要素生产率具有显著的正向影响，且这种正向影响呈现出由西部地区向东部地区的递增强态势持续，推进产业结构的服务化是符合经济增长目标的，可以为高质量发展提供动力。师博和张冰瑶（2018）强调新经济是由新一轮产业革命和供给侧结构性改革所生成的新经济形态，发展新经济是推动旧动能转换为新动能、实现经济高质量发展的必然选择。

也有学者从金融的角度进行研究，主要强调了金融政策、调控方式的

① 汪淑娟，谷慎．基础创新抑或应用创新？谁驱动了经济高质量发展——基于“一带一路”沿线国家的研究［J］．财经科学，2020，392（11）：114-127.

② 向晓梅，吴伟萍．改革开放 40 年持续性产业升级的动力机制与路径——广东迈向高质量发展之路［J］．南方经济，2018（7）：1-18.

③ 张月友，董启昌，倪敏．服务业发展与“结构性减速”辨析——兼论建设高质量发展的现代化经济体系［J］．经济学动态，2018（2）：23-35.

转变。徐忠（2018）[①] 认为金融的本质在于服务实体经济，随着实体经济发展由规模扩张转向质量提升，金融调控也要减少对数量目标和手段的依赖，以往严重依赖货币信贷投入的“大水漫灌”传统增长方式不可持久，特别是随着利率市场化改革的加快推进和基本完成，金融创新和金融脱媒迅猛发展，金融市场结构和金融产品日趋复杂，应淡化货币数量目标，从以数量为主的间接货币政策调控转向以利率为主的价格调控方式，才能更好地通过利率价格杠杆优化金融资源配置、更好地促进新常态下经济金融的高质量发展。袁红英（2018）[②] 也认为应进行逆经济周期的调控，财政金融政策同向发力，以财政政策引导金融资源流入实体经济，实现稳定经济增速的政策效果，而财政金融政策工具组合可增强政策实施的灵活性，弥补单一政策工具的不足。

还有研究讨论了政府在经济高质量发展中的作用，包括地方政府之间的竞争及体制机制的改革。刘志彪（2018）[③] 认为地方政府前期为增长而竞争的机制将彻底转化为高质量发展而竞争的机制，可以在新发展理念指导下，继续保持地方政府竞争模式的内在固有优势，通过改革和完善竞争体制，通过全面深化改革继续强化中国经济增长的动力。进一步协调政府与市场的关系，对不适应高质量发展的体制机制进行大胆改革和创新，可以提升全要素生产率，推动经济发展质量提高。中国经济发展进入新的历史阶段，中国经济结构已经具有后工业化时代的演进特征，同时社会组织结构、人民生活质量等也发生了重要变化，需要建设贯彻发展、改革、开放三者的统一现代化经济体系，这也是贯彻新发展理念实现“五位一体”总体布局的要求[④]；加快建设现代化经济体系是经济建设的总纲领，坚持质量第一、效率优先的方针，推动质量经济、综合要素生产率和发展新动

① 徐忠．经济高质量发展阶段的中国货币调控方式转型［J］．金融研究，2018（4）：1-19.

② 袁红英．推进经济高质量发展的财政金融政策协调机制研究［J］．经济论坛，2018（8）：22-24.

③ 刘志彪．为高质量发展而竞争：地方政府竞争问题的新解析［J］．河海大学学报（哲学社会科学版），2018，20（2）：1-6.

④ 刘伟．现代化经济体系是发展、改革、开放的有机统一［J］．经济研究，2017（11）：6-8.

力的三大变革，让市场机制有效、微观主体有活力、宏观调控有度①。

学者们也注意到了要素流动对中国经济高质量发展的重要性，并从城市群发展、市场分割、人力资本流动等角度进行了有益的探讨。沈坤荣和赵倩（2018）②认为城市群崛起是高质量发展的重要标志，通过对世界三大湾区城市群经济发展特征的总结，指出湾区城市群有效整合了创新资源与全球市场，是全球最具经济活力的地区；城市是实现高质量发展的载体，是要素集聚的中心、创新孵化的中心，城市群可以实现空间优化布局和要素集聚，对内联系紧密、对外高度开放，区域内生产要素自由流动，因此中国经济高质量发展可以通过加快一体化进程来实现。孙博文和雷明（2018）③基于自由企业家模型，探讨企业家自由流动假设下市场分割对经济空间格局的塑造机制，认为一方面需要加大交通基础设施建设、降低运输成本，另一方面还需要降低市场壁垒和制度分割所带来的交易成本增加，才能促进商品与要素的自由流动、降低企业交易成本，促进中国长期高质量发展。陈耀（2018）④从人力资本与经济发展关系的理论渊源出发，讨论了人力资本通过增加劳动力供给直接促进经济增长、人力资本的外部性激发创新、人力资本的有效供给可以提升产业结构调整速度，以及人力资本的合理流动促进不同区域间经济发展，缩小区域发展差距等作用机理，认为提升人才的量与质，优化人才结构，促进人才在地区间合理有序流动，同时优化鼓励创新、激励创新的制度和环境，最大限度地发挥人才的创造力可以促进中国经济高质量发展。

全要素生产率角度也是经济高质量发展研究中的重点话题，主要路径包括构建现代化的经济体系等。贺晓宇和沈坤荣（2018）⑤从全要素生产

① 刘志彪．建设现代化经济体系：新时代经济建设的总纲领［J］．山东大学学报（哲学社会科学版），2018（1）：1-6.

② 沈坤荣，赵倩．世界级城市群国际比较与区域高质量发展路径选择——以江苏为例［J］．江海学刊，2018（2）．

③ 孙博文，雷明．市场分割、降成本与高质量发展：一个拓展新经济地理模型分析［J］．改革，2018（7）：53-63..

④ 陈耀．高质量发展把对人才的要求推向新高度［J］．中国党政干部论坛，2018（6）：32-35.

⑤ 贺晓宇，沈坤荣．现代化经济体系、全要素生产率与高质量发展［J］．上海经济研究，2018（6）：25-34.

率角度讨论了中国经济高质量发展问题，认为经济的高质量发展需要以现代化的经济体系为支撑、以全要素生产率的提升为关键，在构建现代化经济体系的评价指标的基础上，运用省际数据，选择空间杜宾模型的估计方法进行了实证检验，结果是现代化经济体系完善对全要素生产率提升、经济发展质量提高具有推动作用，且具有区域差异性。茹少峰等（2018）①从效率变革的角度讨论高质量发展问题，强调效率变革就是实现经济系统的整体产出主要依赖全要素生产率提升，一是在宏观层面提高生产要素配置效率和产业生产率，二是在微观层面提高企业技术进步、技术效率和规模效率，目前影响中国全要素生产率提升的主要因素是要素配置、产业结构、对外开放、研发投入、教育和人力资本五大要素，但仅从理论上进行了讨论并没有通过实证检验。郑江淮等（2018）② 构建了与全要素生产率变化同源的中国经济增长动能指数，从需求侧、供给侧及结构转换视角，探寻了中国经济发展的动力来源，认为中国经济增长进入了增速换挡、结构调整与“新旧动能”转换时期，从高速增长转向高质量发展需要增长动能呈现出新的变化；顺应资源再配置动能变化趋势和要求，让市场在资源配置中发挥基础性决定作用，激发居民消费升级、要素替代与企业创新的动能，深化开放型动能，面向出口产品空间中高技术复杂度产品领域的开放、技术及知识创新与扩散，应成为中国经济高质量发展阶段的政策重点。

以上研究为如何推动高质量发展提供了有益的借鉴、参考，但可能存在以下两点不足：一是部分研究仅通过理论阐述提升高质量发展的可能路径，而缺乏实证检验；二是部分研究都忽略了高质量发展阶段的要素配置问题。从本质上看，经济增长取决于两个方面的因素：一是生产要素投入量的增加，二是生产要素的配置效率提高。在前期高速增长阶段，要素投入驱动和投资规模驱动是经济发展的主要特征，其基础在于几乎无限供给

---

① 茹少峰，魏博阳，刘家旗．以效率变革为核心的我国经济高质量发展的实现路径［J］．陕西师范大学学报（哲学社会科学版），2018（3）：114-125.

② 郑江淮，宋建，张玉昌，等．中国经济增长新旧动能转换的进展评估［J］．中国工业经济，2018（6）．

的劳动力①，而随着人口红利的不断减弱，传统的依靠投资、消费和出口拉动经济增长的模式已经难以为继②，中国经济发展进入了增速换挡期和结构调整期，塑造新的经济增长动力必须要建立新的竞争优势③。因此，在新的高质量发展阶段，相比生产要素投入量，生产要素的配置特别是人力资本要素的配置应成为新竞争优势的重要组成部分。

四、人才流动与经济增长

（一）人才流动

经济要素的空间布局一直是学界研究的重要问题。对于创新人才流动的研究始于20世纪90年代新经济地理学家对规模报酬递增、运输成本、生产要素流动相互作用及产业空间集聚一般趋势的讨论，早期研究以要素的静态空间分析居多，聚焦于要素分布特征、集聚动力等。近年来，学者们进一步关注于集聚的过程，探讨区域创新活动是如何实现集聚的，并从要素流动这一动态视角对其进行剖析，主要集中在以下三方面：

一是创新人才的定义及内涵。R&D人员是最受关注的创新要素之一。王钺和刘秉镰（2017）在深入分析创新要素流动影响生产率增长内在机理的基础上，采用空间计量分析技术对中国30个省级行政区的创新要素流动与全要素生产率之间的关系进行了实证检验，发现中国区域全要素生产率具有明显的空间相关效应，且受这一效应的作用，研发资本在区际的流动对区域全要素生产率有显著的正向影响，但R&D人员却不尽然，揭示了创新要素在区际的流动对中国全要素生产率的影响。毛伟（2020）④认为在优化配置路径中，人才流动对经济增长的贡献度明显高于资本，约是资本贡献度的两倍。

---

① 蔡昉．理解中国经济发展的过去、现在和将来——基于一个贯通的增长理论框架［J］．经济研究，2013（11）：4-16.

② 中国经济增长前沿课题组，张平，刘霞辉，等．中国经济增长的低效率冲击与减速治理［J］．经济研究，2014，（12）：4-17.

③ 黄顺魁．要素投入还是要素升级：影响中国经济增长的因素分析［J］．现代管理科学，2017（5）：36-39.

④ 毛伟．制度变革的经济绩效——兼论优化配置与创新驱动的作用［J］．学术月刊，2020，52（5）：62-71.

二是创新人才流动的机制、规律和动因分析，主要依据人口迁移的“推拉”理论和物理学中的引力模型进行创新人才空间流动测度。卓乘风和邓峰（2017）① 认为在地区发展不平衡的现实基础上进一步实施差别化的创新驱动发展战略将会加剧创新要素的区际流动，在政府研发支持下，这种要素流动将会对地区创新绩效产生重要影响；采用中国30个省级行政区2003—2014年的面板数据，基于引力模型构建创新要素区际流动指标，运用空间计量模型和面板门槛回归模型，实证考察了创新要素区际流动与地区创新绩效之间的关系，并进一步探讨了政府支持在其中的非线性调节作用。白俊红等（2017）② 考察了研发要素的区际流动能否通过空间知识溢出效应促进中国的经济增长，以中国30个省级行政区域为研究对象，运用引力模型进行实证检验，发现研发要素的区际流动具有明显的空间溢出效应，且这一溢出效应对中国经济增长呈现显著的正向影响。

三是创新人才流动的影响分析，包括“知识溢出效应”和“资源配置效应”以及要素错配效率损失等。杨红丽和陈钊（2015）③ 发现外商直接投资的技术溢出在行业内的水平溢出可以借助于行业间的联系效应如人才流动而间接产生，即外资企业的技术先传递给上游供应商，再经由上游供应商传递给与外资企业处于同一行业的内资企业。类似的研究还包括范德成和杜明月（2017）④ 对省级工业面板数据的研究。魏浩等（2020）⑤ 则从国际人才流动的角度，利用2004—2015年中国与OECD国家之间的双边国际人才流动和贸易数据，实证检验了国际人才流动对中国消费品出口贸易的影响；发现国际人才流入、流出对中国消费品出口规模和出口商品结构的影响存在明显的差异性；国际人才流入有利于带动中国消费品出口规

① 卓乘风，邓峰．创新要素流动与区域创新绩效——空间视角下政府调节作用的非线性检验［J］．科学学与科学技术管理，2017，38（7）：15-26.

② 白俊红，王钺，蒋伏心，李婧．研发要素流动、空间知识溢出与经济增长［J］．经济研究，2017（7）：109-123.

③ 杨红丽，陈钊．外商直接投资水平溢出的间接机制：基于上游供应商的研究［J］．世界经济，2015，38（03）：123-144.

④ 范德成，杜明月．中国工业技术创新资源配置时空分异格局研究——以经济新常态为视角［J］．科学学研究，2017，35（8）：1167-1178.

⑤ 魏浩，袁然，苏航．国际人才流动对中国消费品出口影响的实证分析——基于国际留学生视角的考察［J］．国际贸易问题，2020（10）：67-81.

模的增长，但是，这种规模效应主要体现在促进我国低技术消费品和中技术消费品出口规模的增长；相比而言，国际人才流出对我国消费品出口规模的整体促进作用并不显著，但是，会通过带动高技术消费品出口规模的增长进而推动我国消费品出口商品结构的优化。

（二）人才流动与技术进步

技术进步是经济长期增长的源泉，特别是中国经济转向高质量发展阶段的当下，原先主要依靠要素投入、规模扩张的高速增长模式已无法持续，技术进步对经济增长的驱动作用更加凸显。一方面，现有研究主要关注研发投入、FDI、对外直接投资（Outward Foreign Direct Investment，OFDI）、国际贸易等渠道对技术进步的推动作用，针对人才流动技术进步效应的讨论还较少。事实上，由于知识外部性的存在，人才的国内、国际循环将显著加快知识的传播并促进新知识的创造，从而推动技术水平提升；另一方面，学者们充分讨论了海外人才流动对国际技术溢出、中国技术进步的影响，但对于人才要素参与国内大循环及其对区域经济协调发展影响的研究屈指可数。面对经济发展新格局，需要将区域协调发展的重心落在创新要素的协调配置，完善人才流动机制、促进创新要素的共享、有序流动上，因此，本研究从文献分析的角度，讨论人才流动的技术进步效应的研究趋势。

借助基于 Java 语言的可视化分析软件 CiteSpace，基于文献计量学的研究方法绘制直观的知识图谱，识别国内外人才流动技术进步效应的知识基础、研究热点与前沿主题演进趋势，分析文献的发展与演进趋势，以便清晰了解国内外该领域的研究现状、研究热点，并作为本书进行人才流动技术进步效应的路径与影响因素分析的基础。选择 CNKI 中文数据库和 Web of Science（WOS）中的核心合集数据库为数据来源，其中 CNKI 的检索词为“人才流动”和“技术进步”，WOS 的检索词为“migration flows”或“brain drain”和“technical progress”；检索年限均为 2011 年至 2021 年，所有检索均在 2021 年 2 月 3 日完成；排除不相关和重复文献后，CNKI 共保留 340 篇文献，WOS 共保留 624 篇文献。

某研究领域发文量的时间变化趋势，可以在一定程度上反映该领域的发展历程。如图 2.1 发文趋势图所示，近 10 年间国内外有关人才流动技术进步效应的发文量分别从 2011 年的 30 篇和 39 篇增长为 2020 年的 38 篇和 115 篇。国外学者对人才流动技术进步效应的关注逐年增加，呈急剧增长态势，国内文献则呈稳步增长趋势，但与国外研究文献量的差距逐步扩大。

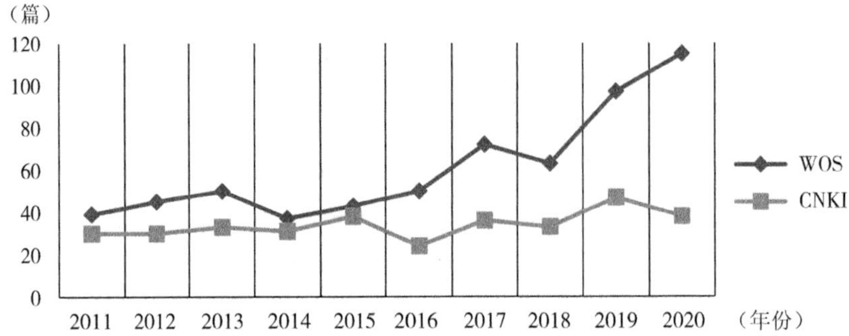

图 2.1　2011—2020 年国内外人才流动技术进步效应领域论文发表趋势图

关键词代表了文章核心，是对相关研究问题或研究概念的集中总结，常用于描述研究领域热点主题。Citespace 的关键词共现分析可以从文献中提取高频关键词，通过出现在不同文献中的高频关键词来发掘该领域的研究热点；进一步地，通过关键词时区图（Timezone）可以直观地反映研究主题结构演变路径及其前沿趋势，将同一年首次出现的关键词集合在相同的时区内，侧重从时间维度呈现热点关键词演进趋势。由图 2.2、图 2.3 可知国内外研究热点关键词及其演变。国内的研究热点较为集中，学者们主要采用“Malmquist 指数”方法，在“高质量发展”“一带一路”“创新驱动”等背景下，讨论人才流动通过“技术溢出”路径对“技术进步”“技术创新”“全要素生产率”“经济增长”等的影响，将其与“FDI”“OFDI”进行比较，并分析相关“影响因素”；相比之下，国外学者的研究热点更加丰富，除了与国内学者类似的“Economic Growth”“Research and Development”“Productivity”等主题，还囊括了“Education”“Pattern”“Localization”“Network”等热点，这也可作为国内学者进一步研究的方向。

技术进步有狭义与广义之分：狭义的技术进步局限于科技进步，广义的技术进步则指的是全要素生产率（Total Factor Productivity）的提升，包括科技创新即“硬”技术进步，也包括管理、制度、政策等的优化即

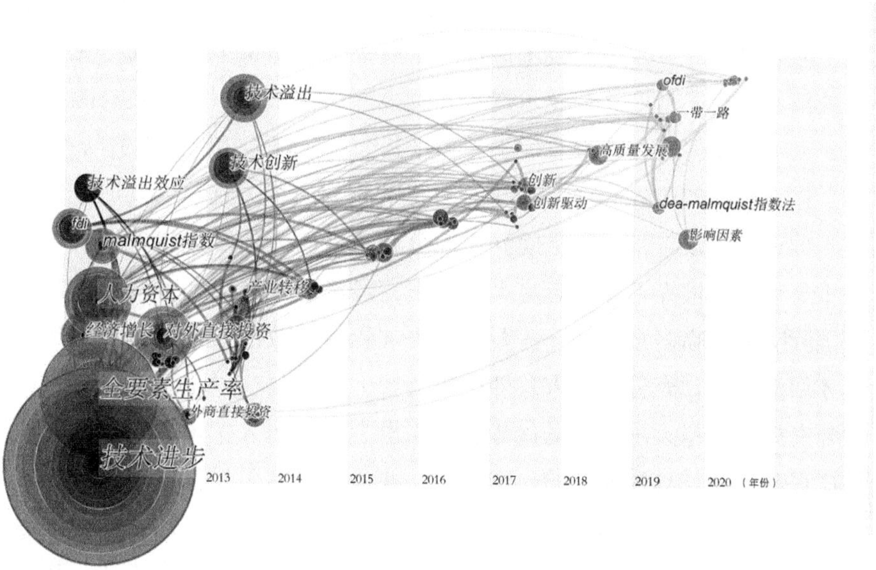

图 2.2　CNKI 人才流动技术进步效应研究时区可视化图谱

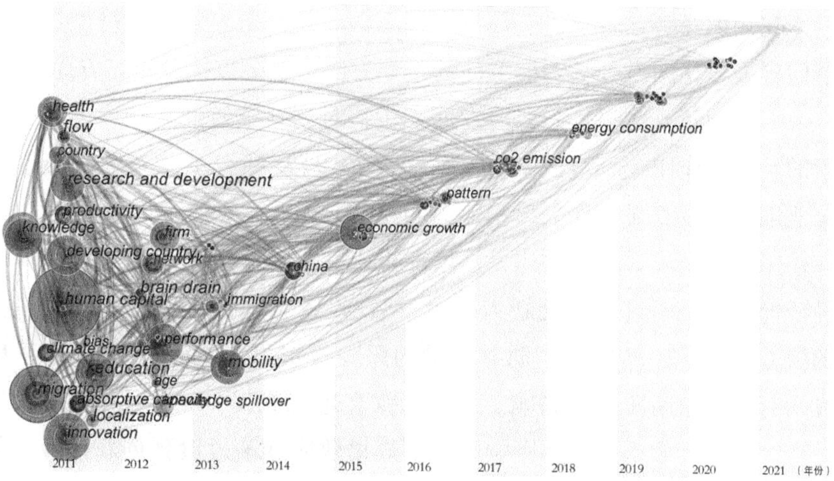

图 2.3　WOS 人才流动技术进步效应研究时区可视化图谱

“软”技术进步。前者主要体现为新技术的采用或新产品的发明等，后者还涵盖了管理效率的提高和生产经验的积累、组建和管理大企业的能力以及知识等；前者可以来自技术创新和技术模仿，后者还来源于管理水平提高、激励机制的完善等。技术进步的本质是一种知识生产活动，无论是狭义的技术进步还是广义的技术进步，其根源均在于知识的增长与改进。因此，人才流动促进技术进步的机理在于其如何导致了知识的创造与积累。

作为进行创造性劳动的高能力和高素质劳动者，流动可以促进知识与技术的积累、改善知识的空间异质性分布，进而为技术进步和经济增长提供重要动力。世界百年未有之大变局下，经济逆全球化和疫情防控常态化使国际交流面临多重阻隔，需要实施更加积极开放的人才政策，抢抓海外人才回流机遇，充分发挥人才外循环的智力回流效应以增加知识存量；还需要发挥国内超大规模市场优势和内需潜力，利用人才内循环的配置利用效应提升知识与其他要素的生产效率，并通过合理引导优秀人才向艰苦边远地区和基层一线流动，解决区域发展不均衡问题。统筹用好国内国际两种人才资源，实现国际国内双循环、双促进的人才资源开发模式，是新发展格局下促进技术进步与经济高质量发展的重要途径。

（三）人才流动与经济增长

在知识经济背景下，支撑技术创新活动的创新要素在经济发展中的角色问题一直是国内外学者们关注的重要方面，主要包括以下三方面。

一是创新人才投入与经济发展，包括对创新绩效的影响、不同创新要素的异质性作用、环境因素等。何涌（2019）① 研究认为风险投资参与对企业创新质量有显著促进作用，当期创新人员投入对企业创新质量没有正向作用，甚至出现负向作用，即增加投入并没有显著增加企业创新质量的经济价值，反而过多的创新人员等 R&D 投入会降低企业创新质量；投入的促进作用存在滞后期；国有背景的风险投资可以加强创新人员等 R&D 投入对企业创新质量的影响。曹靖和张文忠（2020）② 发现粤港澳大湾区城市绿色经济效率的主要影响因素由规模效应逐渐过渡到创新效应，创新投入强度提升对于提升城市绿色经济效率的贡献度明显上升；创新效应会

① 何涌．R&D 投入能促进企业创新质量的提升吗？——基于风险投资的调节作用［J］．经济经纬，2019，36（4）：118-125.

② 曹靖，张文忠．不同时期城市创新投入对绿色经济效率的影响——以粤港澳大湾区为例［J］．地理研究，2020，39（9）：1987-1999.

随着城市发展成熟，产业规模的增大，对提升城市绿色经济效率起到的作用不断增强，应将提升创新投入作为提升城市绿色经济效率最重要的手段。

二是创新人才集聚与经济发展，包括集聚类型、集聚程度、空间关联与协同网络等。刘乃全等（2016）① 利用三阶段 DEA 方法测度我国 2003—2012 年 30 个区域的创新效率、规模效率以及纯技术效率，并利用空间杜宾模型进一步考察产业专业化集聚，多样化集聚对区域创新效率的影响，认为我国区域创新效率存在显著空间差异，专业化集聚能有效提高区域创新效率和规模效率，而多样化集聚对区域创新效率的作用不明显，但能显著提高纯技术效率；分区域而言，东部、西部地区多样化集聚能有效提高创新效率，而中部地区表现为专业化集聚促进创新效率；区域之间创新效率存在显著的空间联动性。马双和曾刚（2020）② 基于乡镇街道空间尺度，借助国家知识产权局专利数据，对上海市创新集聚的空间结构及其演化进行分析，并测度创新集聚的影响因素和溢出效应；发现上海市创新产出在空间上形成明显的集聚状态，但随时间推移从高度集聚于中心城区向上海全域分散集聚的态势演变；上海市乡镇街道的创新产出受到本地区创新投入和创新环境的直接影响，同时也受邻近地区的空间溢出影响。

三是创新人才流动与经济发展，多集中于国际之间或国内特定城市群的研究。毛艳华（2018）③ 认为粤港澳大湾区作为异质性制度下的区域协调发展，需要实现要素跨境顺畅流通、区内营商规则对接、区域合作机制创新；并分析了作为一种成功的异质性跨境合作模式，欧盟基于要素便利流动、市场体制接轨、多层治理合作的区域协调发展机制为粤港澳大湾区提供了很好的借鉴与启示。李琳和刘瑞（2020）④ 利用 2006—2017 年长三角城市群和长江中游城市群共 41 个地级市面板数据，采用空间计量模型实

---

① 刘乃全，吴友，赵国振．专业化集聚、多样化集聚对区域创新效率的影响——基于空间杜宾模型的实证分析［J］．经济问题探索，2016，403（2）：93-100.

② 马双，曾刚．上海市创新集聚的空间结构，影响因素和溢出效应［J］．城市发展研究，2020，222（1）：25-31.

③ 毛艳华．粤港澳大湾区协调发展的体制机制创新研究［J］．南方经济，2018，351（12）：133-143.

④ 李琳，刘瑞．创新要素流动对城市群协同创新的影响——基于长三角城市群与长江中游城市群的实证［J］．科技进步与对策，2020，37（16）：56-63.

证考察创新要素流动对城市群协同创新的影响；研究发现创新要素流动对城市群协同创新影响的总效应显著为正，空间正向溢出效应显著，且存在群际差异；在两大城市群内，创新要素流动对城市群协同创新影响呈现非线性，创新人员流动对城市群协同创新影响呈“倒U形”特征。

通过对现有研究的梳理发现，现有文献形成了良好的研究基础，但仍有一些重要问题亟须进一步挖掘，需进一步考察创新人才流动与区域经济的发展关系。现有研究仅从静态层面对创新人才投入和产出水平之间的相对绩效水平进行衡量，割裂了不同区域之间的相互联系，忽略了创新人才在区域间动态流动对区域创新空间结构和经济发展的影响。目前，学者们对创新人才参与国内大循环及其对区域经济协调发展影响的研究屈指可数，这也为本研究提供了切入点。面对经济发展新格局，将区域协调发展的重心落在创新要素的协调配置，完善创新要素流动机制，促进创新要素的共享、有序流动，是推动产业转型升级、推动高质量发展的关键。

第三节　小结

通过对经济增长理论、人力资本理论的回顾，以及要素流动与经济增长、人力资本与经济增长、创新人才流动与经济发展等相关研究成果进行梳理发现，人才流动与经济发展的研究是一个重要且较新的研究领域，现有研究已取得了一定成果，但仍存在一些尚待解决的问题。

现有成果主要侧重研究劳动力流动与经济增长之间关系，忽略了劳动力的异质性。与资本要素不同，劳动力要素的异质性是客观存在的：由于天赋、后天的教育、培训、经历等，不同人的劳动能力存在差异。作为先进知识与技术的重要载体，人才是具有较高人力资本的劳动力，人才流动与一般劳动力流动对经济发展可能产生差异影响，需单独研究人才流动与经济发展之间的关系。

现有研究主要侧重研究教育和健康投入等人力资本形成方式，对人力流动的关注较少。一方面，学者们主要关注教育投入和健康投入两种人力资本形成方式对经济增长的作用，而人力资本流动与经济之间的关系却未得到应有的重视；另一方面，对人力流动的人力资本形成机理分析较简单，仅从劳动力为了进行工作替换而进行的信息投资的角度解释劳动力流动对人力资本的增进，对流动型人力资本投资认识不够深入，亟须建立一个既能揭示人力流动与经济增长关系的机理，又能测度并指导实证分析的研究框架。

第三章

要素流动与经济高质量发展

作为特殊的劳动力，人才与土地、资本等一起构成了现代经济社会重要的生产投入要素，因此在讨论人才流动与经济发展的关系之前首先讨论要素流动与经济高质量发展之间的关系。

中国经济在前期高增长发展阶段取得了举世瞩目的成就，但为了争取更快的增长，往往将有限的资源重点倾斜发展某些地区，“为增长而失衡”、速度优先的发展模式在促使东部沿海地区率先发展并推动中国整体经济飞跃的同时，也催生了区域经济不平衡、发展差距扩大等问题，制约了中国经济质量的持续提升。高质量的经济发展不仅是总量增长、效率提升，而且是结构均衡、协调发展。区域经济差距是经济高质量发展中不可回避的重要问题①，通过促进区际经济增长收敛可以解决区域发展不平衡问题，是进入新时代解决社会主要矛盾的重要途径。

与国外“资本追逐劳动”现象不同的是，中国的资本、劳动力要素呈现反向流动的趋势，资本要素主要向中西部省份相对转移，而劳动力要素则有向东部集聚的倾向。那么，这种“资本向西，劳动力向东”的要素流动对区域经济增长变化有什么影响？能否促进区域经济差距缩小呢？在中国经济由高速增长阶段转向高质量发展阶段的当下，原先主要依靠要素数量投入、绝对规模扩张的高速增长模式不可持续，关注要素流动与经济发展、区域差异之间的关系显得更为必要。

---

① 孙久文．从高速度的经济增长到高质量、平衡的区域发展［J］．区域经济评论，2018（1）：1-4.

现有对要素流动的研究往往偏重于劳动力流动，少部分研究关注了资本流动，而缺乏同时考虑劳动力和资本流动的研究，忽略了两种要素反向流动的现实和要素流动可能存在的空间关联性，这将导致对要素流动与区域经济发展之间关系的认识有偏误，影响了对区际经济发展质量的判断，不利于研究和解决区域不平衡问题。因此，将要素流动所可能引致的空间关联性纳入考量，利用空间计量方法对劳动力和资本两种要素流动对区域经济收敛的影响进行实证检验，分析"资本向西，劳动力向东"的要素流动对区域经济差距可能存在的差异性及其缘由，以期为区域经济高质量发展提出更具针对性的政策建议。

第一节 要素流动与经济高质量发展的机理分析

生产过程是由多种要素构成的，相互配合、组合的过程，要素流动既带来了要素种类、数量和结构的变化，又将原来由于缺少某一要素而无法构成生产活动的要素激发出来，使其参与生产过程，即激发了闲置生产要素①，进而提升了要素的边际生产率，推动经济增长。具体到中国经济实际，蒋满元（2007）② 使用两部门模型论证了劳动力由相对落后但劳动力资源丰裕的中西部地区流向经济相对发达但劳动力相对短缺的东部地区，可以提高中西部和东部双方的均衡产出水平，推动中国整体经济增长。

新古典经济理论认为由于报酬递减性质的存在，要素在区域间的自由流动将导致要素报酬均等化的趋势，从而最终使各地区的经济达到收敛稳态，王小鲁和樊纲（2004）③ 认为要素流动对区域经济收敛产生了积极作用：劳动力流动可以在全国范围内优化资源配置，并通过追赶效应、收入

① 张幼文，薛安伟．要素流动对世界经济增长的影响机理［J］．世界经济研究，2013（2）：3-8.

② 蒋满元．要素跨区域流动对区域经济增长和波动的影响探讨［J］．财经科学，2007（8）：43-50.

③ 王小鲁，樊纲．中国地区差距的变动趋势和影响因素［J］．经济研究，2004（1）：33-44.

转移效应、“干中学”效应等①，消除地区间资源禀赋差异，缩小地区差距，使得经济走向趋同。持相反观点的学者却认为，流动要素会在要素流入地不断累积，形成不断强化地区聚集力优势的循环累积过程，最终导致区域经济差异；要素的循环累积本质上是生产要素追逐“集聚红利”过程中呈现的向某一区域逐渐集中的过程②，许多学者也通过实证研究验证了劳动力、资本的流动加剧了中国区域经济不平衡③④。也有学者认为由于劳动力流动规模差异⑤、资本外部性以及城市拥挤效应的存在⑥，劳动力流动可能导致区域经济收敛，也可能扩大地区差距，存在不确定性。

中国区域经济差距是多方面原因共同作用的结果，现有研究讨论了要素流动可能带来的优化配置或循环累积作用及其对经济差距的影响，却普遍忽略了要素流动的空间关联性：要素在区域间的流动可能致使一个地区的经济活动不但对自身产生影响，还会对其他地区造成影响，即“空间效应”⑦。一方面，东部沿海地区具有更大的市场容量、更完善的基础设施和更高的平均受教育水平等⑧，要素会在趋优机制的引导下，自发向这些地区流动，以期获得更高的收益，而这些要素大多是从中西部地区流出的；在短期内要素总量固定不变的情况下，流动使得要素在空间上是非对称均匀分布的⑨，呈现此消彼长的特点，也使得经济活动具有空间相互关系。

---

① 侯燕飞，陈仲常．中国“人口流动-经济增长收敛谜题”——基于新古典内生经济增长模型的分析与检验［J］．中国人口·资源与环境，2016，26（9）：11-19.

② 刘彦军．中国产业集聚是由因果循环积累导致的吗？［J］．经济经纬，2016（3）：90-95.

③ 樊士德，姜德波．劳动力流动与地区经济增长差距研究［J］．中国人口科学，2011（2）：27-38.

④ 黄文军，荆娴．资本流动是否影响我国地区经济增长——基于1979—2010年省际面板数据的实证［J］．财经论丛，2013（1）：8-12.

⑤ 沈坤荣，唐文健．大规模劳动力转移条件下的经济收敛性分析［J］．中国社会科学，2006（5）：46-57.

⑥ 许召元，李善同．区域间劳动力迁移对地区差距的影响［J］．经济学（季刊），2009，8（1）：53-76.

⑦ 韩永辉，黄亮雄，王贤彬．产业结构升级改善生态文明了吗——本地效应与区际影响［J］．财贸经济，2015，36（12）：129-146.

⑧ 周加来，李刚．区域经济发展差距：新经济地理、要素流动与经济政策［J］．经济理论与经济管理，2008（9）：29-34.

⑨ 李超，覃成林．要素禀赋、资源环境约束与中国现代产业空间分布［J］．南开经济研究，2011（4）：123-136.

另一方面，由于中央政府的“相对绩效考核”，使得地方政府非常关注其他区域政府（即竞争对手）的行为①。在其他地区持续加大招商引资力度、纷纷上演“人才争夺战”的情况下，地方政府必然采取“策略性”行为吸引资本与人才等要素流入，以加快本地区经济发展应对竞争压力，这种横向竞争关系将使得一个地区的要素流动对其他地区产生影响。因此，各省之间存在空间相互关系，如果采用假设各地区相互独立的传统计量方法进行分析，可能使得存在遗漏变量的问题，影响研究结论的准确性。鉴于此，为了避免因空间相关性所带来的估计偏误，将要素流动所可能引致的空间相关纳入考量，从区域经济差距的角度讨论高质量发展问题，对资本和劳动力要素流动对区域经济收敛的影响进行实证检验，以期对现有研究进行补充。

第二节　模型设定与变量选择

一、模型设定

空间自相关分析模型：在运用空间计量模型检验要素流动与经济收敛的关系之前，需要对要素流动和经济发展是否具有空间相关性予以检验，通过计算 *Moran's I* 指数来检验中国区域经济与要素流动是否具有空间自相关特征。*Moran's I* 指数的定义为：

$$Moran's\ I = \frac{n}{\sum_{i=1}^{n}\sum_{j=1}^{n} w_{ij}} \times \frac{\sum_{i=1}^{n}\sum_{j=1}^{n} w_{ij}(x_i - \bar{x})(x_j - \bar{x})}{\sum_{i=1}^{n}(x_i - \bar{x})^2} \tag{3.1}$$

其中，x_i 为观测值，w_{ij} 为 0—1 空间权重矩阵。考虑空间效应的条件 β 收敛模型：传统计量研究在对中国经济的收敛性进行检验时，各地区被看成是相互独立的个体，即假设各地区不存在空间上的相互联系。然而，现实中任何一个地区的经济活动都不可能独立存在，每个经济区域之间彼

① 周黎安．中国地方官员的晋升锦标赛模式研究［J］．经济研究，2007（7）：36-50.

此都会有各种各样的联系。区域间的要素流动、技术扩散和外溢等，都会使得经济活动在地理空间上相互影响、发生联系，特别是当地区之间相互邻近时，这种联系可能更为明显①。在此情形下，如果只是简单地进行回归，就可能会产生研究结论与实际情况不相符合的问题。为了避免不考虑空间相关性而可能带来的估计偏误，采用引入空间相关的条件β收敛模型对经济收敛性进行检验。构建的空间计量模型如下所示：

（1）条件β收敛的空间滞后模型

$$\frac{\ln(y_{it}/y_{i0})}{T}=\alpha+\beta\ln y_{i0}+\rho W\left(\frac{\ln(y_{it}/y_{i0})}{T}\right)+A_1X_C+A_2X_L+CX_{it}+\varepsilon_i \tag{3.2}$$

其中，β为收敛系数，y_{i0} 和 y_{it} 分别为各省份期初和期末的实际人均GDP，T 为观察期的时间跨度，ρ 为空间滞后系数，W 为空间权重矩阵，A_1 代表劳动力要素流动对区域经济收敛的影响，A_2 代表资本要素流动对区域经济收敛的影响。

（2）条件β收敛的空间误差模型

$$\frac{\ln(y_{it}/y_{i0})}{T}=\alpha+\beta\ln y_{i0}+CX_{it}+(I-\lambda W)^{-1}\mu_i+A_1X_C+A_2X_L \tag{3.3}$$

其中，λ 为空间误差系数，μ 为正态分布的随机误差项向量。

（3）条件β收敛的空间杜宾模型

$$\frac{\ln(y_{it}/y_{i0})}{T}=\alpha+\beta\ln y_{i0}+\rho W\left(\frac{\ln(y_{it}/y_{i0})}{T}\right)+W\ln y_{i0}\theta+A_1X_C+A_2X_L+CX_{it}+\varepsilon_i \tag{3.4}$$

其中，θ 为参数向量。下文将根据相关检验结果选择合适的空间计量模型。另外，根据收敛系数的估计值，还可以计算收敛速度 s，以及收敛的半生命周期 τ，即落后地区追赶上发达地区所需要的时间。计算公式分别为：

$$s=-\ln(1+\beta)/T \tag{3.5}$$

$$\tau=\ln(2)/s \tag{3.6}$$

① 白俊红，蒋伏心．协同创新、空间关联与区域创新绩效［J］．经济研究，2015（7）：174-187.

二、变量与数据处理

在资本流动（Cap）方面，目前学者们对资本流动的测算方法主要包括：根据区域投资与储蓄之间相关性对资本的跨区域流动进行推算的F-H模型、使用区域间居民消费相关性对区域资本流动规模进行推测的永久收入法等。由于中国金融市场发展还不健全，投资与储蓄间存在较强的正相关关系，使用以上方法对中国资本流动量进行测算可能会存在偏差，基于此，我们借鉴李小平等（2007）[①] 的方法，利用各省份资本在全国中资本所占份额的变动来表征资本在区域间的相对流动。在劳动力流动（Lab）方面，对各省份劳动力流动数据的准确获取并不容易，除了《新中国60年统计资料汇编》以外，现有的相关统计年鉴中只有有限几个省份（如广东、上海、北京等）可以查阅到相关的数据，因此本研究基于宏观计量的方法，依然参考李小平等的方法，以各省份劳动力数量在全国总劳动力数量所占的份额变动来表征各省份劳动力相对流动情况。

从各省份资本在全国中资本所占份额变动来看，资本要素主要向甘肃、青海、陕西、宁夏、湖南等省份相对转移，而上海、浙江、北京、江苏等则属于资本流出省份，资本要素有偏向中、西部的倾向；从各省份劳动力数量在全国总劳动力数量所占份额变动来看，吉林、黑龙江、湖北、陕西、四川、内蒙古、辽宁存在较长时间的劳动力流出现象，而北京、广东、海南等省份的劳动力份额则持续保持增长，劳动力要素有向东部集聚的倾向，总体而言，中国的要素流动呈现“资本向西，劳动力向东”的特点。这与国外学者观察到的“资本追逐劳动”现象有所不同，可能是由于中国区域间资本流向一方面受到政府投资、政策性资金分配等政治力量的引导，另一方面也受到市场力量支配，两种力量的合并结果导致资本从东部流向中西部，而劳动力流动的决策则主要与预期收入差距相关，因此经济较发达的东部地区成为劳动力主要流入地。

---

① 李小平，陈勇．劳动力流动、资本转移和生产率增长——对中国工业“结构红利假说”的实证检验［J］．统计研究，2007，24（7）：53-59.

表 3.1　1998—2016 年各省份劳动力及资本流动情况

地区	劳动力份额变化均值	资本份额变化均值	地区	劳动力份额变化均值	资本份额变化均值
北京	1.0237	0.9801	河南	0.9953	1.0165
天津	1.0200	1.0106	湖北	0.9938	1.0000
河北	1.0008	0.9878	湖南	0.9966	1.0136
山西	1.0021	1.0160	广东	1.0176	0.9999
内蒙古	0.9979	1.0455	广西	0.9961	1.0284
辽宁	0.9966	0.9872	海南	1.0048	1.0059
吉林	0.9957	1.0227	重庆	0.9940	1.0198
黑龙江	0.9944	0.9909	四川	0.9927	1.0006
上海	1.0215	0.9593	贵州	0.9932	1.0399
江苏	0.9996	0.9937	云南	1.0017	1.0290
浙江	1.0059	0.9859	陕西	0.9971	1.0337
安徽	0.9944	0.9960	甘肃	0.9961	1.0104
福建	1.0024	0.9979	青海	1.0031	1.0518
江西	0.9990	1.0081	宁夏	1.0064	1.0601
山东	1.0002	0.9914			

注：份额变化均值大于 1 代表该省份的劳动力或者资本在全国所占比例上升，小于 1 代表所占比例下降。

在测量要素流动的基础上，运用条件 β 收敛法以实际人均 GDP 的增长率作为被解释变量，劳动力流动和资本流动作为核心解释变量，考察要素流动对中国经济增长收敛的影响。同时，出于稳健的考虑还控制了一些其他变量，包括：基础设施水平（inf）、政府行为（gov）、人力资本（HC）、产业结构（IS）、外商投资情况（FDI）、对外开放度（open）。其中，通过铁路与公路里程数之和与各省份土地面积之比表征基础设施水平；政府行为由地方政府财政支出占 GDP 的比重来测度；人力资本和产业结构指标分别采用每万人中高等学校在校人数和工业增加值占 GDP 比重进行表征；采用各省份进出口总额与 GDP 的比重来衡量对外开放度，并用各省份外商投资企业投资总额占 GDP 的比重表征外商投资情况。在实证检验中，将每万人中高等学校在校人数进行对数化处理以消除异方差影响，对外资资本采用汇率转换为人民币以保持计量单位统一。

由于重庆1997年设立为直辖市，本研究的要素流动指标是相比起上一年的相对变动值，因此本研究考察时间从1998年开始；且由于西藏、新疆相关数据缺失较多，研究中暂时不予考虑，如此，本研究以1998—2016年中国29个省级行政区为分析样本。本研究涉及指标的原始数据来源包括相关年份的《中国统计年鉴》《中国工业经济统计年鉴》《中国区域经济统计年鉴》、Wind数据库。

第三节　实证结果与分析

一、Moran's I 指数检验

利用Moran's I指数对中国各地区实际人均GDP进行空间自相关性检验，结果如表3.2所示。

表3.2　各地区实际人均GDP的全局Moran's I指数

年份	1998	1999	2000	2001	2002	2003	2004
Moran值	0.266***	0.267***	0.268***	0.284***	0.280***	0.282***	0.291***
P值	0.002	0.002	0.002	0.002	0.002	0.002	0.001
年份	2005	2006	2007	2008	2009	2010	2011
Moran值	0.295***	0.295***	0.299***	0.299***	0.298***	0.293***	0.287***
P值	0.001	0.002	0.001	0.002	0.002	0.002	0.003
年份	2012	2013	2014	2015	2016		
Moran值	0.277***	0.269***	0.262***	0.253***	0.248***		
P值	0.004	0.005	0.006	0.008	0.009		

注：***代表显著性水平小于0.01。

中国各地区实际人均GDP的全局Moran's I值均通过了1%水平下的显著性检验，表现出明显的正向空间相关性，这说明中国的区域经济活动并不是相互独立进行，而是在地理空间上相互影响。既然中国的区域经济发展受到地理空间效应的影响，存在较强的空间相关性，则应使用空间计

量模型考察经济增长收敛与要素流动的关系。

二、要素流动与经济收敛

本研究建立空间面板数据模型对要素流动与经济收敛的相关性进行估计：首先，使用 Hausman 检验对随机效应模型和固定效应模型进行检验，检验结果表明应使用固定效应模型。其次，根据 Anselin 提出的判别准则，采用拉格朗日乘子滞后检验（Lagrange Multiplier Lag，LM-LAG）和拉格朗日误差检验（Lagrange Multiplier Error，LM-ERR），以及其稳健性修正检验（Robust LM-LAG 与 Robust LM-ERR），比较其在统计上的显著性，在空间滞后和空间误差模型之间进行选择，并根据固定效应模型对地区和时间两类非观测效应的不同控制，分别对无固定效应（nonF）、空间固定（sF）、时间固定（tF）和时间与空间均固定（stF）四种效应进行估计、比较，以选择分析模型。最后，如果基于 LM 及其稳健性修正检验拒绝原假设而接受空间滞后模型或者空间误差模型，那么参考 LeSage 和 Pace（2009）的建议，还应该考虑空间杜宾模型的可能性，可以采用似然比检验（Likelihood Ratio，LR）进一步检验空间杜宾模型是否会退化为空间滞后模型或者空间误差模型，根据检验结果确定合适的空间计量模型。

表 3.3　模型空间相关性检验

检验	1998—2016 年		1998—2003 年		2004—2016 年	
	统计量	P 值	统计量	P 值	统计量	P 值
LM-LAG	43.651	0.000	3.165	0.075	9.885	0.002
Robust LM-LAG	0.1437	0.705	0.011	0.915	0.140	0.708
LM-ERR	123.223	0.000	14.002	0.000	31.940	0.000
Robust LM-ERR	79.716	0.000	10.848	0.001	22.194	0.000

由表 3.3 可知，LM-LAG（43.651）与 LM-ERR（123.223）都在 1%的水平上显著，但后者比前者的统计值更大，进一步考虑稳健性修正检验，Robust LM-LAG（0.1437）没有通过显著性检验，而 Robust LM-ERR（79.716）通过了 1%的显著性检验，检验结果指向空间误差模型。表 3.4

为空间误差模型的估计结果，可以看出时间和空间均固定效应（stF）下的空间误差模型具有较高的 R^2 和对数似然值（Log-L），表明时间和空间均固定的空间误差模型具有最优的拟合效果。通过 LR 检验发现，空间杜宾模型可以简化为空间滞后模型（LR 检验：10.57，P = 0.0051）的假设不成立，但无法拒绝空间杜宾模型可以简化为空间误差模型（LR 检验：6.07，P= 0.0481）的原假设，因此在分析时采用空间误差模型更合适。

表 3.4　空间面板计量回归结果

变量	空间误差模型			
	nonF	sF	tF	stF
α	0.784 (0.000)	\	\	\
β	−0.036 (0.000)	−0.037 (0.000)	−0.038 (0.000)	−0.038 (0.000)
λ	0.539 (0.000)	0.550 (0.000)	0.394 (0.000)	0.402 (0.000)
X_C	0.057 (0.000)	0.057 (0.000)	0.060 (0.000)	0.059 (0.000)
X_L	−0.576 (0.000)	−0.583 (0.000)	−0.575 (0.000)	−0.581 (0.000)
Inf	−0.011 (0.000)	−0.010 (0.000)	−0.017 (0.000)	−0.017 (0.000)
Gov	−0.026 (0.125)	−0.027 (0.114)	−0.006 (0.762)	−0.006 (0.738)
HC	0.035 (0.000)	0.036 (0.000)	0.040 (0.000)	0.040 (0.000)
IS	0.129 (0.000)	0.125 (0.000)	0.134 (0.000)	0.131 (0.000)
FDI	0.006 (0.001)	0.006 (0.001)	0.007 (0.001)	0.007 (0.001)
Open	0.012 (0.002)	0.012 (0.001)	0.016 (0.001)	0.016 (0.001)

续表

变量	空间误差模型			
	nonF	sF	tF	stF
s	0.037	0.038	0.039	0.039
τ	18.905	18.385	17.892	17.892
R^2	0.519	0.531	0.617	0.629
$Log\text{-}L$	1447.84	1457.83	1472.46	1482.67

从 stF 效应的空间误差模型估计结果来看，区域经济活动的条件收敛系数 β 在 1%的显著性水平下显著为负。根据 β 收敛理论，收敛系数 $\beta<0$ 说明经济落后地区的增长率大于经济发达地区的增长率，这表明在考察期内，中国区域经济呈现收敛态势，收敛速度为 3.9%，半衰期为 17.892 年。资本要素和劳动力要素对区域经济收敛均有显著影响，但作用方向却有所差别：资本要素在区域间流动有助于中国各省份经济收敛，但劳动力要素的流动却对经济收敛有负向作用，即劳动力在区域间的流动将导致中国经济发展差距呈现持续扩大的趋势。

资本积累是经济增长的重要动力，地区资本积累的充裕程度将显著决定其经济增长速度的快慢。中国各省份的资本积累一方面取决于自身储蓄额，另一方面也与区域间资本流动的方向与数量有关：作为资本流入地区，中西部可以获得高于自身储蓄的资本积累，进而推动经济以更高速度增长；而作为资本流出地的东部，则形成了低于自身储蓄的资本积累，使之经济以相对较低的速度增长。李静等（2015）① 对中国 1952—2013 年整体经济增长的趋势性特征进行了分析，发现经济增长的加速过程从 2003 年以后开始向中西部转移，而发达和沿海地区的经济增长则趋于平稳；刘伟巍和秦双全（2012）② 对制造业的分析也得到了类似结果，认为东部省份的生产率增长低于其他地区。在经济高速增长阶段，政府通过对投资领域

① 李静，楠玉，江永红．中国经济增长 1952—2013：加速或减缓［J］．财经科学，2015（7）：39-49

② 刘伟巍，秦双全．中国制造业总量生产率增长的来源——基于 PL 方法的分析［J］．经济管理，2012（3）：41-49.

和投资规模的调整、对资本等要素价格的长期压低，促使中国经济特别是东部地区经济高速增长①，但同时扩大了各省份间经济水平的发展差距，出现了区域经济发展不平衡的现象。随着要素市场化改革的推进以及关注点从经济增长速度向经济增长质量的转变，区域间要素价格的扭曲程度不断改善，比较优势的动态变化促使资本等要素在区域间流动加速②，原本单向流动到东部的要素逐渐回流到中西部地区：以高技术产业为例，东部外资高技术企业利润总额占全国比重由 2000 年的超过 92%下降至 2016 年的 81%，前期 FDI 主要集中在东部沿海地区，内陆地区只有非常有限的外商资本，随着要素市场化改革的推进，外资进入东部以外地区的数量逐渐增加。区域间资本流动是生产要素空间的再配置过程，将直接影响区域增长和地区差距格局的变化，资本流入欠发达地区促使其获得了较高的经济增长率，有利于区域经济差异的缩小及中国整体经济质量提升。

"资本向西，劳动力向东"，在资本流向欠发达地区并促使中国区域经济趋于收敛的同时，向东部集聚的劳动力要素却导致中国区域经济差距呈现持续扩大趋势，与传统观点不符：新古典经济理论认为，劳动力从劳动边际产出低的地方向边际产出高的地方流动将对地区经济差异带来较为明显的收敛效应，并通过实证对此进行了验证。具体到中国实际，改革开放后实施的沿海开放发展战略，以优厚的倾斜政策促进东部地区经济快速增长，扩大了省际收入差距，随之吸引了全国劳动力大规模向发达地区集聚；"孔雀东南飞"优化了东部地区的资源配置，又进一步促进了区域经济高速增长并带动中国经济总量提升，非均衡发展模式取得了举世瞩目的成就，但也造成了劳动力要素在空间上不合理的聚集③，导致经济结构失衡，出现区域经济差距持续扩大的问题。

---

① 中国经济增长前沿课题组，张平，刘霞辉，等．中国经济长期增长路径、效率与潜在增长水平［J］．经济研究，2012（11）：4-17.

② 杨亚平，周泳宏．成本上升、产业转移与结构升级——基于全国大中城市的实证研究［J］．中国工业经济，2013（7）：147-159.

③ 李晓阳，黄毅祥．中国劳动力流动与区域经济增长的空间联动研究［J］．中国人口科学，2014（1）：55-65.

三、考虑不同时间段的收敛分析

中国生产要素流动受政府经济政策导向影响显著①，因此不同政策时间点是讨论要素流动与经济收敛关系中一个必不可少的因素。从2004年开始，中国人民银行首次决定不再设定金融机构人民币存款利率下限及贷款利率上限，标志着中国金融市场的逐步发展完善，有利于资本在区域间的自由流动；此外，统一的户籍登记管理制度于2003年5月1日起全面实施，户籍制度的逐步松动为劳动力的跨区域流动提供了便利条件，有利于劳动力要素的跨区域流动。因此，在考虑空间因素讨论要素流动对区域经济收敛性影响之后，将考察期分为1998—2003年、2004—2016年两段，继续讨论不同政策时间段下要素流动对区域经济收敛的影响。

与上文相类似，经过检验后采用时间和空间均固定效应下分时间段的空间误差模型进行分析。由表3.5的stF效应估计结果可以看出，无论是1998—2003年，还是2004—2016年，中国各区域的经济活动都呈现出显著的空间相关特性，这与前文全局Moran's I指数的空间相关性检验结果是一致的，表明中国区域经济活动的空间联系较紧密，对于经济活动的分析需充分考虑空间相关效应。

表3.5 分时段空间面板计量回归结果

变量	1998—2003年				2004—2016年			
	nonF	sF	tF	stF	nonF	sF	tF	stF
α	0.932 (0.00)	\	\	\	0.761 (0.00)	\	\	\
β	0.005 (0.37)	0.007 (0.19)	0.007 (0.14)	0.011 (0.04)	−0.033 (0.00)	−0.033 (0.00)	−0.032 (0.00)	−0.033 (0.00)
λ	0.501 (0.00)	0.522 (0.00)	0.279 (0.01)	0.225 (0.02)	0.448 (0.00)	0.452 (0.00)	0.274 (0.01)	0.263 (0.01)
X_C	0.066 (0.00)	0.063 (0.00)	0.068 (0.00)	0.064 (0.00)	0.066 (0.00)	0.066 (0.00)	0.068 (0.00)	0.067 (0.00)

① 黄先海，金泽成，余林徽．要素流动与全要素生产率增长：来自国有部门改革的经验证据［J］．经济研究，2017（12）：62-75.

续表

变量	1998—2003 年				2004—2016 年			
	nonF	sF	tF	stF	nonF	sF	tF	stF
X_L	-0.998 (0.00)	-1.001 (0.00)	-0.986 (0.00)	-0.985 (0.00)	-0.485 (0.00)	-0.485 (0.00)	-0.492 (0.00)	-0.496 (0.00)
Inf	-0.006 (0.01)	-0.007 (0.00)	-0.008 (0.00)	-0.009 (0.00)	-0.012 (0.00)	-0.012 (0.00)	-0.016 (0.00)	-0.017 (0.00)
Gov	0.010 (0.72)	-0.012 (0.67)	0.031 (0.28)	-0.007 (0.80)	-0.070 (0.01)	-0.073 (0.01)	-0.032 (0.13)	-0.036 (0.08)
HC	0.014 (0.00)	0.016 (0.00)	0.014 (0.00)	0.016 (0.00)	0.019 (0.01)	0.020 (0.01)	0.019 (0.01)	0.021 (0.01)
IS	0.008 (0.66)	0.002 (0.91)	0.037 (0.04)	0.035 (0.04)	0.119 (0.00)	0.118 (0.00)	0.147 (0.00)	0.147 (0.00)
FDI	-0.001 (0.44)	-0.001 (0.58)	0.001 (0.60)	0.002 (0.34)	0.003 (0.19)	0.003 (0.20)	0.002 (0.23)	0.002 (0.22)
Open	0.009 (0.14)	0.003 (0.58)	0.003 (0.58)	-0.004 (0.41)	0.010 (0.01)	0.011 (0.01)	0.014 (0.01)	0.015 (0.01)
s	\	\	\	\	0.034	0.034	0.033	0.034
τ	\	\	\	\	20.656	20.656	21.312	20.656
R^2	0.552	0.584	0.659	0.710	0.592	0.615	0.670	0.695
Log-L	536.24	545.34	545.11	557.75	972.45	984.54	994.76	1008.77

1998—2003 年中国区域经济存在着发散趋势（β>0），同时资本流动对区域经济收敛的影响显著为正，而劳动力流动的影响显著为负；2004—2016 年中国区域经济则呈现显著的收敛趋势，劳动力流动虽仍有负向影响，但系数明显降低，同时资本流动的系数有所提升。由此可见，2004 年以后实行的金融机构利率改革对资本在区域间的流动产生了积极影响，随着金融市场的不断完善，越发自由流动的资本将促进区域经济收敛；户籍登记管理制度的改革可能对劳动力流动对区域经济收敛的作用产生了重要影响，使得劳动力流动对经济收敛的负面影响减少了将近一半；在其他控制变量的系数及显著性变动均较小的情况下，我们可以认为正是由于劳动力流动对经济增长影响的变化，促使中国区域经济差距由发散走向收敛，

劳动力要素流动是影响中国区域经济收敛的关键因素。

导致劳动力流动与区域经济差距之间关系出现变化的原因可能是劳动力流动质量的变化。随着义务教育的普及，流动劳动力的人力资本水平逐步提升，根据历次全国人口普查资料数据显示，省际流动人口的平均受教育年限由 1990 年的 7.38 年上升到 2010 年的 9.6 年，高于全国人口受教育的平均水平；而户籍制度的松动以及传统就业观念的转变也鼓励拥有高级知识和技能的人才在区域间流动。根据 2015 年全国 1%人口抽样调查资料显示，在全国范围内迁移的人群中（按户口登记地统计）超过 25%具有大学专科及以上学历。首先是教育激励效应。人才流动将对人才输出地产生激励作用，从而使得输入地和输出地的人均人力资本平均水平都得到提高。由于发达地区普遍具有更高的教育回报率，这将激励希望更高收入的落后地区人才增加其人力资本投资以获得发达地区的就业机会，在一定程度上会提升落后整体人力资本水平进而增强其自主创新能力，提高技术水平；并且由于流动门槛的存在，进行人力资本投资的潜在流动人才不一定都能获得流动机会，这将导致部分未能流动的人才继续留在本地工作，从而对落后地区的经济增长有所贡献。其次是智力回流效应。“大学生村官计划”“选调生”“三支一扶”等一系列针对性的人才政策促使越来越多高素质人才选择前往中西部地区，智力回流提升了中西部地区的人力资本积累步伐，推动中西部地区经济增长。最后是知识扩散效应。知识和技术不仅仅物化（embodied）在书籍和机械设备等之上，同时也内在凝结于个体之中，表现为相应的研究方法、操作技能、管理流程等，当掌握了知识和技术的个体在地区之间流动，会与周边个体发生互动，这种互动交流一方面将创造新的知识，另一方面还会促进原有知识和技术在个体之间、群体之间进行传播，提升落后地区的知识存量并促进经济增长。

四、稳健性检验

以上研究采用的空间计量模型是基于空间相邻的 0—1 权重矩阵来构建的，近年来也有许多学者开始使用空间距离权重矩阵，即按照空间相互作用会随着地理单元之间距离的增加而不断衰减的现实进行权重矩阵的构造，认为两地之间距离越近，则空间联系越大，反之则空间联系越小，其表达式如下：

$$W_{ij} = \begin{cases} 1/d^2, & i \neq j \\ 0, & i = j \end{cases} \tag{3.7}$$

其中，d 为两地的地理中心位置之间距离。

利用空间距离权重矩阵作为影响中国要素流动与区域经济收敛的空间因子进行重新估计，结果如表 3.6 所示。

表 3.6 基于距离权重矩阵的空间计量回归结果

变量	1998—2016 年	1998—2003 年	2004—2016 年
β	−0.038（0.000）	0.012（0.018）	−0.034（0.000）
λ	−0.989（0.001）	−0.989（0.008）	−0.989（0.001）
X_C	0.067（0.000）	0.064（0.000）	0.070（0.000）
X_L	−0.620（0.000）	−0.994（0.000）	−0.511（0.000）
Inf	−0.018（0.000）	−0.009（0.000）	−0.017（0.000）
Gov	−0.015（0.419）	−0.004（0.887）	−0.035（0.092）
HC	0.042（0.000）	0.015（0.000）	0.023（0.001）
IS	0.129（0.000）	0.028（0.091）	0.144（0.000）
FDI	0.007（0.001）	0.002（0.265）	0.003（0.159）
Open	0.015（0.001）	−0.005（0.315）	0.016（0.001）
s	0.039	/	0.035
τ	17.892	/	19.715
R^2	0.631	0.709	0.695
Log-L	1489.66	564.46	1018.64

从表 3.6 所示的回归结果可以看出，采用空间距离权重矩阵之后，无论是整个观察期还是分时间段的经济收敛趋势都没有发生明显变化，同时要素流动对经济收敛影响的方向和显著性与前文模型的估计结果也基本一致。这说明虽然模型使用的空间权重矩阵有所改变，但并没有改变前文的基本结果，结果具有稳健性。

第四节　小结

本章讨论了要素流动与中国区域经济差距的问题，研究结果表明：考察期内中国的资本、劳动力要素呈现反向流动的趋势，资本要素主要向中西部省份相对转移，而劳动力要素则有向东部集聚的倾向。中国区域经济发展存在较强的空间相关性且呈现收敛态势，要素流动对区域经济差距变化具有显著影响。资本要素在区域间流动有助于各省份经济收敛，且随着金融市场的完善，资本流动的正向影响在逐渐扩大；劳动力要素流动导致区域经济发散，但户籍制度的松动提升了流动劳动力的质量，减缓了劳动力要素流动的负向影响，并促使中国区域经济由发散走向收敛。

推进区域经济发展从速度型增长向质量型平衡发展转变，是实现中国经济高质量发展的重要途径。充分重视要素流动对区域经济差距的影响作用，通过政策合理引导要素流动的方向、数量和质量，促进各类要素在空间上的合理配置，有利于化解区域经济发展不平衡问题，提升中国整体经济发展质量。因此，可以进一步完善金融体制改革，继续推动利率市场化改革，全面放开存贷款利率浮动比例，促进资本合理流动，资源优化配置；鼓励劳动力特别是高素质人才在全国范围内的自由流动，继续实行户籍制度改革，破除阻碍流动的制度壁垒，促进区域经济协调发展。

第四章

人才流动与经济高质量发展的内在逻辑

第一节　人才流动的发展历程

人才在适应市场发展、追求自我价值实现的过程中，往往会变换岗位，在区域之间、国家之间进行迁移，从而产生了人才流动。人才流动促进了国际之间、区域之间知识技术的交融，对经济增长有重要影响，可以分为国际流动和国内流动，其主要形式包括出国留学、高层次人才引进等。本节从国内流动和国际流动两个方面分析中国和典型国际或地区人才流动发展历程并讨论人才流动与经济高质量发展的内在逻辑，为人才流动与经济增长的实证研究奠定基础。

一、我国人才流动发展历程

（一）国际流动

1. 清末时期

19 世纪末 20 世纪初，我国正处于半殖民地半封建的社会，鲜有人才的迁移流动。

在总结两次鸦片战争失败教训的基础上，清政府开始意识到为了维持自身的统治需要学习西方列强的坚船利炮等科技方面的“长技”，于 1872 年末开始派遣留美学童。这些学童在西学东渐和促进中西文化交流方面作出了贡献[①]。1872—1875 年 4 年间每年选派 30 名幼童赴美国进行计划为 15 年的留学生活，但由于守旧势力的攻击反对，于 1881 年全部撤回；1877—1886 年又分三批次从学堂毕业生中选拔优秀生员赴欧洲留学共约 110 人；此阶段的欧美留学生，更多是清政府在欧风美雨东来形势压迫之下，在新潮流推动下被迫采取的派遣出国留学人员措施。1909 年，美国将所得“庚子赔款”的半数退还给中国作为资助留美学生之用，清政府则在中断了 30 多年后又派出了官费留美学生。

在清末的留学生中，特别是留日的传统士大夫们是值得注意的存在。甲午战争失败后，一方面清政府被迫派出大量学生留学日本，另一方面取法于日本改革是不少清朝官员的选择，清朝驻日公使杨枢认为“日本立国之基础遵守夫中国先圣之道，……盖日本所变法者治法，而非常经，与圣训正相符合，即中国舆论亦以日本之变法参酌得宜最可仿效”，因此日本成为清末留学生的主要选择之一。1904—1908 年，日本法政大学专门面向中国学生开办了“法政速成科”，共开办了 5 期，先后吸纳了中国留学生共计 1885 人，毕业 1215 人，是当时吸纳留日中国学生最多的学校之一[②]；除此之外，还有由日本明治大学管理的中国留日学生预备教育学校——经纬学堂，以及培养了陈天华、黄兴、鲁迅、陈寅恪、李四光等人的东京弘文学院等[③]。在所学专业方面，留学生所学习的专业几乎都是自然科学、声光化电算法及制器等“西人长技”，而赴日留学的士大夫们所学习的专业大多集中于法政和商科，在 1906—1911 年清朝学部所举办的 7 次留学毕业生考试中，1252 名留日学生有 64.9%的专业为法政专业，11.7%为商科专业。在留学年龄方面，官派学童们均为十二三岁至二十来岁的青少年，而留学日本的士大夫们，具有举人、进士等较高功名者入学时大多已超过 30 岁。留学日本学生中有相当一部分是具有传统功名或官位的士大夫，根据贺跃夫（1993）对法政大学中国留学生速成科的一个样本数据显示，185 名留学生当中，具有进士出身的有 115 人，另有 21 人是举人，贡生 9

① 黄新田，谢建华．试论洋务派在开创幼童出洋留学事业中的作用［J］．史林，1987（3）：49-54.

② 贺跃夫．清末士大夫留学日本热透视——论法政大学中国留学生速成科［J］．近代史研究，1993（1）：41-62.

③ 任贵祥．日本华侨对辛亥革命的支持［J］．民国档案，2011（4）：69-74.

人，这些都是中国传统社会的知识精英，人才的集中程度令人瞩目。

1890—1911 年中国留学日本、欧洲、美国的公私费留学生总数当以数万计，许多学生毕业回国后既想挤进官场发挥作用，又厌恶和难以适应清朝的官僚体系，而清政府对留学生既想利用其一技之长，又恐惧其新思想冲击封建专制①，但由于客观上需要他们，因此返国学生陆续进入朝廷体制内，并且都有很好的表现②，人才流动对清末民初的社会变迁发挥了一定的影响，有如普罗米修斯从西方“盗”回了真理的火种，从而在旧中国的漫漫长夜燃亮民主、自由的熊熊火炬③，在中国刚起步的近代化征程上如新兴的邮电、海关、铁路、矿业等企业和教育、外交、海军建设等方面作出了较大的贡献。

2. 民国时期

1912 年民国成立后，国内政治腐败、经济落后的基本状况并没有得到改变。“五四”运动前后，一方面，随着赴法勤工俭学运动的兴起，数以千计的爱国青年以“科学救国”“实业救国”“教育救国”为目标，前往欧洲的法、比、英、德等国留学④；另一方面，苏俄十月革命在世界上产生了极大的影响，在孙中山“以俄为师”的号召，以及国共第一次合作的背景下，中国出现了留学苏俄的热潮⑤。后期虽由于抗日战争和解放战争的影响，国民政府对出国留学进行了整顿和限制，采取了紧缩和精简的政策，但出国留学人数仍达 3 万余人，其中有许多人后来成为有卓著成就的科学家和国共两党的领导人及骨干，如周恩来、朱德、邓小平、华罗庚、邓稼先以及杨振宁、李政道等，这些人才无论是回国还是定居海外，都对于我国的科学事业特别是新中国成立以来社会主义国防科技、经济建设、

① 李喜所．“气场”失调：晚清留学生被边缘化的人文解读——以容闳、严复为例［J］．天津社会科学，2011（2）：124-127.

② 胡德海．中国早期留美学生返国后的前程、事业与结局［J］．甘肃社会科学，2002（5）：122-125.

③ 戴学稷，徐如．略论近现代中国留学史的分期和中国留学生的时代使命［J］．内蒙古大学学报（哲学社会科学版），1997（4）：84-91.

④ 焦润明．“历史与现实的留学浪潮”之三百年留学浪潮的历史追思［J］．中国青年研究，1995（2）：28-31.

⑤ 吉基旺．出国留学事业的历史沿革及其在当代的新发展［J］．中国高教研究，1992（5）：58-63.

中外文化交流和培养下一代的人才等方面作出了重大的贡献。

3. 新中国成立以来

从 1949 年到 1978 年改革开放之前，出国留学人员都是由中央和地方政府的各有关部门公派的，而且由各级政府和有关单位层层严格挑选，前后共 1 万余人，主要向苏联和东欧各社会主义国家为主的 29 个国家和地区派遣，以学习自然科学为主。这些人才绝大多数都按期回国服务，并成为我国科技、经济和文化教育各条战线的领导骨干，为新中国的建设作出了出色的成绩。

改革开放至今，是我国留学空前大发展的阶段，除了中央和地方政府每年有计划派遣为数众多的公费留学生外，更有为数不少的自费留学生，形成有史以来出国留学的空前大热潮。根据《中国统计年鉴 2018》数据，中国的出国留学人员和学成回国留学人员分别由 1978 年的 860 人和 248 人，上升到了 2000 年的 38989 人和 9121 人。进入 21 世纪后出国留学生的人数骤增，仅 2017 年的出国留学人员就远远超过从鸦片战争到改革开放前 130 余年各类出国留学人员的总和：2017 年的出国留学人员和学成回国留学人员达到 608400 人和 480900 人，相比 2000 年的平均增长率分别超过 85%和 304%，海归比例（即学成回国留学人员与出国留学人员之比）更是由不足 24%上升到接近 80%。包括易纲、海闻、张维迎、张帆、余明德等经济学家，以及包括张朝阳、李彦宏、邓中翰等集聚在北京中关村科技园区的近万名海归硕士博士们和他们创办的高科技企业等，大批海归人才在推进我国科研与教学，促进科技应用和国民经济发展，开展国际科技文化交流，追踪世界科技进步等方面都发挥了重要作用，学以致用，在各自的工作岗位上作出了许多突出的贡献，成为促进改革开放和社会经济发展的一支重要力量，许多人成为各行各业的佼佼者，堪称是我国教育界、科技界、现代经济企业界和决策管理部门的一批精英。

当前我国高校校长中有半数以上是海归，81%的院士都有海外留学经历，中国科学院新当选的化学部院士中，海归比例达到 100%，在入选科技部 2017 年中国 164 家独角兽企业中有超过 60 位海归企业家。此外，在各民主党派中都聚集了大批海归，他们为国家发展建言献策，积极推动跨国公司本土化、助力中国企业走向世界，引领中国新兴产业创新发展、促

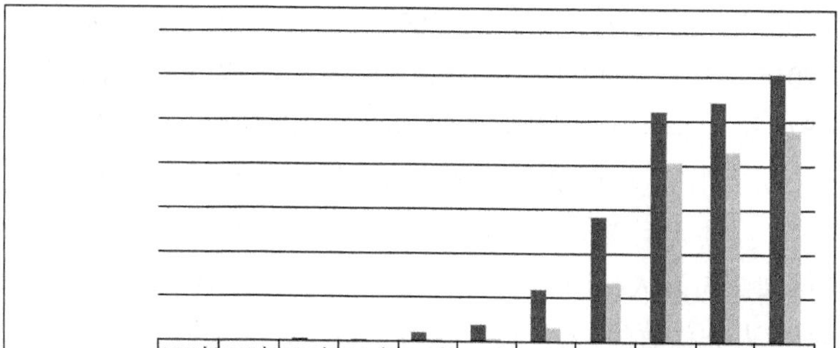

	1978年	1980年	1985年	1990年	1995年	2000年	2005年	2010年	2015年	2016年	2017年
出国留学人员	860	2124	4888	2950	20381	38989	118515	284700	523700	544500	608400
学成归国人员	248	162	1424	1593	5750	9121	34987	134800	409100	432500	480900

图 4.1　我国历年出国留学人员及学成归国人员统计（人）

进中国传统制造业转型升级、助力中国创造、中国制造，为中国培养大量国际化人才。

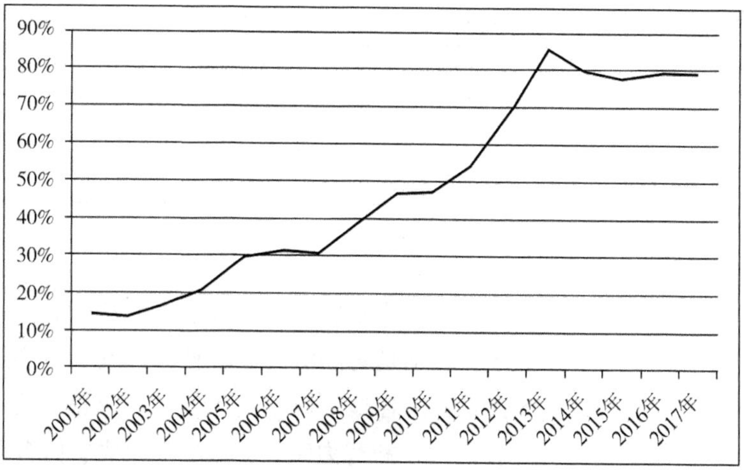

图 4.2　我国历年海归比例统计

4. 来华留学

外籍人士来华留学始于 1950 年清华大学的“东欧交换生中国语文专修班”，前期绝大部分学生都来源于社会主义国家阵营；改革开放之后，来华留学教育成为高等教育对外开放的重要内容，90 年代来华留学生人数以年均 30%~40%的速度递增；进入 21 世纪之后，全球经济一体化加速了我国教育的国际化进程，作为国际化在高教领域的显著表现，来华留学生人数迅速增长。根据教育部数据，2000 年来华留学生数量为 5.21 万人，而到了 2016 年共有来自 205 个国家和地区的 44 万名外国留学人员在 31 个省份的 829 所高等学校、科研院所和其他教学机构中学习，比 2015 年增加 4.5 万人，增长比例为 11.35%（不含港、澳、台地区）；其中接受学历教育的外国留学生总计超过 20 万人，占来华留学人员总数的 47.42%，比 2015 年增加 2.5 万人，同比增加 13.62%；中国政府奖学金生 49022 人，占来华留学人员总数的 11.07%。中国一跃成为世界第三、亚洲最大留学目的地国家。来华留学人员在毕业之后可能留在中国工作创业，也可能将知识带回家乡，人才流动对母国与东道国均有裨益。

表 4.1　2016 年来华留学人员统计

洲别	总人数	占总数百分比	比上年增减人数	同比增减
亚洲	264976	59.84%	24822	10.34%
欧洲	71319	16.11%	4573	6.85%
非洲	61594	13.91%	11802	23.70%
美洲	38077	8.60%	3143	9.00%
大洋洲	6807	1.54%	798	13.28%

5. 高层次人才引进

国际竞争力的提升，依赖于经济发展、社会进步、科技创新，最终取决于人才竞争力，吸引人才，特别是对经济发展、技术创新和社会进步具有决定意义的高层次人才，是各国各地区日益关注的中心议题。改革开放以来，中国高度重视引进海外人才和智力工作，《中共中央、国务院关于进一步加强人才工作决定》提出，要加大吸引海外高层次人才工作力度。

中国政府为落实人才强国战略、吸引更多的海外学者回国，采取了一系列引进高层次人才的引智政策，2008 年实施的“千人计划”是目前我国人才引进力度最大的一个项目[①]，主要是围绕国家发展战略目标，为国家重点创新项目、重点学科和重点实验室、中央企业和国有商业金融机构

① 马万华，麻雪妮，耿玥．“千人计划”学者回归的动因、学术优势与挑战［J］．清华大学教育研究，2013，34（1）：94-97.

等，引进一批能够突破关键技术、发展高新产业、带动新兴学科的战略科学家和领军人才来华创新创业，截至2018年9月已吸引了约6000名居住在国外的科学家、企业家和学者回国。获得“千人计划”批准的高层次人才需要在海外获得博士学位且不超过55岁，而对于外国国籍的专家学者，年龄限制为65岁，需要在中国每年至少工作6个月。董洁林（2013）[①]通过对三个由中国“千人计划”专家主导的科技创业公司的研究发现，“千人计划”偏向于选择在国家战略行业进行创业的海归，而顶级高科技海归创业团队的“创业能力”和“技术能力”都较高，且偏向于跳过“技术模仿”直接采取“自主创新”模式来从事最新技术产品开发。彭伟和符正平（2015）[②]认为海归创业者是当前中国创业浪潮中最为核心的主体之一，“千人计划”创业人才的创业行为有利于推动我国经济实现创新驱动发展。

与之类似的还有“青年千人计划”，自2011年实施以来，截至2015年8月已分6批引进海外高层次人才1793名。青年高层次科技人才是最具发展潜力、最有创新创业活力的创新人才群体。杨芳娟和刘云（2016）[③]发现“青年千人计划”入选者以30~35岁的男性群体为主，来自发达国家的知名高校、科研机构和一流企业，主要分布在生命科学、工程与材料领域，整体具有较强的学术生产力及影响力，引进后在各领域的科研工作活跃并形成了一定规模的科研团队。

（二）国内流动

相对于国际流动，我国人才的国内流动无论在数据统计还是理论研究方面都较为薄弱，本研究尝试着在历年区域间人才流动发展历程梳理的基础上，对知识青年、科技人才、高校人才三个典型群体的流动情况进行进一步分析，以期更好地了解我国人才国内流动发展历程。

1. 区域流动：“万马奔腾”与区域不平衡

根据历年人口普查资料数据，可了解国内区域人才流动的大致情况。

---

① 董洁林．“天生全球化”创业模式探讨：基于“千人计划”海归高科技创业的多案例研究［J］．中国软科学，2013（4）：26-35.

② 彭伟，符正平．基于扎根理论的海归创业行为过程研究——来自国家“千人计划”创业人才的考察［J］．科学学研究，2015，33（12）：1851-1860.

③ 杨芳娟，刘云．青年高层次人才引进特征与质量分析［J］．科研管理，2016（1）：238-246.

由表4.2可以发现，自20世纪90年代以来，国内人才在区域间的流动规模不断扩大，从1990年时仅有129万余人发展到了2000年的302万人，2010年时更是达到了956万人，是1990年的7.4倍。这固然与中国整体教育水平的提升有关，但也充分说明了原先限制人才流动的各种因素（如户籍制度）逐渐减弱，作为经济活动重要投入要素的人才正越来越趋于自由流动，呈现“万马奔腾”的态势。

表4.2 全国历年区域人才流动情况表

	1990年	2000年	2010年
全国	1298702	3020920	9568850
北京	158407	389280	1658074
天津	45451	87170	286654
河北	46360	97120	230124
山西	15870	38530	93547
内蒙古	9050	17300	125322
辽宁	66380	114640	245999
吉林	36867	68540	117852
黑龙江	35377	65980	114653
上海	102181	212680	1207459
江苏	105465	175810	591968
浙江	38499	100110	452722
安徽	32147	50160	135918
福建	23756	54720	205055
江西	21614	44600	218891
山东	50238	115360	353223
河南	41869	83010	120613
湖北	78221	158580	262385
湖南	44284	87870	192139

续表

	1990 年	2000 年	2010 年
广东	98640	444160	1468249
广西	16917	37420	126526
海南	11555	26240	115730
重庆	\ \	107840	250699
四川	81150	136790	281745
贵州	8937	16630	73146
云南	16125	39970	111246
西藏	\ \	6110	11669
陕西	71324	166760	270347
甘肃	22544	43160	78724
青海	4956	5780	30240
宁夏	5205	8570	36440
新疆	9313	20030	101491

注：数据来源为中国 1990 年、2000 年和 2010 年人口普查资料。因现无关于人才流动的确切统计数据，此处参考现有多数研究的做法，以学历作为人才的界定方式，统计口径为大专及以上学历、按现住地和常住地（1990 年）或户口登记地（2000 年和 2010 年）的流动人口数。

从分省份来看，1990 年人才流动数量最多的前 5 个省份为北京、江苏、上海、广东和四川，2000 年人才流动数量最多的前 5 个省份为广东、北京、上海、江苏和陕西，2010 年人才流动数量最多的前 5 个省份为北京、广东、上海、江苏和浙江，在 20 年中北京、江苏、上海和广东均保持了较强的人才流动性。而这 4 个省份都处于东部沿海和经济发达地区，则人才流动与经济发展之间可能存在一定的良性互动关系。与之相对的，1990 年人才流动数量最少的 5 个省份为青海、宁夏、贵州、内蒙古、新疆（缺西藏数据），2000 年人才流动数量最少的 5 个省份为青海、西藏、宁夏、贵州、内蒙古，2010 年人才流动数量最少的 5 个省份为西藏、青海、宁夏、贵州、甘肃，均集中于经济较不发达的西部地区，这在一定程度上说明国内人才流动呈现显著的地区差异，东部地区的人才流动性明显高于西部地区，区域发展不平衡。但从流动数量的相对增长情况来看，青海、内蒙古、上海、宁夏、江西是5个增长最快的省份，其中4个来自西部地区，在一定程度上说明这些地区的人才流动趋于加快，整体上人才流动的范围在向全国拓展，而不再局限于东部发达地区。

2. 知识青年上山下乡：贡献与负担

知识青年上山下乡在1968年后由初期地方自行安排组织、继而国家有计划但非强制性的安排，发展成一项全国动员的带有强制性的政治运动①。1967—1979年的13年间大约有1650万知青被送到农村，从1978年末到1980年初大约有600万知青返城②，相对于1980年全国1.34亿的城市人口而言，知识青年上山下乡运动是中国一次相当庞大的人才流动，对整体社会与经济发展都产生了深刻影响。

潘鸣啸（2005）认为在整个转移过程中，有些城市知识青年能够运用自己的基础知识，担任教师、会计、赤脚医生或极少数情况下担任干部，为农村的发展作出某些有益的贡献。但从农村经济发展的角度看，知青是负担，1957—1977年中国的可耕地减少了11%，人口却增加了47%。而知青返城比他们离城对城市经济更有利，促使政府采取如作出有利于轻工业和服务业的调整、恢复私人和集体所有制、改革工作分配制度等措施，加快了中国向更有活力的经济发展方式转变的步伐。刘愿（2016）根据中国家庭追踪调查数据，发现在城镇中上山下乡的知青比非知青受教育年限少0.41年，大部分知青教育被迫中断在初中或高中阶段，错失接受高等教育的机会，从而产生了对其子女的教育代际补偿行为。

3. 科技人才流动：从“被动”到“主动”

根据中国科协全国科技工作者状况调查课题组的一项调查显示，65.60%的中国科技工作者目前还没有经历过流动，而经历过流动的科技人才中，超过40%经历过1次流动，28.1%有过2次流动，不到三分之一的

① 刘愿．弥补那逝去的青春：知青对子女教育的代际补偿研究［J］．世界经济，2016，39（5）：168-192.

② 潘鸣啸．上山下乡运动再评价［J］．社会学研究，2005（5）：154-181.

流动频次是 3~4 次①。事实上，科技人才特别是顶尖的科学家们在全球范围内的不断流动已逐渐成为一个普遍现象。通过对分子生物学与遗传学、物理学、化学、数学和计算机科学 5 个领域高被引科学家的人才流动现象进行定量研究和分析，可以发现大部分高被引科学家的机构流动频次在 2~5 次，半数以上的高被引科学家有过国外工作经历，每经过 6~7 年会更换一个工作单位②。相比之下，国内科技人才流动频次较低。

党的十一届三中全会之前，高度统一人才管理体制下的“统包统配”的计划调节模式是人才流动的唯一机制，科技人才的流动是由政府行政手段推动的“被动”式流动③；随着市场经济体制深入改革，区域实力、企业竞争力取决于人才已成为各省及企业的共识，“人才大战”愈演愈烈，人才流动也越加频繁，人才的流动方式也逐渐转为市场力量引导的“主动”式流动，地区的经济发展水平、工资收入水平、科研环境、科研投入、教育水平、生活便利程度等都成为科技人才流动的主要原因④。这种人才的自主式流动对于人才资源的有效配置起到一定的作用，但也可能出现人才流动的无序化倾向，近年来的高校人才流动即是其中一个例子。

4. 高校人才流动：“人才战”的争议

高校之间为争夺高端人才而导致的人才无序流动问题引发了学术界的广泛关注。当前在“双一流”建设背景下，为了在世界范围内各种大学和学科排行榜上取得更好的名次，并顺利入选“一流大学”或“一流学科”建设的名单，高校间的“人才战”愈演愈烈，新的学术项目、科研设施和新的教师不断被引入，不断引进各种高层次人才，不断扩张学校和学科的体量成为各高校最重要的选择⑤。“职业发展前景”和“薪酬待遇水平”

① 中国科协全国科技工作者状况调查课题组．全国科技工作者的调查报告（2003 年）［R］．北京：中国科学技术出版社，2003：37-49.

② 刘俊婉．高被引科学家人才流动的计量分析［J］．科学学研究，2011，29（02）：192-197+180.

③ 郑文力．论势差效应与科技人才流动机制［J］．科学学与科学技术管理，2005，26（2）：112-116.

④ 纪建悦，朱彦滨．基于面板数据的我国科技人才流动动因研究［J］．人口与经济，2008（5）：32-37.

⑤ 王建华．我国高校高层次人才非正常流动的反思［J］．江苏高教，2018（2）：1-5.

是影响高校人才流动的主要因素①，诚然，对于大学教师发展而言，根据薪酬的高低或待遇的好坏，从一所大学流动到另一所大学是完全正常的事情，全球化背景下学术职业流动本身就具有全球逐利的显著特征。但由于经济发展的不平衡，高校之间为争夺高端人才而导致的人才无序流动问题可能促使优秀的人才从资金不足的中西部和东北地区高校向资源丰富的东部高校流动，造成部分高校高层次人才短缺，学校发展速度减缓、办学水平降低并给学校其他人才造成心理冲击，影响其工作积极性及队伍稳定性②。

当然，也有学者对此表示质疑，江珊和刘少雪（2018）③ 在对2007—2015年当选的226位中国科学院院士的职业流动数据进行分析后发现，从院士群体来看，所谓的高校“挖人大战”是部分高校与少数高层次人才间的“游戏”，媒体有夸大之嫌，但高层次人才市场“有价无市”会影响学术圈的可持续发展。黄海刚等（2018）④ 利用1994—2014年国家“杰青”获得者的数据，分析高端人才群体的职业流动路径和网络，发现不存在人才过度流动问题，但存在区域和机构间的不均衡、不对等状态，中西部和东北部人才危机并未表现在人才流出的规模上，而是严重的人才逆差和较弱的人才吸引力，将特定区域的人才困境归因于东南部高校的挖角，尚缺乏足够的证据。

（三）高校人才流动

1. 高校人才流动的阶段分析

改革开放40多年来，随着我国由计划经济向社会主义市场经济的转变，高校院所人才市场化程度越来越高，高校院所聘用制度改革、薪酬制度改革及人才制度改革不断推进，高校院所人才的流动也越加频繁。“双

① 刘红梅，袁家明，包平．高校非理性人才竞争现状与治理对策研究［J］．江苏高教，2018（4）：40-43.

② 徐长渝，于丽霞，吴明君．地方高校高层次人才非正常流动现状及成因分析［J］．山东社会科学，2014（1）：281-282.

③ 江珊，刘少雪．高校人才资源竞争现状探析——以2007—2015年当选中国科学院院士职业流动为例［J］．高等教育研究，2018，279（5）：43-50.

④ 黄海刚，曲越，连洁．中国高端人才过度流动了吗——基于国家“杰青”获得者的实证分析［J］．中国高教研究，2018，298（6）：60-65.

一流”建设开始之前，“211 工程”和“985 工程”先后实施，高校院所人才流动经历了一个从无到有、从少到多的过程。从 1978 年至今，我国高校院所人才流动经历了“出国风”“下海热”“孔雀东南飞”和“人才竞争”四个阶段，高校院所人才流动的总体影响是积极的，总体过程是可控的。

（1）第一阶段：出国风。我国人才首次规模性流动出现在 1978 年改革开放之后至 20 世纪 80 年代中期，受到当时计划管理体制和教师队伍结构状况制约，高校院所系统内流动机会较窄、流动水平较低。与此同时，为适应改革开放对人才的渴求，国家政策导向下的公派出国留学成为该时期高校院所人才的主要流动方式。因此有对前期出国者进行描述的关键词：中年知识分子、短期访学以及 80 年代中期归国。相反，后期新进的年轻人成为出国人员的主力，但滞留海外的人才也占据了极大比例，给当时人才本来就极度稀缺、高等教育事业百废待兴的中国带来损失。

（2）第二阶段：下海热。20 世纪 80—90 年代末，劳动力市场化机制的逐步建立，扩宽了高校院所人才的流动渠道。但由于高校院所人才收入过低、我国东西部发展差距拉大，以及社会“下海热”等经济因素的推动，呈现大规模中西部高校院所人才向东南沿海地区高校，或领域外组织机构流动的现象。

（3）第三阶段：孔雀东南飞。21 世纪以来，我国高等教育进入大众化初期阶段，高校规模外延式扩张发展，致使师资需求量骤增，形成新一轮高校院所人才流动的重要拐点。高学历、高职称人才成为主要流动群体，而普通教师和女性学者从整体上看流动水平偏低或呈现受阻状态。相较 20 世纪末期，这一轮高校院所人才的系统内流动趋于频繁和活跃，流动的地域分布也更为均衡。由于此轮大规模学术人员流动的核心动因是经济和个体因素，东南沿海等经济较发达地区对人才的吸引力居高不下，中西部地区仍扮演着人才输出地的角色。

（4）当前阶段：人才竞争。在高等教育内涵式发展和“双一流”高校建设的政策推动下，高层次人才成为高校院所间实力竞赛的重要筹码。因此，高校院所纷纷尽其所能地利用优厚条件和政策，“争夺”各类“帽子”“头衔”人才，并加大对海外高端学者的引进力度。教育部《关于坚持正

确导向 促进高校高层次人才合理有序流动的通知》下发后，中西部高校人才流失速度得到遏制和减缓。与此同时，为了防止东西部地区人才流动失衡等问题，保障我国高校高层次人才的良性流动，教育部、国家发改委、财政部联合印发《中西部高等教育振兴计划（2012—2020 年）》。2017 年 4 月，包括北京大学和清华大学在内的 12 所大学在北京大学启动了人才工作联盟，教育部直属的 75 所高校相继签约并发布公约：要共同努力，杜绝高校违规引进科研拔尖人才，杜绝片面依靠高薪酬、高待遇竞价强挖。

2. 高校人才流动的主要实践分析

（1）海外引才。打破高层次人才无序流动零和博弈现象的关键在于创新引才模式，引进增量人才。从国家的角度分析，在内部培养层次提高但数量不变的前提下，海外引才的重要性不言而喻。而在当前国际形势复杂多变的背景下，海外引才迎来了前所未有的好时机。例如，在各重点高校纷纷举办“国际青年学者论坛”的基础上，北京理工大学近两年开始将招聘引才的主战场移至海外，通过海外“特立论坛”、海外青年学者洽谈会等方式赴德国、新加坡、美国、日本等国家的重点高校，与海外人才直接接触，吸引高层次人才及优秀青年人才回国就业。华中科技大学近年来不断赴欧美地区（包括荷兰、英国传统的强校聚集地区）高校开展恳谈会活动，瞄准海外著名高校或研究机构的高层次人才、博士、博士后，邀约优秀人才回国共谋发展。

除了海归人才，外籍科学家们也不断流入中国。近年来，在新冠肺炎疫情下中国之治与西方之乱形成鲜明对比，加速了海外人才流动，随着科研经费投入增加，我国已逐渐成为全球科学家们的主要流入地，呈现以下三个趋势：一是顶尖人才流入。光触媒反应的发现者、光催化之父、数次获诺奖提名的光化学家、东京理科大学原校长藤岛昭于 2020 年受聘于上海理工大学，引发日本媒体《每日新闻》撰文认为这是日本学术人才流失的标志性事件。美国国宝级科学家、两次理论计算机最高奖哥德尔奖得主马里奥 · 塞格德入职阿里云量子实验室；法国数学家、菲尔兹奖得主洛朗 · 拉福格加入华为；日本脑神经研究专家、冲刺诺贝尔生理学奖的有力人选御子柴克彦成为上海科技大学免疫化学研究所的教授。二是流入人数较大。

截至2017年10月，旅居中国的日本研究人员约8000人；截至2019年3月底，18460名日本大学研究人员至少在中国待过一个月，这一数字4年内增加了25%。据统计，从2018—2020年，共有1074位较高层次的外籍科学家选择来华工作。三是团队整体迁移。藤岛昭教授及其研究团队全盘迁往中国；德国科学院院士、国际著名的神经科学家、马克斯·普朗克研究所负责人之一 Nikos Logothetis，连同他的家人和团队一起迁移至中国；图像技术领域国际著名专家，杜克大学的戴维·布雷迪教授，带领团队来到中国，成功研发出了10亿像素级的摄像技术。

（2）人才共享。进一步探索高层次人才流动的变体形式，在实际流动遇到障碍时，考虑推行“柔性引进、灵活引进”的方式实现人才共享。尤其对于中西部高校来说，可通过兼职引进、短期引进等方式充分发挥高层次人才价值。东部高校人才在基本不影响原有工作的前提下，应当支持中西部高校的柔性引进措施。部分高校已经有落地政策或成功案例。电子科技大学本着“不求所有，但求所用”的原则，灵活考虑引人用人方式，待遇以月薪（甚至是周薪）为主，具体金额一事一议，视工作任务决定是否给予一定配套经费；西安邮电大学柔性引进长江学者特聘教授，按照实际工作任务和到校时间发放薪酬，合理共享学术资源和学术成果，并依托学校申请省部级人才项目，最终实现全职引进。

（3）鼓励创新创业。北京依托高校数量、质量优势，广泛开展与中关村的科技合作，以中关村为最大的平台，发挥首都高校集团的科技创新优势；同时密切注意与国家的创新创业政策相衔接，如顺应国家“2011计划”，制订北京市范围内的“2011协同创新计划”，并以此鼓励高校教师、科研人员尽可能参与企业的科技协同创新活动。如北京大学创业训练营在孵化项目的同时，也为促进高校创新创业科技人才流动与发展提供了诸多便利条件，免费的创业培训与训练营自己租地为创新创业科技人才尽可能减少了创业成本，而北京大学校友会提供给创新创业科技人才的校友资源也是很有帮助意义的举措，可值得借鉴。又如清华大学根据项目进展的不同阶段，有针对性地创建了以孵化为侧重的x-lab实验室和以有项目雏形而需进一步支持为侧重的创业者加速器。前者是营利机构，后者是非营利机构，所以前者对创新创业科技人才更多的是提供资金支持，后者更多的是在培训上提供支持（与北京大学创业训练营相仿）。复旦大学和上海交通大学已经依照上海市关于高校创新创业的政策对校内人才创新创业提供了一定的政策支持，其中复旦大学“请进来”的创新创业科技人才流动理念对吸引校外尤其是国际优秀企业人才很有积极意义，而上海交通大学设置的“非自然流动率”，是一个创新的促进高校人才流动的实验措施，并没有引起原先以为可能发生的阻碍，侧面上促进了高校创新创业科技人才的流动。

3. 江苏高校院所人才流动的实践探索

（1）积极推进企业与高校院所人才双向流动。一是在全国率先开展产业教授选派工作，遴选优秀科技企业家到本科以上高校院所任职，全面推行产学研联合培养“双导师制”。二是深入开展企业博士集聚计划，引导支持高校院所青年博士到企业一线创新创业，主要从事战略新兴产业或前沿领域研究。

（2）建立事业单位人员流动配置新机制。省人社厅出台《关于进一步建立健全省属事业单位人员流动配置机制的通知》以及相关实施细则，大力推进人事人才工作简政放权、放管结合、优化再造服务流程，强化事中事后监管。人才服务的高效、后续调配手续的便捷将大大增加地区的人才吸引力，对促进高校院所人才合理流动、构筑区域人才高地具有正向推动作用。

（3）以“治”代“管”规范高校院所人才流动。省教育厅发布《关于进一步做好高等学校人才引进工作的通知》，“未经公开招聘程序，不鼓励、不支持省属高校之间互挖人才，不鼓励、不支持苏南高校到苏中苏北高校挖抢人才，不鼓励从国家中西部、东北地区高校挖抢人才”，鼓励人才有序流动，提倡高校和人才都要有大局意识、契约意识。三个“不鼓励、不支持”从制度层面对高校人才抢夺战作了规范和引导，对某些高校失当的引才行为将起到纠正作用。

4. 我国高校院所人才良性流动的主要经验

（1）人才流动趋势顺应发展阶段新要求。不同的经济社会发展阶段对人才有着不同的需求，高校院所人才流动应顺应各发展阶段的新要求，才能发挥第一资源的重要作用。1978 年至 80 年代中期，为适应改革开放对人才的渴求，我国以国家政策为导向推动公派出国留学；20 世纪 80—90 年代末，劳动力市场化机制的逐步建立，扩宽了高校院所人才的流动渠道；21 世纪以来，我国高等教育进入大众化初期阶段，高校规模外延式扩张发展，高校院所人才的系统内流动趋于频繁和活跃，流动的地域分布也更为均衡。当下，中国特色社会主义进入新时代，我国经济发展进入由高速增长转向高质量发展的阶段，应鼓励高校院所人才合理有序流动，沿海发达地区应根据对口帮扶的部署，增加对中西部欠发达地区亟须人才的支持，避免到欠发达地区学校和科研机构“挖人”甚至“抢人”的行为；中西部地区和东北老工业基地要努力改善人才环境，通过事业、待遇、感情、政策等多措并举，建立有利于人才干事业、激发人才创造力的动力机制，形成有利于区域协调发展的人才布局。

（2）抢抓海归人才回流的历史性机遇。突如其来的新冠肺炎疫情带来的冲击和不确定性，引发了世界百年未有之大变局下诸多具有新特点的新变局。可以准确识变、科学应变、主动求变，顺应人才国内国际“双循环”发展的新要求，对外实施更加积极、更加开放、更加有效的人才政策，抢抓海外人才回流的机遇，聚天下英才而用之。以开放的国际化视野审视全球人才配置格局的新变化和新趋势，面向全球市场吸引和配置高素质人才，补齐本土人才供给的结构性短板，拓展本土人才成长的国际化舞台。紧扣国内创新发展和转型升级对人才的需求特征，本土高素质人才培养和国际高层次人才并重，构建国际人才与本土人才交流互动、协同发展的良性格局，打造多层次、多样化的“不求所有、但求所用”的人才功能性使用机制。

（3）改革创新人才流动体制机制。推进人才流动机制改革，把人才从各种不合时宜的政策藩篱和制度羁绊中解放出来：坚持“双强引擎”，突出市场导向，加快转变政府人才管理职能，建立政府人才管理权力清单、责任清单和负面清单，不断向用人主体放权，促进创新创业人才双向流动，全方位释放人才活力；协调区域人才流动政策体系和交流合作机制，打破人才流动壁垒，推动人才跨区域自由流动，实现人才一体化战略，构建人才竞争新优势；推行人才创新在高校、创业在园区的“双落户”制度，鼓励引导优秀人才在高校、科研院所和企业之间双向流动，畅通人才在不同体制间的流动渠道。在体制壁垒上做“减法”，在保障激励上做“加法”，在市场导向上做“乘法”，在流动“坚冰”上做“除法”，真正使创新成果得到应用、创新意识得到肯定、创新能力得到支持，人才各尽其能、各展其长、各得其所。

（4）打造促进人才流动的平台载体。创新平台已成为集聚人才的“撒手锏”。目前，人才发展体制机制改革进入深水区，引才育才路径进入转换期，区域人才竞争更趋激烈，从“帽子引才”向“平台引才”转变，以平台集聚人才，着重优化人才平台载体建设，强化创新性平台对招才引才的集聚功能。以“大平台—大团队—大项目—大成果”的模式成建制引进科研人才，是当下人才要素集聚的新特征，平台将促成一个区域的发展从量变到质变再到裂变，平台将成为新一轮区域竞争的战略级载体。紧紧依靠国家大装置大实验室等项目揽才、引才、育才、用才，扎实推进创新链、人才链深度融合。

二、典型国家或地区的人才流动发展历程

（一）美国：H-1B 与硅谷

在国际流动方面：通过优越机制和条件、放宽移民限制等措施，吸引大量海外杰出人才是美国经济长期高速增长的动力源泉。美国多次修改移民法，规定不考虑国籍、资历和年龄，只要是专业技术方面的精英，一律允许进入美国，如 H-1B 条款专门规定为促进海外人才引进，可针对具有学士以上学位并具有特殊技术能力的外国人，发放为期 3 年的临时工作签证，且可以延长 3 年，故持证者可在美国工作 6 年。第二次世界大战后 20 年内美国共引进海外人才超 40 万人，其中华裔专业人才 1 万名左右；据联合国开发署数据，1949—1969 年美国从发展中国家吸引了 14 万优秀人才，这些人为美国创造财富高达 1000 多亿美元。1971—1992 年美国吸引海外移民 1900 多万人，其中技术移民占比越来越高。在硅谷程序设计人员中许多均来自国外如印度或中国，其中大多数人是通过 H-1B 签证就业并以此获得了定居权①。根据美国国家科学基金会数据，1995 年美国科学和工程

① 马万华，麻雪妮，耿玥．“千人计划”学者回归的动因、学术优势与挑战［J］．清华大学教育研究，2013，34（1）：94-97.

项目中72%的工作人员来自发展中国家，78%的美国博士学位获得者是外国人，而59%的高科技公司中，外籍科学家和工程师占科技人员总数的90%，从事高级工程研究的博士后人才中来自海外的占66%[①]。活跃的人才国际流动是推动美国经济持续发展的最根本力量。

在国内流动方面：以硅谷为例，技术的共享和人才的流动是硅谷成功的关键性因素。一是硅谷与大学及研究机构的人才流动机制，斯坦福大学、加州大学伯克利分校、旧金山分校、斯坦福直线加速器中心、阿莫斯航天研究中心等大学及研究机构改变教学和科研人员的管理模式，鼓励研究人员走向企业。如斯坦福大学在按时按量完成校方的教学和科研任务之后，不限制教授在外办企业或者担任企业高管[②]，或允许教员和研究人员每周有一天到硅谷公司兼职，甚至允许其有1~2年的时间离职创业，且鼓励他们在校发明创造，发明者向企业转让应用性成果，学校一般不再收取回报。“产学研用”高度融合的机制和氛围为硅谷培养了源源不断的人才，而这些人才又以不同形式反哺大学和研究机构，形成了人才流动的良性闭环。二是硅谷内部企业之间人才流动机制，Almeida and Kogut（1999）对硅谷半导体产业的调查分析，他们发现携带了大量知识和技术的工程师们在硅谷的企业之间频繁变化工作，而其71%的专利是复制或者修改原企业的技术而来，关键人才的流动在硅谷内部传播了关键的知识和技术，带来了知识溢出，同时带动了跳槽后雇主的技术水平，促进了地区整体生产力的提升，人才在企业之间的流动已内化为硅谷的一种生活方式。

（二）日本：人才短缺与“终身雇佣制”

在国际流动方面：日本以“人才立国”为国策，在高端人才方面处于世界先进水平，但随着人口老龄化和少子化问题的加剧，日本面临人才资源长期不足的严峻挑战，并影响日本经济的长期发展[③]。截至2016年底，日本国内65岁以上老年人口占日本总人口比例为27.3%，0~14岁的少儿

---

① 陈昭锋．新经济条件下海外科技人才资源配置的途径研究［J］．科技管理研究，2001（6）：65-70.

② 穆桂斌，黄敏．美国硅谷人才集聚规律及对雄安新区的启示［J］．河北大学学报（哲学社会科学版），2018，43（4）：68-74.

③ 张季风．日本经济长期低迷原因新探［J］．日本学刊，2015（4）：53-69.

人口占人口总数仅为 12.6%，总和生育率为 1.4%左右，低于人口自然替代的生育率底线 2%；预计到 2060 年，日本 65 岁以上老年人口比例约为 40%，总人口较现在将少 6000 万人①。因此，日本积极引进外国人才以期弥补国内的“人才赤字”。据日本大和总研预估，日本充分就业外还需要引进 520 万劳动力，才能维持 20 年的社会生产率水平。人才短缺的问题从 20 世纪 90 年代以来一直困扰着日本②，至今仍未完全解决。日本政府积极吸纳外国人才，推出了一系列政策，1992 年、1995 年和 1999 年日本政府分别出台的第 7~9 次《关于雇佣对策的基本计划》重申了吸引国际人才的重要性；2010 年日本入国管理局发表了《第四次入国管理计划》，规定将重点接受“学术研究人才”“高级专业和技术人才”和“经营和管理人才”并给予了优惠待遇；2016 年 11 月，日本通过了《关于外国人技能实习的正确实施及对技能实习生保护的法律》，以及《出入境管理及难民认定法》修正案。尽管日本政府推出了一系列政策，但并未达到理想的效果。一是常住日本的外国人增长缓慢：目前 OECD 国家常住外国人比例的平均值在 10%以上，而日本不到 2%，1960 年时日本的这一数据仅为 0.7%；二是外国专业人才数量规模不足：根据日本入国管理局数据，截至 2016 年底，以“技术”和“人文知识国际业务”等资格获得在日就业机会的外国人总数约为 1.3 万人，仅占常住外国人总数的 0.5%左右；三是日本企业缺乏引进外国人才的动力：根据富士通总研 2016 年的调查报告，在日本企业中，雇佣外国员工的比重约为 37%，从未雇佣过外国员工的比重高达 53%。日本人才的国际流动呈现数量少、意愿低、发展缓慢的特点。

在国内流动方面：与“终身雇佣制”的逐步瓦解相伴随的，是日本国内人才流动的逐步提升。日本传统的终身雇佣制是第二次世界大战后日本经济迅速增长的基础之一，其优点在于企业保证对用工的长期雇佣，同时员工对企业的忠诚度高，频繁跳槽被认为是职场关系不好，留下对企业“不忠”的负面印象；但其显而易见的缺点是妨碍了人才在企业间的自由流动，而企业也无法根据经营状况灵活地调整劳动投入，使得企业缺乏竞

① 卢昊．日本如何弥补“人才赤字”［J］．人民论坛，2017（12）：124-125.

② 张季风．科技人才短缺对日本经济的影响探析［J］．现代日本经济，1992（4）：32-34.

争力。终身雇佣制使得日本国内的人才流动仅限于企业内部，即在企业的总公司与分公司之间、公司内部的各岗位之间流动，企业之间、产业之间的人才流动较少；并且，在终身雇佣制条件下，日本企业几乎不从外部市场选拔人才，即日本公司治理结构著名的“内部人控制”，形成了日本特有的相对封闭型的劳动力市场。20 世纪 90 年代泡沫经济破灭之后，日本整体经济开始大衰退，一些大企业由于业绩下滑，再也无法维持“终身雇佣制”，日本劳动力市场的失业问题日益突出，失业率长期居高不下。为了降低失业率，日本政府提出了“雇佣流动化”的主张，意在促进失业人员再就业①。根据日本总务厅劳动力调查特别调查统计，15~24 岁的年轻人的转职率（即转职者人数占就业者总数的比率）由 1993 年的 9%上升到了 2000 年的 12.3%。事实上，日本年青一代员工对“终身雇佣体制”的态度也在发生变化，日益关注自我培训与自我职业生涯管理，为自己外部劳动力市场的竞争力做准备②，这也在一定程度上提高了人才的流动性。随着日本雇佣劳动法的不断修订和雇佣弹性化发展，以终身雇佣为代表的稳定性雇佣模式逐步瓦解③，“雇佣流动化”推动日本劳动力市场从封闭走向开放，人才可以在整个社会范围内合理流动与配置，提高了经济效率。

（三）中国台湾：留美风潮衰落与“国科会”的人才引进

20 世纪 50—70 年代，台湾经济筚路蓝缕，到先进国家留学成为一代青年的最高愿望。根据台湾“教育部”的统计，从 1950 年至 1974 年台湾“教育部”共批准了 30765 名大专毕业生到美国留学；同时，台湾与美国经济发展的巨大悬殊使留美学生倾向于滞留不归。根据台湾“青年辅导委员会”的统计，从 1950 年至 1971 年留学生（其中 90%为留美）回台就业的有 2341 名，仅占同期出台留学人数的 7.7%。1970—1990 年为台湾留美学生运动的高潮阶段，台湾当局放宽了留学政策，使留学手续更加简单易行，而台湾经济起飞使得更多人有能力到国外留学，从 1970 年至 1989 年，经“教育部”核准的留学人员达 116065 人。留学生返台的情况也出现变

① 刘红．日本雇佣流动化：现状、原因及影响［J］．日本研究，2001（4）：27-33.

② 陶向南，赵曙明，邹亚军．传统与现代的融合：日本企业人力资源管理制度的演变［J］．经济与管理研究，2016，37（3）：94-101.

③ 刘绮霞．现代日本雇佣形态的转型及其启示［J］．国外社会科学，2007（5）：57-61.

化，从1971年至1991年有24981人返台，占留美学生总数的20.3%。原因一是外部原因——美国经济不景气导致工作岗位减少，二是内部原因——台湾经济起飞，人才市场供需不平衡以及教学、研究和工作环境的改善等吸引了留美学生返台工作。收入的提升是其中一个重要的内部原因，1971年台湾人均收入为410美元，1997年已提高到11950美元，台北等城市的人均收入更是近2万美元，与美国人均收入极为接近，促使人才开始流向台湾，部分早期移居海外的台湾人才也开始回流。这些人才的返台，是早期台湾发展的经济奇迹的重要推动因素。20世纪90年代后期至今，由于台湾本土培养的研究生与留美学生的能力已不分伯仲，留学生们在人才市场与就职、提升等方面不一定具有太大优势，留学海外失去了往日的吸引力，台湾的人才留美风潮开始衰落①。留学生们的回流及其与海外的联系对台湾地区的经济特别是高技术企业的发展作出了重要贡献，如新竹科技工业园中有40%的企业是由回流人才创办的，而这些企业的研发部门及总部仍与美国硅谷保持密切联系，管理者们频繁往返于太平洋两岸，这种人才流动的垂直伙伴关系推动新竹地区快速地获得技术进步，成功跻身为全球IT系统设计和生产中心，顺利完成产业升级②。

在本地人才外流趋势下降的同时，台湾积极采取各项措施，吸引外地人才赴台。在境外学生方面：2004年7月台湾教育部门提出“扩大招收境外学生来台留学方案”并列入“发展重点计划”；2008年马英九提出了“万马奔腾计划”，计划用4年时间资助1万名青年出境进修、学习和交流，并引进2万名境外学生赴台进修；2011年起，在原有针对境外学生的“台湾奖学金”中增设“研究奖助金”，专门用于优秀博士后研究人员或者博士候选人赴台短期研究。在各项措施的推动下，台湾境外学生人数快速增长，在2004—2010年，境外学生从9600人增长到24732人③，其中学位生占比由20%逐渐上升到35.6%。在人才方面：近年来，台湾高科技产业发展迅速，产业结构已逐渐转型为知识驱动的高科技产业，但产业规模扩

① 令狐萍.从台湾社会的发展看台湾留美运动的兴衰［J］.华侨华人历史研究，2003（4）：21-28.

② 林琳.智力环流——人才国际流动“共赢”模式的新探索［J］.国外社会科学，2011（2）：25-31.

③ 汪怿.引进海外高科技人才比较研究［M］.上海社会科学院出版社，2012：120-123.

张的速度远大于高校人才培养的速度，造成工程师及技术人员等相关人才严重不足，且缺乏具有引领性、革命性尖端科技人才；为此，台“国科会”从1973年开始制定一系列针对境外科技人才的引进办法，对引进人才的称号、补助、名额等都进行了详细规划，据统计，1993—2010年，“国科会”共引进境外科技人才17260人，2010年引进人才总人数为1993年的6.59倍，主要来自加拿大、英国、澳大利亚、菲律宾等国家，其专业主要集中于生物、自然及工程等领域。

（四）韩国与新加坡：归韩人才与“联系新加坡”

由于国际科技、经济、政治发展的不平衡，发达国家的科技和经济取得长足进步，而广大发展中国家为摆脱贫困落后状况发展经济，一方面大批向国外选派留学生，另一方面积极引进海外高层次人才，以迅速学习先进技术和管理经验，以促进本国的经济发展。这在亚洲新兴工业国家的经济增长历程中体现得尤为明显。据统计，韩国从20世纪50年代末至70年代末，共派出12370名留学生，80年代在海外的留学生已达13113名。这些人员归国后，对韩国工业化进程的加快起到了不可估量的作用①。值得注意的是，韩国传统上严格的特权和等级关系目前依然牢固地存在于现代化的公司、银行和政府中，这在限制外来人才获得在韩国发展和上升机会的同时，却也使得韩国本土人才可以自动进入社会高阶层，因此韩国留学生们在美国获得学位后大多回到本国企业、大学和政府机构中工作而不是留在美国②。当然，海外高层次人才引入仍是韩国的关注点之一，如韩国政府为了吸引外国人才在韩国境内创业制订了“2014年外国人政策执行计划”，放宽了创业签证办理条件，为拥有先进技术的外国人颁发“创业签证”并扩大陪同家属范围，使其能顺利赴韩进行创业，以在世界范围内吸引更多的人才。

新加坡是个缺乏天然资源和国内市场狭小的国家，对外来人才的需求

---

① 艾洪德，蔡志刚．开放经济条件下的人力资本投资与经济增长［J］．财贸经济，2000(4)：54-57.

② Franzoni C，Scellato G，Stephan P. Changing Incentives to Publish［J］. Science，2011，333(6043)：702-703.

大、依赖性强，引进国外人才成为新加坡经济发展战略中至关重要的一环[①]。李光耀明确表示：“新加坡需要源源不绝地从中国、印度、东南亚引进聪明能干和充满活力的新移民。有了新移民的加入，新加坡才能继续保持动力与活力，才能在各个领域继续攀登高峰。”由新加坡经济发展局与人力部成立的“联系新加坡”（Contact Singapore），可以看作是新加坡的国家猎头公司，在亚洲、欧洲和北美都有办事处[②]，其主要任务是吸引世界各地的人来新加坡就业，并在新加坡投资和生活，促进新加坡当地经济发展。以新加坡生物医药业及生物园区为例，在 21 世纪初园区先后引进 2000 多名科研人员，包括许多世界级的科学家。调查显示，大多数的外来人才在第一个合约期满后愿意留在新加坡工作。政治与经济风险咨询机构对 1000 名旅居亚洲的西方专才所做的调查表明，新加坡是外国专才眼中最喜爱的亚洲国家。在欧洲工商管理学院展开的调查中，新加坡获得 2017 年“全球人才竞争力指数”第二名，已经连续 5 年在这项针对全球人才竞争能力的调查中取得第二名的成绩，也是整个亚太地区唯一挤进前十名的国家。新加坡吸引国际人才政策的一个典型特点是：政府政策与市场机制的有效结合。政府提供政策优惠和指导原则，但并不是包办一切，而是通过一整套相应的制度和措施，从全球吸引人才。

三、新发展格局下的人才流动

突如其来的新冠肺炎疫情带来的冲击和不确定性，引发了世界百年未有之大变局下诸多具有新特点的新变局，引致全球人才竞争异常激烈、结构布局深度调整。不论局势如何变，发达国家争夺人才的国家战略始终没有变，人才已成为国与国之间竞争的核心资源。在新发展格局下，应准确识变、科学应变、主动求变，顺应人才国内国际“双循环”发展的新要求，对外实施更加积极、更加开放、更加有效的人才政策，抢抓海外人才回流的机遇，聚天下英才而用之。“十四五”时期是我国全面建设社会主义现代化国家新征程的开局起步期，发展是第一要务，人才是第一资源，

① 刘宏．当代华人新移民的跨国实践与人才环流——英国与新加坡的比较研究［J］．中山大学学报（社会科学版），2009，49（6）：165-176.

② 刘宏．外来人才与新加坡生物医药业［J］．国际人才交流，2012（5）：46-47.

创新是第一动力，实现高质量发展行稳致远、走在前列，关键是牢固确立人才引领发展的战略地位。

（一）发达国家人才抢夺战略

在美澳加方面：美国继第二次世界大战期间实施“回形针”计划抢占全球精英人才后，近期又提出《无尽前沿法案》，拟在未来 5 年向美国国家科学基金会投资 1000 亿美元，对人工智能、量子计算、机器人技术、先进通信和先进制造业等关键技术领域的人才需求量大增。澳大利亚 2019 年推出全球人才独立计划，每年为 5000 名世界上最优秀和最聪明的人快速签发签证，以此巩固本国的高科技产业。加拿大以更加理智宽松的人才政策接受美国拒绝的人才，实施 3 年百万移民计划，引进急缺的海外人才。

在欧洲方面：英国 2019 年取消杰出精英签证每年 2000 人的配额限制，并简化签证处理流程，2020 年设立唐宁街首相府人才办，吸引更多的精英科学家、技术人才来英定居。芬兰创建激发创新活动的学习环境和课程，把手工教育作为学生创新意识和设计思维的孵化器，用“失败教育”来成就创新。瑞典以强有力的技术培训、鼓励独立思考和创造力的理念培养创新型人才，拓展大学服务职能、加深校企合作，建立专门机构推动创新体系发展，成为欧洲最大的企业家中心。挪威致力于打造“创意之国”，高等教育机构、独立研究机构、工业研究部门共同推动科研人才的培养，成立“挪威创新”基金会支持有想法的青年创业。法国面向所有大学生开展创新和创业教育，公立大学、研究所与企业合作开设“企业教席”，集中学术界和企业界的力量共同培养人才。瑞士以一流的培训和教育、宜居的城市环境、极高的生活质量、“职业无高低贵贱”务实的人才观，成为世界首屈一指的人才中心。丹麦以平等自由的工作环境激发人才的创意与灵感，从而在清洁能源、机器人、食品工程、设计等领域领先世界。德国对高层次人才实施高薪资制度，科研评价不与科研产出直接挂钩，科研人员安心、专心开展高水平高质量的研究工作，保证了德国科技创新强国地位和持续创新活力。

在其他国家方面：日本推出“留学生 30 万人计划”和“超级国际化大学”项目，吸引更多留学生人才。韩国启动“国家战略领域人才培养综合计划”等一系列创新人才培养计划，“第四次产业革命先驱人才集中培养计划（2019—2023年）”聚焦人工智能、云计算、大数据等核心领域创新人才的培养。新加坡以最好的工作条件和最具挑战性的工作、最优良的软环境，成为亚洲最能吸引人才的国家。以色列以民主自由的社会制度、鼓励争辩挑战权威宽容失败的氛围、“质量重于数量”以及“大胆设想、小心求证”的创新理念，成为世界科技创新“圣地”。

（二）海外人才回流

不同的经济社会发展阶段对人才有着不同的需求，人才流动应顺应各发展阶段的新要求，才能发挥第一资源的重要作用。习近平总书记强调要“聚天下英才而用之”①，党的十九大报告也号召“把党内和党外、国内和国外各方面优秀人才集聚到党和人民的伟大奋斗中来”。世界百年未有之大变局的复杂性和不确定性持续升级，一方面吸引海外人才“回流”的拉力在增大，另一方面助推海外人才“回流”的推力在增大，全球人才流动格局发生了一些有利于中国“聚才”的变化，海外人才“回流”趋势显现，海外高端人才回国意愿强烈。

中央统战部网站数据显示，2020年活跃求职的归国海外留学生较2019年同期增加了58.19%；北京大学未来教育管理研究中心调查显示，从中国走向海外的高端人才中近七成（69.6%）未来优先考虑回国就业，居于美国、英国、加拿大、澳大利亚的高端人才回国意愿分别达67%、72%、69%、73%；职场社交平台脉脉的大数据显示，2019年11月至2020年4月，有过海外留学经历的海外人才新增注册脉脉的人数持续走高，半年增长率为213%，2020年1月至4月的增长率为72%。

从全球看，世界经济进入深度衰退期、产业分工格局进入多维重塑期、科技革命处于重要窗口期，人才仍是战胜危机、赢得主动、构筑优势的关键资源。发达经济体为保障产业链、供应链的稳定性与可控性，引导中高端制造环节向本土回流，引发新一轮的国际产业分工格局重塑，不仅会对全球的制造业布局造成深刻影响，而且必将引发国际人才布局的深度调整。可以以开放的国际化的视野审视全球人才配置格局的新变化和新趋势，面向全球市场吸引和配置高素质人才，补齐本土人才供给的结构性短

---

① 高翔．“聚天下英才而用之”战略思想五论［J］．中国领导科学，2019（1）：63-65.

板，拓展本土人才成长的国际化舞台。紧扣国内创新发展和转型升级对人才的需求特征，本土高素质人才培养和国际高层次人才并重，构建国际人才与本土人才交流互动、协同发展的良性格局，打造多层次、多样化的“不求所有，但求所用”的人才功能性使用机制。

（三）中国区域之间的“人才争夺战”

面对世界范围内日趋激烈的人才竞争，国内各省市越来越认识到人才对发展的极端重要性，纷纷出台各类人才新政，以提高本地区对人才的吸引力。

一是人才区域竞争不断升级。西安 2017 年推出最宽松的落户政策和“23 条人才新政”，2018 年出台进一步加快人才汇聚 13 条措施，全国在校大学生仅凭学生证和身份证即可完成在线落户，高校毕业生一次性奖 1000 元，大学生创业贷款最高 100 万元。武汉 2018 年实施“双百万”工程，5 年内吸引百万大学生留汉创业就业、百万校友资智回汉。天津启动“海河英才”行动计划，大幅降低落户门槛。上海实施人才高峰工程，在集成电路与计算科学、脑科学与人工智能等 13 个重点领域集聚高峰人才。

二是市场用人主体挺上前。深圳成立国有企业人才集团，探索市场化专业化人才服务新模式，90%的创新型企业为本地企业、90%以上的研发人员在企业等“六个 90%”。福州、青岛、湖州等市也相继成立人才发展集团。山东用人单位通过市场化手段引进人才入选省级以上人才工程后，省财政按引才费用 10%给予补贴。阿里巴巴全球研究院达摩院加入人才培养和科研第一线，计划三年投入 1000 亿元人民币吸引人才。

三是创新平台成为集聚人才的“撒手锏”。北京怀柔、安徽合肥等地的综合性国家科学中心着力打造人才新高地。西湖大学、南方科技大学等新型大学努力建设鼓励创新的学术评价体系。浙江之江、良渚、西湖、湖畔四个实验室整合一批重大科研基础设施。青岛海洋科学与技术国家实验室集聚了全国 40%以上的海洋科学领域高端人才。上海张江实验室建设大科学装置集群，招募全球顶尖科学家加盟。深圳鹏城实验室由高校、科研院所和华为、中兴、腾讯等企业共建，总投资达 135 亿元，将吸引 2 万名科研人员。合肥量子创新院 60 余个研究室和技术支撑平台集聚了一批科研骨干队伍，孕育出“墨子号”等多项重大科技成果。

四是生态圈形成人才发展新格局。广东率先为人才工作立法，颁布人才发展条例，对国家重大人才工程专家，分别给予1∶1.5、1∶1的配套支持。北京中关村实施国际人才创新创业生态系统建设工程。上海通过降低外国人永久居留证申办条件、简化入境和居留手续等制度创新。京津冀三地努力协调区域人才流动政策体系和交流合作机制，打破人才流动壁垒。长三角地区通过“科创走廊人才”和“轨道人才”抓手，实现人才一体化战略。成都、重庆着力打造成渝地区双城经济圈人才蓄水池，推动人才跨区域自由流动，联合柔性引进海外人才，构建人才竞争新优势。

（四）新发展格局下人才流动的思考

突如其来的新冠肺炎疫情带来的冲击和不确定性，引发了世界百年未有之大变局下诸多具有新特点的新变局。从全球看，世界经济进入深度衰退期、产业分工格局进入多维重塑期、科技革命处于重要窗口期，人才仍是战胜危机、赢得主动、构筑优势的关键资源。发达经济体为保障产业链、供应链的稳定性与可控性，引导中高端制造环节向本土回流，引发新一轮的国际产业分工格局重塑，不仅会对全球的制造业布局造成深刻影响，而且必将引发国际人才布局的深度调整。同时，经济逆全球化和疫情防控常态化使国际交流面临多重阻隔，国际人才流动受到重重限制，从国际市场上引进优秀高层次人才的难度加大。变局潜藏危机，危机孕育新机。中国要准确识变、科学应变、主动求变，顺应人才国内国际“双循环”发展的新要求，对外实施更加积极、更加开放、更加有效的人才政策，抢抓海外人才回流的机遇，聚天下英才而用之；对内深挖潜力，全面深化改革，盘活用好本土人才资源。

从国内看，向第二个百年奋斗目标进发的新征程全面开启，经济高质量发展步入向纵深推进的关键时期，经济发展前景好、潜力足、韧性强的基本面没有变，但是也面临疫情防控和经济社会发展较长时间双向作战的考验，在巨大下行压力下实现经济稳定增长目标、构建国内国际双循环相互促进的新发展格局的紧迫任务、纾解结构性周期性问题相互交织的现实困难、化解长期累积的各种矛盾风险和日益硬化的生态环境约束，都迫切需要构筑以自主创新为引擎、以人才为支撑的竞争优势。人才是实现现代化建设目标、完成高质量发展任务的第一资源。“十四五”时期人才本身也步入了现代化转型和内涵式高质量发展的新阶段，亟须通过完善人才发展治理体系，提升人才治理效能，来有效解决人才发展不平衡、不充分的问题。人才体制改革持续深化，改革动能和制度红利不断释放，人才治理体系和治理能力现代化进入协同化效能提升阶段，迫切需要推动人才发展价值理念、目标定位、体制机制、内容体系、工具手段的全面创新升级，促进人才优势向创新优势、治理优势、竞争优势转化。可从以下几个方面做好新发展格局下人才流动工作。

一是党管人才与市场配置相协同。中国政府可发挥“党管人才”制度优势，加强宏观管理、科学谋划，促进人才布局、质量、结构与产业布局、层次、结构相适应。实践证明，党管人才不是简单地把人才管起来、统起来，最根本的是扫除阻碍人才发展的各种“拦路虎”“绊脚石”，建立健全充满生机活力的人才发展体制机制，把该放的权力放掉，把该管的事务管好，促进人才主体市场化竞争，激发市场主体创造活力，为各类人才施展才华提供空间。

二是人才创新与产业发展相融合。工业经济时代，产业集聚人才；知识经济时代，人才引领产业。可以主动抢占人才高地，找到人才与产业发展的“最大公约数”，凝聚起人才部门与产业部门的“最大合力”。实践证明，抓人才不了解产业，就像是盲人摸象；抓产业脱离人才，就缺少腾飞的翅膀。产业是培养人才的现实基础、使用人才的重要载体、识别人才的特殊试剂、成就人才的关键平台，推进产才融合是彰显人才价值的重要途径。

三是深化改革与破除障碍相结合。可以推进人才评价、流动、激励等机制上的改革，把人才从各种不合时宜的政策藩篱和制度羁绊中解放出来。实践证明，只有在体制壁垒上做“减法”，在保障激励上做“加法”，在市场导向上做“乘法”，在流动“坚冰”上做“除法”，才能真正使创新成果得到应用、创新意识得到肯定、创新能力得到支持，人才各尽其能、各展其长、各得其所。

四是优化环境与高质量发展相衔接。努力打造具有国际竞争力的人才发展环境，用开放包容的创新氛围吸引人，用宜居宜业的城市功能留住人，用党管人才的制度优势凝聚人，收到“花香引蝶至，游蜂为蜜来”之效。实践证明，营造良好的人才发展环境，比“真金”更比“真心”，比“政策”更比“服务”。只有营造“海阔凭鱼跃，天高任鸟飞”的氛围和“一切皆有可能”的愿景，才能真正“筑好黄金台，引得凤凰来”，以高质量人才引领高质量发展。

四、人才流动的特征分析

（一）数量特征

人才流动的数量经历了一个从零星到浩大的变化过程。以我国为例，在国际流动方面，从清朝末期的120名留美幼童发展到2017年的60万名留学生，从改革开放之初1978年的248名学成回国留学人员到近5年（2013—2017年）年均超过40万的学成归国大军，无论是“走出去”还是“走回来”，中国留学生流动规模都出现了井喷式的发展；国内人才在区域流动也呈现类似的特点，从1990年时仅有129万余人发展到了2000年的302万人，2010年时更是达到了956万人，是1990年的7.4倍。前期由于制度设计（如中国的户籍制度，日本的终身雇佣制等）、经济状况、交通手段等的限制，无论是国内流动还是国际流动，人才流动的数量均较少，而随着社会发展与交通运输条件的改善，人才在整个国家甚至全球范围内的流动与配置变得越来越频繁。

（二）范围特征

人才流动的范围从集中到分散。无论是留学生还是各国人才，前期主要集中在美国、欧洲等国家进行学习或者工作，流向其他国家或地区的较少，人才流动范围呈现集中流动的特征。但随着新兴经济体的崛起，国与国之间、地区与地区之间的人才竞争越发激烈，各国纷纷出台吸引留学生和人才的各项优惠政策，而人才也根据自身专业发展、情感归属等选择目的地，美国等国家不再是人才流动的唯一选择，人才流动范围逐渐扩展到全球范围。根据《中国留学发展报告（2017No.6）》的数据，2016年在美国接受高等教育的国际学生较上一学年增幅下降3.7个百分点，英国仅上升0.3个百分点，相反，中国、澳大利亚和加拿大三个国家的国际学生持续增长。中国成为众多国际人才流动的新选择之一。

有良好的学术背景、拥有诸如诺贝尔奖获得者的“明星”科学家的机构或学科，往往能吸引来自世界各地优秀的人才。美国国家创新体系中的许多卓越中心（centre of excellent），已成为吸引全球学术科研人才的重镇。斯坦福大学和麻省理工学院是两个典型，两所学校吸引了大量海外的科学家和研究生，其中，有超过50%的科学、工程专业的博士后是来自海外的人才。美国加利福尼亚、马萨诸塞、纽约等具有最好的高等教育机构的地方，吸引了众多法国学术人员到那里做博士后研究。在英国，剑桥、牛津、帝国学院等，也吸引了大批外国学者。

（三）方向特征

人才流动的方向从流失到环流。经济全球化、创新活动共性及新兴经济体的政策优势，使得人才的国际流动日益频繁，人才流动方向逐渐由从外围向中心单向流动的“智力流失”转变为更复杂和分散的双向或多向“智力环流”。从前文的人才流动发展历程分析可以看出，无论是国际流动还是国内流动，前期的人才流动风险都是人才从外围国家向中心国家，或者从经济不发达地区向经济发达地区的单向迁移，并由此造成了人才输出国的净损失和人才接收国的收益，学术界将其称为智力流失（Brain Drain）和智力获得（Brain Gain）；而近20年来，随着新兴经济体的崛起、信息技术的发达以及交通运输条件的改善，人才地理流动更为复杂，如由于国家政策、区域环境和经济因素等原因，前期有大量中国留学生滞留在国外，但目前却有超过80%的中国留学生选择学成归国创业或工作，同时也出现了部分海归又重新回到了海外的现象。越来越多的高水平人才将流动视为获得对职业生涯有用的教育、知识、技能和职业经验的工具，最终选择回到母国或其他国家寻求更好的职业发展机会，出现了智力环流（Brain Circulation）。

多元化是当前发达国家人才流动的显著特点。随着各国（地区）政府全球化意识的不断提升，加之信息技术的发展、高速交通的便捷化，以及创新创造活动带来的需求，特别是后发国家（地区）的发展前景及其吸引人才的政策优势等，发达国家人才流动逐渐从单方面的人才获得，转向人才流出、回流和环流共存的多元化趋势。东欧国家的高校教师和科研人员纷纷出国工作、读书或迁往外国定居；俄罗斯科研人员及高校教师主要移民德国、以色列、美国、希腊、加拿大等国家；由于科技研发经费占GDP

的比率低于美国、日本，欧盟许多高校或公共研究机构的学术人才纷纷改弦更张，流向科研条件完备、薪酬福利丰厚的美国；欧盟是英国最大的学术人员来源地，同时也是主要的流出地。

第二节　人才流动的影响因素

人才流动必然是驱动力支持的结果。面对外围客观环境的多样性以及个体主观意识的多元性，人才流动的生成已不是取决于某个单因素的作用，人才流动所涉及的自发性或自主性流动，往往由一系列“推力”和“拉力”的复杂驱动因素所导致。通过对国内外人才流动历程分析发现，人才流动的动力发生了明显转变：早期人才流动侧重于由政府政策、计划条件等外部因素驱动人才进行流动，由于信息不对称的存在，带有强制性的政府主导型流动模式无法达到人才资源的充分利用，人才或是被动流动，或者被动的不予流动；而随着社会进步与时代发展，人才流动逐步从行政手段推动的被动迁移，转变为市场力量引导的主动流动。地区的经济发展水平、工资收入水平、科研环境、科研投入、教育水平、生活便利程度等都成为人才流动的主要原因，自主式的人才流动有利于人才资源的有效配置。因此，可以对影响人才流动的因素归纳为以下几点。

一、政治、经济与文化环境

政治、经济与文化的正向吸引力。美国政府刻意打造的“美国梦”将其装扮为最大化的个人自由、最先进的物质进步和最丰富尤其是最平等的成功机会的国度，成为美国政治、经济、文化等形象输出最好的代言人。柔性的引才制度、发达的科研条件、繁荣的市场经济和宽松的政治制度都成为美国最具人才吸引力的象征。对于人才特别是高校院所人才来说，一个国家的 R&D 投入直接影响其流动行为的产生，在无法满足其需要的情况下，往往会通过组织甚至国别迁移，寻求更丰富的研究资源和有效的学术工作环境。Veugelers（2015）等人研究了数百位欧洲高校院所人才从欧洲各国向美国迁移的个性特征和外部驱动等因素发现，主要流动目的基于美国综合国力、科研平台等能够提升个人职业发展的动机，而最受关注的经济因素，在其地点选择上并非首要条件。因此，发达国家高校院所人才流动多倾向于迁徙到具有强大研究体系的国家，高校院所人才流动方向就指示出了一个国家的吸引力。

二、机构声望和规模

机构声望与流动性存在正相关关系，来自声望越高的高校院所的学者往往能够取得更高成就，因此在发达国家高校院所人才选择流动的过程中，认为机构声望比薪酬待遇对其流动意图的影响更显著。另一种关于机构声望的观点认为，不同学校间的声望差异，例如研究型大学和其他学校、高水平大学和普通大学，其声望会导致不同学校间影响流动的因素不同，即研究发现组织声望通过影响自变量（其他流动因素）进而影响因变量（教师流动），例如相比高声望大学，声望较低的学校在人才引进时一般通过提高薪酬待遇、提升职称职位来吸引高水平教师的流入。高校规模对人才流动的影响在于，随着学术机构规模的增大、增长率提升，教师流动率减弱，反观较小的组织因为组织内人际冲突更大而流动性更大。

三、工作环境

工作环境主要包括人际关系、组织管理、工作满意度等因素。和工作环境直接相关的 7 类因素影响人员离职倾向，包括主管领导的能力、教学任务量、共事者能力、人际关系等。以意大利为例，组织机构中烦琐的官僚作风、复杂的职业晋升体系和较低的科学资助水平，是导致高端科研人才流失的主要因素。人才流失是因为组织机构的管理出现问题，比如，与纯粹经济原因相比较，由于管理松懈带来的科研条件准备不足，及允许人才直接参与组织决策的机会很少等个体职业发展机会和管理制度等因素，更会被人才看重。工作满意度，一般指员工对所在组织机构情况、自身工作量、研究时间长短等的满意度。工作满意度在发达国家高校院所人才离职决策中发挥重要作用，也是预测人才去留的关键因素。工作环境中诸多不适宜的因素会促使人才越来越频繁的流动，向国内外寻求更有利的工作条件。

对于高校人才而言，促使发达国家高校院所人才流动的重要影响因素之一是学术氛围，如果高校院所无法为其创造良好优质的学术环境就会刺激人才频繁流动。学术工作条件的差异，包括实验室与研究设施的充分与否、工资结构、聘用的要求和条件、学术自由等其他因素，可能使学者到其他国家谋求更好的职位。高校院所人才可以通过申请重要课题和研究项目获得可观资助，因此他们不再将眼光局限在科研经费等经济因素上，而是更关注学术环境能否为其才智发挥提供充足适宜的准备，从长远角度能否促进其人力资本的保值增值，学术空间能否保障其自主创新和可持续发展。高端人才的流动是为了提升个人职业发展能力和体现在劳动力市场中的竞争力。因此，高校院所科研的环境和研究设施，或与顶尖研究团队合作的机会成为人才迁移的巨大动力，并且通过流动，他们的科研水平与学术能力都能得到显著改善。上述研究成果的重要启示是：优质的学术平台、科研环境是留住人才的重要筹码，而高校盲目的人才引进只能短期内增加人才数量，只有加强学术环境建设完善自身学术体系，才是留住并发挥人才最佳效能的重要途径。

四、市场机制

市场机制是通过市场竞争配置资源的方式，即资源在市场上通过自由竞争与自由交换来实现配置的机制，也是价值规律的实现形式。人才资源的市场化配置，是指在劳动力市场上，根据工资、待遇、晋升机会等市场信息来自发调节人才资源的供需关系，以实现人才资源自由配置的过程。使市场在资源配置中起决定性作用，是党的十八届三中全会提出的一个重大理论观点。根据经济发展的客观要求，通过市场化形式和机制科学合理地调配人才资源，旨在使人才资源和其他资源合理有效地结合，发挥最大效应。当前，人才资源配置方式的转型已经完成，人才资源的配置已由依赖计划转变为依赖市场，即现在已经是通过市场机制来实现人才资源的配置。但是，配置方式的转型，只能说明配置机制的转变，并不能确保转型后的市场机制就能很好运转，达到资源的最佳配置。人才资源涉及的是有主观能动性的人，通过市场机制来实现合理配置，比一般的物资涉及的问题更多，情况更加复杂。只有进一步完善市场化用人机制，准确定位市场主体、市场中介和政府的作用，才能为人才流动畅通渠道，实现需求和能力精准对接。

第三节　人才流动与高质量发展
——基于中等收入群体角度

一、扩大中等收入群体对高质量发展的意义

中等收入群体倍增是高质量发展的重要战略①。党的十九大报告指出："中国特色社会主义进入新时代，中国社会主要矛盾已经转化为人民日益增长的美好生活需要和不平衡不充分的发展之间的矛盾"，收入分配问题正是这一主要矛盾的突出表现。

对于"共同富裕"目标的追求是贯穿中国经济建设和社会发展的一条主线。与经济总量连年创造"中国奇迹"相对应的，是收入的贫富差距和财富拥有的不平衡，逐渐形成了一端是人数极少且拥有高收入和巨额财富的高收入群体，另一端是人口规模庞大且生活困难、持续发展能力不强，或是已解决温饱、但致富增收能力不强的中低收入群体的两极分化社会结构。2003 年中国居民收入基尼系数为 0.479，此后数年一直上升，2008 年达到了最大的 0.491，之后逐步回落，2016 年基尼系数为 0.465，在亚洲仅次于菲律宾，并超过了所有的欧洲国家。中国已成为两极分化比较严重的国家之一，收入分配改革成为社会关注的焦点，中等收入群体的缺失成为社会不稳定的潜在根源②。

新时代主要矛盾的变化是关系全局的历史性变化，这一精准、深刻的论述标志着中国的社会结构和分配格局将发生重大改变，扩大中等收入群体是妥善解决收入分配问题的有效路径，也是衡量新时代主要矛盾程度的重要指标，更是实现高质量发展的重要战略。未来的 5 到 10 年中，如果能

---

① 刘世锦．把中等收入群体倍增作为高质量发展的重要战略［J］．经济研究，2019（10）：12-14.

② 吴青荣．构建扩大中等收入群体的公平体系［J］．学术交流，2014（10）：119-124.

把握住新时代主导产业发展方向，推进系统的体制创新，可以使得中国中等收入群体占比继续扩大，成功跨过中等收入陷阱，在共同富裕的道路上再向前一大步。

二、中等收入群体的概念界定及规模测度

（一）概念界定

“中等收入群体”是一个多学科融合的概念，学术界目前对于中等收入群体的概念界定尚未统一。国外学者一般使用“中产阶级”的概念，美国社会学家莱特·米尔斯（2006）① 将中产阶级分为以自由职业者、手工业者、小企业主、小商人以及小农为主的“老中产阶级”（主要特征是有自己的财产），以及以政府中小官员、专业技术人员、经理阶层、学校教师、办公室职员等所组成的“新中产阶级”（主要特征是职业收入处于中间的），即大众普遍认知的“白领阶级”②。丹尼尔·贝尔（1997）③ 认为“职业是划分社会阶级与阶层的最重要的决定性因素”，可以将其称之为“职业中产”；Kacapyr（1996）④ 将家庭人均收入作为衡量中产阶级的标准，可以将其称之为“收入中产”。

出于研究的需要，在本研究中，我们将国外的“中产阶级”与我国的“中等收入群体”看作是近似的概念。

国内学者多倾向于使用“收入中产”的类似标准对“中等收入群体”进行界定：李培林（2007）⑤ 将中国城市户籍人口的平均收入线作为参照标准，把平均线以上到平均线的 2.5 倍的群体定义为中等收入群体；进一步地，李培林等（2015）⑥ 认为中等收入者的界定可分为相对标准和绝对标准，相对标准在考虑收入差距的同时，能够衡量中等收入者的比重及其

---

① 莱特·米尔斯．白领：美国的中产阶级［M］．南京大学出版社，2006.

② 孔德永，王存福．“中产阶级”的历史发展及概念辨析［J］．社会主义研究，2006（1）：117-121.

③ 丹尼尔·贝尔．后工业社会的来临［M］．北京：新华出版社，1997.

④ Kacapyr E. Are you middle class?［J］．American Demographics，1996.

⑤ 李培林．关于扩大中等收入者比重的若干思考［J］．红旗文稿，2007（18）：14-15.

⑥ 李培林，朱迪．努力形成橄榄型分配格局——基于 2006—2013 年中国社会状况调查数据的分析［J］．中国社会科学，2015（1）：45-65.

发展趋势，且排除了货币购买力差异的干扰，因此使用相对标准更为恰当，并将中国的中等收入者界定为收入分布在城镇居民第25到第95百分位之间的人群；吴青荣（2014）① 认为中等收入者是指在一定时期内，其收入水平与同一地域范围内全体居民的中等收入水平相当的那一部分人，中等收入者的集合就是中等收入群体；许多学者采取了国家统计局在调查统计中国居民收入情况时使用的概念，按“收入五等分法”把全部家庭或人口分为最低收入、次低收入、中等收入、较高收入和最高收入五个分层组，每组各占家庭或人口总数的20%，将城市家庭划为低、中、高三个收入群体②；也有部分学者如叶福生等（2013）③ 认为中等收入者划分除了考虑收入标准，还需参照职业标准消费及生活方式标准、主观认同标准的综合统一，是一个综合性的指标；王福生（2017）④ 认为中等收入群体涵盖了除下岗职工、没有稳定就业、低保户之外的城镇户籍人口再加上城郊农民。李春玲（2013）⑤、李强等（2017）⑥ 则从职业、教育和收入三个维度构建了中国的中产阶级标准。

上述国内学者关于中等收入群体范围的说法不尽相同，社会学常用的是职业标准，而经济学大多倾向于以收入作为划分中等收入群体的标准⑦。相对于“中产阶级”“中间群体”“中等阶层”等可能涉及阶级性质的概念，“中等收入群体”是一个更加偏向于中性的概念，仅根据收入在社会中所处位置进行群体划分，而不涉及职业和意识形态的判断识别；单纯以个人收入指标对中等收入群体进行界定，显然更符合其内涵，也符合在新时代决胜全面建成小康社会普及普惠全体百姓的、对中等收入群体的成员

---

① 吴青荣．构建扩大中等收入群体的公平体系［J］．学术交流，2014（10）：119-124.

② 杨玲玲．“中等收入群体”概念辨析［J］．理论建设，2013（1）：5-10.

③ 叶福生，董树平，付春晖，等．扩大中等收入者比重的实证研究——以湖北省为例［J］．调研世界，2013（3）：6-11.

④ 王福生．扩大城乡中等收入群体的改革重点及路径［J］．开发研究，2017（3）：1-6.

⑤ 李春玲．如何定义中国中产阶级：划分中国中产阶级的三个标准［J］．学海，2013（3）：62-71.

⑥ 李强，王昊．中国中产阶层的规模、结构问题与发展对策［J］．社会，2017，37（3）：163-179.

⑦ 王朝明，李梦凡．极化效应下中国中等收入者群体的发展问题［J］．数量经济技术经济研究，2013（6）：51-64.

扩展要求。本研究认为，中等收入群体是指在个人总收入稳定地（如5年以上）保持在全社会中等水平（如人均收入的1~2.5倍）的城镇与农村居民群体，是一个随社会经济发展而不断动态变化的群体。

表4.3　国内相关研究的概念定义和界定标准

年份	作者	概念	定义	界定标准
2005	顾纪瑞	中等收入群体	一定时期内达到中等收入水平的城镇和农村居民	户年收入9万~10万元
2005	国家统计局城调总队课题组	城市中等收入群体	城市社会成员中收入丰厚的家庭群体	家庭年收入6万~50万元
2007	李培林	中等收入者	城镇家庭年人均收入线以上到平均线2.5倍的人群	家庭年人均收入在1.4万~3.5万元
2012	国家发改委社会发展研究所课题组	中等收入者	一定时期收入及生活水平稳定保持在中等或相对平均水平的居民群体	人均年可支配收入2.2万~6.5万元
2013	叶福生等	中等收入者（以湖北为例）	一定时期内，收入保持在全社会中等水平、生活较富裕、生活水平相对稳定的居民群体	个人年收入3.57万~13.2万元； 家庭年人均可支配收入2.5万~8.75万元； 家庭年收入7.5万~26.4万元
2015	李培林等	中等收入者	在一个国家和社会中，生活比较宽裕，相对于高收入者和收入较低的贫困人口来说，收入处于中等水平的群体	家庭人均年收入2.8万~9.9万元
2017	李强等	中等收入群体	收入保持在中等水平，生活小康、生活水平相对稳定的居民群体	人均年可支配收入2万~6.7万元； 人均年收入3.5万~12万元； 家庭年收入6.9万~23.6万元

注：根据相关文献整理。

（二）规模测度

由于概念尚未统一，目前对中国中等收入群体规模的估计也有较大差异。根据亚洲开发银行 2010 年发布的《亚洲和太平洋地区 2010 年关键指标》报告，就绝对数量而言，中国中产阶级的绝对数量人数超过亚洲其他国家中产阶级人数，总和达到 8.17 亿人①。瑞士信贷 2015 年发布的《全球财富报告 2015》指出，中国中等收入群体占全国成年人口的 11%，按绝对人数计算居全球之最，达到 1.09 亿人，超越美国的 9200 万人②。实际上，测度中国的中等收入群体规模存在一定的难度，国际较为常用的相对指标测度方法更适用于收入分配较为平均的国家，并不太适合现阶段中国贫富差距较大的国情，因此所测度的规模也有较大差异。

按照 2005 年国家统计局城调总队课题组预测，2010 年中等收入人群家庭将占全部城市家庭的 14%，2020 年时将跃升为 45%③；习近平总书记在 2015 年西雅图中美企业家投资座谈会上表示，目前中国的中等收入人群接近 3 亿人，预计在未来 10 年内还将翻番④；方栓喜（2016）⑤ 认为中国目前的中等收入群体仅有 3 亿人左右，占总人口比重不足 25%；李强等（2017）⑥ 综合考虑中国综合社会调查（CGSS）和中国家庭追踪调查（CFPS）两个具有典型代表的微观调查数据，认为目前中国的中等收入群体所占比例约为 19.7%~21.9%。

综上所述，可以认为目前中国的中等收入群体规模约在 3 亿人左右，占总人口数的比重不足 22%。而按照发达国家的发展历程，各国的中等收入群体比例大都超过 50%，从而形成橄榄形的社会结构，跨越中等收入陷阱，由此可以看出，尽管中国的中等收入群体总量已比较大，但占人口数

① 亚行报告将亚洲中产阶级下限定为日均消费 2 美元，http：//news.163.com/10/0823/14/6EPEFH6R0001121M.html.

② 全球财富报告：中国中等收入人数居第一，http：//news.southcn.com/international/content/2015-10/15/content_ 134808866.htm.

③ 国家统计局城调总队课题组.6 万—50 万元：中国城市中等收入群体探究［J］.数据，2005（6）.

④ 习近平：中国中等收入者已有三亿人 将允许人民币双向流动，http：//china.cnr.cn/ygxw/20150923/t20150923_ 519944639.shtml.

⑤ 方栓喜.扩大中等收入群体的体制创新［J］.经济与管理评论，2016（6）：10-15.

⑥ 李强，徐玲.怎样界定中等收入群体？［J］.北京社会科学，2017（7）：4-10.

比例仍较小，且与橄榄形的分配格局仍有较大距离，扩大中等收入群体的战略任务仍然十分艰巨。

“工欲善其事，必先利其器”。要迅速扩大中等收入群体，需要有明确的方向、准确的方法，我们完全可以梳理典型国家中产阶级的成长历程，通过对其历史脉络和基本特征的分析，归纳总结普适性的规律，为中国探索扩大中等收入群体的路径提供借鉴。

三、典型国家中产阶级成长历程分析

“中产阶级”（Middle Class）一词最早出现于近代欧洲，是以美国为代表的西方资本主义工业化过程的产物①，而后中产阶级的发展过程也出现在很多后发工业化的国家和地区，如韩国等。

（一）美国中产阶级的成长历程

美国被称为世界上最典型的中产阶级国家。在工业化之前的美国就已是一个中产阶级社会，由于美国“新大陆”广袤的土地为欧洲移民提供了足够的资源，美国农场主、店主和小企业主等“老中产阶级”成了社会的主要组成部分，曾经占总人口的80%②。

19世纪末20世纪初，第二次工业革命导致资本主义国家产业结构发生了重大变化：第一产业的比重迅速下降，第二产业的比重迅速上升，第三产业开始出现。第二产业的迅猛发展推动美国进入工业化时代，工业生产出现集中化趋势，需要大量产业工人，且伴随着部分小农、小企业主的破产，经济、社会重心由乡村向城市转移，大量农民迁居城市成为产业工人。美国的工人阶级逐渐成为人口的大多数，相对应的中产阶级所占人口比重减少。

第二次世界大战之后，大型现代公司、企业迅速崛起，大规模的资本集中促使企业规模不断扩大，公司经济活动日益频繁多样，生产和流通数

① 李路路，李升“殊途异类”：当代中国城镇中产阶级的类型化分析［J］．社会学研究，2007（6）：15-37.

② 丹尼斯·吉尔伯特，约瑟夫·卡尔．美国阶级结构［M］．北京：中国社会科学出版社，1992.

量均开始变得十分巨大①。一方面，为适应大规模生产和市场发展的需要，资本的所有权与管理权逐步分离，企业纷纷设立专门机构委托专人进行行政、管理、销售、财会和公共关系工作等，一支庞大的专业技术和管理人员队伍逐渐形成。另一方面，现代国家的发展与功能的分化和扩展，也造成了大批的文职公务人员②。工业结构和管理方式的变化使得社会结构也出现了翻天覆地的变化，美国工人的人数开始减少，中产阶级的人数重新回升。此时的中产阶级已转变为主要由中小官员、教师和职员等组成的"新中产阶级"。莱特·米尔斯（2006）发现在1870年至1940年之间，美国的中产阶级从75万人增长到了1250万人，其中"新中产阶级"从占中产阶级的15%上升到56%，"老中产阶级"则从85%下降到44%。社会文化的进步为美国这一时期"新中产阶级"的成长和壮大创造了条件（李彦军等，2013），教育特别是高等教育的普及培养了大批具有高学历的白领雇员，成为中产阶级的中坚力量。

20世纪70年代，美国处于工业化尾声。丹尼尔·贝尔（1997）用"后工业社会的来临"来表示一种新工业社会向前演进的趋势：一方面随着制造业经济转向服务业经济，创造了大量高价值岗位，美国的白领阶层人数进一步扩大到占总劳动力的50%以上（丹尼斯·吉尔伯特等，1992）③，另一方面社会发展越来越依赖于科学和技术的进步，"科学的日益科层化和脑力劳动的分门别类日益专门化"，科学家和工程师的增长率是劳动人口增长率的3倍。从收入分层的角度来看，美国社会最富有的家庭大约占总人口的6.7%，最贫穷的家庭大约占6.2%，其余87.1%的家庭大都处于"中产阶级"的地位④，居于最富有与最贫穷阶层之间的庞大的中间阶层成了社会的主体。

（二）韩国中产阶级的成长历程

韩国中产阶级的成长是根植于韩国历史文化背景和社会变迁过程中的，

---

① 李彦军，陈丙欣．我国城市社会转型与中产阶级培育［J］．湖北社会科学，2013（1）：72-78.

② 周晓虹．再论中产阶级：理论、历史与类型学——兼及一种全球化的视野［J］．社会，2005，25（4）：1-24.

③ 丹尼斯·吉尔伯特，约瑟夫·卡尔．美国阶级结构［M］．北京：中国社会科学出版社，1992.

④ 李强．关于中产阶级和中间阶层［J］．中国人民大学学报，2001，15（2）：17-20.

同发达资本主义国家的中产阶级相比，无论在形成、发展还是特征上都有所不同，对同处亚洲、同为后发国家、同属儒家文化的中国颇具借鉴意义。

儒家思想影响下的李朝时期，社会结构分为地位和等级严明的三个层次：统治精英（两班贵族）、普通人、社会底层，是典型的“士”“农”二元封建社会，人们的社会地位大多是由家族、血缘等先赋性因素决定的，阶层之间的桎梏难以通过自身努力突破，社会流动机会少。

日本的殖民统治开始了韩国的工业化，产业工人、小企业主等阶级开始出现，韩国传统僵化、封闭的社会结构被打破，且作为商业贸易的派生需求，日本殖民者也对劳动力进行一定的教育培训，以适应工业化进展；第二次世界大战后，美国对韩国各个层次的教育都给予了许多投资，教育普及化为就业结构的转变提供了高素质的人力资本，也为韩国中产阶级的形成提供了文化铺垫和精神准备。历经殖民、第二次世界大战、美国接管和朝鲜战争等一系列事件冲击后的韩国，其传统固化的社会结构存在基础已完全瓦解，但这一阶段中产阶级占总人口的比重依然很小。

20 世纪 60 年代初，韩国军人集团执掌政权。由于工业化起步晚，各要素市场发展不均衡，国际市场又被发达资本主义国家垄断，韩国的工业化需要国家与政府力量的支持推动，因此采取了政府主导型的市场经济体制以参与国际竞争，运用政府力量促进有限资源合理配置，由政府扶植大财阀，在政府直接干预下由政府和企业共同推进涉及国计民生的重大项目，使国家走向工业化道路，经济开始起飞，城市高速发展。经济繁荣为中产阶级的壮大提供了物质基础，快速城市化则不仅为城市居民提供了更多职业、岗位，也为农村人口提供了到城市就业的机会，国内劳动力迁移大量增加，以首尔和釜山为首的大城市吸纳了全国迁移人口，城市人口在总人口中所占比例从 1960 年的 28%增加到 1985 年的 65%①，这为城市中产阶级的迅速崛起奠定了基础。据统计，韩国中产阶级的比重从 1960 年的占全体人口 20%，上升到 1987 年的 65%②，形成了“两头小、中间大”的纺锤形社会格局。

韩国中产阶级成长历程是与莱特·米尔斯经典论述相异的另一种中产阶级发展模式。作为后发的现代化国家，韩国社会阶级的产生、社会阶级

---

① 王建平．社会转型中的韩国中产阶级［J］．当代亚太，2004（4）：59-64.

② 何平立．韩国中产阶级与威权政府转型［J］．学术界，2006（5）：282-291.

结构的变迁很大程度上与作为社会发展主导力量的韩国政府有极大的关联，是国家力量直接干预及其政策推动下的催生物。虽然新中产阶级不断增加，但“老中产阶级”并没有在工业化进程中出现衰退，新旧中产阶级共同发展成为韩国不同于其他西方发达资本主义国家的一种特殊现象。

四、中产阶级形成规律对中国扩大中等收入群体的借鉴

经过改革开放的40多年的发展，人们对美好生活的向往更加强烈，需求呈现多样化多层次多方面的特点，对扩大中等收入群体的速度与质量都提出了新的要求。本研究通过总结发达国家中产阶级的形成规律，对比发现中国在产业结构、教育普及等方面的不足，提出扩大中等收入群体是一项系统工程，主要实现路径是“以产业高级化创造高价值岗位为前提、以教育普及化提升劳动力素质为基础、以社会流动性为保障，以‘人才先富’为系统运行动力”，四者缺一不可。

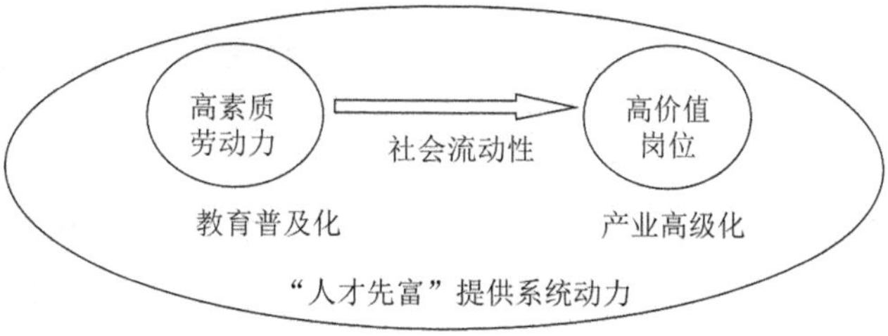

图4.3　扩大中等收入群体的概念系统

（一）产业结构高级化是中等收入群体产生的前提

当产业结构从农业占优势比重逐级向第二、第三产业占优势比重演进时，直接催生了中等收入群体。一是资本所有权和管理权的分离不断扩大，创造了大量中间岗位，导致了管理层、经理层、职员层等白领阶层的出现；二是高技术产业等的迅速发展，科学技术在社会生产中的作用日益显著，出现了具有较高学历和技术专长的专业技术群体；三是自动化技术、人工智能、智能制造等的广泛应用，简单体力劳动工作大量减少，蓝领人员的比例相对下降。产业结构高级化催生了技术和管理日益复杂化，生产过程中大量涌现出以知识和技能从事生产活动的管理层和技术层，而智力劳动是一种复杂劳动，是简单劳动的倍加，因而使从事管理与技术工

作人员的收入高于简单劳动者的收入。

中国中等收入群体比例偏低，重要原因在于中高收入就业岗位不足。相比起传统农业、工业，具有更高附加值的现代工业、现代服务业能持续释放新的、更多的中高收入就业岗位，西方国家的中产阶级也主要产生于此。

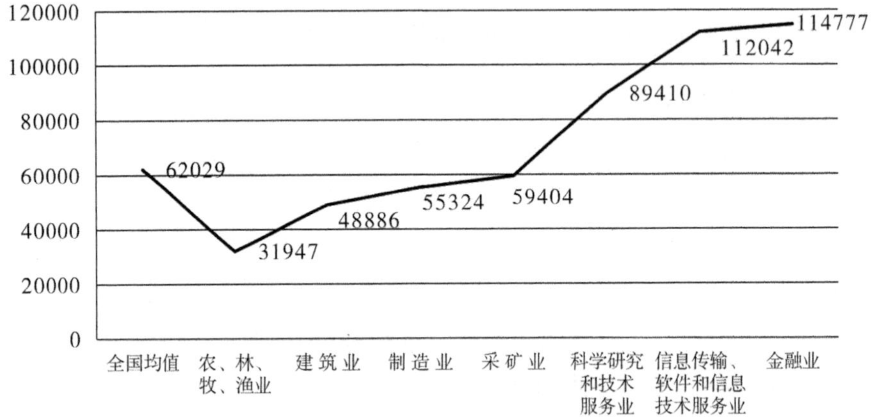

图 4.4　2015 年全国部分典型行业就业人员平均工资（单位：元）

数据来源：《中国统计年鉴（2016）》。

以 2015 年为例，全国农林牧渔业的平均工资收入为 31947 元，仅略高于全国平均水平的 50%，是所有列入统计口径行业工资收入的最低值；与之相对的，第三产业的金融业以 114777 元，信息传输、软件和信息技术服务业以 112042 元居全国所有行业收入的第一和第二位，是全国平均水平的 1.85 倍和 1.81 倍。从 2011—2015 年各产业就业情况趋势来看，虽然第一产业就业人口数量逐年下降，但 2015 年仍占总就业人口超过 28%的比重。

表 4.4　2011—2015 年各产业就业情况

区域	项目	2011 年	2012 年	2013 年	2014 年	2015 年
全国	总就业人数（万人）	76420	76704	76977	77253	77451
	第一产业占比	34.80%	33.60%	31.40%	29.50%	28.30%
	第二产业占比	29.50%	30.30%	30.10%	29.90%	29.30%
	第三产业占比	35.70%	36.10%	38.50%	40.60%	42.40%

数据来源：《中国统计年鉴（2016）》。

（二）教育普及化是中等收入群体不断壮大的基础

教育的普及对中等收入群体的形成和壮大功不可没。一方面，教育系统所提供的职业技能培训为中产阶级的兴起提供了必要条件，人们进入不同职业的正式要求以及升迁希望往往取决于其受教育的水平。另一方面，通过学校教育掌握某种技能或专业知识，从而进入中等收入群体的行列，是许多贫困人群改善生存条件、实现美好生活追求的重要路径。在美国，一直到奥巴马执政期间，还依然以大力发展平民主义色彩的社区学院，提高民众职业能力，培养高技术技能型人才作为扩大中产阶级的政策逻辑①。教育的普及能使许多原来从事简单体力劳动的“出大力、流大汗”普通工人与农民转化为知识工人和知识农民，使得中等收入群体的队伍不断壮大。

表 4.5　全国中等职业教育基本情况（2008—2013 年）

年份	学校数（所）	招生数（万人）
2008	14847	812. 11
2009	14401	868. 52
2010	13872	870. 42
2011	13093	813. 87
2012	12663	754. 13
2013	12262	674. 76

数据来源：《中国教育统计年鉴》（2009—2014）。

发达国家的职业教育发展相对较成熟，普通蓝领工人可以通过职业技术培训，不断提升自己的专业技术水平和收入水平②，成为中等收入群体的一员。日本的高级技工在产业工人队伍中占比达到 40%，德国达到 50%，而中国仅为 5%左右③且职业教育发展并不尽如人意，2008—2013 年中等职业教育无论在学校数量还是招生数量方面都出现了显著下降，6 年

① 薛飞湖．美国奥巴马政府社区学院政策的分析［J］．职业教育研究，2017（6）：4-8.

② 厉以宁．论蓝领中产阶级的成长［J］．中国市场，2015（5）：4-10.

③ 迟福林．扩大中等收入群体“三问”［J］．理论导报，2017（6）：23-26.

间减少了近2600所学校，招生规模缩小了近138万人。这与通过职业技术教育迅速提高劳动者素质以加快扩大中等收入群体的诉求显然是不相符合的。

（三）社会流动性是中等收入群体持续扩大的保障

作为重要的生产要素，劳动力的自由流动将提高资源配置的效率，有利于促进经济发展和居民收入水平的提高①。假如所有的劳动力都被束缚在传统产业、欠发达地区、低收入职业，无法在城乡之间、产业之间、职业之间进行自由流动的话，则没有足够的动力可以推进产业结构调整升级、经济增长，更谈不上收入的增长及中等收入群体的形成。发达国家的工业化进入中期后，社会流动性的增大和中产阶级的扩大呈现显著关系，一方面拥有技术专长和专业知识的人员易于迁移到更合适的地点、企业和职业等，收入也随着工作的变更而上升，另一方面大量的农民有机会从农业中转移至工业或者服务业，在为社会创造更高附加值的同时个人也获得更高的收入，因此社会流动性是实现中等收入群体扩张的通道。

对于中国而言，长期以来存在着城乡间、地区间和不同所有制企事业单位间的劳动力市场分割，抑制了社会流动性，导致了起点上的不公平，地区间、行业间的各项壁垒限制了人员跨地区、跨行业自由流动，限制了各类型劳动力的选择空间，从而也阻碍了中等收入群体的扩大。

（四）“人才先富”是扩大中等收入群体的系统动力

无论是推动产业结构升级、普及高等教育和职业教育，抑或是研究制定各项推动社会流动性的政策，都离不开包括科技工作者、教师和公务员等知识分子在内的各级各类人才的积极性、主动性、创造性，聚焦于实行以增加知识价值为导向的分配政策，以“人才先富”激励拥有高级知识的各类人才，能为扩大中等收入群体提供动力，与其他三者构成了一个完整的系统。

但目前现实却是“人才不富”，根据国家统计局发布的数据，2015年科学研究和技术服务业人员的平均工资为89410元、教育行业的平均工资

① 许召元，李善同．区域间劳动力迁移对地区差距的影响［J］．经济学：季刊，2009，8（1）：53-76．．

为66592元，远低于金融行业人员的114777元，信息传输、软件和信息服务业的112042元，教育行业甚至低于交通运输、租赁等行业。社会上其他领域的工作人员已经得到了较高工资和福利，倘若科学研究等行业人才还实行较低的工资制度、较低的待遇，不仅无法激励现有科学研究者的积极性，也不能吸引社会的优秀人才加入科研、教育队伍中来，无法为扩大中等收入群体提供足够的动力。

五、扩大中等收入群体、实现高质量发展的对策建议

（一）加快发展新时代主导产业，创造中高收入岗位

社会主要矛盾决定主导产业方向，符合时代发展、立足人民美好生活需要的行业将成为新时代的主导产业，如先进制造、品牌消费、现代服务等，而这些行业恰恰就是中高收入岗位的主要来源。全球正面临新一轮产业革命，中国如果能牢牢把握“互联网+”“工业4.0”等新工业、新服务业的发展契机，通过转型升级加快新时代主导产业迅速发展，使得超过2亿劳动力从低价值创造的农业中解放出来，转移到具有更高劳动价值的产业，可以促进社会中等收入者的人数实现“大跃进”，促进中国的中等收入群体规模实现大规模扩张。

（二）加快发展职业技术教育，培育蓝领中等收入群体

按照新时代主导产业发展方向要求，大力发展职业技术教育，提升蓝领工人的技术水平和文化素质，能打通蓝领工人社会流动的上升渠道，也是促进蓝领中等收入群体成长的必然选择。中国职业技术教育目前的困境主要在于经费不足和生源危机，建议增加中等职业技术教育经费在各级政府教育经费预算中所占比重，并促进推进教育政策、产业政策、用人政策的衔接配套，打通职业技术教育与普通教育、学历教育与岗位技能培训、职前教育与在职培训之间的通道，保障技术技能人才的待遇，健全促进职业技术教育可持续发展的制度和标准，以培育和壮大蓝领中等收入群体。

（三）打破障碍贯彻平等，保证社会流动性

创造公平的社会发展环境，消除各种妨碍社会成员平等发展的制度性障碍，使全体社会成员都有进一步提升收入水平，追求美好生活的机会。一是改革户籍制度，推进城乡一体化建设，提升城市对农民的容纳能力，

解除对农民就业、身份的束缚，为农民营造公平的就业环境，实现农民与城市居民权利一致、地位平等和身份同一；二是贯彻机会均等原则，放宽不合理的市场准入限制和职业准入限制，避免社会利益结构固化和职业世袭化，特别是教育公平，应消除城乡、地区及阶层差异对教育机会和教育水平的影响，优化教育资源的配置结构和投入比重。

（四）实施“人才先富”，激发系统动力

“人才先富”不是简单的数字增长，而是整个收入体系的改革和完善。一是改革和创新科研经费使用和管理方式，赋予科研人员更多的自主权，让经费为创新活动服务，加大对科研人员的激励力度，保障科研人员充分享受激励政策，便于科研项目结合实际情况激发创新活力。二是维护人才在分配政策制定中的参与权，建议在部门、单位重大分配政策制定时，将通过职工代表大会作为法定程序。三是探索人才税收优惠政策，如调整“引进人才一次性安家费”税率，降低高层次人才流动落户安家的门槛，增加专项扣除项目，允许科研人员分期缴纳个人所得税等，降低科研人员的税收负担。

第四节　人才流动影响经济高质量发展的概念模型

内生经济增长理论认为，人力资本是经济增长的重要生产要素。在讲求知识与资本密集的现代经济制度下，直接建立在知识与信息的激发、扩散和应用之上的知识经济，是经济发展的重要形态。一个经济体创造知识和应用知识的能力与效率，凌驾于土地、资本等传统生产要素之上，成为支持经济不断发展的动力。OECD 在《知识经济报告》中便指出，以知识为本位的经济将改变全球经济发展形态，知识已经是生产力提升和集聚经济成长的主要动力，随着 AI、5G 等信息科技的快速发展和高度应用，各经济体的产出、就业和投资等都将明显转向知识密集型产业。知识经济所带动的是高级人力资本的蓬勃发展，而人力资本的提升也会促进科技的进步、创新和改善。由于人力资本累积的存在使得一个经济体会在分离了劳动力、资本投入这样的外生力量之后也可以实现持续增长，即人力资本可

以产生“内在效应”，人力资本通过推动技术进步和效率改善，克服了劳动和物质资本的边际产出递减的限制，使资本的收益率提高，人力资本越多，技术进步越快，经济增长也越快。人力资本的增进将促进知识的创造和积累，而知识和技术的有效利用是新产品开发、工艺改进、效率提升等一系列创新活动的基础，从而为经济体的持续发展提供源源不断的动力。

一、理论模型

根据 Lucas（1988）的思想，经济得益于人力资本积累才可以实现长期持续增长，因此可以将人力资本作为一个独立的生产要素引入经济增长模型，可以构建以下模型：

$$Y = F(K, H, L) \tag{4.1}$$

其中，Y 为产出水平，K 为资本要素投入，L 为一般性劳动力要素投入（即“原始的”、未经改良的、非熟练的劳动），H 表示人力资本投入。

按照 Mincer（2001）的观点，人力资本对于经济发展的贡献可以分为两个独立的部分：一方面，与劳动力、资本等传统生产要素相同，由于教育投资、健康投资、流动迁徙等方式形成的人力资本也是一种生产投入要素，在经济运行过程中人力资本与非熟练的普通劳动力要素、资本要素共同配合完成生产活动；另一方面，人力资本是一种创新资源，代表了知识存量。前者作为生产要素的人力资本观点基于以下假设：物质资本与人力资本之间的互补性大于物质资本与低技能的非熟练劳动之间的互补性，这意味着物质资本的规模越大，人力资本对产出的边际贡献越大。现代经济增长与创新有关，而人力资本流入的长期收益可能最能体现在创新能力提升方面，而不是在劳动力市场的影响上。由此可以作出以下推论：随着资本积累的发生，对于高技能劳动的数量需求越发增长，与对于低技能的非熟练劳动的需求的增长是有差异性的，进一步地，由此产生的技能工资差异的增大导致人力资本形成的增加；反而言之，增加了的人力资本供给又将工资差异限制在一种均衡水平上，在此水平上的人力资本投资在边际上与其他种类投资具有同样的营利性。后者假设技术变动与人力资本之间比技术变动与原始的（低技能的非熟练的）劳动之间具有更大的互补性，因此人力资本可以是技术变化的一种源泉，是创新活动的主导者，甚至在劳动“质量”改善的狭窄意义上，人力资本也将通过提高生产率而对经济增长作出贡献。

具体到本研究，可以将式（4.1）进行扩充如下：

$$Y_i = F(K_i, H_i, L_i) \tag{4.2}$$

其中，Y_i、K_i、L_i 和 H_i 分别代表为区域 i 的产出水平、资本要素投入、一般性劳动力要素投入和人力资本投入，本研究特指人才在区域间流动而产生的人力资本。由于中国目前区域发展不平衡，经济处于非均衡状态，同一要素在不同区域的产出效率存在差异，且随着中国要素市场改革的不断推进，市场机制在资源优化配置中发挥越来越重要的作用，要素会自然而然地流向生产效率和边际报酬较高的区域，生产要素会根据在不同地区获得利益的不同而进行区域间的重新配置。作为生产要素之一，人力资本也具有逐利性和竞争性，其在区域之间的配置将在市场机制的作用下进行，人才会在利润最大化的驱动下在不同区域之间流动。

假设技术进步中性，要素投入规模报酬不变，则区域 i 的要素边际产出率为：

$$MFO_i = f(K_i, H_i, L_i) \tag{4.3}$$

假设资本要素投入、一般性劳动力要素投入不变，如果人才在区域 i 的初始 0 时期没有获得最高的边际报酬回报，即生产要素在区域间的配置没有达到最优，以 H_{i0} 表示此时的人才投入，如式（4.4）所示：

$$MFO_{i0} = f(K_i, H_{i0}, L_i) \tag{4.4}$$

那么，在市场机制的引导下，人才将在区域之间发生流动，使得区域 i 的人力资本要素投入规模达到最优要素投入规模 H_{it}。假设流动后的人才在区域间实现了平衡，则此时不同区域的要素边际产出率也将趋于一致，将调整后区域 i 的要素边际产出率记为 MFO_{it}，则可以将式（4.4）进一步改写为：

$$MFO_{it} = f(K_i, H_{it}, L_i) \tag{4.5}$$

假定人才在区域间流动时，生产技术条件均保持不变，仅仅是要素在区域之间的配置发生了变化，则可以对两个时期进行比较得到：

$$MFO_{it}/MFO_{i0} = f(K_i, H_{it}, L_i)/f(K_i, H_{i0}, L_i) \tag{4.6}$$

按照前文的假设，人才在区域 i 的初始 0 时期没有获得最高的边际报酬回报，即区域 i 在 0 时期的要素边际产出率相对于最优水平是较低的，则通过人才在区域间的流动后，要素边际产出率得到了提升，即：

$$MFO_{it}/MFO_{i0} > 1 \tag{4.7}$$

根据要素投入的边际产出递减规律可得：

$$f(K_i, H_{it}, L_i) < f(K_i, H_{i0}, L_i) \tag{4.8}$$

由于假设其他要素投入不变，则区域 i 在时期 t 的人才应高于 0 时期的人才：

$$H_{it} > H_{i0} \tag{4.9}$$

只有满足式（4.9）时，式（4.8）才能成立，因此，要素边际产出率相对较低的地区将在市场规律的引导之下被分配到更少的人才要素，最终成为人才的流出地，与之相对的，要素边际产出率相对较高的地区将被分配到更多的人才要素，要素会在趋优机制的引导下，自发向这些地区流动，以期获得更高的收益，最终成为人才的流入地。

假设区域 i 和区域 j 是两个要素边际产出率非均衡的地区，地区间的横向竞争关系将使得一个地区的要素流动会对其他地区产生影响。对于区域 i 而言，如果其 0 时期的要素边际产出率低于最优水平，即：

$$MFO_{i0} < MFO_{it} \tag{4.10}$$

则区域 i 是人才的流出地，要素在区域间的流动可能致使一个地区的经济活动不但对自身产生影响，还会对其他地区造成影响，在短期内要素总量固定不变的情况下，流动使得要素在空间上是非对称均匀分布的，呈现此消彼长的特点，因此相应的会有区域 j 是人才的流入地，即：

$$MFO_{j0} > MFO_{it} \tag{4.11}$$

人才在两个区域之间的流动带来了区域要素的重新配置，单位要素的产出效应为两个区域要素边际产出率之差，可以通过式（4.12）进行计算：

$$\Delta y = MFO_{j0} - MFO_{it} \tag{4.12}$$

只有当区域 i 和区域 j 的要素边际产出率相同的时候，区域间的人才流动才会停止，此时的平均产出水平将达到最大。因此，只要区域之间存在要素边际产出率差异即经济没有达到一般均衡，人才要素将会在区域之间不停地流动，从要素边际产出率较低的区域流向要素边际产出率较高的区域。在其他生产要素的投入水平不变的情况下，单纯的人才流动也可以带来区域经济的增长，即人才流动具有经济增长效应。

在经济全球化、区域经济融合发展的趋势下，各经济体的人才在世界范围、全国范围流动，对于每个经济体的知识提升都有直接关系。人才流动所形成的人力资本可能包括两个方面：一是人才为了实现工作流动而付出了时间、金钱等方面的投资进而提升知识水平与技能存量，微观上如贝克尔所举例指出的花钱在职业介绍机构进行登记、花钱购买招聘广告，花费时间搜集求职信息如与朋友们讨论、到意向企业进行面谈、通过网络等渠道进行查询等，以上的金钱、时间等的花费都构成了人才流动的人力资本投资，其目的是为了获得更高的工资收入，人才支付了以上投资的成本，并由此产生了新的知识和技能存量；宏观上如 Stark et al.（1997）①所指出的人才流动可能产生“教育激励效应”，由于发达国家普遍具有更高的教育回报率，希望获得出国机会的发展中国家人才会增加其人力资本投资，在一定程度上会提升发展中国家整体人力资本水平进而增强其自主创新能力，提高技术水平。二是人才在流动过程中可能产生的知识与技能的传播，当掌握了知识和技术的个体在企业之间、地区之间、国家之间流动，会与周边个体发生互动，这种互动交流一方面将创造新的知识，另一方面还会促进原有知识和技术在个体之间、群体之间进行传播②。人才流动有利于创新知识的传播与扩散，进而促进地区创新水平的整体提升和宏观经济的持续增长，因为人才正是经济体中传递知识的重要途径，其流动不仅可以扩散本身所携带的隐性知识，同时也是解释现实文献所传播的编码知识的重要媒介。

下面计算人才流动对经济增长的具体贡献，对式（4.12）进行全微分可以得到：

$$\frac{dY}{dt}=\frac{dY}{dK_i}\frac{dK_i}{dt}+\frac{dY}{dH_i}\frac{dH_i}{dt}+\frac{dY}{dL_i}\frac{dL_i}{dt}=\gamma_k\frac{dK_i}{dt}+\gamma_h\frac{dH_i}{dt}+\gamma_l\frac{dL_i}{dt} \tag{4.13}$$

---

① Stark O，Helmenstein C，Prskawetz A. A Brain Gain with a Brain Drain［J］. Economics Letters，1997，55（2）：227-234.

② Almeida P，Kogut B. Localization of Knowledge and the Mobility of Engineers in Regional Networks［J］. Management Science，1999，45（7）：905-917.

式（4.13）可用于测量资本要素投入、一般性劳动力要素投入和人力资本要素投入的收益，其中 γ_k 表示资本要素投入的边际产出，γ_h 表示人才流动的边际产出，γ_l 表示一般性劳动力要素投入的边际产出。

对式（4.13）两边分别除以产出 Y，则可以得到经济增长率的计算式：

$$g=\gamma_k \frac{\frac{dK_i}{dt}}{Y}+\gamma_h \frac{\frac{dH_i}{dt}}{Y}+\gamma_l \frac{\frac{dL_i}{dt}}{Y} \tag{4.14}$$

其中，$\frac{\frac{dK_i}{dt}}{Y}$表示资本要素投入占总产出的增长率，$\frac{\frac{dH_i}{dt}}{Y}$表示人力资本要素投入占总产出的增长率，$\frac{\frac{dL_i}{dt}}{Y}$表示一般性劳动力要素投入占总产出的增长率，即式（4.14）的右边第二项代表了人才流动对经济增长的贡献。

需要补充说明的是“教育激励效应”所形成的人力资本，国外学者早期的研究通常主张人才流动（特别是人才从发展中国家向发达国家流出时）将对输出国产生负面影响，并以“人才流失”或“智力外流”（brain drain）的命题引起了极大的关注。但随着经济全球化的发展和新增长方式的兴起，学者们开始对此产生质疑并将研究重点转移到人才流动的“教育激励效应”上，提出了“有益的智力流动”（Beneficial Brain Drain，BBD）的命题，其中一个开创性的观点即是认为人才流动将对人才输出地区产生激励作用，从而使得每个国家（地区）的人均人力资本平均水平都会更高。“教育激励效应”体现在，由于发达国家（地区）普遍具有更高的教育回报率，这将激励希望获得流动机会的发展中国家（地区）人才增加其人力资本投资，这些人才的行为在客观上增强了所在发展中国家的人力资本水平，并对其创新能力、技术水平都有影响，甚至可以帮助其跨越“欠发展陷阱”（an under development trap）①。Beine et al.（2001）② 对 37 个

① Vidal J P. The Effect of Emigration on Human Capital Formation［J］. Journal of Population Economics，1998，11（4）：589-600.

② Beine M，Docquier F，Rapoport H. Brain Drain and Economic Growth：Theory and Evidence［J］. Journal of Development Economics，2001，64（1）：275-289.

发展中国家的横截面数据分析后进一步指出，由于跨国流动门槛的存在，进行人力资本投资的潜在流动人才不一定都能获得出国的机会，这将导致部分未能出国的人才继续留在本国工作。Dustmann et al.（2011）① 使用一个动态的罗伊模型讨论人才流动决策，认为激励效应产生的直接诱因是发达国家与发展中国家之间教育投资回报率存在差距。Docquier & Rapoport（2012）② 分析了非洲医学人才流失、欧洲科学家向美国迁徙和印度侨民在印度 IT 业的发展三个案例，认为由于激励效应的存在，高素质人才在国际间的流动将产生正的外部性。Beine et al.（2008）③ 基于发展中国家人才流动的研究表明，移民率每提升一倍，会激励输出国的高等教育入学率增加 5%。相类似的结论还来自 Bhargava et al.（2011）④ 基于医疗人员流动、Belot & Hatton（2012）⑤ 基于经合组织人才流动以及 Kaestner & Malamud（2014）⑥ 对于墨西哥人才向美国流动等的研究。收入水平的提升是人才流动的重要动因⑦，因此“教育激励效应”不仅仅存在于国际人才流动中，国家内部人才的区域间流动、企业间流动等均会产生激励效应。“教育激励效应”还存在于代际中，人才流动使人才自身面临竞争感与危机感，促使其重视子女教育投资⑧，且流动一般将给个人带来更高的收入，可以对自己以及子女进行更多的人力资本投资，以提升文化素质和职业技能，增加家庭成员的人力资本积累程度，从而提升社会整体知识存量，通过对英

---

① Dustmann C, Fadlon I, Weiss Y. Return Migration, Human Capital Accumulation and the Brain Drain [J]. Journal of Development Economics, 2011, 95 (1): 58-67.

② Docquier F, Rapoport H. Globalization, Brain Drain, and Development [J]. Journal of Economic Literature, 2012, 50 (3): 681-730.

③ Beine, Michel, Docquier, et al. Brain Drain and Human Capital Formation in Developing Countries: Winners and Losers [J]. Economic Journal, 2008, 118 (528): 631-652.

④ Bhargava A, Docquier F, Moullan Y. Modeling the Effects of Physician Emigration on Human Development [J]. Economics & Human Biology, 2011, 9 (2): 172-183.

⑤ Belot, M., Hatton, T. Immigrant Selection in the OECD [J]. Scandinavian Journal of Economics, 2012, 114 (4): 1105-1128.

⑥ Kaestner, R. and Malamud, O. Self-Selection and International Migration: New Evidence from Mexico [J]. Review of Economics and Statistics, 2014, 96 (1): 78-91.

⑦ 魏浩，王宸，毛日昇．国际间人才流动及其影响因素的实证分析 [J]．管理世界，2012 (1)：33-45.

⑧ 侯力．劳动力流动对人力资本形成与配置的影响 [J]．人口学刊，2003 (6)：34-39.

国有海外技术移民背景医生的调查，Kangasniemi et al.（2007）① 提供了代际激励效应的实证依据。本研究认为“教育激励效应”可以视为人才流动所形成的人力资本在代际传递的表现，即劳动力为了获得流动机会，将加强对自身或者下一代的教育投入，其投入的金钱、时间等都构成了流动型的人力资本投资，其目的是为了获得更高的工资收入。如果劳动者支付了信息投资的成本并取得了收益，而这种投入的收益主要是在未来逐渐增长的，并且大部分是相当持久的，可以将这种活动视作人力资本投资，而这种人力资本投资行为将在客观上提升发展中国家整体人力资本水平进而增强其自主创新能力，提高国家整体技术水平。

二、人才流动影响经济高质量发展的路径分析

全要素生产率是一种包括所有生产要素的生产率测量，可以通过考察单投入（x）与单产出（y）的简单生产过程来诠释人才流动对全要素生产率的影响机制。全要素生产率的提升，既包括技术前沿面向外拓展，具体体现为科技创新即技术进步，也包括企业平均产出水平向技术前沿面的逼近，如管理、制度、政策等的优化即技术效率提升。技术进步和技术效率改善是经济可持续发展的两个发动机，前者主要体现为新技术的采用或新产品的发明等，后者还涵盖了管理效率的提高和生产经验的积累、组建和管理大企业的能力以及知识等②；前者可以来自技术创新和技术模仿，后者主要来源于管理水平提高、激励机制的完善等③。因此，人才流动也通过促进技术进步和促进技术效率改善两种机制对全要素生产率产生影响：一方面，由于知识外部性的存在，人才在区域间的流动将显著加快知识的传播并促进新知识的创造，从而推动技术水平提升；另一方面，区域间的合理流动可以实现人才资源的有效配置，减少区域间人才资源错配程度，加速新生产模式的出现，增进区域经济技术效率并最终影响中国经济发展质量。

---

① Kangasniemi M, Winters L A, Commander S. Is the Medical Brain Drain Beneficial? Evidence from Overseas Doctors in the UK［J］. Social Science & Medicine, 2007, 65（5）: 915-923.

② 李廉水，周勇．技术进步能提高能源效率吗？——基于中国工业部门的实证检验［J］．管理世界，2006（10）：82-89.

③ 吕冰洋，于永达．要素积累、效率提高还是技术进步？——经济增长的动力分析［J］．经济科学，2008，30（1）：16-27.

（一）技术进步

根据内生增长理论，经济增长最持久的源泉是技术进步，新知识、新思想以及知识存量的有效利用都是技术进步的重要来源。对于高技术产业而言，知识与技术密集等是其最大特征，产业发展高度依赖于高附加值的新技术发明及其运用带来的生产率增进。技术进步是全要素生产率增长的重要源泉，而且随着市场化程度的提高，原本通过要素再配置实现生产效率的提升的产业结构变迁对经济增长的贡献逐渐减少，而技术进步对经济增长的意义却与日俱增。知识是一种具有部分“公共品”性质的特殊产品，其社会整体回报率高于私人回报率，人才流动可以带来知识的增长与改进，知识的创造和积累会促进产品升级和工艺创新，从而推动技术进步，成为产业科技水平提升和经济效益增长的支持和动力。

技术进步的根源在于知识的增长与改进，人才流动促进技术进步，进而推动全要素生产率提升的机理在于其导致了知识的创造与积累。由于知识外部性的存在，人才在区域间的流动（包括一国之内和国与国之间）将显著加快知识的传播并促进新知识的创造，从而推动技术水平提升。陈怡安和杨河清（2013）① 认为与 FDI、进出口和专利等渠道相比，人才流动正逐渐成为国际技术溢出的重要渠道，对中国的技术进步产生了正向影响；罗思平和于永达（2012）② 发现人才流动显著提高了企业的技术创新能力，成为国际技术转移的特殊载体，在新兴产业中发挥越来越重要的作用。携带知识与技术的高素质员工的流动是知识溢出的重要途径，人才流动性越强，知识溢出越活跃③，人才流动有利于行业发展，其根源在于人才一般而言都在产业内的各行业各企业间进行流动，在流动的同时凝聚在人才自身的知识和技能也会发生传播，并且如涟漪一般在同一水平的产业中进行扩散，有可能在流入企业中转化为现实生产力，并体现在新产品和新的制造工艺中，从而推动了产业技术创新浪潮。人才流动通过以下两种

① 陈怡安，杨河清．海归回流对中国技术进步的影响效应实证［J］．经济管理，2013（4）：82-93.

② 罗思平，于永达．技术转移、“海归”与企业技术创新——基于中国光伏产业的实证研究［J］．管理世界，2012（11）：124-132.

③ 许箫迪，王子龙，谭清美，等．知识溢出效应测度的实证研究［J］．科研管理，2007，28（5）：76-86.

方式促进高技术产业技术进步提升。

一是知识溢出效应。知识具有外部性，人才所携带的知识可以由其在企业之间的流动而在企业间被共享，即产生了企业内部的知识溢出效应。内生增长理论认为，由于知识外部性的存在，单个厂商生产的知识为其他厂商所获取时可以促进整体厂商的知识增进，知识溢出的过程是不同主体通过直接或间接的互动方式进行信息交流，非竞争性和部分排他性特征使得知识发生了传播。基于知识植根于个体的客观事实，现有研究普遍认同人才流动所导致的知识溢出是技术进步的重要引发机制①。知识和技术不仅仅物化（embodied）在书籍和机械设备等之上，同时也内在凝结于个体之中，表现为相应的研究方法、操作技能、管理流程等②。当掌握了知识和技术的个体在企业、地区、国家之间的流动，会与周边个体发生互动，这种互动交流一方面将创造新的知识，另一方面还会促进原有知识和技术在个体之间、群体之间进行传播，突破了不能被编码化的技术和知识——特别是难以采用字句或语言表达的隐性知识在扩散中遇到的瓶颈问题③。

凝结在人才之中的各类知识（包括显性知识和隐性知识），可以通过共同化、表出化、内在化和联结化四种知识转换模式在企业间溢出④。流动的人才可以与流入企业的工作人员共享体验并创造出诸如共有心智模式和技能等隐性知识，即通过共同化获取人才流动的知识溢出；通过工作对话或集体反思，采用比喻、类比、概念、假设或者模型等形式，可以将流动的人才所携带的隐性知识转化为显性知识，即通过表出化获取人才流动的知识溢出；内在化模式则可以促进显性知识向隐性知识的转换，将流动人才的知识以语言或者图表的形式转换为文件、手册或者口述故事，文档化可以帮助个人将经历的事情内在化，丰富组织的隐性知识，获取人才流动的知识溢出；通过如文件、会议、电话或者计算机通信等媒介将流入人

① 赵勇，白永秀．知识溢出：一个文献综述［J］．经济研究，2009（1）：144-156.

② Zellner C. The Economic Effects of Basic Research：Evidence for Embodied Knowledge Transfer Via Scientists' Migration［J］. Research Policy，2003，32（10）：1881-1895.

③ Koskinen K U，Pihlanto P，Vanharanta H. Tacit Knowledge Acquisition and Sharing in a Project Work Context［J］. International Journal of Project Management，2003，21（4）：281-290.

④ 野中郁次郎，竹内弘高．创造知识的企业：日本企业持续创新的动力［M］．北京：知识产权出版社，2006：71.

才的知识与组织现有的知识进行联结，并对这些显性知识进行整理、添加、结合和分类等，可以促进显性知识向隐性知识的转换，获取人才流动的知识溢出，图 4.5 展示了人才流动所带来的显性知识和隐性知识在组织内部转换的四种模式。

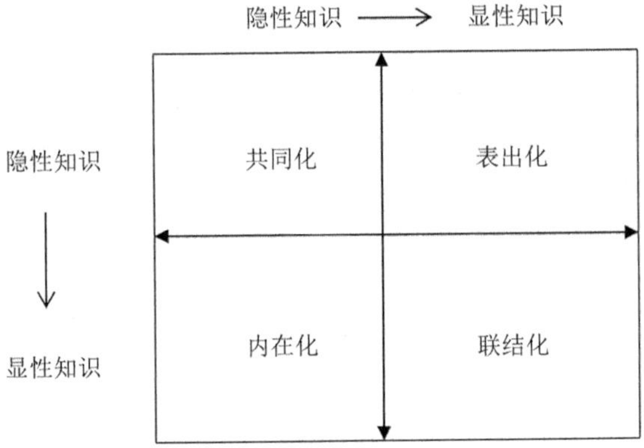

图 4.5　人才流动知识溢出的转换模式

因此，人才流动具有国际贸易、FDI 等传统技术进步路径无法比拟的优势①，加快了技术进步的步伐，是隐性知识溢出的重要途径。由于携带了更多的知识和技术，包括留学生、研发人员在内的高素质人才在各区际间的流动将更有利于创新知识的传播与扩散，进而促进地区创新水平的整体提升和宏观经济的持续增长②。

在实证方面，开先河之作是 Almeida & Kogut（1999）对硅谷半导体产业的调查分析，他们发现携带了大量知识和技术的工程师们在硅谷的企业之间频繁变换工作，而其 71%的专利是复制或者修改原企业的技术而来，关键人才的流动在硅谷内部传播了关键的知识和技术，带来了知识溢出，同时带动了跳槽后雇主的技术水平，促进了地区整体生产力的提升。进一步的研究来自 Kaiser et al.（2015）③ 针对丹麦 1999—2004 年 R&D 人员流

① Lee G. Direct Versus Indirect International R&D Spillovers［J］. Information Economics & Policy，2005，17（3）：334-348.

② J. Park. International Student Flows and R&D Spillovers［J］. Economics Letters，2004，82（3）：315-320.

③ Kaiser U，Kongsted H C，Ronde T. Does the Mobility of R&D Labor Increase Innovation?［J］. Journal of Economic Behavior & Organization，2015（110）：91-105.

动与雇主专利活动的分析，他们研究发现 R&D 人员的流动在刺激了新雇主的专利产出的同时并没有对原雇主的专利申请活动产生显著影响，因此人才流动将有助于技术水平的整体提升。Fosfuri et al.（2001）[①]、Javorcik et al.（2004）[②] 发现原先在 FDI 企业工作的人才在流动到本土企业或者自行创业时，将使用其在 FDI 企业期间所获得的技术、管理知识等，从而提升本土企业的技术水平。Park（2004）第一个讨论了大学生的国际流动如何影响知识溢出，主要关注发达国家及其溢出行为，而 Le（2008）[③] 将分析范围扩展到了发展中国家，讨论了迁移模式如何影响知识溢出，基于 1980 年至 1990 年间 OECD 19 个国家的横截面数据对劳动力流动是否可以促进跨境技术转移进行了实证研究，认为人才流动可以在两个方向产生技术的跨界转让：从发达国家向发展中国家，反之亦然，这表明移民更可能造成“人才循环”而不是“人才流失”，且由于人力资本可以提高一个国家向外国技术基础学习的能力，因此对知识溢出过程具有重要影响。基于中国的实证研究，来自王恬（2008）[④] 对于制造业的分析，在一个人力资本流动与溢出效应的理论模型基础之上，采用中国企业面板数据，实证得到了人力资本流动是技术知识溢出效应重要作用渠道的结论；许箫迪等（2007）发现人才流动有助于提高劳动力的整体技能水平，促进创新活动，流动性越强，知识溢出越活跃，经济增长率越高；杨红丽和陈钊（2015）[⑤] 使用 2000—2006 年中国工业企业数据库和中国海关数据对上游供应商与外资企业之间知识溢出关联进行了研究，并得到了类似的结论。

二是知识增长效应。一方面，流动的人才一般接受过良好的高等教育且具有较先进的技术和知识，或拥有相应领域较丰富的工作经验，其知识

① Fosfuri A, Motta M, Ronde T. Foreign Direct Investment and Spillovers Through Workers' Mobility [J]. Journal of International Economics, 2001, 53 (1): 205-222.

② Javorcik B B S, Slaughter M, Spatareanu M, et al. Does Foreign Direct Investment Increase the Productivity of Domestic Firms [J]. American Economic Review, 2004, 94 (3): 605-627.

③ Le T. Brain Drain or Brain Circulation: Evidence from OECD's International Migration and R&D Spillovers [J]. Scottish Journal of Political Economy, 2008, 55 (6): 522-528.

④ 王恬. 人力资本流动与技术溢出效应——来自我国制造业企业数据的实证研究 [J]. 经济科学, 2008, 30 (4): 99-109.

⑤ 杨红丽，陈钊. 外商直接投资水平溢出的间接机制：基于上游供应商的研究 [J]. 世界经济, 2015 (3): 123-144.

技术水平普遍高于普通劳动者，人才在区域间的流动可以加速区域之间创新主体的联系与合作，对彼此现有的知识和技术进行整合与再造，将原本分散的知识系统化、统一化，促使异质性创新主体协同合作，从而创造出新的知识，显著促进知识存量，提升人力资本水平①；另一方面，许多流动的人才积累了充足的资金与技术并选择自行创业②，由于具有人才和技术优势，流动人才创办的企业将直接促进流入地区技术水平的提升，还会产生一定的“示范效应”，在潜移默化中影响流入地其他企业的创新活动从而实现整体技术进步③。特别是随着全球化、新技术革命和发展中国家、地区经济的迅速增长，发展中国家、地区所进行的科研活动提供给高素质人才的就业发展机会逐渐增加，再加上体制机制日益完善健全等因素，原先的从发展中国家（地区）流向发达国家（地区），从次要发达国家（地区）流向主要发达国家（地区）的单向人才流动模式逐渐发生变化，人才回流现象大量出现④。这种从发达国家（地区）向发展中国家（地区）的人才流动产生了知识增长效应，极大促进了发展中国家、地区的技术进步水平，如由海归人员创办的高技术企业占北京中关村科技园全部高技术企业比重将近25%，同样的情况也发生在其他国家，流动人才创办的企业正逐步成为很多发展中国家（地区）技术进步和经济增长的重要生力军。

人才跨国家、跨城市移动推动了城市间的知识联系和创新合作，利用同乡、同学和同事关系资源，如图4.6所示，通过知识交流、知识传递和创新合作等方式开展创新活动，促进了家乡、留学城市和工作城市间紧密的知识联系⑤。但是，也存在由于前期获得的技能和当地雇主要求的技能

① Devesh Kapur，John McHale. The Global Migration of Talent：What Does it Mean for Developing Countries?［R］. Washington，DC：Center for Global Development，2005.

② Wahba J，Zenou Y. Out of Sight，Out of Mind：Migration，Entrepreneurship and Social Capital［J］. Regional Science & Urban Economics，2012，42（5）：890-903.

③ Zucker L，Darby M. Star Scientists，Innovation and Regional and National Immigration［J］. NBER Working Paper No. 13547，2007.

④ 李平，许家云. 国际智力回流的技术扩散效应研究——基于中国地区差异及门槛回归的实证分析［J］. 经济学（季刊），2011，10（3）：935-964.

⑤ 马海涛. 基于人才流动的城市网络关系构建［J］. 地理研究，2017，36（1）：161-170.

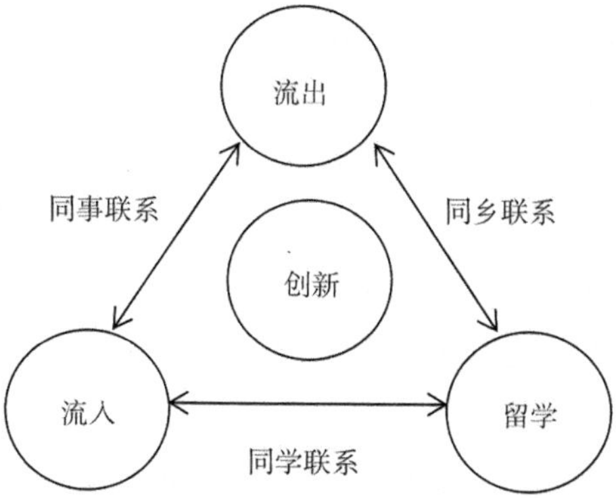

图 4.6　科技人才流动知识增长效应示意图

之间的不匹配①，积累的人力资本无法转化为生产力的可能性；或与本地长期缺乏联系，不了解本土制度环境，也可能造成一定程度的技术或者知识摩擦，影响知识增长效果②。在实证方面，Kenney et al.（2013）③ 分析了中国、印度和中国台湾的信息与通信技术业，认为在国外学习并在国外工作的人才具备了先进的技术专长、管理和创业技能，归国后对产业的发展起到了积极作用。

目前，国外学者关于海外人才回流所带来的知识增长效应，以及其引致的对技术进步的影响方面的研究较为深入。作为最大的发展中国家，中国近年来的海归现象日益普遍，学者关于中国海外智力回流的研究也逐渐增多，但对于中国国内人才从发达地区如东部，回流到较不发达地区如中西部地区的研究还较少。大部分学者认为“海归”带来了积极影响：Dai & Liu（2009）④ 以调研搜集的中关村中小企业数据为样本，讨论了“海归”的技术、商业知识及国际经验对其创业公司绩效的影响，发现回流人

① Sun W. The Productivity of Return Migrants: the Case of China’s “Sea Turtles”［J］. Iza Journal of Migration, 2013, 2（1）: 1-19.

② Reiner Martin, Radu D. Return Migration: The Experience of Eastern Europe［J］. International Migration, 2012, 50（6）: 109-128.

③ Kenney M, Dan B, Murphree M. Coming back home after the sun rises: Returnee entrepreneurs and growth of high tech industries［J］. Research Policy, 2013, 42（2）: 391-407.

④ Dai O, Liu X. Returnee Entrepreneurs and Firm Performance in Chinese High-Technology Industries［J］. International Business Review, 2009, 18（4）: 373-386.

才的知识资产是其在新兴经济体竞争中获得竞争优势的来源；Liu et al.(2010)[①] 以中国的面板数据考察了“海归”企业家对新兴经济体创新能力的影响，认为“海归”企业家所带来的知识和技术显著促进了本土技术进步；李平和许家云（2011）利用中国省际面板数据模型分析“海归”对各地区技术进步的影响，检验结果表明回流人才带来了明显的智力回流效应，但在不同地区间具有显著的差异性；罗思平和于永达（2012）通过对中国光伏产业微观企业数据的研究，发现具有海外教育或工作经验的回流人才显著提高了企业的技术创新能力，并对周边的非回流企业产生示范效应，“海归”人才成为国际技术转移的特殊载体，在新兴产业特别是民营企业中发挥越来越重要的作用；朱敏和许家云（2013）[②] 利用中国省际面板数据将回流人才引入 FDI 技术溢出的计量模型，结果表明海外回流人才显著产生了知识溢出，推动了技术水平；杨河清和陈怡安（2013）[③] 使用中国 1995—2011 年省际面板数据进行研究，发现海外人才回流作为国际知识转移的新渠道，显著促进了中国技术进步；刘青等（2013）[④] 基于 2002 年、2004 年的民营企业家调查数据，发现企业家的留学经历或海外进修经历对企业业绩有显著的正面影响，“海归”的优势在于国际视野和企业内部经营管理能力；张枢盛和陈继祥（2014）[⑤] 通过对“海归”企业的分析讨论了其技术创新发展机制，认为“海归”企业具有高技术创新水平和高企业绩效的其中一个原因在于“海归”企业家对于社会关系网络的运用。

---

① Liu X, Lu J, Filatotchev I, et al. Returnee Entrepreneurs, Knowledge Spillovers and Innovation in High-Tech Firms in Emerging Economies [J]. Journal of International Business Studies, 2010, 41 (7): 1183-1197.

② 朱敏，许家云. 海外人才回流与 FDI 技术溢出——地区差异及影响因素的实证分析 [J]. 科学学研究，2013，31（11）：1663-1670.

③ 杨河清，陈怡安. 海归回流：知识溢出及门槛效应——基于中国的实证检验 [J]. 人口研究，2013，37（5）：91-102.

④ 刘青，张超，吕若思，等. “海归”创业经营业绩是否更优：来自中国民营企业的证据 [J]. 世界经济，2013（12）：70-89.

⑤ 张枢盛，陈继祥. 中国海归企业基于二元网络的组织学习与技术创新——一个跨案例研究 [J]. 科学学与科学技术管理，2014（1）：117-125.

Bai et al.（2018）[①] 对中国200个“海归”创办的企业进行了分析，认为企业家的国际经验及隐性知识提升了企业国际化能力及经营绩效。当然，也有不同的声音：Sun（2013）[②] 以中国风险投资业为例，探讨了“海归”与“本土人才”之间的生产率差异，认为即使在纠正选择偏倚之后，“海归”对生产率的贡献也可能比“本土”低；陈健等（2017）[③] 利用2011—2015年中关村科技园科技创业企业数据，对“海归”企业和本土企业的绩效进行了比较，认为虽然知识资本弥补了“海归”的“外来者劣势”，但由于在融入本土情境方面的不足，“海归”企业的绩效明显低于本土企业。

在国内区域人才流动方面，前期的研究认为西部地区特别是农村地区普遍存在人才转移难的问题，出现人才和致富带头人等优势劳动力缺乏，导致农民增收困难，农村经济增长缓慢[④]，呼吁调整产业结构、积极转变理念，实现人才要才的合理流动，从根本上促进欠发达地区生产力的发展[⑤]；也有研究指出，受全球金融危机等因素的影响，沿海地区部分企业岗位需求减少、人才供求关系失衡，而中西部岗位需求和人才供求状况变化不大，导致沿海地区人才逐渐呈“回流”趋势[⑥]；“大学生村官”计划是促进智力资源回流农村的重要试验[⑦]，“返乡创业”也成为部分具有较高技能或素质农民工（即广义上的人才）的新选择，部分城市已出现了回流

① Bai W, Holmström-Lind C, Johanson M. Leveraging Networks, Capabilities and Opportunities for International Success: A Study on Returnee Entrepreneurial Ventures [J]. Scandinavian Journal of Management, 2018, 34 (1): 51-62.

② Sun W. The Productivity of Return Migrants: the Case of China's "Sea Turtles" [J]. Iza Journal of Migration, 2013, 2 (1): 1-19.

③ 陈健，柳卸林，邱姝敏，等．海归创业的外来者劣势和知识资本的调节作用［J］．科学学研究，2017，35（9）：1348-1358.

④ 胡红霞．试论西部贫困地区农村劳动力转移与人才回流［J］．经济问题探索，2009（1）：32-36.

⑤ 梅少粉，张英魁．乡村精英人才外流的社会影响与对策［J］．桂海论丛，2010（6）：115-119.

⑥ 霍圣年，白林．金融危机背景下沿海地区人才回流与中西部中小企业人才战略［J］．财贸研究，2010（2）：139-141.

⑦ 郎晓娟，郑风田．“大学生村官”计划与城乡智力资源循环机制构建［J］．中州学刊，2010（5）：12-14.

现象①；人才回流不仅可以避免劳动和资本要素流失，还将促进产业结构的优化升级②，引导高素质人才从沿海向内陆沿边地区适度“回流”可以推动“人口红利”向“人才红利”转型，对中国工业产业的发展具有极为重要的战略意义③。

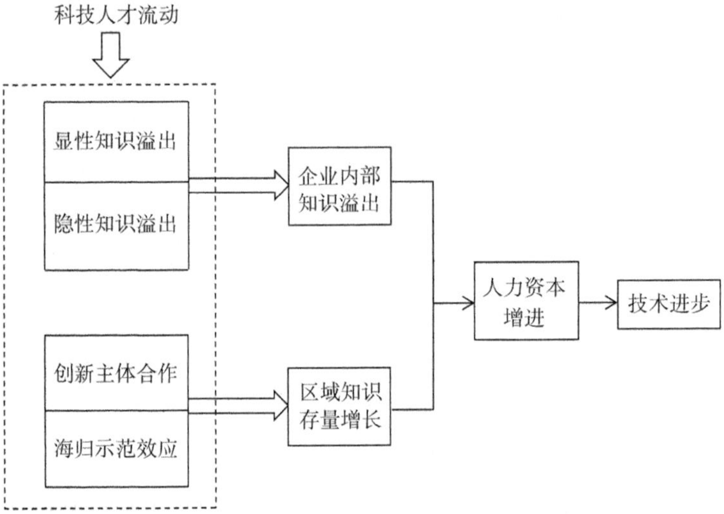

图 4.7　人才流动与技术进步逻辑关系图

综上，可以将人才流动与技术进步之间的逻辑关系通过图 4.7 进行表示。

图 4.8 表示一个考虑技术进步的单投入单产出二维坐标空间，图中任意一个观察点的全要素生产率值为该观察点到坐标原点连线的斜率值，射线斜率为 y/x。曲线 OF_0 代表 0 时期的生产边界即生产前沿面，生产边界代表对应每一种投入水平的最大产出，用于界定投入产出关系，反映了不同时期高技术产业的技术水平；曲线 OF_1 代表 1 时期的生产边界；曲线 OF 与 x 轴之间的所有点（包括边界点）构成了生产可能集，代表所有可能的

① 刘云刚，燕婷婷．地方城市的人口回流与移民战略——基于深圳—驻马店的调查研究［J］．地理研究，2013，32（7）：1280-1290.

② 孙巍，刘智超．劳动力回流的要素配置与产业结构优化——兼论“东北困境”与“东北药方”［J］．上海财经大学学报（哲学社会科学版），2018（3）：29-43+62.

③ 戴翔，刘梦，任志成．劳动力演化如何影响中国工业发展：转移还是转型［J］．中国工业经济，2016（9）：24-40.

投入产出组合的集合，生产边界上的点代表生产可能集的有效集。如果有某一个厂商处于曲线 OF，则此时厂商是技术有效的；另一个厂商处于曲线 OF 之下，则此时厂商是技术无效的。

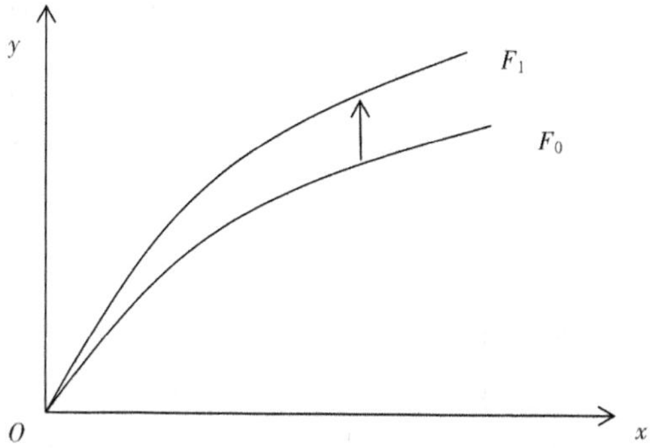

图 4.8　人才流动影响全要素生产率的技术进步路径

人才流动推动技术进步的效应表现在图 4.8 中，即为人才流动推动了厂商 i 技术前沿面向外拓展，0 时期的生产边界 OF_0 上升为 1 时期的生产边界 OF_1，从技术上看，1 时期所对应的每一种投入水平都可以获得比 0 时期更多的产出，即全要素生产率更高，因此人才流动可以促进人力资本增长进而影响技术进步，最终对全要素生产率产生影响。

（二）技术效率改善

技术效率改善是全要素生产率提升的另一个重要来源，与技术进步衡量绝对值差距不同的是，技术效率主要衡量的是相对差距：在同样的要素投入下，厂商的实际产出量与最佳产出量之间的相对差距，当技术效率值越低时，代表两者的相对差距越大。实践中，一般采用科学、合理、高效地配置产业现有的生产要素投入，并进行管理改进、流程优化等从而在一定的投入下获得更多的产出。人才流动可以通过以下两种方式促进高技术产业技术效率改善。

一是配置效应。区域之间劳动力的合理流动是提高稀缺资源配置效率的重要举措①，通过制度设计、市场配置等方式，促进、引导劳动力向技

① 李勇刚，周经．土地财政、住房价格与农村剩余劳动力转移［J］．经济与管理研究，2016（8）：78-86.

术密集型产业流动，有利于提高要素利用效率，推进产业结构转型，从而实现经济长期增长①。现有研究主要从二元经济理论出发，关注农业剩余劳动力在区域间、部门间流动所产生的配置效应，如郭文杰和李泽红(2009)② 对服务业部门的研究，认为劳动力流动会引发服务需求结构的变化，其带来的劳动力配置结构改变是实现中国经济结构转换的重要推动力；肖卫（2013)③ 构建了劳动力城乡流动和人力资源优化配置及其对经济增长的影响的理论模型，并进行了实证检验，认为基于劳动力城乡流动的人力资源优化配置对经济增长具有显著作用。

事实上，作为高级知识和技术的载体——人才在区域间的流动也同样存在配置效应并对经济发展产生重要影响。现有研究多从“知识失业”的角度讨论人才的配置效应，由于原居住地的经济发展水平和技术水平较低、无法提供与个人人力资本水平相匹配的工作岗位，可能导致所谓的“知识失业”现象，时磊和田艳芳（2012)④ 通过微观数据实证分析，认为政府对劳动力市场实行的干预，可能是目前中国出现“知识失业”现象的原因，但这种现象在一定程度上是暂时的、阶段性的；现有人才资源得不到有效配置的原因主要在于劳动力市场结构的矛盾，中国经济结构性特点导致经济增长创造了更多的“生产性”“服务性”岗位，而对“知识性”岗位的拉动作用较弱⑤，而破除制度壁垒、加快人才流动则可以破除中国劳动力市场的制度性分割问题，提高人才的配置效率，较为有效地解决“知识失业”问题⑥。

作为社会生产的重要投入要素，人力资本将随着其载体——人才的流

---

① 李勇辉，罗理恒．人口红利、劳动力跨行业配置与经济可持续增长［J］．经济问题，2016，440（4）：19-26.

② 郭文杰，李泽红．劳动力流动、服务业增长与经济结构转换——基于中国省际面板数据的实证研究［J］．数量经济技术经济研究，2009（11）：51-62.

③ 肖卫．中国劳动力城乡流动、人力资源优化配置与经济增长［J］．中国人口科学，2013（1）：77-87.

④ 时磊，田艳芳．劳动力市场“去管制化”与“知识失业”［J］．中国人口科学，2012（01）：30-40+113.

⑤ 张车伟．当前劳动力市场的结构性矛盾及其经济学分析［J］．经济学动态，2008（3）：49-54.

⑥ 赖德胜，田永坡．对中国“知识失业”成因的一个解释［J］．经济研究，2005（11）：111-119.

动而得到有效配置，人才的充分流动可以提高人力资本的利用效率，使之在经济活动中得到优化配置。首先，与其他要素相类似，人才会在边际法则的引导之下自发地向收益最高的地区流动，提升社会整体的创新资源配置效率；其次，人才在区域间的流动可以使其知识与技术得到应有的发挥，避免“知识失业”现象，同时提升知识利用率与价值创造；最后，人才能按照个人意愿与偏好选择恰当的组织、地区，有助于其积极性与创造性的发挥，提升其内在人力资本的利用效率，由此也提高了全要素生产率。

人才流动的配置效应既存在于人才流入地，也存在于人才流出地：对于流入地而言，由于人才携带了大量先进知识与技术，在与流入地原有的劳动力、资本等要素结合之后，可以加速推动新生产模式的出现，从而显著提升投入要素的边际生产率，促进厂商的实际产出量向最佳产出量逼近；对于流出地而言，当人才流出之后，剩余的人才边际生产率会得到提升，同时其他要素向高边际生产率部门转移的速度会加快，有利于剩余的人才潜力的发挥。

由于劳动力市场分割的现实存在，人才整体的保留工资对其劳动力市场供给数量的变化不敏感，使得劳动力市场无法出清①，而促使人才在区域间的合理、自由流动是解决就业困难、预期薪水下降等问题的有效方法②，不仅如此，人才的合理流动还可以优化人力资源使用效率，从而达到促进创新、提升经济生产率的目的③。任保全和任优生（2016）④ 认为战略新兴产业生产率的动力在逐步变化，通过对 2006—2014 年面板数据的实证分析，测算了长三角战略新兴产业的生产率及其分解项，发现 2006—2008 年生产率的主要来源是技术进步，但 2009 年以后技术效率改善对产业生产率增长的贡献份额更大。一个可能的解释就是随着完全竞争的劳动

① 杨金阳，周应恒，严斌剑．劳动力市场分割、保留工资与“知识失业”［J］．人口学刊，2014，36（5）：25-36.

② 王敏，李茜．教育深化、社会资本差异与我国代际收入公平——新“读书无用论”引发的思考［J］．云南财经大学学报，2009，24（5）：107-111.

③ OECD. OECD Science，Technology and Industry Outlook：Human Resources Policies for Innovation［J］. OECE Publishing，2012（3）：192-194.

④ 任保全，任优生．长三角战略性新兴产业发展的演变趋势及增长质量研究［J］．现代经济探讨，2016（9）：77-81.

力市场逐渐建立、不断完善，合理的人才流动可以通过科学、合理、高效地配置产业现有人才资源，进而争取更多的产出，因此对全要素生产率的提升贡献更多的份额。

二是鲇鱼效应。“鲇鱼效应”（catfisheffect）一词来源于挪威渔夫捕捞沙丁鱼的故事。传统的挪威渔夫在捕捞沙丁鱼时会在鱼槽中放入数尾沙丁鱼的天敌——鲇鱼，原因在于沙丁鱼遇到鲇鱼的时候会拼命地四处游动以躲避鲇鱼的捕食，从而避免了沙丁鱼在运输过程中因为静止不动而窒息缺氧等死亡问题。在现实经济生活中，“鲇鱼效应”指的是运用特定的措施激励组织内部成员参与竞争，提升群体活跃程度，从而达到激活整体组织或团队并提升整体运行效率①。民营企业经常被视为中国经济的“鲇鱼”，在彭恒文和石磊（2009）② 的研究中讨论了非对称规制对民营企业进入决策的影响；学者们在研究中国金融行业时也经常运用“鲇鱼效应”进行分析，谢杰斌和赵毓婷（2007）③ 通过实证发现外资银行的进入产生了“鲇鱼效应”，逐步推动着我国银行业整体结构由寡头垄断转变为垄断竞争；战明华等（2018）④ 聚焦互联网金融发展影响货币政策银行信贷渠道的传导机理与传导效果问题，认为互联网金融带来的“鲇鱼效应”比互联网金融本身的直接影响更需要着重关注；夏政（2015）⑤ 从系统论的角度讨论了从互联网金融产生的“鲇鱼效应”对传统金融业态的影响。现代企业经常在人才管理中运用“鲇鱼效应”，当内部出现运行效率较低、体系僵化等影响企业运行等问题时，通过招聘或者引进优秀人才，借助“中途介入”的个体对组织产生的刺激作用，快速激发组织活力，激励原有群体产

① 张义庭．信息化环境下高校网络舆情与危机管理研究［J］．情报杂志，2011（8）：55-58+64.

② 彭恒文，石磊．非对称规制下民营企业的进入决策分析［J］．南开经济研究，2009（06）：114-127.

③ 谢杰斌，赵毓婷．我国银行业如何应对外资银行的进入［J］．财经科学，2007（10）：39-46.

④ 战明华，张成瑞，沈娟．互联网金融发展与货币政策的银行信贷渠道传导［J］．经济研究，2018，53（4）：65-78.

⑤ 夏政．基于系统论的互联网金融生态建设［J］．财经科学，2015（1）：1-10.

生新的竞争活力、激活原有员工的活力或促使组织内部原有弱者变得强大①。

人才在区域间的流动往往也可以产生积极的“鲇鱼效应”，流动的人才就是鲇鱼，而原有的人才队伍则是需要被鞭策的沙丁鱼，流动的人才往往都是为了弥补原有知识、技术、技能等企业短板项目的专业人员，他们的进入在一定程度上优化了企业原有人才的专业和能力结构；人才的流动还会在一定程度上带来员工之间的竞争，把竞争、积极进取的价值观引入组织文化②，使得原有员工产生危机感从而激发科技工作者的积极性，并可能对原有存在的僵化、低效运行机制产生冲击；优秀的人才流入后，其出众的工作能力和兢兢业业的工作态度往往会成为原有员工的奋斗标杆，通过积极学习新知识、新技术并改善提升自身工作业绩，在组织内部形成鼓励进取、崇尚竞争的良好氛围。综上所述，“一石激起千层浪”，人才的流动可以发挥“鲇鱼效应”，盘活原有人员要素，推动组织价值实现，提供产业管理能力，从而提升技术效率改进并推动全要素生产率提升。

综上，可以将人才流动与技术效率改善之间的逻辑关系通过图 4.9 进行表示。

图 4.10 表示一个现有技术条件下单投入单产出的二维坐标空间，与图 4.8 类似，图中任意一个观察点的全要素生产率值为该观察点到坐标原点连线的斜率值，射线斜率为 y/x。

假设 A 点为厂商 i 在 0 时期的投入产出点，则其全要素生产率值为射线 OA 的斜率。明显地，A 点位于生产可能性集合内部，厂商 i 在 0 时期所观察到的全要素生产率值未能达到最大。将 B 点的技术效率水平设为 $T(B)$、A 点的技术效率水平设为 $T(A)$，前者代表处于技术有效的厂商效率水平，后者代表处于技术无效的厂商效率水平；$T(B)>T(A)$，即厂商原始的技术效率水平与有效的技术效率水平有差距，是无效的，因为它在无须增加投入的情况下可以增加到 B 点所处的产出水平。

---

① 张克群，欧慧玲，袁建中，等．非专利实施实体的专利攻击策略研究［J］．情报杂志，2015（7）：53-57.

② 张玉娟．试析“鲶鱼效应”对企业组织文化的影响［J］．思想战线，2008（3）：140-141.

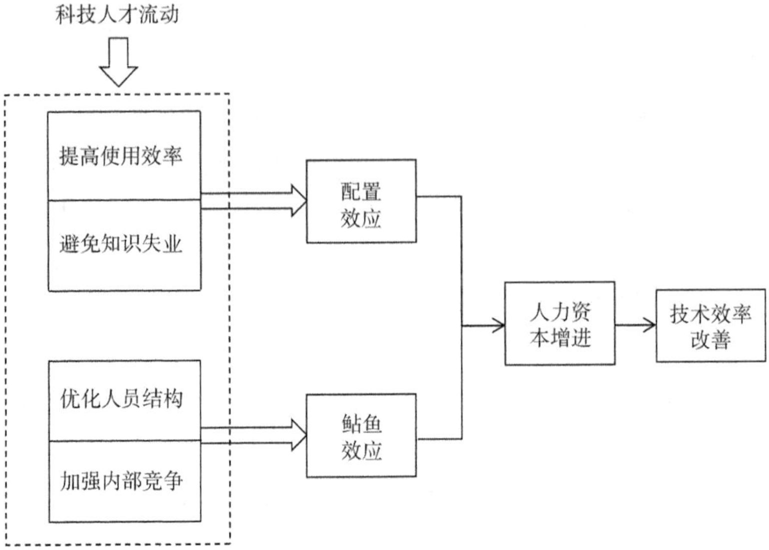

图 4.9　人才流动与技术效率改善逻辑关系图

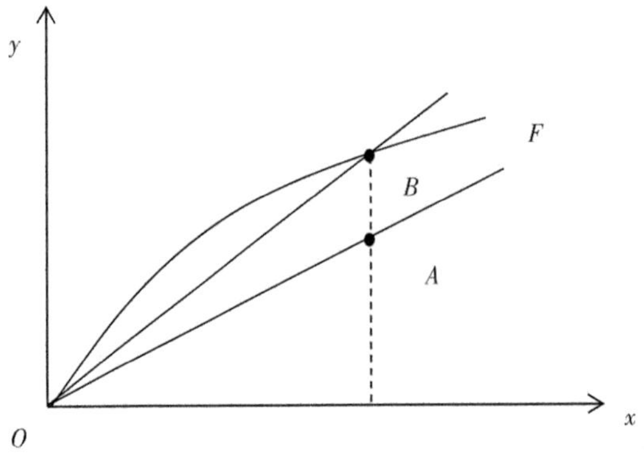

图 4.10　人才流动影响全要素生产率的技术效率改善路径

人才流动可以改善厂商 i 的技术效率并提高高技术产业的全要素生产率，表现在图 4.10 中为从初始观察点 A 移动到有效点 B，在投入水平不变的情况下增加了产出，该射线的斜率变大，则说明 B 点的全要素生产率更高，人才流动提升了全要素生产率，因此人才流动可以促进人力资本增长进而影响技术效率改善，最终对全要素生产率产生影响。

三、人才流动影响高技术产业发展的门槛效应分析

前文分析了人才流动对生产率影响的理论机理，认为人才流动可以通过促进技术进步和促进技术效率改善两种机制对生产率产生积极作用。许多实证研究也认可人才流动对生产率存在正面的影响，人才流动可以通过知识溢出效应等途径促进技术进步和经济增长①，但也有学者认为人才流动可能带来负面影响，如大量从经济技术相对落后的发展中国家流出的人才对于母国而言是一种显而易见的损失，存在"人才流失"问题；也有学者持中立态度，认为人才流动在短期内会造成输出国的智力损失，但在长期中却可能通过"智力增益"促进输出国技术水平提升，由此形成了人才流动对经济增长的"促进论""抑制论"和"双刃剑论"②。

现有研究结论的不统一可能是由于数据或者方法的不同，但也有可能与人才流动促进经济发展的影响因素有关。人才流动对生产率的促进作用并不是随着人才流动而自发产生的，而是依赖于产业相应的发展基础和综合吸收能力等各类因素，存在门槛水平条件；人才流动对生产率的影响效果，不仅取决于人才流动本身，还会受到环境因素的影响，只有在具备一定的前提下，人才流动所带来的知识溢出、资源配置优化等才能起到提升经济发展水平的效果。Almeida & Kogut（1999）通过对美国硅谷的实证研究，发现只有在原经济发展水平较高、基础设施较完善和人力资源较充足的国家，人才流动对经济的促进作用才能充分发挥。

综合上述学者的研究结论，可以认为人才流动在外部因素的作用下，对生产率的影响可能存在门槛效应，人才流动对经济发展的影响是一个复杂系统，存在多种影响因素和制约因素，人才流动可能需要依托于特定的产业环境才能实现对生产率的促进作用，其中，产业的知识吸收能力、技术设施基础和产业发展水平等是不可忽视的关键变量；在研究人才流动对经济发展的促进作用时，如果考虑产业不同程度的知识吸收能力、技术设

① Manole S, Pănoiu L, Păunescu A. Impact of Migration upon a Receiving Country's Economic Development [J]. Amfiteatru Economic Journal, 2017, 19 (46): 670-681.

② 陈怡安. 国际智力回流：文献评述与展望［J］. 科技进步与对策，2014（23）：183-188.

施基础和产业发展水平后，人才流动对生产率的促进作用可能存在异质特征。因此，本研究认为存在特定的人才流动产业环境，此环境将影响人才流动与高技术产业生产率之间的关系，知识吸收能力、技术设施基础和产业发展水平三个环境变量将影响人才流动对全要素生产率的促进作用。

（一）知识吸收能力

Cohen & Levinthal（1990）① 最早提出吸收能力概念，认为吸收能力（absorptive capacity）是企业认知新的外部知识的价值并将其吸收和应用于自身商业目的的能力，吸收能力对创新能力具有重要作用。但目前从吸收能力角度，考虑人才流动与经济发展之间关系的实证研究不多，学者们主要关注在FDI技术溢出中企业自身的知识吸收能力扮演了什么角色。一般认为外商投资企业拥有比本地企业更先进的技术和管理水平，因此FDI会对本地企业的生产效率产生正向的技术溢出效应，促进东道国企业技术与管理水平的提升。Findlay（1978）② 构建了内生技术变迁的动态模型，以确定外国资本与国内资本的稳态比率，并对包括FDI在内的技术转让方式进行了检验，认为FDI将通过传染效应（Contagion Effect）影响内资企业，在技术溢出发生的过程中内、外资企业的技术差距扮演了重要角色，FDI份额同样也是影响知识溢出的重要因素。Fosfuri et al.（2001）则讨论了另外一种模型，假设跨国公司只有在培训本地工人之后才能在国外子公司中使用高级技术，当该工人后来被其他当地公司雇用时，就会产生来自FDI的技术外溢。然而，目前在实证研究方面，许多学者却得到了与理论预期不一致的结论。Djankov & Hoekman（2000）③ 针对捷克的研究，以及Konings（2001）④ 针对保加利亚和罗马尼亚的研究都发现了FDI具有一定负向

① Cohen W M , Levinthal D A . Absorptive Capacity: A New Perspective on Learning and Innovation [J] . Administrative Science Quarterly, 1990, 35 (1): 128-152.

② Findlay R . Relative Backwardness, Direct Foreign Investment, and the Transfer of Technology: A Simple Dynamic Model [J] . The Quarterly Journal of Economics, 1978, 92 (1): 1-16.

③ Djankov S , Hoekman B M . Foreign Investment and Productivity Growth in Czech Enterprises [J] . The World Bank Economic Review, 2000, 14 (1): 49-64.

④ Konings J . The Effects of Foreign Direct Investment on Domestic Firms : Evidence from Firm-Level Panel Data in Emerging Economies [J] . Economics of Transition, 2001, 9 (3): 619-633.

溢出效应，而 Girma et al. （2001）[①]、Harris & Robinson （2002）[②] 的相关研究则发现了模棱两可的溢出效应。具体到中国高技术产业的实证研究，学者们也存在较大的分歧，蒋殿春等 （2005）[③] 认为 FDI 对高技术产业的技术溢出作用并不明确，余泳泽 （2012）[④] 认为 FDI 规模过小会使得技术溢出效果不明显，即存在一定的“门槛条件”影响了 FDI 的技术溢出效果，彭峰和李燕萍 （2013）[⑤] 对于 FDI 技术溢出效应进行了数据计算，发现外商比重对高技术产业技术效率的弹性系数为 0.589，即存在显著的正向溢出效果。学者们试图解释 FDI 技术溢出不显著的原因，认为一方面外资企业带来的激烈竞争降低了内资部门的市场份额和生产效率，另一方面发展中国家很低的吸收能力也阻碍了外资溢出[⑥]，发展中国家如果自身不具备相应的研发投入和人力资本基础，则无法消化、吸收外资企业的知识和技术，无法从 FDI 中获得技术溢出。

作为知识传播的路径，本地企业吸收人才流动所带来的知识技术时所具备的条件，与吸收 FDI 技术溢出有相类似之处，包括 FDI、R&D 投入、人才流动等在内所带来的知识与技术扩散均依赖于本土国家或地区的“吸收能力”[⑦]。知识扩散不是无条件的，本地企业要获取人才流动带来的知识和技术，特别是关键核心知识，前提在于自身具有相应的知识吸收能力。企业长期积累的吸收能力是获取外部知识过程中最核心的能力支撑，吸收

---

① Girma S , Greenaway D , Wakelin K . Who Benefits from Foreign Direct Investment in the UK? [J] . Scottish Journal of Political Economy, 2001, 48 (2): 119-133.

② Harris R , Robinson C . The Effect of Foreign Acquisitions on Total Factor Productivity: Plant-Level Evidence from U. K. Manufacturing, 1987—1992 [J] . Review of Economics and Statistics, 2002, 84 (3): 562-568.

③ 蒋殿春，夏良科．外商直接投资对中国高技术产业技术创新作用的经验分析［J］．世界经济，2005 (8): 3-10.

④ 余泳泽．FDI 技术外溢是否存在“门槛条件”——来自我国高技术产业的面板门限回归分析［J］．数量经济技术经济研究，2012 (8): 49-63.

⑤ 彭峰，李燕萍．技术转移方式、自主研发与高技术产业技术效率的关系研究［J］．科学学与科学技术管理，2013，34 (5): 44-52.

⑥ 张海洋．中国工业部门 R&D 吸收能力与外资技术扩散［J］．管理世界，2005 (6): 82-88.

⑦ Savvides A, Zachariadis M. International Technology Diffusion and the Growth of TFP in the Manufacturing Sector of Developing Economies [J] . Review of Development Economics, 2005, 9 (4): 482-501.

能力是“孵化器”①，可以帮助企业整合和运用人才流动所带来的外部知识，将外部知识吸收、转化为企业内部知识并完成新价值的创造，只有完成了知识转移，企业获取人才流动知识的进程才能算是完成。产业吸收能力越强，就越能成功地识别和应用外来的知识与技术，并具有更大的技术利用能力，同时，吸收能力还可以放大人才流动的技术进步效应②。企业吸收能力的来源有许多，前期研发经历是其重要来源，无论是失败还是成功，研发活动都为企业积累了经验，吸收能力的高低与企业获取知识、运用技术和提升效率的能力息息相关；吸收能力基础是产业获取人才知识与技术的前提，在人才流动中企业需要审视前期研发创新活动，发现内部技术基础与新技术的相关性，挖掘已有内部知识与外部知识的互补性，从而加速企业获取知识能力，加速创新能力，促进新知识在企业中的运用，提升生产率。相比之下，如果企业不具有相应的知识基础，缺乏足够的吸收能力，则将影响人才流动的价值创造③；对于高技术产业而言，区域吸收能力弱将导致推高知识转移成本，无法吸收及利用人才流动所带来的外部知识与技术促进自身技术进步④，通过人才流动提升产业生产率更是无从谈起。人才的流入并不意味着企业已经获取了新的知识与技术、形成了创新能力，基于吸收能力的跨企业知识转移的完成才是决定产业生产率提升的关键。

（二）技术设施基础

然而，若仅仅考虑知识吸收能力门槛是不够的，产业的技术设施基础及产业发展水平也可能会对人才流动与全要素生产率增长之间的门槛效应产生重要影响。学者们认为设施基础对全要素生产率会产生两种效应：一是直接的“资本效应”，作为直接的生产投入要素项，设施基础投入在生

---

① 赵剑波，吕铁．中国企业如何从“逆向并购”到“逆向吸收”？——以工程机械制造业跨国并购为例［J］．经济管理，2016（7）：35-47.

② T Chee-Lip，WNW Azman-Saini，S Ibrahim，et al. R&D Spillovers and the Role of Economic Freedom［J］. International Journal of Economics and Management，2015，9：41-60.

③ Lane P J，Lubatkin M . Relative Absorptive Capacity and Interorganizational Learning［J］. Strategic Management Journal，1998，19（5）：461-477.

④ Yahyazadehfar M，Shababi H. Qualitative Content Analysis of Factors Affecting the Relationship of Science Development，Technology Development and Economic Growth［J］. International Journal of Technology Policy and Management，2018，18（1）：47-72.

产函数中体现为资本存量，设施基础投入可以直接产生资本形成，因此设施基础投资的增加可以直接促进生产率提升，此外设施基础投资越多则经济发展环境越好，越可以吸引社会资本参与生产，使得资本存量进一步增加从而推动生产率继续增长①；二是间接的"溢出效应"，设施基础投资具有明显的外部性特征，有助于经济体之间的联结从而实现优势互补，提高经济效率②。目前学者们主要从宏观角度考虑设施基础，研究对象包括交通运输基础设施、能源基础设施以及信息基础设施等，但具体到人才流动与生产率之间的关系，其关键变量应聚焦于企业的技术设施基础。

技术设施基础是企业技术管理能力的一种体现，是软硬件设施、信息共享服务、技术平台和管理实践的集合③，技术设施基础的完善能够大幅度降低交易成本、信息搜索成本，加速知识传输速度，极大缓解信息不对称问题，从而提高知识传播、信息传递等活动的速度和质量④，特别是通信技术设施的不断迭代完善会增加信息沟通渠道，完善内部运作流程，增加信息透明度，削弱信息不对称⑤。一方面，企业的技术设施基础投资的"资本效应"可以直接产生资本形成，作为资本存量项促进生产率提升；另一方面，在人才流动和生产率的关系之中，技术设施基础还可以发挥"溢出效应"，通过促进人才知识传播、技术扩散等方式推动生产率增长。

具有完善技术设施基础的企业可以为人才提供突破产品和地域限制的共享信息平台，有利于实现有效的沟通，为流动人才的知识与经验在企业内部充分传播提供保障，有利于人才流动带来的知识、技术在新企业的扩散以及企业内部的合作创新活动。相比之下，技术设施基础薄弱可能导致知识转移、扩散的成本提升，区域创新难度加大，难以通过人才流动途径

---

① 王自锋，孙浦阳，张伯伟，等．基础设施规模与利用效率对技术进步的影响：基于中国区域的实证分析［J］．南开经济研究，2014（2）：118-130.

② 胡鞍钢，刘生龙．交通运输、经济增长及溢出效应——基于中国省际数据空间经济计量的结果［J］．中国工业经济，2009（5）：7-16.

③ 祝明伟，李随成，杨功庆．企业的 IT 能力及信息共享对研发合作的影响机理［J］．科技进步与对策，2008，25（1）：99-103.

④ Hardy A P . The Role of the Telephone in Economic Development［J］. Telecommunications Policy，1980，4（4）：278-286.

⑤ Hendriks P . Why Share Knowledge? The Influence of ICT on the Motivation for Knowledge Sharing［J］. Knowledge and Process Management，1999，6（2）：91-100.

提升产业生产率。在理论方面，林毅夫（2010）[①] 指出，对于发展中国家而言，其基础设施等硬环境对于降低运行和交易费用至关重要，对其投资边际回报具有重要影响；在实证方面，许箫迪等（2007）讨论了作为全国经济中心的上海对国内其他省份知识溢出问题，发现技术基础比较雄厚的地区如江苏、浙江、广东等的知识吸收显著高于其他地区；边志强和杜两省（2015）[②] 通过对 1994—2012 年中国省际面板数据的实证分析，认为设施基础能够降低信息传输成本和交易费用，促进信息和技术扩散。

（三）产业发展水平

硅谷的实证研究发现，只有在原经济发展水平较高、基础设施较完善和人力资源较充足的国家，人才流动对经济的促进作用才能充分发挥。产业经济效益的增长有利于资金实力和抗风险能力的增强，有利于吸引更多人才，在规模经济、风险分担和融资渠道等方面也更具有优势，且经济效益更好的企业通常意味着更大的“人才池”，从而能够给予人才流动更大的空间，使得人才流动所带来的知识与技术可以在更大范围之间进行传播与扩散。经济实力较强的企业更有可能具有购买研发设备、雇用高质量研发人才的实力，还更具有吸引合作伙伴以及面对风险的能力，从而有更大的概率获取人才流动的知识与技术并提升生产率。

产业发展水平是人才创新活动的基本保障条件，过低的产业发展水平可能无法吸引人才流动，则更谈不上人才流动对生产率的促进作用。产业发展水平是一定经营期限中企业效益和企业家业绩的集中体现。对于具有高风险、长周期研发特点的高技术产业而言，其进行研发投入的目的在于通过创新活动获得垄断回报，但这种独占的经济利润是暂时的，在其他企业通过技术追赶、技术模仿等而获得创新成果后，垄断回报会逐渐消散。李灵燕（2014）[③] 认为企业需要不断创新生产方法，包括引入拥有丰厚知识存量的人才等，才能在市场竞争中保有垄断利润。人才在选择流动地点时，

① 林毅夫．新结构经济学——重构发展经济学的框架［J］．经济学（季刊），2010（1）：6-37.

② 边志强，杜两省．自主 R&D、国际 R&D 技术溢出与基础设施［J］．云南财经大学学报，2015（5）：67-77.

③ 李灵燕．马克思和熊彼特关于创新与资本主义关系的理论比较［J］．经济纵横，2014（5）：35-40.

“职业发展前景”和“薪酬待遇水平”是影响人才流动的主要因素，工作机会、薪酬待遇、成长空间等因素促进了人才从不同地方向特定区域的流动，由于工资刚性的存在，企业需要提供更有竞争优势的薪酬待遇与发展前景，只有具有一定发展水平的企业才有能力吸引优秀人才，产业发展水平可能在人才流动与高技术产业生产率之间扮演了一定的角色，导致两者之间产生非线性关系，如果产业发展水平过低可能无法产生人才流动对生产率的促进作用，生产率提升也更无从谈起。在实证方面，许箫迪等（2007）发现知识溢出与经济发展状况具有明显的相关性，吸收知识溢出的高峰区是沿海经济发达地区，区域资金实力雄厚对知识转移和扩散具有潜在影响力。

另外，产业发展情况与知识的转移吸收也存在关联性。人才流动可以通过知识溢出、知识增长等方式促进高技术产业技术进步，但在人才流入之后，企业首先需要有与人才专业相关的发明专利等，其次需要支付低廉但必要的培训、学习费用等，最后可能还需要再次投入配套经费进行二次研发，才能保障人才正常投入创新工作。只有当企业拥有充裕的资金进行科技创新投资时，人才流动带来潜在影响才能转化为现实的生产力，进而对知识扩散产生显著影响。

四、人才流动影响经济高质量发展的概念模型

新技术、新发明、新产品的应用及其带来的生产率增长是高技术产业可持续发展的最重要保障，关注人才流动与生产率提升之间的关系非常必要。作为先进知识与技术的重要载体，人才在区域间的流动将显著加快知识的传播并促进新知识的创造，实现资源有效配置，可以通过知识溢出效应、知识增长效应带来的技术进步和配置效应、鲇鱼效应带来的技术效率改善两种机制增进产业全要素生产率。尽管理论上人才流动带来的知识增进是毋庸置疑的，但也有许多实证研究得到了相反的结果，这说明人才流动对生产率的促进影响可能不是一个恒定不变的事实，其影响效果不仅取决于人才流动本身，还会受到环境因素的影响。只有当产业具备相应的能力，如知识吸收能力、技术设施基础和产业发展水平时，在区域间流动的人才才能带来知识的增进与效率的改善，即人才流动对生产率的影响过程是复杂的系统，存在影响因素和制约条件，基于此，本研究构建人才流动影响高技术产业发展的内在逻辑概念模型如图 4. 11 所示。

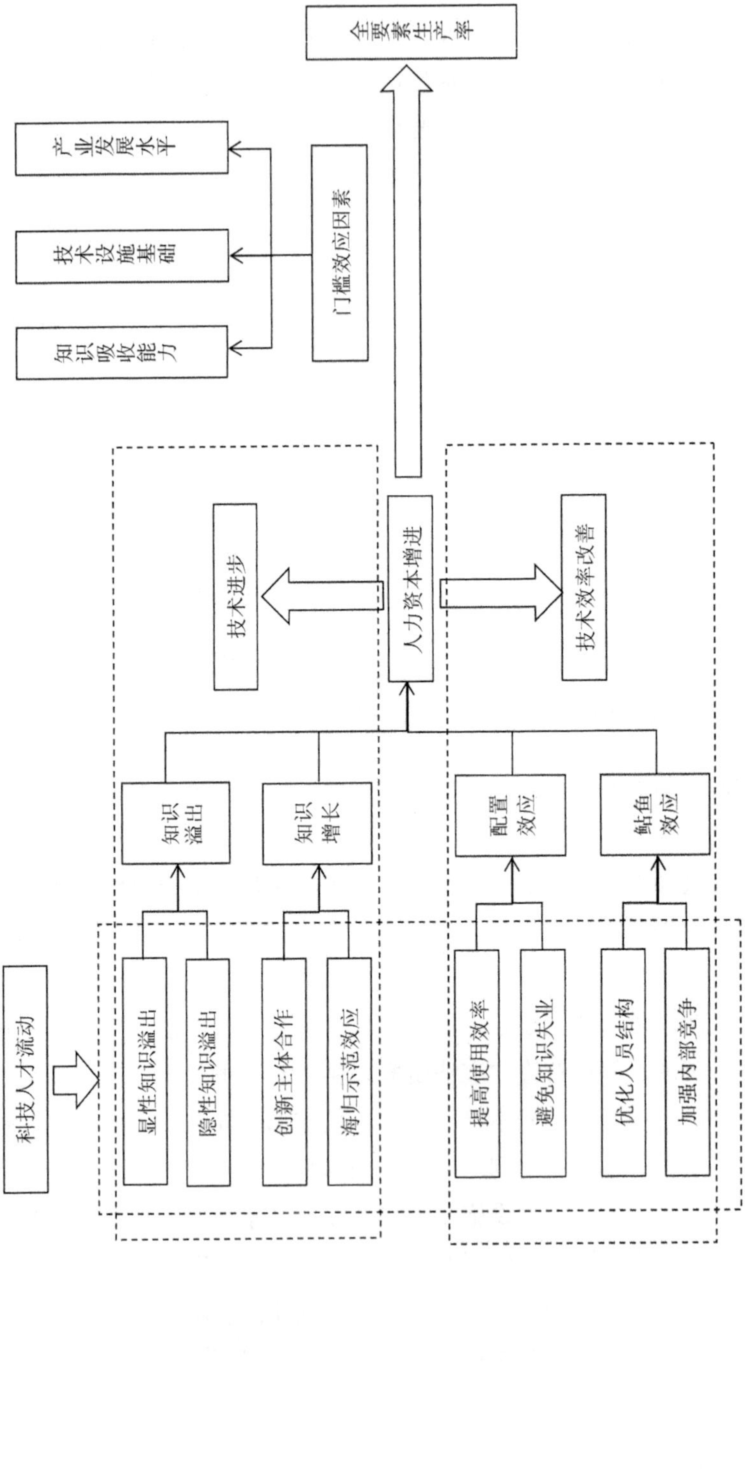

图4.11 人才流动影响经济高质量发展的概念模型

第五节　小结

本章对中国国际、国内的人才流动发展历程，高校人才流动历程，美国、日本等典型国家或地区的人才流动发展历程进行了梳理概括，归纳了人才流动在数量、范围、方向等方面的动态变化特征，分析人才流动的影响因素，并从扩大中等收入群体的角度讨论人才流动对高质量发展的意义，在此基础上建立理论模型，从经济理论的角度系统性地诠释人才流动对全要素生产率的影响机制，并进一步分析人才流动促进生产率提升的门槛效应，最后完成全书的概念模型构建。

通过对中国及典型国家或地区人才流动历程梳理分析发现，早期人才流动数量较少、范围较窄，而随着社会进步与时代发展，人才流动不仅在数量上呈现爆发式增长，其流动范围也不仅限于若干个发达国家，全球一体化发展带动了更大范围与更高层次的全球人才流动，流动方向也从单纯地向发达国家或地区流出转为双向甚至多向的人才环流，流动动力更是由之前的行政手段推动的被动迁移转为市场力量驱动的主动流动。

系统分析了人才流动对产业发展影响的内在逻辑、中间机制和作用条件，将人才流动纳入内生经济增长模型，讨论人才流动影响全要素生产率的理论机制，认为人才流动所形成的人力资本将促进经济增长：人才流动会提升知识水平与技能存量，并有利于创新知识的传播与扩散，进而促进地区创新水平的整体提升和宏观经济的持续增长；人才流动将通过知识溢出效应和知识增长效应推动技术进步，通过配置效应和“鲇鱼效应”改善技术效率，促进全要素生产率增长。

第五章

经济高质量发展评价——以高技术产业为例

高质量发展阶段经济增长的质量变革、效率变革和动力变革，关键在于提升全要素生产率。高技术产业以高技术含量、高附加值、高智力密集性为特征，其科技创新活动直接推动了经济转型和创新型国家建设，在经济增长动力由原先的投资驱动、规模扩张、出口导向等调整为科技进步、体制机制创新、组织管理模式改善等发展新动能的当下（蔡昉，2016）[①]，讨论高技术产业的全要素生产率问题无疑具有更重要的现实意义。我国高技术产业在总量上已取得了巨大的成绩，但是，增长的“快”，不意味着结构的“好”；数量的“大”，也不等于质量的“优”。在传统发展动力衰减、资源环境承载能力已经达到或接近极限的当下，要实现高质量发展，需要转变依靠低劳动力成本、能源刚性消耗的发展动力，代之以科技进步、体制机制创新、组织管理模式改善等新动能。许多学者关注高技术产业发展状况，普遍认同无法依靠劳动力、资本的持续增加来维持产业的长远发展，面对资源日益稀缺的现实问题，需要挖掘技术进步潜力、完善内部管理、持续提升生产率才是长远发展之路。

全要素生产率是在各种生产要素的投入水平既定的条件下，所达到的额外生产效率，是反映技术进步水平、生产要素使用效率的重要指标。全要素生产率的动力来源于何方？目前主要有两种观点，大部分学者认为研发投入及其带来的技术创新是生产率持续增长的主要动能：朱有为和徐康

① 蔡昉．全要素生产率是新常态经济增长动力［J］．党政干部参考，2016（1）：19-20.

宁（2007）、王玲和 Adam Szirmai（2008）坚持内生经济增长理论的判断，认为自主 R&D 投资等创新活动带来的技术进步是产业持续发展的源泉，在 R&D 结构中资本投资对生产率具有更重要的贡献；O'Mahony & Vecchi（2009）对美国等 5 个发达国家的样本研究、李燕萍和彭峰（2012）对中国高技术产业的研究和 Aw et al.（2013）对韩国企业样本的研究都支持了上述观点。对于生产率的另一个重要来源，技术效率在生产过程中所发挥的作用也是学者们关注的重点：戴魁早（2011）比较了技术进步与技术效率对生产率的作用，认为从时间趋势上看，技术效率对生产率的贡献也越来越大；王大鹏和朱迎春（2011）认为技术效率将取代技术进步的地位成为高技术产业生产率的主要来源；孙玮等（2010）① 认为高技术产业创新生产率来源于生产要素的重置，其中技术进步和结构调整也发挥了重要作用，但规模经济对生产率的影响不显著；Jiang et al.（2015）的看法与此相反，认为对于规模效率的改进将极大促进中国高技术产业效率的提升。

现有对于全要素生产率的讨论主要围绕生产率增长速度的测算而展开，毫无疑问，增长速度是产业发展的重要评价指标，但在高质量发展的背景下，经济发展关注焦点将不仅仅是生产率增速，生产率的动力源泉以及时空差异也应是重点考察的方面，且主要从行业细分层面对高技术产业生产率进行研究，忽略了高技术产业的区域特征。

因此，本研究拟对高技术产业生产率水平进行重新测算并分解，对产业发展的真实情况及动力源泉进行判断，分析区域间可能存在的发展不平衡问题及其根源，以期为高技术产业高质量发展提出更具针对性的政策建议。

第一节　高技术产业概述

一、高技术产业发展现状

高技术产业以高技术含量、高附加值、高智力密集性为特征，其科技

① 孙玮，王九云，成力为．技术来源与高技术产业创新生产率——基于典型相关分析的中国数据实证研究［J］．科学学研究，2010，28（7）：1088-1093.

创新活动直接推动了经济转型和创新型国家建设，决定着中国工业产业未来的技术进步和产品升级。在经济增长动力由原先的投资驱动、规模扩张、出口导向等调整为科技进步、体制机制创新、组织管理模式改善等发展新动能的当下，讨论高技术产业的全要素生产率问题无疑具有更重要的现实意义。在经济全球化背景下，由于丰富而又低廉的劳动力资源、充裕的生产要素以及巨大的市场需求，中国高技术产业在过去20年中持续快速发展，在总量上已取得了巨大的成绩，1995—2015年的营业收入年增速接近23%，主营业务收入增加了近32倍。同时，中国也成了发达国家电子信息等产业外移的主要目的地，大量国际资本的涌入为发展中的中国高技术产业带来了先进的技术和知识，以及大量的就业岗位。

前期中国实行“以市场换技术”的外资引进策略，其原意在于通过引进发达国家的先进产业，希望通过技术溢出的方式促使中国企业在学习、模仿国外产品的基础上，逐步达到局部性的外观设计、工艺改造，同时提高中国产业自身技术水平，最终实现自主创新。可惜的是，发达国家转移的产业主要集中在组装最终产品、配套生产低端零部件等“低技术产业”①，一方面，中国高技术产业无法从这种带有简单加工贸易影子的进口商品中获得学习并积累工艺技术或生产知识，反而可能形成对于高度集成的零部件中间产品进口的依赖，不利于产业生产率的提升②；另一方面，前期中国企业缺乏自主创新意识，大多从事简单的贴牌加工、原设计生产等，甚至出现了通信设备制造、电子计算机等行业的“山寨”现象③，在一定程度上将中国高技术产业锁定在全球产业链的低端角色，“规模大、技术弱”成为产业发展的“卡脖子”问题，在总量迅速提升的同时面临核心技术不足、创新能力不强、自主品牌缺失、国际分工低端等一系列困境。在传统发展动力衰减、资源环境承载能力已经达到或接近极限的当

① 徐盈之，赵豫．中国信息制造业全要素生产率变动、区域差异与影响因素研究［J］．中国工业经济，2007（10）：45-52.

② 王昆，廖涵．国内投入、中间进口与FDI垂直溢出——基于非竞争型投入产出表的实证研究［J］．数量经济技术经济研究，2011（1）：89-103.

③ 银路，李天柱，程跃，等．“山寨”现象的一般规律及其政策建议［J］．科学学研究，2010，28（3）：321-327.

下[①]，仅靠规模扩张来促进产业发展是难以持续的，增长的“快”，不意味着结构的“好”，数量的“大”，也不等于质量的“优”，要实现高技术产业“由大到强”的发展战略，必须促使产业获得更大程度的生产率提升，这也符合经济高质量发展的内涵。具有专业知识技能的科技人才是高科技产业发展的重要要素，加强科技人才的规划与运用，配合产业发展和创新能力的提升，是需要政府长期推动的重要工作。

二、高技术产业发展动力

高技术产业全要素生产率来源于何方？大部分学者认为研发投入及其带来的技术创新是生产率持续增长的主要动能。朱有为和徐康宁（2007）[②]坚持内生经济增长理论的判断，认为自主 R&D 投资等创新活动会推动高技术产业技术进步并进一步成长为产业持续发展的源泉；王玲和 Adam Szirmai（2008）[③] 同样强调 R&D 投资的重要性，并进一步实证分析了 R&D 投资结构，认为高技术产业的 R&D 资本投资对生产率有重要贡献；O’Mahony & Vecchi（2009）[④] 采用美国等 5 个发达国家的样本对研发投入与技术密集型企业生产率的关系进行研究，并得到了正相关的结论；李燕萍和彭峰（2012）[⑤]、谢洪军和张慧（2015）[⑥] 也认同技术进步是高技术产业全要素生产率的主要增长来源；Aw et al.（2013）[⑦] 通过韩国的企业数据实证发现，没有 R&D 投资的厂商其生产率低于进行了 R&D 投资的厂商；

---

① 洪银兴．习近平新时代中国特色社会主义经济思想引领经济强国建设［J］．红旗文稿，2018（1）：7-9.

② 朱有为，徐康宁．研发资本累积对生产率增长的影响——对中国高技术产业的检验（1996—2004）［J］．中国软科学，2007（4）：57-67.

③ 王玲，Adam，Szirmai. 高技术产业技术投入和生产率增长之间关系的研究［J］．经济学（季刊），2008（3）：913-932.

④ O’Mahony M，Vecchi M. R&D，Knowledge Spillovers and Company Productivity Performance［J］. Research Policy，2009，38（1）：35-44.

⑤ 李燕萍，彭峰．国际贸易、自主研发与高技术产业生产率增长［J］．经济评论，2012（1）：133-139.

⑥ 谢洪军，张慧．长江经济带高技术产业生产率变迁及其收敛性研究［J］．科技进步与对策，2015（24）：34-39.

⑦ Aw B Y，Song B. Firm’s Choice between Export and R&D and its Effect on the Firm’s Productivity and Survival［J］. Global Economic Review，2013，42（3）：291-310.

孙晓华等（2014）[①] 发现研发投入能够显著提升全要素生产率，在其样本中的有研发投入的企业生产率水平比无研发投入企业高出21.5%。但也有其他实证研究不支持以上的观点，如傅东平（2010）[②] 认为产业的R&D投资对全要素生产率贡献显著，但进一步分析生产率的变化后可以发现，R&D投资对生产率的促进作用不是一成不变的，随着R&D投资额的增加逐渐出现了边际报酬递减趋势，其正向促进作用逐步减弱；对中国省际全要素生产率的实证研究发现，研发投入显著地促进全要素生产率提高，但也存在“边际报酬递减”的现象，随着研发投入的增加，其对全要素生产率的促进作用越来越小；李宾（2010）[③] 认为研发投入甚至阻碍了中国全要素生产率的提高，其他还包括吕海萍等（2015）[④] 对浙江高技术产业的研究。

内生增长模型认为生产率提升的路径包括两个部分，一是来自R&D投资而积累的知识存量，二是来自单个厂商所生产知识对整体经济的外部性作用即技术溢出。学者们沿着Romer（1986，1990）的模型假设，对技术溢出这一重要的知识来源进行了详细研究，既包括了技术溢出与经济增长之间的理论机制[⑤]，也包括了各经济体内部及经济体之间的实证经验证据[⑥]。由于前期政府“以市场换技术”的战略引导，目前学者们主要关注FDI技术溢出效应，对其他技术溢出途径的研究甚少。Tanaka（2012）[⑦] 对外商投资企业在中国长三角地区的活动进行了考察，认为外商投资企业在

① 孙晓华，王昀．R&D投资与企业生产率——基于中国工业企业微观数据的PSM分析［J］．科研管理，2014，35（11）：92-99.

② 傅东平．国际技术溢出与我国生产率的变化：基于FDI和进口渠道的研究［J］．南方经济，2010，28（3）：34-45.

③ 李宾．国内研发阻碍了我国全要素生产率的提高吗？［J］．科学学研究，2010，28（7）：1035-1042.

④ 吕海萍，池仁勇．R&D两面性、技术引进与浙江省高技术产业全要素生产率增长［J］．科技进步与对策，2015（12）：67-71.

⑤ Rivera-Batiz，L. A. and Romer，P. M. Economic Integration and Endogenous Growth［J］. Quarterly Journal of Economics，1991（106）：531-555.

⑥ 郑展鹏．国际技术溢出渠道对我国技术创新影响的比较研究——基于省际面板数据模型的分析［J］．科研管理，2014，35（4）：18-25.

⑦ Tanaka，Kiyoyasu，Hashiguchi，et al. Spatial spillovers from FDI agglomeration：evidence from the Yangtze River Delta in China［J］. Ide Discussion Papers，2012.

经营过程中对中国内资企业产生了正的外部性作用，其知识溢出促进了中国内资企业的生产率，Tanaka et al.（2015）① 再次验证了 FDI 的显著正向溢出效应，并刨除了内生性问题，说明前期的研究结论是可信的且具有稳健性；刘和东（2012）② 考察了 1998—2009 年省级 FDI 技术溢出效应，认为 FDI 技术溢出效应在短期显著为正，但长期不显著。事实上，研发活动不仅存在于商业部门，也存在于包括政府公共实验室在内的公共部门，公共研发在新知识的生产和扩散、新技术的发明和运用等方面都发挥了重要作用，公共研发机构所开展的研发活动具有成果外溢性和创新收益非独占性的特点，能为社会提供"公共"知识③；Tödtling et al.（2009）④ 对澳大利亚的微观数据进行分析，在讨论了公共研发机构的知识创新活动之后，认为公共研发对企业创新活动有正向促进作用；Vitaliy & Vlasova（2017）⑤ 通过对俄罗斯制造业企业的实证发现，公共研发机构对制造业的知识转移技术溢出效应将受制于产业界与学术界之间的联系度；Gustavo Dalmarco et al.（2018）⑥ 通过对担任项目经理的高校科研人员进行访谈的方式，研究了巴西 Tecnopuc 科技园和高校之间联合项目的知识流动问题，发现对于新兴经济体而言，高校对产业的技术溢出效应并不是自然而然发生的，需要政府制定具体的科技政策以促进高校与产业之间的关联互动，高校与产业之间不同类型的合作伙伴关系将显著影响知识流动。国际贸易是另一个重要的技术溢出渠道，Blyde（2004）⑦ 认为发展中国家可以通过国际贸易活

① Tanaka K，Hashiguchi Y. Spatial Spillovers from Foreign Direct Investment：Evidence from the Yangtze River Delta in China［J］. China & World Economy，2015，23（2）：40-60.

② 刘和东. 国际贸易与 FDI 技术溢出效应的实证研究——基于吸收能力与门槛效应的分析视角［J］. 科学学与科学技术管理，2012，33（2）：30-36.

③ 李平，王春晖. 公共研发机构对中国技术创新的贡献度［J］. 科研管理，2011，32（9）：15-21.

④ Tödtling F，Lehner P，Kaufmann A. Do different types of innovation rely on specific kinds of knowledge interactions?［J］. Technovation，2009，29（1）：59-71.

⑤ Vitaliy R，Vlasova V. Cooperating with Universities and R&D Organizations：Mainstream Practice or Peculiarity?［J］. HSE Working Papers，2017.

⑥ Gustavo Dalmarco，Lisilene Mello da Silveira，Evelyn Righes Kronbauer. Knowledge flow in University-Industry Relations：an analysis of established companies at Tecnopuc［J］. Iberoamerican Journal of Project Management，2018，9（1）：69-86.

⑦ Juan Blyde. Trand and technology diffusion in Latin America［J］. International Trade Journal，2004，18（3）：177-197.

动学习、模仿外国商品，从而获得正向的技术溢出并改进自身技术和产品。进出口贸易为中国高技术产业带来了贸易额，产业在进行贸易活动时还可以接触到更加先进的知识、技术、产品等，而先进国家的管理方法、运营理念等也将潜移默化地影响产业生产率[①]，这都将对区域内技术创新、效率提升产生积极正向作用从而影响产业发展。但也有学者提出不同意见，认为高技术产业的进口贸易并没有带来正外部性，偏低端化的进口商品不能实现先进技术和知识的溢出，反而可能对高技术产业的技术进步和生产率提升起到了负面影响。耿强和吕大国（2015）[②] 针对国际贸易的技术溢出效应进行了总结，认为对于贸易国而言，国际贸易存在两种效应，一是“自我选择效应”即只有高生产率企业才有进行国际贸易的能力与机会，二是“出口学习效应”即参与进出口活动的企业可以通过国际贸易技术溢出效益提升企业生产率。

也有学者认为技术效率逐渐成为重要动力，戴魁早（2011a）[③] 通过对高技术产业生产率的分解，比较了技术进步与技术效率对生产率的作用，认为虽然由于技术效率偏低导致高技术产业生产率增长速度缓慢，但从时间趋势上看，技术效率越来越强，其对生产率的贡献也越来越大；王大鹏和朱迎春（2011）[④] 认同前文的研究结论，并进一步指出从趋势上看，技术效率对生产率的影响越来越大，将取代技术进步的地位成为高技术产业生产率的主要来源；Jiang et al.（2015）[⑤] 认为对于规模效率的改进将极大促进中国高技术产业效率的提升。

现有对于高技术产业发展的讨论主要围绕生产率增长速度的测算而展开，认为作为知识密集型产业，高技术产业需将提升全要素生产率水平放

---

① 朱平芳，李磊．两种技术引进方式的直接效应研究——上海市大中型工业企业的微观实证［J］．经济研究，2006（03）：90-102.

② 耿强，吕大国．出口学习、研发效应与企业生产率提升——来自中国制造业企业的经验证据［J］．科研管理，2015（6）：137-144.

③ 戴魁早．中国高技术产业研发投入对生产率的影响［J］．研究与发展管理，2011（4）：66-74.

④ 王大鹏，朱迎春．中国高技术产业生产率增长来源：技术进步还是技术效率［J］．中国科技论坛，2011（7）：24-31.

⑤ Jiang L，Jiang Y，Wu Z，et al. The Measurement of Innovation Efficiency of Chinese High-tech Industry Using Data Envelopment Analysis［J］. Acta Oeconomica，2015，65（2）：101-113.

在最重要的位置，生产率的提升与否将决定产业的核心竞争力①。毫无疑问，增长速度是产业发展的重要评价指标，但在高质量发展的背景下，经济发展关注焦点将不仅仅是生产率增速，生产率的动力源泉也应是重点考察的方面。因此，本研究拟对高技术产业生产率水平进行重新测算并进行分解，对产业发展的真实情况及动力源泉进行判断，分析区域间可能存在的发展不平衡问题及其根源，以期为高技术产业高质量发展提出更具针对性的政策建议。

中国高技术产业的发展还应注重区域间的平衡发展问题②。高技术产业不是孤岛，产业所在地区的资源条件将对区域产业发展差距产生重要影响③，如相对于内陆省份的高技术产业，沿海开发省份的高技术产业由于具有更高的开放程度、更优厚的政策支持，从而可以更多地接触国外先进技术与产品，这对高技术产业的知识增进与技术更新换代至关重要④，而内陆地区也具有一定的相对优势，如更丰富的自然资源以及更适合进行研究的地理位置等，因此高技术产业的区域发展差异是一个明确的经济现实问题。但现有研究侧重于高技术产业细分行业研究，对产业发展的区域不平衡问题认识不足。高技术产业的高质量发展应注重区域间的平衡发展问题，产业所在地区的资源条件将对区域产业发展差距产生重要影响，沿海省份和内陆省份各有比较优势，但现有研究大多是从高技术产业的细分行业层面进行分析，缺乏对各地区间生产率及生产率增长动力差异的研究，这显然不利于研究和解决区域不平衡问题。本研究将讨论高技术产业的区域发展问题，对产业发展的真实情况及动力源泉进行判断，分析区域间可能存在的发展不平衡问题及其根源。

---

① 王恕立，滕泽伟，刘军．中国服务业生产率变动的差异分析——基于区域及行业视角［J］．经济研究，2015（8）：73-84.

② 孙久文．从高速度的经济增长到高质量、平衡的区域发展［J］．区域经济评论，2018（1）：1-4.

③ 刘伟．考虑环境因素的高新技术产业技术创新效率分析——基于2000—2007年和2008—2014年两个时段的比较［J］．科研管理，2016（11）：18-25.

④ 张宇，蒋殿春．FDI、产业集聚与产业技术进步——基于中国制造行业数据的实证检验［J］．财经研究，2008（1）：72-82.

三、“十四五”时期高技术产业高质量发展

“十四五”时期是我国全面建设社会主义现代化国家新征程的开局起步期。发展是第一要务，人才是第一资源，创新是第一动力，实现中国经济高质量发展行稳致远、走在前列，关键是牢固确立创新引领发展的战略地位。

在新一轮科技革命背景下，新兴技术深度影响产业变革与发展：5G、人工智能、AR/VR、量子信息等为代表的新一代信息技术正全面渗透各行业；新一代智能制造、能源存储、可再生能源、纳米技术等深刻影响了制造模式；基因编辑、干细胞、生物育种等为标志的生物产业体系正在形成。新一轮科技革命提升新型高技术对产业创新的价值。我国正处于百年未有之大变局，科技创新的战略支撑作用更加凸显，数字技术广为应用，双循环发展新格局正在重塑，数字和前沿科技赋能的新型高技术产业，是我国经济发展进程的重要组成部分。2020 年高技术产业投资增长 10.6%，快于全部投资 7.7 个百分点，其中高技术制造业和高技术服务业投资分别增长 11.5%和 9.1%。稳住经济基本盘，加速构建“双循环”格局、提高创新发展能力是长远之计。而从根本上来讲，稳定和提升产业链关键靠科技创新。

高技术产业是一国经济增长的战略性引领产业，其引发的研发创新和技术进步对国家产业结构调整、经济增长方式转变具有重要作用。从国际对比数据来看，2013 年中国高技术产业出口占制造业出口的比重为 27%，高于日本的 16.8%、美国的 17.8%、英国的 7.6%，在世界银行的排名中仅次于新加坡，列世界第二位；高技术产业营业收入占全体工业企业比重超过 12.6%。这说明经过多年的发展，中国高技术产业已经壮大成为国民经济重要的支柱性、先导性产业。虽然在产业总量上取得了巨大的成绩，但是这种快速发展是以高资源投入为支撑的，党的十九大报告提出我国经济已由“高速增长阶段转向高质量发展阶段”的论断，要“坚持质量第一、效益优先，要提高全要素生产率”，在我国面临经济社会重大转型升级之时，原先依赖巨大能源消耗和环境污染的发展模式必然难以为继。党的十八大以来一直提倡“加快建设创新型国家”，“以创新驱动加快转变经

济发展方式”，原先采用的投资驱动、规模扩张、出口导向的发展模式将发生重大转变，而代之以通过科技进步、体制机制创新、组织管理模式改善等发展新动能推动经济增长。因此通过采用新技术、新工艺，开拓新市场，开发新产品，改善管理体制激发从业人员积极性等方式来提升全要素生产率水平才是高技术产业可持续增长与形成核心竞争力的关键。

高技术产业的最大特征是以技术创新为核心，产业的长期增长高度依赖高附加值的新技术发明及其运用带来的生产率增进。提高产业增长质量、转变增长方式是中国经济持续健康增长的必然要求。作为国民产业体系中技术研究和开发最密集的产业，高技术产业具有技术更新迅速、产品性能和工艺技术改进快速等特点。高技术产业的发展有力地带动了产业结构的调整和产品技术的升级，大力发展对经济增长有突破性带动作用的高技术产业是实现我国经济持续、稳定、健康发展的重要战略举措。与其他产业相比，高技术产业的成长更多依赖于技术因素，而非传统的物质资本和人力，知识所带来的技术创新与进步是其发展的核心动力，也是“十四五”期间中国高技术产业高质量发展的最终依归。

新一轮科技革命和产业变革加速演进，基础前沿领域孕育重大突破，以人工智能、大数据、物联网、区块链、5G 等为代表的新一代信息技术以及生物技术、新能源技术、新材料技术广泛融合渗透，对经济社会生活产生颠覆性影响，也带来更多的创新机遇和发展空间。中美贸易摩擦表面上是经济战，实质上是科技战，更是人才战。从长远看，西方国家对中国科技创新和高端人才引进的封锁打压将成为常态，这也倒逼中国冲破来自发达国家的高端人才限制、“卡脖子”技术封锁、创新型企业制裁，提升人才工作供给体系效率和质量，提高科技人才在国际上的核心竞争力。

第二节　评价方法与数据

一、全要素生产率评价方法

（一）Malmquist 生产率指数

对全要素生产率的测算是经济学的一个重要话题，学者们从不同角度发展了多种方法。首先，可以根据是否具有边界（Frontier）对全要素生产率测算方法进行划分：Farrell（1957）① 考虑技术不变假设条件下的生产活动，提出了有边界法（Frontier Approach）对生产率进行测算，认为生产活动可能不是完全具有效率的，当其产出低于最优产出时，投入产出对应的组合点便无法达到生产可能性边界，即技术变动和技术效率变动两者同时构成了生产率的变动；与之相对的是无边界法（Non-frontier Approach），认为生产活动是完全具有效率的，投入产出对应的组合点将全部处于最优生产边界之中，因此无须考虑技术效率变动，技术的提升与否决定了生产率的增进。其次，可以根据是否具有参数（Parametric）对全要素生产率测算方法进行划分：Farrell（1957）同时还考虑了参数问题，认为经济活动中的所有厂商都面对着同样的生产可能性边界，此生产可能性边界由厂商的投入与产出数量所构建，可以通过数学规划计算距离函数而不需要采用生产函数进行度量，模型不存在参数，因此被称为非参数方法（Non-parametric Approach）；与之相对的是 Solow（1957）② 提出的参数方法（Parametric Approach），参数方法基于新古典经济增长理论，认为参与经济活动的所有厂商会面临不同的生产可能性边界，通过事先设定生产函数、误差项并采用计量方法对全要素生产率及相关参数进行测算。最后，可以根据是否具有确定性（Deterministic）对全要素生产率测算方法进行划分：随机性模型（Stochastic model）讨论了模型中的随机误差项（stochastic error term），而确定性模型（Deterministic model）没有。

在以上三种假设的基础上，学者们发展了多种多样、各具特色的生产率指数（TFP Index）测算方法，如 Fisher 指数、Laspeyres 指数、Malmquist 指数等。由瑞典经济学家 Malmquist S.（1953）③ 提出的 Malmquist 指数方法是目前国内外学者最经常使用的生产率指数之一，最开始是应用于消费

① Farrell M J. The Measurement of Productive Efficiency [J]. Journal of the Royal Statistical Society, 1957, 120 (3): 253-290.

② Solow R M. Technical Change and Aggregate Production Function [J]. Review of Economics & Statistics, 1957, 39 (3): 312-320.

③ Malmquist S. Index Numbers and Indifference Surfaces [J]. Trabajos De Estadistica, 1953, 4 (2): 209-242.

分析领域，讨论消费点如何在无差异曲线上移动。Caves et al.（1982）①将 Malmquist S.（1953）的思想引入了生产分析中，通过计算距离函数之间的比值对 Malmquist 指数进行改进，通过 Malmquist 指数的计算可以直观地观察得到同一厂商不同时期或者同一时期不同厂商的全要素生产率变化。Malmquist 指数属于有边界、非参数的确定性模型，将全要素生产率的变化定义为投入、产出距离函数的比值，由于其具有可以同时讨论技术进步和技术效率、不需要投入要素和产出商品的价格信息、不需要事先对函数形式作出假设等显著优点，从而得到了经济学家们的广泛认同，并将其推广应用到非常广泛的领域。

Fare & Zhang（1994）② 在综合前期生产率估算方法研究的基础上，将数据包络思想（Data Envelopment Analysis，DEA）引入 Malmquist 指数，将全要素生产率分解为技术进步、技术效率，后来的学者又进一步将技术效率分解为纯技术效率和规模效率。目前使用的 Malmquist 指数基本都是 Fare & Zhang（1994）所改进的 DEA-Malmquist 指数测算方法，因为采用了 DEA 方法，其优点在于“靠数据本身说话”，不需要事先设定前沿面生产函数的具体形式，避免生产函数模型设定的偏差，也不需要人为给定各个指标的权重，在避免主观因素、减少误差等方面有着不可低估的优越性。DEA 模型中最基本的模型为 CCR 模型和 BCC 模型，前者主要假设规模收益不变，后者则假定规模收益变动，CCR 模型和 BCC 两个模型都是对各个决策单元在某一个时间点上的情况进行横向对比分析，但是在面对多年数据的时候就会显示出不足，Malmquist 指数的测算思想弥补了这一不足。因此结合了 Malmquist 指数和 DEA 方法的 DEA-Malmquist 指数测算方法融合两者的优势，可以测算资源（如资本、劳动等）在社会经济活动中利用效率动态变化的大小和趋势，并动态分解为技术效率变动指数和技术变化指数，因此可以运用 DEA-Malmquist 指数模型（下文的 Malmquist 指数模型均指的是 DEA-Malmquist 指数模型）来测算各厂商在时期 t 的技术

① Caves D W，Christensen L R，Diewert W E. Multilateral Comparisons of Output，Input，and Productivity Using Superlative Index Numbers［J］. Economic Journal，1982，92（365）：73-86.

② Fare R，Zhang Z. Productivity Growth，Technical Progress，and Efficiency Change in Industrialized Countries［J］. American Economic Review，1994，84（1）：66-83.

条件下，从时期 s 到时期 t 的效率变动、技术效率变动和技术进步效率的变动，成为经济学家进行实证分析的重要工具。在固定规模报酬下，第 s 期到第 t 期的 Malmquist 生产率指数可以定义为：

$$M_0(y_s,\ x_s,\ y_t,\ x_t)\ =\ [M_0^s(y_s,\ x_s,\ y_t,\ x_t)\times M_0^t(y_s,\ x_s,\ y_t,\ x_t)]^{\frac{1}{2}}\ =\ \left[\frac{D_0^s(y_t,\ x_t)}{D_0^s(y_s,\ x_s)}\times\frac{D_0^t(y_t,\ x_t)}{D_0^t(y_s,\ x_s)}\right]^{\frac{1}{2}} \tag{5.1}$$

采用 D_0（x，y）代表产出或者投入的距离函数，可以得到以下式子：

$$D_0^t(x,\ y)=\min\left\{\delta>0:\ (x,\ \frac{y}{\delta})\in P\right\} \tag{5.2}$$

式中，P 代表 t 时期的生产可能性边界。

Malmquist 生产率指数代表意义如下：

$$M_0(y_s,\ x_s,\ y_t,\ x_t)\begin{cases}>\\=1\\<\end{cases}\text{表示}\begin{cases}\text{生产率提升}\\\text{生产率不变}\\\text{生产率下降}\end{cases} \tag{5.3}$$

Malmquist 指数值大于 1 表明时期 s 到 t 的全要素生产率是增长的，若小于 1 则说明全要素生产率在下降。依据 Farrell（1957）对于边界法的假设，全要素生产率可以分解为技术变化和技术效率变化，其中：技术变化衡量的是厂商所面临的生产可能性边界的移动情况，当生产可能性边界向下移动时，说明厂商出现了技术倒退，此时测算得到的技术进步指数应小于 1，而当生产可能性边界向上移动时，说明厂商出现了技术创新，从而获得了更高的可能产出，此时测算得到的技术进步指数应大于 1，因此技术进步指数主要反映了厂商的增长效应；技术效率变化衡量的是厂商与生产可能性边界靠近的情况，厂商与前沿面的距离决定了技术效率指数值的大小，当技术效率提升即技术效率指数大于 1 时，说明厂商与前沿面的距离变小了，当技术效率提升即技术效率指数小于 1 时，说明厂商与前沿面的距离变大了，因此技术效率指数主要反映了厂商的追赶效应。另外，还对技术效率指数进行继续分解，得到在 VRS 情况下测度决策单元到生产前沿面距离的纯技术效率指数，以及反映规模变化的规模效率指数。

Malmquist 生产率指数方法是研究全要素生产率的经典方法，目前大部分对中国经济的研究都采用了 Malmquist 生产率指数方法，如张海洋（2005）[①] 对中国工业经济的分析、吴丹和王娅莉（2006）[②] 对制造业的分析、李小平（2007）[③] 对分行业大中型工业企业的分析、张健华和王鹏（2010）[④] 对中国银行业的分析，以及成力为和孙玮（2012）[⑤] 对高技术产业的分析等，因此本研究也采用 Malmquist 生产率指数方法进行研究。

（二）Hicks-Moorsteen TFP 指数

在最近的研究中，O' Donnell（2012）[⑥] 在 Hicks（1961）[⑦]、Moorsteen（1961）[⑧]、Bjurek（1996）等学者前期研究工作的基础上，在总量分析框架下提出了 Hicks-Moorsteen TFP 指数，该方法的特点在于具有完整可乘性（multiplicatively complete），逐渐成为国外学者的研究热点，得到了越来越多的关注：Epure M.（2011）[⑨] 和 Arora H.（2012）[⑩] 分别使用 Hicks-Moorsteen TFP 指数对西班牙和印度的银行业生产率变化情况进行了实证研究；Hoang（2011）[⑪] 和 O' Donnell（2012）将其应用于农业部门的实证

① 张海洋. R&D 的两面性、外资活动与中国工业经济增长［J］. 经济研究，2005（5）：107-117.

② 吴丹，王娅莉. 基于 Malmquist 生产率指数的 R&D 投入对制造业影响评价［J］. 管理学报，2006（9）：580-585.

③ 李小平. 自主 R&D、技术引进和生产率增长——对中国分行业大中型工业企业的实证研究［J］. 数量经济技术经济研究，2007（7）：15-24.

④ 张健华，王鹏. 中国银行业广义 Malmquist 生产率指数研究［J］. 经济研究，2010（8）：128-140.

⑤ 成力为，孙玮. 市场化程度对自主创新配置效率的影响——基于 Cost-Malmquist 指数的高技术产业行业面板数据分析［J］. 中国软科学，2012（5）：128-137.

⑥ O' Donnell C J. An aggregate quantity framework for measuring and decomposing productivity change［J］. Journal of Productivity Analysis，2012，38（3）：255-272.

⑦ John R. Hicks. The Measurement of Capital in Relation to the Measurement of Other Economic Aggregates［M］. The Theory of Capital. Palgrave Macmillan UK，1961.

⑧ Moorsteen R H. On Measuring Productive Potential and Relative Efficiency［J］. Quarterly Journal of Economics，1961，75（3）：451-467.

⑨ Epure M，Kerstens K，Prior D. Technology-based total factor productivity and benchmarking: New proposals and an application［J］. Omega，2011，39（6）：608-619.

⑩ Arora H. Bank productivity measurement using Hicks-Moorsteen indices: evidence from Indian public sector banks［J］. International Journal of Business Performance Management，2012，13（3/4）：386-407.

⑪ Hoang V N. Measuring and decomposing changes in agricultural productivity，nitrogen use efficiency and cumulative exergy efficiency: Application to OECD agriculture［J］. Ecological Modelling，2011，222（1）：164-175.

研究；Kerstens 等（2014）① 将其应用于水利发电业和农业部门。本研究采用 Hicks-Moorsteen TFP 指数测算高技术产业 TFP，作为 Malmquist 生产率指数方法的稳健性检验。

Hicks-Moorsteen TFP 指数可以用下式表示：

$$M^T(x^t,\ y^t,\ x^{x+1},\ y^{t+1}) = \frac{y_0^t(x^t,\ y^t,\ y^{y+1})}{x_i^t(y^t,\ x^t,\ x^{y+1})} \tag{5.4}$$

产出量指数为：

$$Y_0^t(x^t,\ y^t,\ y^{y+1}) = \frac{D_0^t(x^t,\ y^{t+1})}{D_0^t(x^t,\ y^t)} \tag{5.5}$$

投入量指数为：

$$X_i^t(y^t,\ x^t,\ x^{t+1}) = \frac{D_i^t(y^t,\ x^{t+1})}{D_i^t(y^t,\ x^t)} \tag{5.6}$$

将两者合并则为：

$$HM(x_{t+1},x_t,y_{t+1},y_t) = \left(\frac{D_0^{t+1}(x^{t+1},y^{t+1})\,D_0^t(x^t,y^{t+1})}{D_0^{t+1}(x^{t+1},y^t)\,D_0^t(x^t,y^t)}\cdot\frac{D_i^{t+1}(x^t,y^{t+1})\,D_i^t(x^t,y^t)}{D_i^{t+1}(x^{t+1},y^{t+1})\,D_i^t(x^{t+1},y^t)}\right)^{1/2} \tag{5.7}$$

D_0（x，y）和 D_i（x，y）代表投入产出距离函数，可将其以下式表达：

$$D_0^t(x,\ y) = \min\left\{\delta > 0:\ (x,\ \frac{y}{\delta}) \in P\right\} \tag{5.8}$$

$$D_i^t(x,\ y) = \max\left\{\rho > 0:\ (\frac{x}{\rho},\ y) \in P\right\} \tag{5.9}$$

可以分解 Hicks-Moorsteen TFP 指数为四个部分：技术进步、技术效率、规模效率和组合效率：

$$\ln HM(x_{t+1},\ x_t,\ y_{t+1},\ y_t) = \ln TC + \ln EC + \ln SC + \ln ME \tag{5.10}$$

$$\ln TC = \ln\left\{\frac{D_0^t(x^{t+1},y^{t+1})\ \ D_0^t(x^t,y^t)}{D_0^{t+1}(x^{t+1},y^{t+1})\,D_0^{t+1}(x^t,y^t)}\right\}^{\frac{1}{2}} \tag{5.11}$$

① Kerstens K, Woestyne I V D. Comparing Malmquist and Hicks - Moorsteen productivity indices: Exploring the impact of unbalanced vs. balanced panel data [J]. European Journal of Operational Research, 2014, 233 (3): 749-758.

$$\ln EC = \ln\left\{\frac{D_0^{t+1}(x^{t+1},\ y^{t+1})}{D_0^t(x^t,\ y^t)}\right\} \tag{5.12}$$

$$\ln SC = \left(\frac{\widehat{\varepsilon_0^t} + \widehat{\varepsilon_0^{t+1}}}{2} - 1\right) \times \ln s^{t+1,\ t} \tag{5.13}$$

$$\ln ME = ln\left\{\frac{D_0^t(s^{t+1,\ t}x^t,\ r^{t+1,\ t}y^t)}{D_0^t(x^{t+1},\ y^{t+1})}\frac{D_0^{t+1}(x^t,\ y^t)}{D_0^{t+1}(\frac{x^{t+1}}{s^{t+1,\ t}},\ \frac{y^{t+1}}{r^{t+1,\ t}})}\right\}^{\frac{1}{2}} \tag{5.14}$$

其中，

$$s^{t+1,\ t} = M_x(x^{t+1},\ x^t,\ y^{t+1},\ y^t) \tag{5.15}$$

$$r^{t+1,\ t} = M_y(x^{t+1},\ x^t,\ y^{t+1},\ y^t) \tag{5.16}$$

组合效率测算的是各项投入（或产出）要素组合比例的变化对生产率变化的影响。

在一个多投入多产出的分析框架下，假设 Q_{nt} 与 X_{nt} 分别代表总产出和总投入，则厂商 n 在 t 时期的 *TFP* 可以表达为：

$$TFP_{nt} = \frac{Q_{nt}}{X_{nt}} \tag{5.17}$$

在 t 时期的 *TFP* 可以表示为：

$$TFP_{n0,\ nt} = \frac{TFP_{nt}}{TFP_{n0}} = \frac{(Q_{nt}/X_{nt})}{(Q_{n0}/X_{n0})} = \frac{Q_{n0,\ nt}}{X_{n0,\ nt}} \tag{5.18}$$

从式（5.18）可以看出，TFP 的变化可以定义为产出总量指数与投入总量指数之比，并可以进一步分解为技术变化和不同种类的效率变化。

一是基于投入的 Hicks-Moorsteen TFP 指数分解方式。

图 5.1 表示多投入多产出的二维坐标空间，设定两种生产边界：一为组合非受限生产边界（Unrestricted Production Frontier，UPF），由 *EU* 表示，此生产边界允许投入及产出组合自由变动；二为组合受限生产边界（Mix-Restricted Production Frontier，RPF），由 *BD* 表示，此生产边界的投入及产出的组合不变。

A 点（Q_{n0}，X_{n0}）为 0 时期的投入产出点，可以发现 *A* 点位于生产可能性集合内部，且其 TFP 值未能达到最大。定义最大生产率点（MP，Maximum Productivity）为厂商移动至处于通过原点并与 UPF 正切射线上的

一个点时，*TFP* 达到最大，定为 *E* 点。厂商可以通过数种路径达到 *MP* 点。

第一，通过改进技术效率的方式提高生产率，即从 *A* 点移动到 *B* 点，并可用 *A* 点与 *B* 点的 TFP 比值表示投入导向的技术效率（Input-oriented Technical Efficiency，ITE），即 $ITE_{n0}=k_{OA}/k_{OB}$。

第二，通过改进规模效率的方式提高生产率，即从 *B* 点移动到 *D* 点，此时为组合受限生产边界下的最大 TFP，可用 *B* 点与 *D* 点的 *TFP* 比值来表示投入导向的规模效率（Input-oriented Scale Efficiency，ISE），即 $ISE_{n0}=k_{OB}/k_{OD}$。

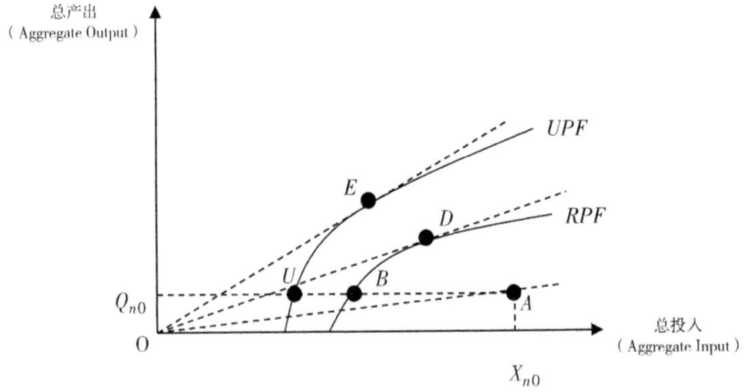

图 5.1　基于投入的 HMTFP 指数分解

第三，放松投入产出组合限制条件，则可以通过调整投入产出组合以提升 *TFP*，即从 *B* 点移动到 *U* 点，在总产出水平不变的情况下的最大 *TFP*，可用 *B* 点与 *U* 点的 *TFP* 比值表示投入导向的组合效率（Input-oriented Mix Efficiency，IME），即 $IME_{n0}=k_{OB}/k_{OU}$。

第四，进一步通过规模效率的改善提升生产率，即从 *U* 点移动到 *E* 点（即 *MP* 点），此时为现有技术条件下最大 *TFP*，*U* 点与 *E* 点的 *TFP* 比值表示投入导向的残余规模效率（Residual Input-oriented Scale Efficiency，RISE），即 $RISE_{n0}=k_{OU}/k_{OE}$。

第五，在 *D* 点时，也可以选择进行组合效率的改善，即从 *D* 点移动到 *E* 点，同样将获得现有技术条件下最大 TFP，可用 *D* 点与 *E* 点的 *TFP* 比值表示残余组合效率（Residual Mix Efficiency，RME），即 $RME_{n0}=k_{OD}/k_{OE}$。

定义 TFP_{n0}^{*} 为 0 时期的最大 *TFP*，则 $TFP_{0}^{*}=k_{OE}$；*TFP* 效率（TFP

Efficiency，TFPE）为实际 *TFP* 与最大 *TFP* 的比值，则 $TFPE_{n0}=TFP_{n0}/TFP^{*}n_{0}=k_{OA}/k_{OE}$。

因此，提升生产率的路径可为 *ABDE*，也可以是 *ABUE*，即 *TFP* 效率分解为：

$$TFPE_{n0}=TFP_{n0}/TFP_{n0}^{*}=ITE_{n0}\times IME_{n0}\times RISE_{n0} \tag{5.19}$$

$$TFPE_{n0}=TFP_{n0}/TFP_{n0}^{*}=ITE_{n0}\times ISE_{n0}\times RME_{n0} \tag{5.20}$$

TFP 可以分解为：

$$TFP_{n0}=TFP_{n0}^{*}\times(ITE_{n0}\times IME_{n0}\times RISE_{n0}) \tag{5.21}$$

$$TFP_{n0}=TFP_{n0}^{*}\times(ITE_{n0}\times ISE_{n0}\times RME_{n0}) \tag{5.22}$$

相应地，*t* 时期的 *TFP* 可以表示为：

$$TFP_{n0,\ nt}=\frac{TFP_{nt}}{TFP_{n0}}=\left(\frac{TFP_{t}^{*}}{TFP_{0}^{*}}\right)\times\left(\frac{ITE_{nt}}{ITE_{n0}}\times\frac{IME_{nt}}{IME_{n0}}\times\frac{RISE_{nt}}{RISE_{n0}}\right)=TC\times EC \tag{5.23}$$

$$TFP_{n0,\ nt}=\frac{TFP_{nt}}{TFP_{n0}}=\left(\frac{TFP_{t}^{*}}{TFP_{0}^{*}}\right)\times\left(\frac{ITE_{nt}}{ITE_{n0}}\times\frac{ISE_{nt}}{ISE_{n0}}\times\frac{RME_{nt}}{RME_{n0}}\right)=TC\times EC \tag{5.24}$$

以上指数大于 1 表示水平的提高，反之则代表退步。

二是基于产出的分解方式。图 5.2 表示多投入多产出的二维坐标空间，与基于投入的分解相类似，从 *A* 点移动到 *E* 点存在着多种路径。

第一，从 *A* 点移动到 *C* 点，在总投入水平不变的情况下增加了总产出，技术效率的改善使得 TFP 水平也相应提高，可用 *A* 点与 *C* 点的 *TFP* 比值表示产出导向的技术效率（Output-oriented Technical Efficiency，OTE），即 $OTE_{n0}=k_{OA}/k_{OC}$。

第二，从 *C* 点移动到 *D* 点，即投入产出组合比例固定不变时的最大 *TFP*，可用 *C* 点与 *D* 点的 *TFP* 比值表示产出导向的规模效率（Output-oriented Scale Efficiency，OSE），即 $OSE_{n0}=k_{OC}/k_{OD}$。

第三，放松组合不变的限制条件，从 *C* 点移动到 *V* 点，在总投入水平不变的情况下获得了最大产出，可用 *C* 点与 *V* 点的 *TFP* 比值表示产出导向的组合效率（Output-oriented Mix Efficiency，OME），即 $OME_{n0}=k_{OC}/k_{OV}$。

第四，从 *V* 点移动到 *E* 点，获得现有技术条件下最大 *TFP*，可用 *V* 点

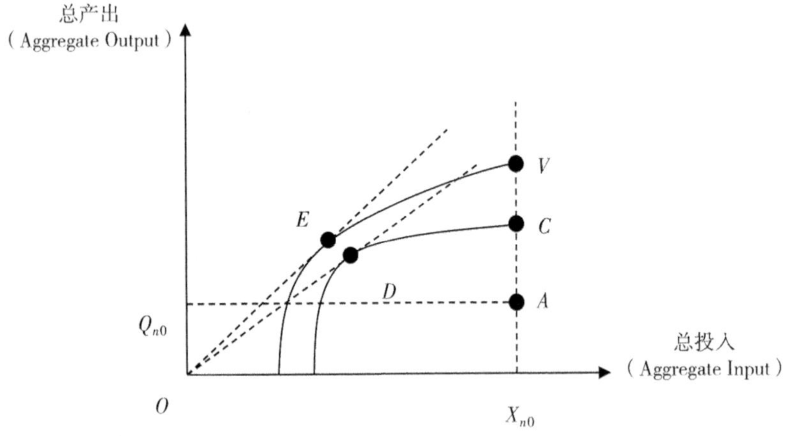

图 5.2　基于产出的 HMTFP 指数分解

与 E 点的 TFP 比值表示产出导向的残余规模效率（Residual Output - oriented Scale Efficiency，ROSE），即 $ROSE_{n0}=k_{OV}/k_{OE}$。

第五，在 D 点时，也可以选择移动到 E 点，获得现有技术条件下最大 TFP。

因此，提升生产率的路径可以为 $ACVE$，也可以为 $ACDE$，分解为：

$$TFPE_{n0}=TFP_{n0}/TFP_{n0}^{*}=OTE_{n0}\times OME_{n0}\times ROSE_{n0} \tag{5.25}$$

$$TFPE_{n0}=TFP_{n0}/TFP_{n0}^{*}=OTE_{n0}\times OSE_{n0}\times RME_{n0} \tag{5.26}$$

可以将基于产出的 TFP 分解为：

$$TFP_{n0}=TFP_{n0}^{*}\times(OTE_{n0}\times OME_{n0}\times ROSE_{n0}) \tag{5.27}$$

$$TFP_{n0}=TFP_{n0}^{*}\times(OTE_{n0}\times OSE_{n0}\times RME_{n0}) \tag{5.28}$$

厂商 n 在 t 时期的 TFP 相对于 0 时期基于产出的 TFP 指数可以表示为：

$$TFP_{n0,nt}=\frac{TFP_{nt}}{TFP_{n0}}=\left(\frac{TFP_{t}^{*}}{TFP_{0}^{*}}\right)\times\left(\frac{OTE_{nt}}{ITE_{n0}}\times\frac{OME_{nt}}{IME_{n0}}\times\frac{ROSE_{nt}}{RISE_{n0}}\right)=TC\times EC \tag{5.29}$$

$$TFP_{n0,nt}=\frac{TFP_{nt}}{TFP_{n0}}=\left(\frac{TFP_{t}^{*}}{TFP_{0}^{*}}\right)\times\left(\frac{OTE_{nt}}{OTE_{n0}}\times\frac{OSE_{nt}}{OSE_{n0}}\times\frac{RME_{nt}}{RME_{n0}}\right)=TC\times EC \tag{5.30}$$

二、变量选择与数据处理

根据《中国高技术产业统计年鉴》的分类，中国高技术产业包括三个地区分组，其中东部地区包括：北京、天津、河北、辽宁、上海、江苏、浙江、福建、山东、广东、广西和海南；中部地区包括：山西、内蒙古、吉林、黑龙江、安徽、江西、河南、湖北和湖南；西部地区包括：重庆、四川、贵州、云南、西藏、陕西、甘肃、青海、宁夏和新疆，共 31 个省份，由于西藏、新疆数据缺失较多，无法准确估算，本研究中不予分析，因此本研究的样本容量为 29 个；在样本年限方面，重庆市于 1997 年开始有独立的统计数据，基于数据可得性，本研究的观察样本时间从 1997 年开始（由于生产率测算的是两年之间的变动情况，1998—2016 年的生产率需使用 1997—2016 年的数据，因此本研究中涉及数据的年份区间的表述均为 1997—2016 年；而在进行产出、投入指标测度时，1997 年的数据采用前一年即 1996 年为基年进行平减。因此本研究中有三个时间起始点），另由于 2019 年《中国工业经济统计年鉴》《中国高技术产业统计年鉴》暂停出版，无法获取相关指标 2017 年及以后的数据，考察时间截至 2017 年的相关统计年鉴，因此本研究观察样本的年限为 1997—2016 年。

对于产出的衡量，本研究采用“主营业务收入”作为高技术产业产出变量，图 5.3 描述了各省份主营业务收入均值，“主营业务收入”这一数值大体上可以反映各个省高技术产业的发展情况，从中也看出高技术产业的发展存在一定的区位性，各地区的发展不均，广东、江苏、上海等地区的主营业务收入遥遥领先于其他省份。由于通货膨胀或通货紧缩会造成测算结果的虚增或虚减，为真实反映中国高技术产业的状况，本研究以 1996 年的工业品出厂价格指数对主营业务收入进行平减，数据来源于《中国高技术产业统计年鉴》《中国统计年鉴》。

对于投入的衡量，经济学通常将劳动力和资本作为基本的生产要素投入，因此本研究对于高技术产业生产率的研究也通过人员投入和资本投入进行计算。根据大部分文献（朱有为和徐康宁，2007；吴延兵，2008）的做法，本研究采用从业人员年平均人数代表人员投入，数据来源于《中国高技术产业统计年鉴》。在资本投入方面，本研究采用各省资本存量来表

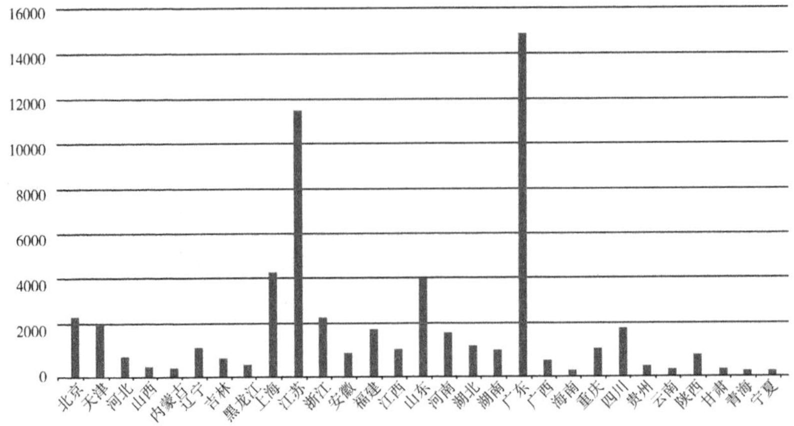

图 5.3　中国高技术产业各地区主营业务收入均值（单位：万元）

征。但是中国现有统计资料中只公布固定资本原值和固定资本净值的数据而无资本存量数据，所以本研究以 Goldsmith 的永续盘存法为基础来估计中国高技术产业的资本存量，其基本公式为：

$$K_t = I_t / P_t + (1 - \delta_t) K_{t-1} \qquad (5.31)$$

其中 K_t 代表 t 年的资本存量，I_t 代表当年固定资产投资，P_t 为固定资产投资价格指数，δ_t 为资本折旧率。参照 Goto & Suzuki（1989）① 和吴延兵（2006）② 的假设，对基期资本存量计算如下：

$$K_0 = I_0 / (g + \delta) \qquad (5.32)$$

其中，K_0 和 I_0 分布代表基期的资本存量和固定投资额，g 代表实际的固定资产投资增长率，δ 代表资本折旧率。当年固定资产投资 I_t 为各省份 1996—2013 年的固定资产投资额，并将其按 1996 年的价格基准进行折算（因广东省 1996—2000 年、海南省 1996—1999 年的“各地区固定资产投资价格指数”的数据缺失，用当年的全国固定资产投资价格指数代替），折旧率设定为 15%。下表是以上变量的描述性统计，其中产出和资本投入的单位为亿元，人员投入的单位为万人。

---

① Goto A, Suzuki K. R&D Capital, Rate of Return on R&D Investment and Spillover of R & D in Japanese Manufacturing Industries［J］. Review of Economics & Statistics, 1989, 71（4）：555-564.

② 吴延兵. R&D 存量、知识函数与生产效率［J］. 经济学（季刊），2006（3）：1129-1156.

表 5.1　各变量的描述性统计结果

变量	均值	最小值	最大值
产出（万元）	1975.591	1.180	37765.173
人员投入（人）	28.353	0.283	389.416
资本投入（万元）	222.071	0.180	3526.266

第三节　高技术产业高质量发展评价

一、整体发展评价

Malmquist 生产率指数测算结果如图 5.4 所示（由于生产率测算的是两年之间的变动情况，因此 1997—2016 年的样本数据测算得到的为 1998—2016 年的全要素生产率，因此本节中涉及生产率年份区间的表述均为 1998—2016 年），中国高技术产业在观察期内呈现平稳向好的发展态势，全要素生产率指数年均增长 6.5%；在类似的研究中，戴魁早（2011a）采用 Malmquist 生产率指数测算的 1995—2008 年高技术产业分行业的生产率指数平均值为 4.5%，李燕萍和彭峰（2012）同样采用 Malmquist 生产率指数测算的 1998—2009 年高技术产业分地区生产率指数平均值为 4.5%，余泳泽和张妍（2012）① 采用三项投入测算的高技术产业 1995—2009 年生产率指数平均值为 10.42%，与其他研究结果相比较，本研究计算得到生产率指数均值处于现有研究结论的最大值和最小值之间，但基本处在合理范围内。值得注意的是，观察期内高技术产业主营业务收入增加超过了 33 倍，但全要素生产率增长却不足 7%，与营业收入规模扩大的速度相比，高技术产业全要素生产率的增长并不尽如人意，说明目前产业发展质量仍需进一步提升。

① 余泳泽，张妍．我国高技术产业地区效率差异与全要素生产率增长率分解——基于三投入随机前沿生产函数分析［J］．产业经济研究，2012（1）：44-53.

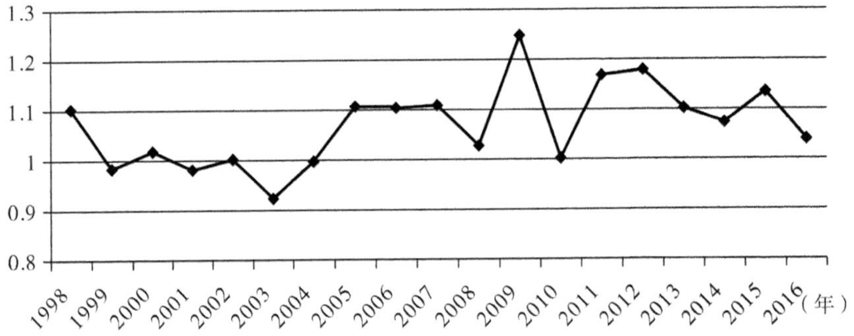

图 5.4 中国高技术产业历年平均 Malmquist 生产率指数变动情况

Hicks-Moorsteen TFP 指数，本研究采用 Hicks-Moorsteen TFP 指数对全要素生产率变动进行再次测算，以作为 Malmquist 指数方法的稳健性检验。在投入与产出指标方面，沿用 Malmquist 指数的投入产出指标及数据处理方法，测算结果如表 5.2 所示：

表 5.2 中国高技术产业历年 Hicks-Moorsteen TFP 生产率指数及分解均值

年份	全要素生产率	技术进步	技术效率
1998	1.098	0.852	1.290
1999	0.999	0.979	1.021
2000	1.012	1.091	0.927
2001	0.993	1.081	0.919
2002	0.985	0.993	0.992
2003	0.898	0.932	0.963
2004	0.941	1.038	0.907
2005	1.078	1.071	1.006
2006	1.067	1.169	0.913
2007	1.114	1.114	1.000
2008	1.011	0.902	1.120

续表

年份	全要素生产率	技术进步	技术效率
2009	1.226	1.070	1.146
2010	0.992	0.930	1.067
2011	1.141	0.899	1.270
2012	1.148	1.005	1.143
2013	1.067	1.159	0.921
2014	1.065	0.977	1.091
2015	1.134	1.097	1.034
2016	1.018	1.016	1.002
均值	1.049	1.016	1.033

1998—2016年，基于Hicks-Moorsteen TFP指数的全要素生产率总平均值为1.049，平均增长4.9%。与Malmquist指数的测算结果虽然有所差异，但对高技术产业全要素生产率的趋势判断一致，均认为中国高技术产业全要素生产率整体呈现缓慢上升的趋势；从具体数值来看，Hicks-Moorsteen TFP指数计算所得的生产率指数与Malmquist指数计算所得的生产率指数虽然有所差异，但0.016的差值也在可接受的范围内，因此可以认为Malmquist指数测算结果具有一定稳健性。从生产率增长动力来看，Hicks-Moorsteen TFP指数认为在观察期内技术效率改善是全要素生产率的重要动力来源，其次是技术进步水平提升对生产率的贡献，两者的平均值分别为3.3%与1.6%，高技术产业的全要素生产率提升来源于技术进步和技术效率的共同支撑，其中技术效率水平的改进可能发挥了更重要的角色，这与Malmquist指数得到的结论是一致的。进一步地，从技术效率与技术进步的历年变化来看，Hicks-Moorsteen TFP指数方法的测算结果也显示，高技术产业在前期1998—2007年，技术进步对全要素生产率的贡献更多，但技术效率改善却在2008年以后的大部分年份中超过了技术进步的增长，为全要素生产率的改善提供了更强的动力，这也与Malmquist指数得到的结论是一致的。

因此，无论从整体生产率增长趋势，还是生产率动力分解或是时间趋势分析来看，Hicks-Moorsteen TFP 指数与 Malmquist 指数所得到的测算结果都具有较强的一致性，说明本研究的研究结论是可靠的。

二、区域发展评价

图 5.5 展示了中国高技术产业分区域全要素生产率增长均值，从趋势上看，各地区的高技术产业生产率都呈现增长态势，说明整体高技术产业的发展是由各区域共同发展组成的，不存在明显的短板区域；从区域之间数值比较来看，中部地区的年均增长率最大为 7.9%，其次是西部地区的 7.3%，东部地区的年均增长率最低，仅为 5.0%。

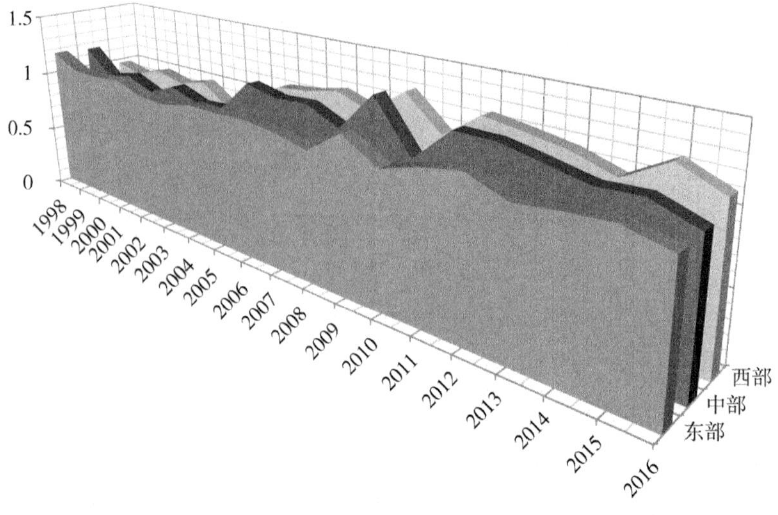

图 5.5　中国区域高技术产业生产率历年变化均值情况

东部地区在三大地区之中增长率排名最后，这似乎与直觉不符。东部沿海地区是中国经济发展的领头羊，其高技术产业的发展也遥遥领先，众多优秀的高科技企业如阿里巴巴、腾讯、大疆、格力等在东部地区集聚；事实上，这是由于 Malmquist 指数计算原理造成的，Malmquist 指数计算的是相对变动值，即本期生产率与上一期生产率的差值，对于总量和基数均已比较庞大的东部地区而言，由于原生产率水平较高，从长期来看其增长速度呈现逐渐放缓的态势，从表 5.3 可以发现，2008 年及以后东部高技术产业的生产率波动明显小于 2008 年之前，这也符合一般经济运行的规律。

中部地区高技术产业的平均生产率增长数值遥遥领先于东部地区，西部地区在观察期内也获得了高速增长，但通过表 5.4、表 5.5 的历年均值分析可以发现，中西部地区高技术产业生产率增长并不平稳而是存在明显的波动特征，且以 2004 年为界可以将其划分为两个阶段：2004 年之前中西部地区生产率波动幅度较大，生产率增长与倒退的现象交替出现；2004 年及之后生产率指数逐渐平稳上升，且中部地区的增长态势非常显著，年均增长率达到了 13.9%，西部地区历年生产率指数均大于 1 即生产率增长，实现了 15.7%的年均增长率，但由于前期生产率下滑较多，整个观察期内的生产率增长仍不及中部地区。

区域间生产率增长存在显著差异，东部省份的生产率增长低于其他地区，中西部地区高技术产业生产率增长幅度高于东部地区，这与刘伟巍和秦双全（2012）① 对中国整体制造业生产率的分析结果相类似；李静等（2015）② 考察了 1952—2013 年我国经济增长的趋势性特征，发现 2003 年以后经济增长的加速过程开始向中西部转移，而发达和沿海省区的经济增长则趋于平稳，本研究进一步发现高技术产业也存在类似的变化特征，在东部生产率稳步增长的同时，中西部开始加速增长且阶段性变化的分界为 2004 年。产业生产率初始水平较低的中西部地区比东部地区具有更快的增长率，原因可能在于区域经济特征及要素市场发展对高技术产业生产率变化的影响。

---

① 刘伟巍，秦双全．中国制造业总量生产率增长的来源——基于 PL 方法的分析［J］．经济管理，2012（3）：41-49.

② 李静，楠玉，江永红．中国经济增长 1952—2013：加速或减缓［J］．财经科学，2015（7）：39-49.

表 5.3　东部高技术产业历年 Malmquist 生产率指数及分解均值

年份	TFP	技术效率	技术进步	纯技术效率	规模效率
1998	1.166	1.034	1.128	1.012	1.021
1999	1.053	0.951	1.107	0.977	0.974
2000	1.049	0.965	1.087	0.968	0.997
2001	1.075	0.972	1.106	1.007	0.965
2002	1.002	1.027	0.976	0.999	1.028
2003	0.986	0.968	1.018	1.001	0.967
2004	1.043	1.002	1.040	0.992	1.011
2005	1.042	0.979	1.064	0.990	0.989
2006	1.057	0.896	1.180	0.915	0.980
2007	1.024	0.919	1.115	0.954	0.963
2008	0.969	1.073	0.904	1.035	1.037
2009	1.152	1.077	1.070	1.051	1.025
2010	0.992	1.057	0.938	1.028	1.028
2011	1.076	1.177	0.914	1.136	1.036
2012	1.127	1.120	1.007	1.077	1.040
2013	1.020	0.907	1.124	0.953	0.952
2014	1.056	1.073	0.984	1.036	1.036
2015	1.079	1.011	1.067	1.000	1.012
2016	1.010	0.996	1.014	1.013	0.984

一是区域经济特征对高技术产业生产率的影响。一方面，已经完成工业化进程的东部地区，各项产业正在进行结构调整，整体经济增长正处于从结构性加速向结构性减速增长路径转换的阶段性过程；东部的高技术产业也由过去的高速增长或者是超高速增长，转向中高速的稳定增长。这种

增速“换挡”的现象，符合发达国家经验事实和经济增长规律①：一个经济体在经历了高速增长阶段之后，都会出现增长速度放缓的现象，经济发展到了相对高级阶段时只能保持一个相对低速的增长。因此，作为“中国速度”代表的东部地区产业增速逐渐减缓并保持平稳，是由其所处的经济发展阶段所决定的，是符合经济客观发展规律的。另一方面，中西部地区目前正进入工业化的中期阶段，其主要特征包括工业化发展速度快、结构转化快，工业产业结构趋于合理，高技术产业发展迅速等②，这正是东部地区前期所经历的高速增长阶段。因此，包括高技术产业在内的中西部整体经济将在未来一段时间内保持高速增幅。中西部地区具有先天的地理优势，适合发展航空航天、雷达、核工业等对保密工作要求较高的行业，同时中西部借助后发优势，可以引进先进技术和吸收东部技术溢出推动技术进步，从而促使生产率快速增长，王桂新和章韬（2012）③ 的研究中也发现，由于地理相邻，中部受到邻近东部地区的技术溢出效应影响更显著，目前已初步形成了追赶效应。

表 5.4　中部高技术产业历年 Malmquist 生产率指数及分解均值

年份	技术效率	技术进步	纯技术效率	规模效率	TFP
1998	1.302	0.883	1.339	0.972	1.149
1999	0.962	0.991	1.006	0.956	0.953
2000	0.977	1.028	0.943	1.036	1.004
2001	0.839	1.087	0.919	0.913	0.912
2002	1.049	0.965	0.956	1.097	1.012
2003	0.891	1.045	1.014	0.878	0.931
2004	0.889	1.065	0.888	1.002	0.948

① 袁富华．长期增长过程的“结构性加速”与“结构性减速”：一种解释［J］．经济研究，2012（3）：127-140.

② 任保平．东部地区工业化的综合评价及其新型工业化的政策取向［J］．中共南京市委党校学报，2004（6）：16-22.

③ 王桂新，章韬．中国改革以来全要素生产率、产业集聚与经济增长［J］．社会科学，2012（11）：39-49.

续表

年份	技术效率	技术进步	纯技术效率	规模效率	TFP
2005	1.109	1.081	1.038	1.068	1.198
2006	0.944	1.210	0.891	1.059	1.142
2007	1.077	1.075	1.056	1.019	1.158
2008	1.147	0.910	1.090	1.052	1.043
2009	1.248	1.074	1.206	1.035	1.341
2010	0.994	0.975	0.982	1.012	0.969
2011	1.283	0.956	1.242	1.032	1.226
2012	1.196	1.025	1.171	1.021	1.225
2013	0.965	1.211	0.963	1.002	1.169
2014	1.170	0.945	1.167	1.003	1.105
2015	1.003	1.120	0.993	1.010	1.122
2016	1.003	1.015	0.999	1.004	1.017

二是要素市场发展对高技术产业生产率的影响。前期政府通过对投资领域和投资规模的调整、对资本和劳动力价格的长期压低，促使了中国经济特别是东部地区经济高速增长①；而随着市场化改革的推进，要素价格的扭曲程度得到改善，要素成本特别是土地成本的快速攀升更是导致区域间成本差距加大，这种比较优势的动态变化促使资本和劳动力在区域间流动加速②，原本单向流动到东部的要素逐渐回流到中西部地区；伴随着资本、人才和产业转移而来的，还有先进的技术与管理经验等，这无疑都是中西部地区高技术产业生产率的重要动力。在资本流动方面，以 FDI 为例，外商资本前期主要集中在具有地理优势的东部沿海地区，其他地区所吸引的外资非常有限，而随着要素市场化改革的推进以及中西部基础设施

① 中国经济增长前沿课题组，张平，刘霞辉，等．中国经济长期增长路径、效率与潜在增长水平［J］．经济研究，2012（11）：4-17.

② 杨亚平，周泳宏．成本上升、产业转移与结构升级——基于全国大中城市的实证研究［J］．中国工业经济，2013（7）：147-159.

的不断完善，FDI 逐渐选择进入中西部，2000 年东部外资高技术企业利润总额占全国比重超过 92%，而到了 2016 年已下降至 81%。根据余壮雄和杨扬（2014）的研究，在综合考虑代表市场力量的外商投资和代表政治力量的政府投资两种驱动力量的影响之后，中部地区一直处于资本流入的地位且比较稳定，东部地区则一直处于资本流出的地位。在劳动力流动方面，从原先的“孔雀东南飞”到现在的逃离“北上广”，由于产业结构调整和观念的改变，以及受全球金融危机等因素的影响，沿海地区部分企业岗位需求减少、人才供求关系失衡，而中西部地区岗位需求和人才供求状况变化不大，导致沿海地区人才逐渐呈“回流”趋势，人才回流不仅可以避免劳动和资本要素流失，还将促进产业结构的优化升级，引导高素质人才从沿海向内陆沿边地区适度“回流”可以推动“人口红利”向“人才红利”转型，对中国高技术产业的发展具有极为重要的战略意义。要素市场化改革还对产业转移具有显著的推动作用，许多学者认为目前中国制造业出现了由东部向中西部地区大规模转移的现象①。产业的区位选择受行政干预越来越少，而受市场影响越来越大，富士康迁址河南、三星在西安建立生产基地等均是“产业西进”的体现。于斌斌和金刚（2014）② 发现浙江及珠三角地区的劳动生产率低于部分中部城市，并认为这与东部地区部分产业开始向中西部转移有关。安树伟和张晋晋（2016）③ 发现以 2004 年为转折点，制造业由在东部集中转为向中西部地区梯度转移，这与本研究所得的中部增长率阶段性变化时间点相同。

---

① 胡安俊，孙久文．中国制造业转移的机制、次序与空间模式［J］．经济学（季刊），2014，13（4）：1533-1556.

② 于斌斌，金刚．中国城市结构调整与模式选择的空间溢出效应［J］．中国工业经济，2014（2）：31-44.

③ 安树伟，张晋晋．2000 年以来我国制造业空间格局演变研究［J］．经济问题，2016（9）：1-6.

表 5.5 西部高技术产业历年 Malmquist 生产率指数及分解均值

年份	技术效率	技术进步	纯技术效率	规模效率	TFP
1998	1.207	0.801	1.265	0.954	0.967
1999	0.986	0.931	1.069	0.922	0.918
2000	0.983	1.004	0.938	1.048	0.987
2001	0.892	1.041	0.985	0.905	0.929
2002	0.996	0.992	0.881	1.131	0.988
2003	0.842	0.983	1.144	0.736	0.828
2004	0.967	1.022	1.055	0.917	0.988
2005	1.031	1.076	0.927	1.112	1.110
2006	0.936	1.213	0.899	1.042	1.135
2007	1.082	1.099	0.972	1.113	1.189
2008	1.210	0.910	1.047	1.156	1.101
2009	1.207	1.074	1.112	1.086	1.297
2010	1.089	0.969	1.040	1.048	1.056
2011	1.319	0.948	1.163	1.134	1.251
2012	1.180	1.025	1.083	1.088	1.208
2013	0.954	1.214	1.006	0.949	1.159
2014	1.129	0.943	1.090	1.036	1.065
2015	1.107	1.117	0.976	1.134	1.237
2016	1.093	1.015	1.040	1.051	1.110

三、发展动力评价

（一）整体发展动力

历史积淀、人才当量密度、外资进入等一系列因素影响了企业间的技术水平差距，强者恒强的马太效应一方面推动了产业整体前沿技术面外移，是生产率快速增长的重要支撑，另一方面却可能扩大了落后企业相对前沿面的技术效率差距，但这同时也成了进一步增长的潜力。那么，哪一个是高技术产业生产率增长的主要动力呢？表 5.6 为观察期内高技术产业全要素生产率的分解项均值，表中数据显示在 1998—2016 年技术效率指数均值为 3.3%、技术进步指数均值为 3.1%，技术效率指数比技术进步指数略高了 0.2%，对全要素生产率增长的贡献略多。技术进步指数与技术效率指数两者的数值相差不大，说明观察期内高技术产业的动力来源比较平均，技术效率改善和技术进步共同促进了中国高技术产业生产率的提升，没有出现独木支撑的状态。但对于以技术创新为核心发展动力的高技术产业而言，高附加值的新技术、新发明是产业长期持续发展的重要保障，技术进步对生产率的贡献低于技术效率，技术进步增长动力不足可能抑制了中国高技术产业全要素生产率的进一步提升，对产业的高质量发展形成了挑战。进一步分解技术效率指数后，可以得到纯技术效率变化指数和规模效率变化指数，从表 5.6 中可以看出两者都是正值，说明纯技术效率变化和规模效率对技术效率指数的提升均有贡献，其中纯技术效率指数的贡献更大一些，平均值为 2.3%，明显高于规模效率指数平均 1.0%的增长率。高技术产业的规模效率指数在所有生产率分解项中数值最小，说明观察期内高技术产业规模管理的成效不如技术进步、管理水平改善等，对全要素生产率的贡献较小，但同时也说明通过规模调整获取生产率提升的空间较大，产业后期可以将注意力转向规模优化、规模调整等方面。

表 5.6　中国高技术产业生产率及分解均值

类型	均值
TFP	1.065
技术效率	1.033
技术进步	1.031
纯技术效率	1.023
规模效率	1.010

在 1998—2007 年，高技术产业生产率增长主要来源于技术进步的贡

献，而非技术效率。此研究结论与其他学者在相近观察期内的研究结论类似，包括刘志迎等（2007）① 在1995—2005年、戴魁早（2011a）对1995—2008年对高技术产业细分行业的实证研究。全要素生产率的增长主要来源于技术进步这一研究发现，符合高技术产业拥有高技术含量、高附加值、高智力密集性的产业特征，对于知识和技术的高度重视和高度依赖，使得高技术产业孜孜追求技术进步，不断产出新发明、新产品，从而使得技术进步对于生产率提升的作用强烈而显著。

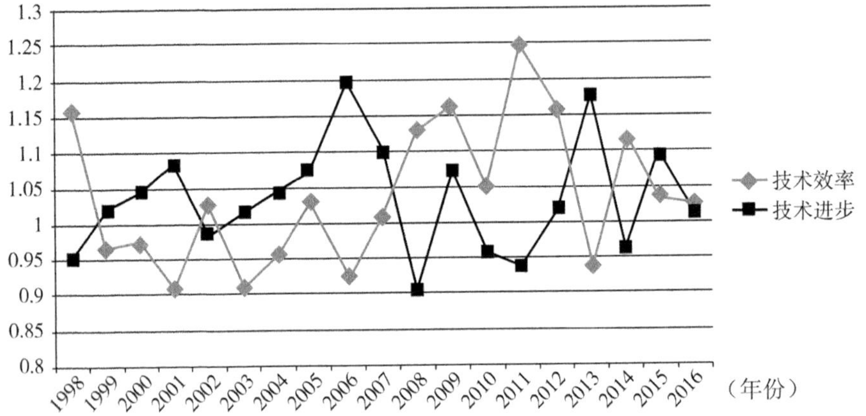

图5.6 1998—2016年中国高技术产业技术效率与技术进步指数变动情况

2008年以后，高技术产业全要素生产率的主要动力来源发生了变化，如图5.6和图5.7所示，技术进步和技术效率共同支撑了生产率的提升，而且技术效率在生产率变化中扮演了越来越重要的角色。学者们对于高技术产业生产率的动力有不同看法：大部分学者基于内生经济增长理论，认为自主R&D投资等活动会推动技术创新，并进一步成长为产业持续发展的源泉，技术进步是生产率持续增长的主要动能；但越来越多的实证却发现技术效率改善对生产率增长的贡献颇大。具体到高技术产业而言，刘伟

① 刘志迎，叶蓁，孟令杰．中国高技术产业技术效率的实证分析［J］．中国软科学，2007(5)：133-137.

（2012）[①] 发现2009年是一个转折点，在此之前技术进步一直稳步提升，在此之后技术进步明显下降，而技术效率却在整个观察期内均处于增长阶段，对高技术产业的生产率提升发挥了重要作用。任保全和任优生（2016）的研究也得到了类似的结论，认为2009年以后技术效率改善对产业生产率增长的贡献份额更大。虽然可能由于观察期限等原因，本研究实证发现高技术产业全要素生产率主要动力来源的转折点为2008年，与其他学者在具体时间点上有少许出入，但并不影响整体趋势判断，可以认为高技术产业全要素生产率的主要动力来源存在阶段性特征，并在2008年前后出现了转折，技术效率在生产率变化中发挥了越来越重要的作用。以上发现具有非常重要的现实意义，其一作为高度技术密集的高技术产业，其技术进步提升可能存在需要进一步调整的必要性，其二作为生产率的重要来源，产业需要重视挖掘技术效率的潜力。

一是调整技术进步方式，加强自主创新能力。由于前期“市场换技术”的外资引进战略引导，中国在正式加入WTO以前就向外资企业开放了许多工业行业，原意在于一边使得技术能力较弱的本土企业有足够的缓冲时间进行发展，一边通过与外国企业的接触以获得国际先进知识与技术。可惜的是，在执行过程中却发现事与愿违，外资企业的进入虽然带来了部分先进技术，在短时期内迅速提升了技术进步水平，但发达国家转移的产业主要集中在组装最终产品、配套生产低端零部件等“低技术产业”，从长远来看内资企业无法获得知识积累，甚至可能产生了零部件进口依赖、国际产业链低端锁定等问题，中国没有换回技术却丢失了市场，其最典型的例子莫过于汽车行业。在此大背景下，高技术产业同样面临技术进步难以为继的危机。学者们普遍认同前期高技术产业存在高速的技术进步并对生产率增长作出了重要贡献，却很少剖析此高速增长阶段中技术进步的真正来源。事实上，与其他行业一样，前期中国高技术产业的技术进步主要是由于发达国家大规模的产业转移、国际贸易爆发式增长带来的[②]，

① 刘伟．高新技术产业技术创新的全要素生产率及其分解［J］．数学的实践与认识，2012，42（24）：72-83.

② 郑京海，胡鞍钢．中国改革时期省际生产率增长变化的实证分析（1979—2001年）［J］．经济学（季刊），2005（1）：263-296.

当技术进步提升到一定程度时，进入关键技术领域突破，就会面临核心技术不足、创新能力不强、自主品牌缺失、国际分工低端等一系列困境。近年来，虽然有大疆无人机、格力电器、华为等创新创业的典型企业不断涌现，但仍集中在少数几个行业中，要实现高技术产业“由大到强”的发展战略，必须促使产业调整技术进步方式，增强自主创新能力，才能获得更大程度的生产率提升，这也符合经济高质量发展的内涵。

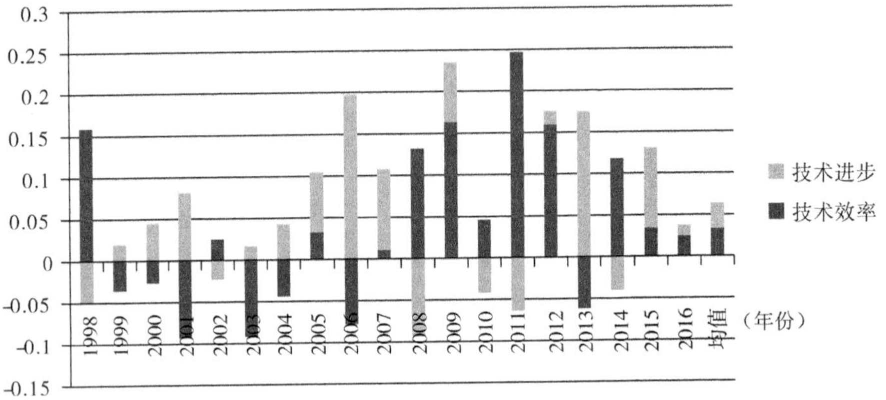

图 5.7　中国高技术产业生产率历年构成变化趋势

二是重视技术效率，调整产业规模。当技术进步提升进入缓慢增长期时，技术效率在生产率增长中扮演了越来越重要的角色。作为生产率的分解项之一，技术效率反映了高技术产业实际产出与生产可能性边界之间的距离，当本年度相比上一年度实际产出与最优产出距离有所缩短时，体现为技术效率指数大于 1，说明企业对现有资源的调整、优化是有效的，在生产要素投入不变的情况下获得了更大的产出。学者们前期主要关注于技术进步，并提出了众多提升技术进步水平的方案，如增加研发投入等，但面对技术效率同样发挥重要作用的现实以及技术进步方式难以在短时期内进行彻底改变的情况下，重视技术效率的作用，依靠技术进步与技术效率改善并行，“两条腿走路”共同促进生产率提升无疑是一个更加合适的做法，这也与目前中国所处的经济发展阶段相契合。在中国经济从高速增长阶段转向高质量发展阶段的当下，无法单纯依靠研发投入等手段促进产业发展，应该更多地通过流程优化、管理改进等手段提升生产率，从而保持高技术产业持续高质量发展。另外，从上文的实证结果也可以看出，高技术产业的规模效率虽然为正但数值偏小，明显低于纯技术效率等指数，说明前期主要依靠规模扩张的增长模式已无法持续，可以引导产业适当控制做大做强的冲动，将产业规模控制在合理范围内，深入挖掘规模效率所能带来的生产率提升潜力，使之成为新的增长点。

（二）区域发展动力

中国区域高技术产业历年 Malmquist 生产率分解均值如表 5.7 所示。

表 5.7　中国区域高技术产业历年 Malmquist 生产率指数及分解均值

地区	技术效率	技术进步	纯技术效率	规模效率
东部	1.008	1.042	1.006	1.002
中部	1.047	1.031	1.039	1.008
西部	1.057	1.015	1.032	1.024

从表 5.7 中可以发现，高技术产业的增长动力也存在区域差距，东部地区的动力主要是技术进步指数，贡献了年均 4.2%的生产率增长率，而技术效率指数的年均值仅有 0.8%；西部地区的动力主要是技术效率指数，贡献了年均 5.7%的生产率增长率，而技术进步指数的年均值仅为 1.5%；中部地区的生产率增长则来自技术进步指数与技术效率指数齐头并进的协调发展，年均值分别为 3.1%和 4.7%。进一步分解技术效率指数可以得到纯技术效率指数和规模效率指数，可以发现三大区域的规模效率指数均低于其纯技术效率指数，这与全国整体的分解项特点是一致的，其中东部地区和西部地区的纯技术效率指数和规模效率指数较为均衡，东部地区的年均值为 0.6%和 0.2%，西部地区的年均值为 3.2%和 2.4%，中部地区的两项指数相差悬殊，纯技术效率指数的年均值为 3.9%，而规模效率指数的年均值仅为 0.8%，说明中部高技术产业的规模化管理不尽如人意，没有发挥应有的贡献。本研究基于实证结果对区域生产率动力的判断与秦炳涛

等（2016）[①]、李雪松等（2017）[②] 等的测算结果相类似，前者基于2000—2010年的数据讨论了包含能源投入的区域全要素生产率，认为技术进步推动了东部地区的生产率增长，中西部地区的生产率增长则更多的是来源于技术效率的贡献；后者基于2000—2014年的数据讨论了横跨中国东中西部地区的长江经济带的生产率变动，认为技术进步对长三角城市群和长江中游城市群生产率增长的促进作用高于技术效率，但技术效率对西部城市群贡献了更多的生产率增长份额。

观察期内中部地区高技术产业年均生产率增长达到了7.9%，明显高于全国均值和东、西部地区，且技术进步与技术效率都发挥了重要的推动作用，中部高技术产业发展势头良好，说明其在追求技术水平提升的增长效应同时也注意了管理效率提升带来的追赶效应，多路径良性发展从而促进了生产率快速提升。相比之下，东部和西部地区高技术产业发展各有不足：东部地区的生产率提升缓慢，这固然由于东部前期基数较大导致增长率提升幅度较小，但从生产率分解项来看，单纯依赖技术进步、忽略技术效率提升的推动作用也是东部高技术产业发展落后于其他地区的原因。虽然东部地区的生产率在全国范围内排名最后，但其技术进步指数却依然领先于中西部地区，这一方面说明东部地区拥有雄厚的科研创新能力，技术水平不断提升，秦炳涛等（2016）的研究也认为东部地区的技术进步指数对全国起到了引领作用，类似的研究还包括刘志迎和叶蓁（2006）[③]；另一方面也说明东部地区的技术效率偏低从而拖累了整体生产率指数的增长，年均值仅0.8%的技术效率改善远低于中西部地区。西部地区则呈现另一种发展困境，技术效率表现突出但技术进步裹足不前，限制了西部高技术产业的迅速发展。西部地区的技术效率指数改善情况最优，但与此同时技术进步水平偏低，与其生产率增长规模不相匹配，说明从全国范围而言西部的技术创新能力仍然偏弱，生产率增长的动力明显存在短板，而且对于

① 秦炳涛，席小炎，郑义．中国能源消费与全要素生产率动态分解：2000—2010［J］．当代财经，2016（2）：25-32.

② 李雪松，张雨迪，孙博文．区域一体化促进了经济增长效率吗？——基于长江经济带的实证分析［J］．中国人口·资源与环境，2017，27（1）：10-19.

③ 刘志迎，叶蓁．我国东中西部高技术产业TFP比较分析［J］．高科技与产业化，2006，2（4）：22-24.

注重新知识与新技术的高技术产业而言，技术能力的缺席是致命的，这将制约产业长期的可持续增长，西部必须加大力度着力提升技术水平，李雪松等（2017）对长江经济带的研究结论与此相类似。

第四节 高技术产业高质量发展的影响因素分析

内生增长理论假定新知识具有外部性，即当新知识诞生后，其在所有企业间都会被共享，它所带来的收益对于所有企业而言都是一样的，这就是知识的技术溢出效应。在内生经济增长理论的框架下，Romer（1986）构建了完全竞争条件下的内生技术创新增长模型，阐明了自主 R&D 与技术溢出对经济增长影响的机制。在假定知识外部性的存在、生产中的规模报酬递增、新知识创新中的规模报酬递减三个条件的情况下，证明了知识溢出足以抵消固定生产要素存在引起的知识资本边际产品递减的趋势，从而使知识投资的社会收益率保持不变或呈递增趋势；由于知识这一投入要素的积累是没有边界的，知识积累过程不会中断，所以经济的增长也就相应地没有边界，不存在增长的极限，经济能够实现长期增长。实际上，该模型认为除了知识之外的其他生产要素是不可积累的，其供给量是固定不变的，只有可积累的知识才可充当增长的发动机，而诸如实物资本、劳动力等要素则由于其不可积累性终将无法支撑经济的长期增长。同时，Romer（1986）也意识到技术外溢（technological spillovers）对整体生产率的提高具有重要作用。在很多情况下以知识形式存在的生产和管理技术由于非竞争性而具有溢出效应，一旦某个厂商发明了新技术（如产品功能质量的改进、成本控制的方法），可以零成本地被其他厂商使用，全社会的全要素生产率可以受益于单个厂商所生产的知识。

知识投入既包含了高技术产业自主 R&D 所形成的知识投入，也包含其所能获取的其他所有组织及活动（包括公共研发机构、国际贸易活动等，而不仅限于企业）所能带来的一切知识，都应作为对产出有影响的知识投入。因此，自主 R&D、公共 R&D 和技术溢出均会对经济高质量发展产生影响。

一、自主 R&D 投入

（一）自主 R&D 投入概述

高质量发展的第一动力是创新，而研究和发展（R&D）则是创新的重要来源，因此高质量发展追根溯源需要注重 R&D 的推动作用，R&D 是高技术产业高质量发展的重要影响因素。以 Romer（1990）等为代表的内生增长理论（Endogenous Growth Theory）认为技术进步是经济增长最持久的源泉，新思想和新技术来源于 R&D 活动的投入及其知识存量的有效利用。关于 R&D 对生产率的促进作用，国内外学者在国家、产业和企业等层面均进行了大量的经验研究，发达国家高技术产业的发展经验也表明，通过自主研发实现技术创新和进步，是产业发展的重要保证。

提高产业增长质量、转变增长方式是中国经济持续健康增长的必然要求。作为国民产业体系中技术研究和开发最密集的产业，高技术产业具有技术更新迅速、产品性能和工艺技术改进快速等特点。高技术产业的发展有力地带动了产业结构的调整和产品技术的升级，大力发展对经济增长有突破性带动作用的高技术产业是实现我国经济持续、稳定、健康发展的重要战略举措。与其他产业相比，高技术产业的成长更多依赖于技术因素，而非传统的物质资本和人力，自主 R&D 投入所带来的技术创新与进步是其发展的核心动力。各地政府及社会各界十分重视对高技术产业的投入，纷纷通过加大研发投入促进高技术产业的发展，因此如何正确认识自主 R&D 与产业生产率的内在联系，科学合理地配置 R&D 资源，对于高技术产业的高质量发展具有重要意义。

（二）机理分析

研究（research）通常是针对某个主题的科学知识进行大量的、系统的、反复的探索，通过对事物现象的周密调查和反复探索而揭示出事物的本质，它是一个重要的科学调查实验与分析的过程，一般不会开发出新产品；开发（development）是指运用科学知识对基本思想、基本原理作进一步的发展，以产生一种新的物质形态。研究与开发（R&D，Research and Development）通常简称为研发，它在广义上包括所有科学研究与技术发展工作，是指为了增加知识总量，包括人类文化和社会知识总量，并探索其新的应用而进行的系统的创造性工作。国际上对 R&D 的定义主要以联合国教科文组织给出的定义为主，即“为增加知识总量（包括人类，文化和社会方面的知识），以及运用这些知识去创造新的应用而进行的系统的、创造性的工作”。这个定义不仅表明科技活动所包含的诸多方面，还强调指出科技活动是一个过程，是一个“知识产生、发展、传播和应用密切相关的系统的活动”。这个定义界定了科技活动的内容和范围，特别指出了 R&D 活动是科技活动的一个组成部分，而且 R&D 活动包括三大类研究活动：基础研究、应用研究和试验开发。基于上述定义，本研究所指“自主 R&D”是指高技术产业在报告年度内部开展的 R&D 活动。

在 20 世纪 60 年代初，国外学者就开始对 R&D 与生产率之间的关系进行实证研究，Griliches（1964）① 从计量角度对 R&D 在经济增长中的作用进行了研究，将研发投入纳入生产函数中，得到 R&D 有利于生产率提升的结论。随着内生增长理论的兴起，逐步涌现出了大量关于 R&D 活动与生产率研究的文献，至今成果颇丰，大多观点支持 R&D 活动与生产率有正相关：Griliches（1980）② & Mansfield（1980）③ 各自于 1980 年的研究中，发现产业资助的 R&D 支出影响最显著，政府资助的 R&D 贡献小一些，且 R&D 支出与产出有强烈而持久的关系；Griliches & Lichtenberg（1984）④ 发现 1959—1976 年美国 27 个制造业的 R&D 产出弹性系数为 0.04；Griliches（1987）⑤ 研究发现 R&D 活动对企业的生产率有正向影响；Mansfield（1988）⑥ 利用截面数据，发现日本 17 个制造业的 R&D 产出弹性系数为

① Zvi Griliches. Research Expenditures, Education, and the Aggregate Production Function [J]. American Economic Review, 1964, 54 (6).

② Griliches, Z. R&D and the Productivity Slow down [J]. American Economic Association, 1980 (2): 343-348.

③ Mansfield, E. Basic Research and Productivity Increase in Manufacturing [J]. The American Economic Review, 1980 (5): 863-873.

④ Griliches, Z., Frank R. Lichtenberg. R&D and Productivity Growth at the Industry Level: Is There Still a Relationship? In: R & D, Patents, and Productivity [M]. University of Chicago Press, Chicago, 1984.

⑤ Griliches, Z. R&D and Productivity: Measurement Issues and Econometric Results [J]. Science, 1987 (237): 31-35.

⑥ Mansfield, E. Industrial R&D in Japan and the United States: A Comparative Study [J]. The American Economic Review, 1988 (2): 223-228.

0.42；Brenner（1989）[①] 发现营业收入增长高于平均值的企业，其 R&D 密集度均具有高于平均值的特点；Cohen et al.（1989）[②] 指出，只有有意识的、持续的 R&D 活动才有助于提升企业对新知识的吸收能力，即那些长期投资于研发的企业应该比偶然投资于研发的企业更易于发挥出研发的创新效应和学习效应，从而最大限度地提升企业生产率；Caves & Barton（1990）[③] 认为 R&D 是从事技术创新的基础，是提升生产率的重要因素；Verspagen（1995）[④] 采用统一的方法对 9 个主要 OECD 国家和 15 个制造行业数据进行分析，发现国家之间、行业之间的 R&D 产出弹性差异较大，既有正向影响的国家与行业，也存在负向影响的国家与行业；Parisi et al.（2006）[⑤] 通过对意大利数据的分析，认为研发创新通过对新技术的消化吸收能够提高生产率；Lokshin et al.（2008）[⑥] 使用荷兰制造业连续 6 年的面板数据发现内部 R&D 与外部 R&D 存在互补关系，增加内部 R&D 在内外部整体 R&D 之中所占份额将有助于提升企业的生产率，只有在足够内部 R&D 的情况下，外部 R&D 才会产生积极影响，结论肯定了内部 R&D 提高吸收能力的作用；Doraszelski（2009）[⑦] 在对 Griliches（1979）知识资本模型改进的基础上，运用西班牙 1800 家制造企业的数据证明了研发投入对企业之间生产率的差异中起到关键作用；Aw et al.（2013）[⑧] 通过面板数据对韩国进行了实证研究，认为进行 R&D 活动的厂商比没有 R&D 活动的拥

① Brenner, M. S. and B. M. Rushton. Sales growth and R&D in the chemical industry [J]. Research Technology Management, 1989, 3-4.

② Cohen W., D. Levinthal. Innovation and learning: The two faces of R&D [J]. Economic Journal, 1989, 99 (397): 569-596.

③ Caves R E, Barton D R. Efficiency in U. S. manufacturing industries [J]. Mit Press, 1990.

④ Bart Verspagen. R&D and productivity: A broad cross-section cross-country look [J]. Journal of Productivity Analysis, 1995, 6 (2): 117-135.

⑤ Parisi M L, Schiantarelli F, Sembenelli A. Productivity, innovation and R&D: Micro evidence for Italy [J]. European Economic Review, 2006, 50 (8): 2037-2061.

⑥ Lokshin B, Belderbos R, Carree M. The Productivity Effects of Internal and External R&D: Evidence from a Dynamic Panel Data Model [J]. Oxford Bulletin of Economics & Statistics, 2008, 70 (3): 399-413.

⑦ Doraszelski U, Jaumandreu J. R&D and productivity: Estimating endogenous productivity [J]. Review of Economic Studies, 2009, 80 (4): 1338-1383.

⑧ Aw B Y, Song B. Firm's Choice between Export and R&D and its Effect on the Firm's Productivity and Survival [J]. Global Economic Review, 2013, 42 (3): 291-310.

有更高的生产率；Wang et al.（2013）① 认为发达国家的研发活动将促进其高技术产业发展，但在中等收入国家却对高技术产业的产出有负向影响。国内学者吴延兵（2006）② 就国际上 R&D 产出弹性经验研究提供了一个很好的统计，认为企业层面上 R&D 的产出弹性在 0.05~0.06，产业层面的则为 0~0.50，总体上支持 R&D 对生产率有正向的促进作用。

近年来，针对中国样本的 R&D 与生产率之间关系的研究也逐渐增多，但在 R&D 是否能促进生产率这个基本问题上却存在着争议，支持 R&D 对生产率有正向促进作用的研究包括：Zhang et al.（2003）③ 通过对 8341 个中国的工业企业的样本研究，发现国有企业的生产率明显低于非国有企业，且外资企业较高的研发强度导致了其生产率较高；孙晓华等（2014）④ 将有研发和无研发企业分别作为处理组和控制组进行对比分析，发现有研发企业的生产率水平比与之相匹配的无研发企业高出 21.5%，说明 R&D 活动能够显著提升全要素生产率；类似的研究结果还包括吴丹等（2006）、吴延兵（2008）、王玲等（2008）、柳剑平（2011）⑤、周新苗（2011）⑥ 等，以上文献均支持 R&D 活动与生产率有正相关。

但也有学者得出了不同的结论：张海洋（2005）得出 R&D 支出比例系数显著为负的结果，说明 R&D 支出比例越高的行业，生产率提升反而越少；李小平等（2006、2008）⑦ 均认为 R&D 支出对工业行业的全要素生

---

① Wang H M，Yu H K，Liu H Q. Heterogeneous effect of high-tech industrial R&D spending on economic growth［J］. Journal of Business Research，2013，66（10）：1990-1993.

② 吴延兵. R&D 与生产率——基于中国制造业的实证研究［J］. 经济研究，2006（11）：60-71.

③ Zhang A，Zhang Y，Zhao R. A study of the R&D efficiency and productivity of Chinese firms［J］. Journal of Comparative Economics，2003，31（3）：444-464.

④ 孙晓华，王昀. R&D 投资与企业生产率——基于中国工业企业微观数据的 PSM 分析［J］. 科研管理，2014，35（11）：92-99.

⑤ 柳剑平，程时雄. 中国 R&D 投入对生产率增长的技术溢出效应——基于工业行业（1993—2006 年）的实证研究［J］. 数量经济技术经济研究，2011，（11）：34-49.

⑥ 周新苗，唐绍祥. 自主研发、技术引进与企业绩效［J］. 财贸经济，2011（4）：104-110.

⑦ 李小平，卢现祥，朱钟棣. 国际贸易、技术进步和中国工业行业的生产率增长［J］. 经济学：季刊，2008（2）：549-564.

产率增长有一定的阻碍作用；黄凌云等（2007）[①] 通过对22个国家1970—2003年数据的实证分析，发现研发投入与全要素生产率存在不显著的负向关系；谢建国等（2009）利用1992—2006年中国省区的面板数据进行实证研究，结果表明国内研发投入对中国全要素生产率的提高起到了阻碍的作用；傅东平（2010）[②] 在中国省际全要素生产率及其变化的基础上，实证发现R&D支出显著地促进TFP提高，但也存在“边际报酬递减”的现象，随着R&D支出的增加，其对TFP的促进作用越来越小；李宾（2010）[③] 在考虑了序列平稳性、内生性、残差序列相关性等细节之后，仍然认为国内研发阻碍了我国全要素生产率的提高。

目前针对中国高技术产业R&D与生产率关系的研究还较少。Hu（2001）运用北京市海淀区1995年813个高科技企业样本研究发现，私人R&D与企业生产率之间存在显著关联，其产出弹性约为0.32；吴延兵（2006）运用中国制造业数据对R&D与生产率之间的关系进行了实证检验，通过估计两种不同的生产函数模型，发现R&D对生产率有显著正向影响，其作用还依赖于产业技术机会，高科技产业的R&D产出弹性显著大于非高科技产业的R&D产出弹性；朱有为等（2007）运用永续盘存法对高技术产业细分行业数据进行了测算，实证检验结论表明研发资本累积对中国高技术产业生产率增长具有显著贡献，且存在行业差异，通信设备制造业、电子计算机制造业和电子类制造业的产出弹性相对较高；戴魁早（2011）基于1995—2008年中国高技术产业行业面板数据分析发现，R&D资本投入对TFP、技术进步和技术效率具有显著的促进作用；张同斌等（2014、2015）[④⑤] 运用门限面板数据模型研究了中国高技术产业中研发投

① 黄凌云，范艳霞，刘夏明．基于东道国吸收能力的FDI技术溢出效应［J］．中国软科学，2007（3）：30-34.

② 傅东平．国际技术溢出与我国生产率的变化：基于FDI和进口渠道的研究［J］．南方经济，2010，28（3）：34-45.

③ 李宾．国内研发阻碍了我国全要素生产率的提高吗？［J］．科学学研究，2010，28（7）：1035-1042.

④ 张同斌．研发投入的非对称效应、技术收敛与生产率增长悖论——以中国高技术产业为例［J］．经济管理，2014（1）：131-141.

⑤ 张同斌，范庆泉，李金凯．研发驱动高技术产业全要素生产率提升的有效性研究——基于断点检验与门限回归的结构变动分析［J］．经济学报，2015（3）：65-83.

入对全要素生产率的影响，认为中国高技术产业研发对全要素生产率增长呈现倒“U”形影响，且东中西部 R&D 对 TFP 增长的驱动效应各不相同；方文中等（2016）[①] 基于上海高技术企业数据，测算发现自主研发中的人力投入和对生产率有促进作用，但是资本投入因存在 1 年时滞而产生抑制作用。

研发投入是一国推动技术发展的重要途径，是推动全要素生产率增长的重要因素。中国高技术产业目前的研发投入主要通过创造和积累知识，带来知识存量的增长，由此引发工艺流程再造、产品质量提升和新产品的面世等，促进技术进步和生产创新，进而提高全要素生产率，成为产业成长、经济增长的重要动力。同时，也有部分研发投入用于对外资企业先进产品与技术的学习模仿、厂房设备的购置或生产过程的改造，以推出仿制品，这种被动的研发投入模式由于目标明确、见效快，可以迅速提升本土企业的生产率，对整体产业发展起到了推动作用；但由于其研发投入的成果容易被国外更先进的技术淘汰，需要持续进行新一轮的投资以应对市场竞争压力，本土企业生活在外企先进技术的阴影下，源源不断的研发投入一直用于对国外产品的追逐模仿，没有起到真正推动自主创新能力不断进步的应有作用，生产率增长的可持续性堪忧。

二、公共 R&D 投入

（一）公共 R&D 投入概述

中国经济已由高速增长阶段转向高质量发展阶段，要坚持质量第一、效益优先。R&D 既包括企业等市场主体的商业研发活动，也包括高等院校和科研院所等所开展的公共研发活动。作为国家创新体系的重要构成部分，公共 R&D 在新知识的生产和扩散、新技术的发明和运用等方面都发挥了重要作用。近年来，中国持续加强对高等院校和科研院所的资金支持和项目投入，2018 年两者的研发经费分别达到 1457.9 亿元和 2698.4 亿元，合计占全部 R&D 经费投入的 21%。丰裕的经费投入促使各类产出成果如论文论著等不断增长，诚然，这是中国科技创新能力提升的重要体

① 方文中，罗守贵．自主研发与技术引进对全要素生产率的影响——来自上海高新技术企业的实证［J］．研究与发展管理，2016，28（1）：1-9.

现，但公共 R&D 更重要的目的还在于以基础研究引导提升整体技术创新水平，通过公共 R&D 对产业创新的渗透作用以产生积极的经济效益，促进经济可持续发展。那么，中国公共研发活动所生产的新知识、新技术是否促进了经济高质量发展？高等院校和科研院所研发投入所发挥的作用是否存在差别？这些问题在推动质量、效率、动力三大变革的背景下被凸显出来。

现有对公共研发与经济发展的研究成果还较少，仅有的少数研究也简单地将高校和科研院所直接合并为公共研发机构进行分析，并未考虑高校、科研院所两者之间存在的特性差异及其可能产生的不同效果，这可能导致对公共研发投入作用的认识失之偏颇，进而影响了科技政策评价的准确性。本研究讨论了公共研发活动与经济高质量发展之间关系的问题，认为公共研发活动对高质量发展具有重要意义，不同公共研发主体所进行的创新活动对高质量发展存在着差异化影响，可制定更有针对性的政策以促进产业高质量可持续发展。

（二）机理分析

依靠丰富又低廉的劳动力资源、充裕的生产要素以及巨大的市场需求，中国高技术产业在过去 20 多年中持续快速发展，在总量上取得了巨大成绩的同时，中国高技术产业却形成了对于高度集成的零部件中间产品进口的依赖，不利于产业生产率的提升，部分行业甚至由于市场需求及短期利益吸引而出现了“山寨”现象①，在一定程度上将中国高技术产业锁定在全球产业链的低端角色，“高端产业、低端环节”成为产业发展的“卡脖子”问题②。作为知识密集型产业，高技术产业需将提升全要素生产率水平放在最重要的位置，促使产业获得更大程度的生产率提升，这也符合经济高质量发展的内涵。

高质量发展的关键基础在于发挥全要素生产率的引领作用，生产率持续增长的主要动能则来源于研发投入及其带来的知识增进和技术创新。与

① 李玲，陶厚永．山寨模式形成动力机制及其对国产品牌的启示［J］．科研管理，2013，34（2）：112-119.

② 程俊杰．高质量发展背景下破解“创新困境”的双重机制［J］．现代经济探讨，2019（3）：5-10.

企业自主研发投入相比，公共研发活动具有成果外溢性和创新收益非独占性的特点，能为社会提供“公共”知识①，对于提升全要素生产率意义重大。公共研发的显性产出包括专利、科技论文、科技著作等，隐性产出则是包含了人才培养、提供知识、信息和科技等服务，是知识生产、创新、传播的重要参与方②，在区域创新能力提升中扮演了积极正向的重要角色。公共研发机构的基础研究对产业技术创新有较强的渗透作用，企业可以通过与具有技术优势的大学和研究机构进行合作研发、研发外包、委托技术开发等方式，获得新知识、新技术进而降低研发、生产成本或者提升产值。在实证方面，Tödtling et al.（2009）③ 从知识创新的角度出发，通过对澳大利亚 1200 家企业的数据进行分析，发现来自高校与研究机构的 R&D 明显促进了企业创新；李平和王春晖（2011）以中国 30 个省份为样本，讨论公共研发机构对当地技术创新能力的影响，认为公共研发部门的人力资本投入比研发经费投入更能促进当地技术创新能力的提高；伏玉林和苏畅（2013）④ 对 1996—2009 年 20 个制造业部门面板数据的实证分析，发现公共 R&D 资本对制造业部门生产率有显著促进作用，且高技术行业的生产率弹性远高于非高技术行业。但也有部分研究指出公共研发的促进作用存在一定条件，可能受制于产业界与学术界之间的联系度⑤，特别是对于新兴经济体而言，需要政府制定具体的科技政策以促进公共研发机构与产业之间的关联互动⑥，公共研发机构与产业之间不同类型的合作伙伴关系将显著影响知识流动。

---

① 李平，王春晖．公共研发机构对中国技术创新的贡献度［J］．科研管理，2011，32（9）：15-21.

② 傅利平，涂俊．技术转移视角下大学对企业技术创新的空间知识溢出效应研究［J］．研究与发展管理，2015，27（2）：56-64.

③ Tödtling F，Lehner P，Kaufmann A. Do different types of innovation rely on specific kinds of knowledge interactions?［J］．Technovation，2009，29（1）：59-71.

④ 伏玉林，苏畅．公共 R&D 投资在制造业部门生产率差异——部门技术水平重新划分的视角［J］．科学学研究，2013，31（9）：1321-1330.

⑤ Vitaliy R，Vlasova V．Cooperating with Universities and R&D Organizations：Mainstream Practice or Peculiarity?［J］．HSE Working Papers，2017.

⑥ Gustavo Dalmarco，Lisilene Mello da Silveira，Evelyn Righes Kronbauer. Knowledge flow in University-Industry Relations：an analysis of established companies at Tecnopuc［J］．Iberoamerican Journal of Project Management，2018，9（1）：69-86.

R&D 活动不仅在商业部门中存在，在公共部门中也存在（如政府公共实验室和高等教育机构），公共研发是国家创新体系的重要组成部分，大学和科研机构的基础研究对技术创新有较强的渗透作用。目前对公共研发的研究主要聚焦于公共研发投入与经济增长、公共研发投入对创新能力的影响，以及公共研发投入与私人部门研发投入之间关系分析三个方面①，普遍肯定了公共研发对经济增长的积极作用，但对公共研发是否能促进创新学者们存在分歧。吴玉鸣（2015）② 认为企业研发资本和人力投入对工业创新绩效有显著贡献，但大学研发的影响不明显；李平等（2011）③ 对公共研发进行了细分，认为公共研发部门的人力资本投入能促进技术创新能力的提高，但研发经费投入却对创新能力的提高存在一定的挤出效应；持积极观点的还包括伏玉林等（2013）④、白俊红等（2011）⑤。

我国的"中关村模式"是公共研发支撑高技术产业创新和发展的一个典型案例。中关村拥有北京大学、清华大学等一流高校，还有以中科院为代表的大量科研院所，这些公共研发机构几乎均设立了科技开发部门或建立技术转移中心，主要负责科技成果的转化和推广工作，将机构研发投入形成的新技术、新产品、新工艺等成果，通过专利许可或技术转让等方式转让给企业，由企业为主体进行产业化和市场开发，将科技成果转化为现实生产力，北大方正、联想、清华同方等一大批知名企业均受益于其技术溢出效应，有力地推动了地区内电子信息、生物医药、能源、新材料等主导产业的发展。

公共研发对高技术产业的技术溢出效应主要通过以下三种方式促进生产率的提升。

---

① 余伟婷，蒋伏心．公共研发投资对企业研发投入杠杆作用的研究［J］．科学学研究，2017，35（1）：85-92.

② 吴玉鸣．工业研发、产学合作与创新绩效的空间面板计量分析［J］．科研管理，2015，36（4）：118-127.

③ 李平，王春晖．公共研发机构对中国技术创新的贡献度［J］．科研管理，2011，32（9）：15-21.

④ 伏玉林，苏畅．公共 R&D 投资在制造业部门生产率差异——部门技术水平重新划分的视角［J］．科学学研究，2013，31（9）：1321-1330.

⑤ 白俊红，李婧．政府 R&D 资助与企业技术创新——基于效率视角的实证分析［J］．金融研究，2011（6）：181-193.

一是技术共享。公共研发机构的研发经费投入主要用于基础研究、应用研究、试验发展等研发活动，利用研发资源创造知识产出，其中最重要的产出就是技术与专利。高技术产业中的企业可以向公共研发机构购买技术与专利，直接应用于规模化生产。在进行专利购买和技术转让之前，企业会进行未来生产的可行性分析及内部经济效益评估，只有在预计付给公共研发机构的技术转让费用低于企业自主研发费用的情况下，技术转让的行为才会发生，从而能达到降低企业研发活动投入费用，提升生产率的效果。

二是设备共享。产业通过与公共研发机构的合作开发活动，可以使用公共研发机构先进仪器与设备进行分析、检测和计量等。如为了解决 IC 企业由于资金实力薄弱无力购置研发、测试的软硬件设施问题，作为上海大力发展集成电路设计技术的公共研究平台——上海集成电路设计研究中心（ICC），就投入巨资建立了一个拥有先进 EDA 软件和元器件测试、电路测试验证、可靠性测试、图像传感器芯片验证和 ATE 测试五大测试平台的开放实验室，供集成电路设计企业共享使用，大大降低了企业研发的成本。

三是知识共享。公共研发机构研发投入的显性产出除了专利，还包括发表科技论文、出版科技著作等，其隐性产出更是包含了人才培养，提供知识、信息、科技等服务，是知识生产、创新、传播的重要参与方。首先，公共研发机构产生的新知识可以被制成可编码的形式，如书籍、影像，大幅降低传播和接收成本，企业可以通过学习文献和专著、参与高校学术论坛等方式，以非常低廉的成本吸收获取公共研发机构基础研究、应用研究的知识和成果，避免企业研发资源重复投入，使得研发预期成本降低而收益提高；特别是包含了雷达及配套设备制造行业、飞机制造及修理、航天器制造业等涉及“高、精、尖”技术的高技术产业细分行业，对科研知识及成果的需求更大，公共研发机构知识共享产生的溢出效应可能更明显。其次，公共研发机构的新知识在高校毕业生、机构内部的科学家和工程师已获得的专门知识中被“具体化”了，如学科理论知识的深化和“干中学”得到的经验积累，企业可以通过毕业生输送、委托培训、人才流动，或者通过公共研发机构培养内部技术人员等方式，使得这些“具体化”的知识转移到企业，弥补自身研发知识不足的缺陷，满足了企业对新知识的需求，进一步地降低研发成本，提高研发效率和生产率。

中国的公共研发机构主要包括高等院校和科研院所，目前学者们要么单独研究其中一种机构的影响作用，如张德茗和谢葆生（2014）① 对理工农医类高校 R&D 投入与大中型工业企业技术创新之间的关系研究，傅利平和涂俊（2015）② 在技术转移视角下对大学与企业技术创新之间空间知识溢出效应的研究，廖直东和王春磊（2018）③ 对公共研发机构 R&D 资本的区域差异分析等；要么将高等院校和科研院所看作同质的研发机构，统一作为公共研发部门进行研究。前者研究对象过于单一，对公共研发作用效果的认识可能存在偏差且不完整，后者则忽略了高等院校和科研院所之间的差异性及其可能产生的不同影响，无法真实刻画公共研发作用效果的全貌。高等院校和科研院所两者虽同属于公共研发部门，但在研发创新链中却处于不同位置④：高等院校处于创新链的技术开发阶段，侧重于基础研究和应用研究，能为企业提供新知识和新构思等；科研院所介于高等院校和企业之间，处于创新链的中间阶段，侧重于试验开发，甚至与企业在一定程度上形成竞争替代关系。高等院校和研发组织的知识生产将对产业的创新发展产生积极影响，但高等院校、研发组织与企业之间的联系合作存在异质性，且由于高等院校和科研院所的研发性质不同，其对企业研发投入产生的杠杆作用效果也不同。因此，高等院校和科研院所对产业生产率的影响可能有所不同，需要将两者视为独立的创新主体纳入同一框架进行研究。

高校开展的公共研发活动是我国科研资源管理体系中的重要一环，主要包括基础知识创造、公共研究等高风险、长周期的研发活动，拥有优秀的科研人才、先进的设施设备和充足的研发经费，高校开展的研发活动可以帮助企业减少自主研发成本、降低研发投资风险、增强技术创新能力，

---

① 张德茗，谢葆生．理工农医类高校 R&D 投入对企业技术创新的知识溢出效应分析［J］．科研管理，2014，35（10）：136-143.

② 傅利平，涂俊．技术转移视角下大学对企业技术创新的空间知识溢出效应研究［J］．研究与发展管理，2015，27（2）：56-64.

③ 廖直东，王春磊．中国公共研发机构 R&D 资本的区域差异及其成因：2002—2015［J］．财经理论研究，2018，182（3）：57-68.

④ 余伟婷，蒋伏心．公共研发投资对企业研发投入杠杆作用的研究［J］．科学学研究，2017（1）：88-95.

从而提升高技术产业全要素生产率。

一是减少研发成本。高校产出的知识会被制作为书籍、音像等编码形式，通过公开出版、学术交流等方式进行传播，企业可以通过阅读科技论文、学习科技专著、参加高校学术论坛等方式，以非常低廉的成本获取高校研发投入所产生的新知识、新成果，减少企业研发投入成本；除了论文论著等显性产出，高校研发活动还包括了人才培养的隐性产出，高校研发投入的新知识将在高校毕业生、教师、实验员等人才身上“具体化”，如理论知识的深化和实验“干中学”的经验积累，企业可以通过毕业生招聘、委托培养、人才流动等方式获取凝结于人才身上的具体化知识，减少内部培养投入，进一步降低成本从而提高投入产出效率。

二是降低研发风险。高技术产业的许多行业都存在研发成果、生产过程和市场接受等各方面不确定性，包括特别是雷达及配套设备制造行业、飞机制造及修理、航天器制造业等的研发活动普遍为高风险、高投入、长周期，企业对风险天然的规避意识使其在进行研发投资时慎之又慎，造成研发资源投入低于社会最佳投入水平，而高校所开展的公共研发活动可以缓解企业知识生产的“市场失灵”问题，降低高技术产业研发投入风险。

三是增强创新能力。高技术企业可以向高校购买技术与专利，直接应用于规模化生产。以中关村为例，北大方正、联想、清华同方等一大批知名企业均受益于北京大学、清华大学等高校的技术溢出效应，企业通过专利许可或技术转让等方式获得高校研发投入形成的新技术、新产品、新工艺等成果，再继续进行产业化和市场开发，将科技成果转化为现实生产力，高校公共研发增强了企业技术创新能力，有力地推动了地区内电子信息、生物医药、能源、新材料等主导产业的发展。

对于科研院所而言，一方面经过多年的转制改革，现有的科研院所可以分为公益类科研院所和已经进行了企业化转制的技术开发类科研院所两种：前者以向全社会提供公共技术和公益服务为主要任务，不以利润最大化为运行目标，其职能设置、科研任务及运营费用都源于所属政府机构，政府意愿是公益类科研院所开展研发活动的唯一导向，科研人员作为具体的生产者按照政府指令生产知识产品，缺乏学术探索的信心和勇气[①]；以研发经费来源为例，2005年以来政府资金占比始终保持在80%以上，相比之下高校来源于政府的研发资金历年占比基本在54%左右，2017年两者分别为83.2%和63.6%[②]，廖信林等（2013）[③] 认为当科研院所研究经费充足时，将在一定程度上减少与企业进行产学研合作的动力与紧迫性；政府部门为供给公共物品而作出的公共决策与市场主体的市场决策可能有较大差异，出现“政府失灵”问题，导致知识产品与市场和公众的需求脱节，无法产生正向的技术溢出效应，为高技术产业发展提供支撑。后者已转为科技型企业或进入企业，自主经营、自负盈亏，从研究、开发到中试、销售等从科研到转化的全过程都是在企业内部或其主导下完成的，研究方向、研究内容、资金人员安排均是企业市场竞争策略的体现，研发活动所产生的新知识针对性高且科研院所对知识、技术和成果等保密意识较强，难以对其他企业产生技术溢出效应。另一方面，科研院所的研发活动在人才培养方面的知识产出也无法媲美高校，毕业生数量少、对外输出更少。

与公共研发相近且容易出现概念混淆的是对于产学研合作的研究，为了更好地理解公共研发投入对高质量发展的促进激励，有必要在此对公共研发和产学研合作进行区分。本研究的公共研发对生产率的促进效应与产学研合作的区别在于三方面。一是主体不同。产学研合作的主体主要包括四类：作为技术需求方的企业，作为技术供给方的高校及科研机构，作为政策引导方的政府，作为辅助方的科技中介服务机构、金融机构和其他组织等，利益相关方比较多[④]。公共研发的关注主体只包括企业和公共研发机构，相对较单纯。二是利益关注点不同。针对产学研合作的研究始终坚持互利互惠和共谋发展的原则，强调充分发挥各方优势、实现优势互补，希望能够形成各利益相关方联合共赢的机制，利益关注点较分散。公共研发效应研究仅从高技术产业自身发展的角度出发，讨论公共研发的促进效

① 李政刚．从政府主导走向院所治理：公益类科研机构“去行政化”改革研究［J］．科技进步与对策，2015（1）：108-112.

② 数据来源：2018年科技统计报告汇编．

③ 廖信林，顾炜宇，王立勇．政府R&D资助效果、影响因素与资助对象选择——基于促进企业R&D投入的视角［J］．中国工业经济，2013（11）：148-160.

④ 何郁冰．产学研协同创新的理论模式［J］．科学学研究，2012（2）：165-174.

应是否存在；如果有正向影响，如何更大限度地通过促进效应提升生产率；如果有负向作用，如何尽量减少对企业生产率的影响等问题，关注点较集中。三是研究内容不同。目前关于产学研合作的文献主要内容在于对产学研的合作及技术创新模式的分类、特征及模式选择影响因素等进行研究，如仲伟俊（2009）、何郁冰（2012）等，并给出相应的政策建议；公共研发效应的研究重点在于公共研发机构的研发投入是不是影响高技术产业生产率变化的因素及其作用机制。

三、技术溢出

（一）技术溢出概述

如今在市场化、全球化的背景下，充分利用国内、国外的技术溢出也是产业高质量发展的重要途径，技术溢出是指在经济活动过程中，先进技术拥有者有意识或无意识地转让或传播自身的先进生产技术，但又无法获取全部收益的一种经济外部性。跨国公司、进出口活动带来的不仅仅是产值与贸易提升，还有发达国家的先进技术、新产品甚至是组织管理方法、营销理念等无形技术，而随着国家“走出去”战略的实施，对外直接投资通过研发费用分摊、研发成果反馈、逆向技术转移以及外围研发剥离等传导机制对母国产生的技术溢出作用也开始显现；中国是吸引外资最多的国家之一，高技术产业在一定程度上成为外商投资的首选，与此同时，中国高技术产业的进口额从 1992 年的 107 亿美元一路攀升到 2013 年的 5582 亿美元，2013 年中国港澳台和外资企业主营业务收入占整体高技术产业的比重为 56.81%，规模相当巨大。对于正处于快速发展阶段的中国高技术产业而言，如何在加强自身研发投入的同时，吸收和消化产业以外的先进技术和知识的溢出，加快产业技术创新速度，是实现产业快速、持续高质量增长的重要手段。在现实经济社会中，特别是开放经济条件下，高技术企业不可能是单纯的“孤岛”，而是会与其他经济活动个体如其他本土企业、外资企业或者高校科研单位等产生交流联系，这也为技术溢出的发生提供了“土壤”，企业会通过外部合作创造与获取知识不断产生新知识流以积累和更新知识存量。

现实中，技术溢出的途径是多种多样的，可以发生在国家内部，而在开放经济条件下，通过FDI、国际贸易活动等吸收和利用发达国家先进技术经验更是技术溢出的重要途径。近年来外商在中国高技术产业的直接投资规模不断扩大，从数据上看三资企业总产值占高技术产业整体总产值的比重由1995年的44.3%上升到2011年的62.9%，从业人员占高技术产业整体比重由2000年的30.8%上升到2015年的49.6%，2013年的中国高技术产业进口额为5582亿美元，在20年间增长超过了50倍，规模与幅度都相当惊人。那么，一个现实的问题就是：是否真的"外国的月亮比较圆"——如此大规模的外商投资与进口额是否带来了技术溢出？高技术产业能否从中获取国外先进技术呢？如何从各种渠道中选择适合高技术产业发展的技术溢出途径呢？如果能对不同技术溢出渠道对高技术产业生产率的影响进行对比研究，区分高效渠道、低效渠道甚至是负向渠道，积极探索适合中国高技术产业实际的技术溢出途径，可以为高技术产业进行R&D投资决策、充分利用各类资源加快自身发展速度提供有益的参考。

（二）机理分析

技术溢出（Technology Spillover），也称为技术外溢，由于研究范围及对象的不同，文献中对技术溢出的定义十分广泛，相关讨论也很多。Griliches（1979）① 解释技术溢出是"企业或产业的生产率水平不仅仅受本身R&D努力影响，也受到具有使用性知识的共整（pool）水平所影响"的现象，并依据其来源区分为"利润外溢（rentspollover）"和"知识外溢（knowledge spillover）"两类；Griliches（1992）② 又指出技术溢出是"基于相似的研究而彼此互惠"，认为"技术溢出不仅存在而且十分重要，其社会回报率明显高于私人回报率"。Bernstein & Nadiri（1988）③ 指出技术外溢是"当企业获取其他企业知识存量的同时，能够降低生产成本的知识转移形

① Griliches, Z. Issues in Assessing the Contribution of Research and Development to Productivity Growth［J］. The Bell Journal of Economics, 1979（1）: 92-116.

② Griliches, Z. The Search for R&D Spillovers［J］. The Scandinavian Journal of Economics, 1992（94）: 29-47.

③ Bernstein, J. I., and M. I. Nadiri. Inter-Industry R&D spillovers, and the rates of return and production in high-tech industries［J］. American Economic Review, 1988,（2）: 429-434.

式”；Bernstein（1989）[①] 又指出技术溢出效果是指某一产业用于 R&D 活动的资本存量，所造成的其他产业自发性（autonomous）技术进步的现象。Uno（1989）[②] 则认为技术溢出是指某一产业从事研发活动所造成的利益，不会完全归属于该产业而是有部分利益被其他部门获得的一种效果。Wang & Blomström（1992）[③] 将技术溢出分为“趋同性技术溢出”（convergency spillovers）和“竞争性技术溢出”（competition spillovers），前者是指由于学习、模仿，东道国企业的技术水平有向跨国公司靠近或者趋同的倾向；后者是由于跨国公司进入导致竞争的加剧，迫使东道国公司不断采用更高的技术缩小与跨国公司之间的技术差异（technology gap）。Coe & Helpman（1993）[④] 及 Coe，Helpman & Hoffmaister（1995）[⑤] 提出技术溢出传递有四个机制：（1）一国之内中间投入及资本设备会因国际贸易而得到改善，使其生产力提升；（2）国际贸易促使国与国之间在生产方法、产品设计及管理组织方法等相互学习，而形成技术溢出现象；（3）国际间相互交流接触，部分技术可能因此被复制或模仿；（4）国际贸易有助于新技术的发展或技术模仿，而使其生产力提升。总结现有的研究可知，各学者对技术溢出的解读不同，有些纯粹指知识的扩散，有些则针对附着在产品上的技术知识，借由交易行为而传递出去；无论如何定义，其定义都是将 R&D 所形成的知识传递出去，只是途径不一致，但都是借由技术溢出效果造成成本下降或利润增加，继而促进生产力提升。综合上述学者的观点，本研究将技术溢出定义为“经济活动过程中，先进技术拥有者有意识或无意识地转让或传播自身的先进生产技术，但又无法获取全部收益的一种经济外部

---

① Bernstein，J. I. The Structure of Canadian Inter-Industry R&D Spillover and the Rates of Return to R&D［J］. The Journal of Industrial Economics，1989（3）：315-328.

② Uno，K.，Research and Development in an Input-Output Framework：A Methodological Exposition. In：Measurement of Services in an Input-Output Framework［M］. Amsterdam：Elsevier Science Publishers. 1989.

③ Wang J Y，Blomström M. Foreign investment and technology transfer：A simple model［J］. European Economic Review，1992，36（1）：137-155.

④ Coe D T，Helpman E. International R&D spillovers. Eur Econ Rev［J］. European Economic Review，1993，39（5）：859-887.

⑤ Coe D T，Helpman E，Hoffmaister A W. North-South R&D Spillovers［J］. Cepr Discussion Papers，1995，volume 107（107）：134-149（16）.

性”，技术溢出对技术落后者的影响可能包括生产、管理、市场、研发等各方面。另外，需要说明的是，“溢出效应”“技术外溢”“外溢效应”“技术溢出效应”“技术外溢效应”等概念虽有一定的差异，但本质含义相同，现有研究文献并未严格区分，本研究也采取这种处理方法。

技术溢出对生产率的影响作用如何，目前还没有形成统一的共识。有相当多的文献支持技术溢出对生产率的正向影响。Bernstein & Nadiri（1988）指出，技术溢出现象普遍存在于各类产业，但其效果的大小则随产业性质有程度上的差异，其中以高技术产业的技术溢出效果最为明显；Bernstein（1989）利用加拿大制造业的数据、Raut（1995）① 利用印度制造型企业的数据，都证实了技术溢出效果的存在；Coe et al.（1995）提出了国际 R&D 溢出的分析方法，研究发现发达国家的 R&D 资本溢出对其他 OECD 国家的生产率增长具有显著的促进作用；Aw et al.（2013）通过面板数据对韩国进行了实证研究，认为进行出口活动的厂商比没有出口活动的拥有更高的生产率；Gachino（2015）② 采用肯尼亚制造业跨国公司的数据，实证发现溢出效应的主要类型是产品和过程溢出，其次是市场营销、管理和组织；Teekasap（2016）③ 对泰国进行实证研究，Kinuthia（2016）④ 利用肯尼亚和马来西亚制造业企业层面的面板数据研究了 FDI 通过示范、竞争和信息等效应对生产率的正面影响。

但也有其他实证研究不支持以上的观点。Haddad & Harrison（1993）对摩洛哥的研究表明了外国厂商对于这些国家经济增长的外溢效应是负的；Lichtenberg et al.（1996）发现 1970—1990 年，FDI 并没有给 OECD 国

① Raut L K. R & D spillover and productivity growth: Evidence from Indian private firms [J]. Journal of development Economics, 1995, 48 (1): 1-23.

② Gachino G G. Foreign Investment and Technological Spillovers in Kenya: Extent and Mode of Occurrence [J]. South African Journal of Economics, 2015, 82 (3): 422-442.

③ Teekasap P. Dynamic model of the technology spillover from foreign direct investment and productivity growth: a case from Thailand [J]. J for Global Business Advancement, 2016, 9 (1): 3.

④ Kinuthia B K. Technology spillovers: Kenya and Malaysia compared [J]. Journal of International Trade & Economic Development, 2016, 25 (4): 536-569.

家带来技术外溢；类似的结论还来自 Blomström、Zejan、Kokko（1996）[①]对乌拉圭的研究；Aiken & Harrison（1999）[②]利用委内瑞拉制造业的数据讨论技术溢出的效果，发现由于外资企业的进入促使市场竞争加剧，本国部分企业被迫退出市场，技术溢出效果会因被竞争效果抵消而不具有统计上的显著性，无法证实技术溢出效果的存在；在 Teekasap（2016）[③]的研究中，也没有发现显著的技术溢出效应。

技术溢出是中国技术进步的重要途径之一，因此中国学者在此方面也开展了广泛的研究，近期的研究成果包括：王滨（2010）[④]、陈羽等（2012）[⑤]、史丽萍等（2014）[⑥]、周兵等（2014）[⑦]、李梅等（2012）[⑧]、何兴强等（2014）、孙辉煌等（2014）[⑨]对 FDI 技术溢出的研究；李平等

---

① Blomström M, Kokko A, Zejan M. Local Technological Capability and Productivity Spillovers from FDI in the Uruguayan Manufacturing Sector [J]. Journal of Development Studies, 1996, 32 (4): 602-611.

② Aitken B J, Harrison A E. Do Domestic Firms Benefit from Direct Foreign Investment? Evidence from Venezuela [J]. American Economic Review, 1999, 89 (3): 605-618.

③ Teekasap P. Dynamic model of the technology spillover from foreign direct investment and productivity growth: a case from Thailand [J]. J for Global Business Advancement, 2016, 9 (1): 3.

④ 王滨. FDI 技术溢出、技术进步与技术效率——基于中国制造业 1999~2007 年面板数据的经验研究 [J]. 数量经济技术经济研究, 2010 (2): 93-103.

⑤ 陈羽, 朱子凯, 贺扬. 技术差距如何影响 FDI 技术溢出效应？——基于中国制造业面板数据的实证分析 [J]. 世界经济研究, 2012 (6): 70-74.

⑥ 史丽萍, 刘强, 吴康俊. FDI 技术溢出、知识创新与企业竞争优势的关系研究——基于企业吸收能力、内部控制机制的调节作用 [J]. 研究与发展管理, 2014, 26 (5): 1-13.

⑦ 周兵, 梁松, 邓庆宏. 金融环境视角下 FDI 流入与产业集聚效应的双门槛检验 [J]. 中国软科学, 2014 (1): 148-159.

⑧ 李梅. 国际 R&D 溢出与中国技术进步——基于 FDI 和 OFDI 传导机制的实证研究 [J]. 科研管理, 2012, 33 (4): 63-64.

⑨ 孙辉煌, 韩振国. 外资活动、外部技术知识与内资企业 R&D 投入 [J]. 研究与发展管理, 2014, 26 (1): 34-42.

(2010)[①]、李春顶等(2010)[②]、耿强等(2015)[③]、张杰等(2009)[④]、钱学锋等(2011)[⑤]对出口贸易技术溢出的研究；谢建国等(2009)、何雄浪等(2014)[⑥]、简泽等(2014)[⑦]对进口贸易技术溢出的研究；也有学者同时研究了几种技术溢出，如王英等(2008)[⑧]、刘飞等(2009)[⑨]、蒋仁爱等(2012)[⑩]。

在高技术产业技术溢出方面，学者们主要集中在对技术溢出效果的检验，并对技术溢出的渠道进行细分，区别不同渠道的影响作用。张倩肖等(2007)通过对高技术产业分行业数据的研究，认为外商投资企业R&D溢出是促进我国本地企业技术创新的主要外部力量，而技术引进、购买国内技术等R&D溢出没有对我国本地企业技术创新能力的提高产生积极的促进作用；魏守华等(2010)对1997—2006年高技术产业面板数据进行检验，认为大学等科研机构对产业创新存在积极的溢出效应，出口学习对创新有非常明显的促进作用，而外资R&D活动的溢出效应不明显；沙文兵等(2011)[⑪]基于中国高技术产业17个细分行业的数据，发现外资企业

① 李平，田朔．出口贸易对技术创新影响的研究：水平溢出与垂直溢出——基于动态面板数据模型的实证分析［J］．世界经济研究，2010，2（2）：44-48.

② 李春顶，赵美英．出口贸易是否提高了我国企业的生产率？——基于中国2007年制造业企业数据的检验［J］．财经研究，2010（4）：14-24.

③ 耿强，吕大国．出口学习、研发效应与企业生产率提升——来自中国制造业企业的经验证据［J］．科研管理，2015，36（6）：137-144.

④ 张杰，李勇，刘志彪．出口促进中国企业生产率提高吗？——来自中国本土制造业企业的经验证据：1999~2003［J］．管理世界，2009，12（12）：11-26.

⑤ 钱学锋，王菊蓉，黄云湖，等．出口与中国工业企业的生产率——自我选择效应还是出口学习效应？［J］．数量经济技术经济研究，2011，2（02）：37-51.

⑥ 何雄浪，张泽义．国际进口贸易技术溢出效应、本国吸收能力与经济增长互动——理论及来自中国的证据［J］．世界经济研究，2014（11）：36-41.

⑦ 简泽，张涛，伏玉林．进口自由化、竞争与本土企业的全要素生产率——基于中国加入WTO的一个自然实验［J］．经济研究，2014，8（8）：120-132.

⑧ 王英，刘思峰．国际技术外溢渠道的实证研究［J］．数量经济技术经济研究，2008，4（4）：153-160.

⑨ 刘飞，王德发．国际R&D溢出、国内R&D和真实经济增长——基于技术扩散模型的一个实证［J］．世界经济研究，2009，3（03）：82-86.

⑩ 蒋仁爱，冯根福．贸易、FDI、无形技术外溢与中国技术进步［J］．管理世界，2012，9：49-60.

⑪ 沙文兵，李桂香．FDI知识溢出、自主R&D投入与内资高技术企业创新能力——基于中国高技术产业分行业动态面板数据模型的检验［J］．世界经济研究，2011（5）：51-56.

R&D 活动在一定程度上推动了内资企业创新能力的提高，FDI 知识溢出效应主要发生在中等外资开放程度的行业中，对外资开放程度较低的行业和对外资开放程度过高的行业，由于内外资企业之间经济联系较少或技术差距悬殊，并没有产生显著的 FDI 知识溢出效应。相关研究多以高技术产业细分行业为对象，但高技术产业发展与其所处地区的自然资源、人力资源、开放程度、经济政策等密切相关，相同行业在不同的地区获取技术溢出的机会可能存在较大差异，如相比内陆，沿海地区的 FDI 更多，处于沿海地区的高技术产业有更多机会接触和学习国外新产品和新技术，促进技术的模仿与创新，又如北京、上海等高等院校集中的地区，高技术产业与公共研发机构的合作也会更多，先进知识的共享与专利的转让等技术溢出效果更明显。但大部分现有研究如张倩肖等（2007）、沙文兵等（2011）均是从细分行业层面进行分析，同一行业但来自不同地区的技术溢出效果差异可能很大，从行业层面进行分析将掩盖地区差异，高估或者低估了技术溢出效果，分析不够准确。而目前从区域层面分析高技术产业技术溢出问题的，主要聚焦于各区域产业研发投入对其他区域的溢出影响，如周明等（2011）①、王庆喜（2013）②、张同斌等（2016）③，或者是 FDI、OFDI 活动对我国本土企业创新绩效的影响效果及其区域差异，如李武威等（2012）④、尹建华（2014）⑤。

国内学者在 FDI 渠道方面的研究成果是所有渠道当中最多的，这可能与中国是 FDI 最大东道国之一有关，但中国是否能从如此大规模的 FDI 中获取技术溢出呢？学者们对此意见尚未统一，且针对中国高技术产业的具

① 周明，李宗植．基于产业集聚的高技术产业创新能力研究［J］．科研管理，2011，32（1）：15-21.

② 王庆喜．多维邻近与中国高技术产业区域知识溢出——一项空间面板数据分析（1995—2010）［J］．科学学研究，2013，31（7）：1068-1076.

③ 张同斌，李金凯，周浩．高技术产业区域知识溢出、协同创新与全要素生产率增长［J］．财贸研究，2016（1）：9-18.

④ 李武威，曹勇．外资研发对我国本土企业的相关影响及区域差异——基于省际面板数据与动态模型的实证分析［J］．科学学与科学技术管理，2012，33（9）：21-27.

⑤ 尹建华，周鑫悦．中国对外直接投资逆向技术溢出效应经验研究——基于技术差距门槛视角［J］．科研管理，2014，35（3）：131-139.

体环境分析FDI技术溢出对生产率影响的研究尚不多见。王红领等（2006）[①]总结了FDI对东道国自主创新能力的“抑制论”“促进论”与“双刃剑论”。“抑制论”认为大规模的FDI并没有带来技术创新，而且跨国公司用优越的条件吸引了东道国大量高级科技人才，从而导致企业逆向技术扩散的问题，“以市场换技术”的战略没有换得技术；“促进论”认为东道国的本土企业为了在竞争中不处于劣势，必然通过增加研发经费等方式提高企业的技术水平，来自国际的资本参与当地市场的竞争效应促进了东道国的技术创新；“双刃剑论”认为FDI一方面迫使部分本地企业退市，打击了东道国的研发能力，另一方面大多数企业通过竞争能激发出创新力，更好地配置现有的研发资源，或者通过示范效应，学习外资企业先进的R&D管理经验，从而又大大提升了技术水平。近年来的主要研究包括：王滨（2010）基于中国制造业1999—2007年面板数据的经验研究结果认为FDI技术溢出效应显著促进了我国制造业全要素生产率的提升；傅东平（2010）利用1990—2007年的省际面板数据分析了基于FDI和进口渠道的国际技术溢出对我国全要素生产率的影响，认为两者均显著地促进了我国生产率的增长，但随着FDI和进口额的增加，其对生产率增长的促进作用是递减的；陈羽等（2012）同样采用制造业数据进行检验，结论是FDI技术溢出效果与外资企业、本地企业之间技术差距有关；刘和东（2012）[②]采用动态面板计量模型考察了1998—2009年中国30个省级区域国际贸易与FDI技术溢出效应，结论是国际贸易技术溢出效应短期不显著为负，中期显著为正，长期显著为负，FDI技术溢出效应在短期显著为正，中期显著为负，长期不显著为负或不显著为正；蒋仁爱等（2012）认为FDI技术溢出在2001—2007年的样本期内对各省份的全要素生产率贡献并不显著；史丽萍等（2014）认为FDI技术溢出、知识创新与企业竞争优势之间存在倒U形关系；周兵等（2014）通过省级面板数据分析得到FDI溢出效果存在金融发展水平门槛的结论；孙晓华等（2014）实证发现国际贸易与FDI

---

① 王红领，李稻葵，冯俊新．FDI与自主研发：基于行业数据的经验研究［J］．经济研究，2006（2）：44-56.

② 刘和东．国际贸易与FDI技术溢出效应的实证研究——基于吸收能力与门槛效应的分析视角［J］．科学学与科学技术管理，2012，33（2）：30-36.

渠道技术溢出对于资源加工业和机械电子业全要素生产率具有一定的抑制作用，单对于轻纺制造业而言却有助于其生产率改善；与此相类似的研究还包括李梅等（2012）、何兴强等（2014）、孙辉煌等（2014）。

FDI 对高技术产业的技术溢出效应主要通过以下三种方式促进生产率的提升。

一是竞争效应。外商资本进入会带来市场竞争的加剧，感受到生存与发展压力的内资企业会不断降低成本、提升产出。改革开放以来，外商在中国的直接投资规模不断扩大，从数据上看三资企业总产值占高技术产业整体总产值的比重由 1995 年的 44.3%上升到 2011 年的 62.9%，外资的大量进入对内资企业构成严重的竞争压力，其好处在于固然竞争压力会压缩一部分内资企业的利润空间，但正如王红领等（2006）描述的那样，内资企业与外资在同一个市场中进行竞争，就像一个技艺不高的棋手不断与高手在切磋，内资企业的相对棋艺会不断提高，进而有最终打败高手的可能；低技术水平、低产品质量与低服务质量基础的企业会在竞争中逐步走向衰落，只有不断提升自身能力的企业才能在竞争中站稳脚跟，变得越来越强大，FDI 的竞争效应起到重新洗牌的作用，从而实现整个行业的优胜劣汰。

二是示范-模仿效应。内资企业通过学习、模仿和改造外资企业先进的产品、技术与管理经验，提高自身的技术水平与管理能力。在示范-模仿效应方面最极端的例子，莫过于高技术产业中以通信设备制造业、电子计算机相关行业为主所出现的“山寨”现象，如“山寨手机”“山寨笔记本”等。国内学者对此经济现象已有了初步讨论，如银路等（2010）①、巫强等（2010）②、刘宏程等（2009）③。通过文献分析可以发现，目前对“山寨”现象的研究主要是客观分析其产生和发展的规律，剖析其优缺点并给出相应的政策建议，学者们普遍持审慎乐观的态度，认为“山寨”可

---

① 银路，李天柱，程跃，等．“山寨”现象的一般规律及其政策建议［J］．科学学研究，2010，28（3）：321-327.

② 巫强，刘志彪．双边交易平台下构建国家价值链的条件、瓶颈与突破——基于山寨手机与传统手机产业链与价值链的比较分析［J］．中国工业经济，2010（3）：76-85.

③ 刘宏程，葛沪飞，仝允桓．创新网络演化与企业技术追赶：中国“山寨机”的启示［J］．科学学研究，2009，27（10）：1584-1590.

以从原始低端的仿制、模仿慢慢演变成为对工艺、流程、营销等环节的适应性创新，从而获取竞争优势。作为产品、技术和管理水平的领先者和垄断者，外资的进入刺激和促进了作为追随者和模仿者的内资企业进行技术创新与效率提升，从简单的模仿外观、设计理念、产品功能到在模仿的基础上进行修补性、局部性的工艺创新或流程创新，更进一步的企业可以在完成资金和技术能力的原始积累后开始走上了自主创新的道路，从初步的管理理念冲击到通过案例学习、实地参观等逐步接受并模仿 FDI 企业的先进管理流程，再到内资企业自身的流程再造、制度创新等行为，前者通过提升技术能力等“硬”实力以追求降低生产成本、提升最终产品利润率等为目标，后者通过引入信息技术等手段打造内部管理能力等“软”实力以科学方法减少效率损耗、提升管理绩效，两者结合可以推动内资企业不断趋近于外资企业的生产可能性前沿面，从而提升整体高技术产业的生产率。

三是培训效应。培训效应可以大体分为个体和行业两个层面。在个体层面而言，FDI 企业会对当地员工进行多方面培训，一旦员工离开外商企业，其在外企积累的技术和管理经验也将随之溢出，同时外资企业原有的高素质人才也可能通过各种渠道向内资企业流动，这都将带来先进知识的共享，Javorcik et al.（2004）指出[①]外资企业的人员通过自身的学习和培训等方式积累一定的技术和知识后，转向国内企业或成为企业家建立自己的企业，当人力资本由外资生产部门转向国内企业时，FDI 溢出将由潜在转化为现实。在行业层面，虽然有学者指出，FDI 在中国高技术产业中除去少量的研发机构外，大部分进行的是与生产加工相关的制造工作，但恰恰是因为如此，外资企业为了保证自身产品质量，不限制甚至是协助制造方进行工艺升级乃至产品升级，而对代工厂商的培训显著提升后者在生产制造环节中的标准化能力，该能力可以方便地被转移到代工方的其他生产中去，这种无意识的影响在客观上推动了产业的生产率提升，是 FDI 溢出效应的重要体现。

对于进口贸易是否促进了生产率的提升，目前国内学者看法不一。谢

① Javorcik B B S, Slaughter M, Spatareanu M, et al. Does Foreign Direct Investment Increase the Productivity of Domestic Firms [J]. American Economic Review, 2004, 94 (3): 605-627.

建国等（2009）研究了国际 R&D 通过进口贸易对中国省级区域的技术溢出效果，结果表明进口贸易对全要素生产率有显著的影响，技术外溢主要是通过促进技术进步而实现的，但对技术效率的改进作用相对较小；高凌云等（2010）① 分析指出进口贸易主要通过“溢出效应”和“竞争效应”影响进口国生产率，国外 R&D 投入可以通过总量进口对进口国的全要素生产率产生正溢出效应；与其相类似的结论还有李平等（2007）②。但也有持反对意见的学者，李小平等（2005）利用省级区域面板数据研究了进口贸易对中国全要素生产率的影响，认为进口贸易对中国产生了显著的技术外溢，但存在“负门槛效应”，即地区经济越发达，进口贸易的促进作用越小；王英等（2008）通过实证分析认为进口存在着负的技术溢出效果；李燕萍等（2012）③ 针对高技术产业进行实证研究，发现进口贸易显著抑制了生产率的提高和技术进步；李小平等（2008）针对工业行业的分析也得到了负向影响的结果，原因在于中国企业只注重技术“硬件”进口，却忽视了管理、思想、制度等技术“软件”的进口；得出类似结论的还有黄凌云等（2007）。对于进口贸易技术溢出的不确定性，高凌云等（2010）认为虽然进口贸易作为技术溢出渠道得到了认可，但不同国家对进口贸易溢出的吸收却存在着很大差异，这意味着溢出可能受到多种因素的影响，即可能存在门槛效应。

Feder（1983）④ 提出了基于两部门的分析框架，对 19 个国家和地区及 31 个国家和地区样本的实证研究，认为出口部门的边际要素生产率高于非出口部门，其分析框架也成为该领域研究的经典模型并得到广泛应用；Bernard et al.（1994）⑤ 使用美国 1984—1992 年的数据检验是否好企业出

① 高凌云，王洛林．进口贸易与工业行业全要素生产率［J］．经济学季刊，2010，9（1）：391-414.

② 李平，崔喜君．进口贸易与国外专利申请对中国区域技术进步的影响——基于东、中、西部面板数据的实证分析［J］．世界经济研究，2007，1（1）：28-32.

③ 李燕萍，彭峰．国际贸易、自主研发与高技术产业生产率增长［J］．经济评论，2012（1）：133-139.

④ Feder G. On Exports and Economic Growth［J］. Journal of Development Economics，1983，12（83）：59-73.

⑤ Bernard A B，Lawrence R Z. Exporters，Jobs and Wages in U. S. Manufacturing：1976—1987［A］. Brookings Papers on Economic Activity Microeconomics，1994，1995：67-119.

口更多且出口对于企业绩效的影响如何，发现出口企业的生产率和成功率都高于非出口企业，但出口对于企业的绩效提升作用却并不显著。国内学者的研究包括：张杰等（2009）采用1999—2003年的企业层面调研微观数据，证明了“出口中学习”的理论假说，认为出口显著促进了中国本土制造业的生产率提升，但不同行业存在差异，与之得到相类似结论的还包括黄凌云等（2007）；孙晓华等（2014）认为出口有利于提高企业的生产技术水平和产品质量，从而提升生产率；耿强等（2015）从“出口学习效应”的产生机理出发，以2004—2007年中国工业企业数据库为样本，发现中国制造业企业出口后选择研发投入的可能性会增加21.63%，而研发投入的选择，给这类企业带来了每年约7.3%的生产率提升。其他学者则得到了不同的结论：李春顶等（2010）选取了2007年我国30多万家制造业企业样本，检验了我国出口贸易对于企业生产率的影响，结果显示其不但没有积极作用，反而存在负面效应；李燕萍等（2012）实证发现出口提升了企业技术进步的同时抑制了技术效率的提升，因此总体而言对生产率的影响不显著；李小平等（2008）采用DEA方法分析了中国32个工业行业1998—2003年的全要素生产率增长情况，得到出口和生产率增长的关系不显著，但进口显著地促进了工业行业的全要素生产率增长的结论。作为技术创新的关键刺激因素之一，出口贸易使企业进入更为激烈的国际竞争舞台，鼓励各国企业追求新的、与众不同的观念和技术，从而促进各国提高技术创新效率；为了维持生存寻求发展，出口企业不得不以快速、持续的创新以应对来自国际同行的竞争压力，其改进产品质量和减少成本的动力更足，市场竞争的优胜劣汰将促使市场资源得到更优的分配，无效率的企业将被迫从市场中淘汰。对于出口贸易活动对生产率的技术溢出效应，耿强等（2015）将其总结为两种解释，即“自我选择效应”和“出口学习效应”。前者是指相对于非出口企业，出口企业在进行国际贸易之前的生产率就较高，只有高生产率企业才能承担出口沉没成本而选择出口，低生产率企业只能服务于本国市场；后者是指企业通过出口贸易活动，为了在更加激烈的国际市场生存下来，必须不断提高企业绩效，且可以通过学习国外先进技术进而促进生产率提升。

进口贸易作为国际技术传递和扩散的最主要渠道之一，是广大发展中国家获取来自发达国家技术溢出的重要方式，为其提升生产率水平提供了良好条件。国际贸易在使进口国获得产品和服务的同时，获得学习国外技术以及其他形式知识的机会，从而促进国内技术创新推动生产率增长。Feder（1983）① 提出了基于两部门的分析框架，完善、清晰地刻画了出口的技术溢出效应，成为该领域研究的经典模型并得到广泛应用，其认为出口通过两个渠道对经济增长和生产率产生积极影响：一是直接的外部经济效应，即非出口部门通过模仿出口部门的成熟管理技术、生产技术和市场营销战略，进而实现生产率的提升；二是间接的要素生产率差别效应，即通过重新分配目前已经存在的资源，将资源从较低生产效率的非出口部门调向较高生产效率的出口部门，使得整体资源得到更优的配置，实现经济增长。

四、人才流动

根据上文的分析，自主 R&D、公共 R&D 和技术溢出均会对经济增长产生影响，而在世界百年未有之大变局和新冠肺炎疫情严重冲击的大背景下，中国发展环境发生深刻复杂变化，经济高质量发展面临挑战。习近平总书记指出，构建新发展格局的关键在于经济循环的畅通无阻②。人才是第一资源，人才是科技创新活动的基础和核心，是保障创新驱动、推动经济高质量发展的重要战略资源，人才流动在畅通经济循环、推动高质量发展中扮演着重要角色。

经济要素的空间布局一直是学界研究的重要问题。对于创新人才流动的研究，源于 20 世纪 90 年代新经济地理学家对规模报酬递增、运输成本、生产要素流动相互作用及产业空间集聚一般趋势的讨论，早期研究以要素的静态空间分析居多，聚焦于要素分布特征、集聚动力等。近年来学者们进一步关注于集聚的过程，探讨区域创新活动是如何实现集聚的，并从要素流动这一动态视角对其进行剖析，主要集中在：一是创新人才的定义及内涵，R&D 人员是最受关注的创新要素；二是创新人才流动的机制、规律和动因分析，主要依据人口迁移的“推拉”理论和物理学中的引力模型进

① Feder G. On Exports and Economic Growth［J］. Journal of Development Economics，1983，12（83）：59-73.

② 习近平．把握新发展阶段，贯彻新发展理念，构建新发展格局［J］．求是，2021（9）．

行创新人才空间流动测度；三是创新人才流动的影响分析，包括“知识溢出效应”和“资源配置效应”以及要素错配效率损失等。

区域经济发展是多年来研究和关注的热点，学者们主要关注协调发展、经济差距等问题。2017 年，党的十九大报告中明确指出我国经济已由高速增长阶段转向高质量发展阶段，高质量发展的研究热度不断升高，研究主题包括：一是经济高质量发展的概念与内涵，从商品二重性、区域经济发展循环、发展理念等方面阐述高质量发展理论；二是经济高质量发展的测度与评价，包括指标体系构建、时空演变特征等，许多学者认为全要素生产率是经济高质量发展的重要评价指标之一，提高全要素生产率、实现向高效增长的跃升，是高质量发展的核心任务；三是促进经济高质量发展的动力与路径研究，学者们普遍认为创新是高质量发展的重要动力，可通过技术创新、模式创新、制度创新等方式培育发展新动能。国外没有高质量发展的概念，相似的研究为经济增长质量，学者们从结构优化、周期波动、增长效率等角度进行讨论，理论外延远窄于高质量发展，但可借鉴其研究视角与方法。

在知识经济背景下，支撑技术创新活动的创新要素在经济发展中的角色问题一直是国内外学者们关注的重要方面，主要包括：一是创新人才投入与经济发展，包括对创新绩效的影响、不同创新要素的异质性作用、环境因素等；二是创新人才集聚与经济发展，包括集聚类型、集聚程度、空间关联与协同网络等；三是创新人才流动与经济发展，多集中于国际之间或国内特定城市群的研究，而对创新人才参与国内大循环及其对区域经济协调发展影响的研究屈指可数，这也为本课题提供了切入点。面对经济发展新格局，将区域协调发展的重心落在创新要素的协调配置上，完善创新要素流动机制、促进创新要素的共享、有序流动，是推动产业转型升级、推动高质量发展的关键。

在新发展格局背景下，人才在区域之间的高效流动、合理配置是国内大循环顺畅流通的重要组成部分。作为创新发展的基础和核心，创新人才在区域之间流动的动力研究，以及创新人才流动影响区域经济高质量发展的内在机制研究尤其需要重视，后续章节将对人才流动对经济高质量发展进行进一步分析。

第五节　小结

本章以中国高技术产业为例，讨论了经济高质量发展的评价问题，在分析中国高技术产业发展概况的基础上，测量了高技术产业的全要素生产率，并进一步探究影响高技术产业高质量发展的影响因素。研究结果表明：中国高技术产业在观察期内呈现平稳向好的发展态势，全要素生产率年均增长6.5%，但与营业收入规模扩大的速度相比，全要素生产率的增长并不尽如人意，产业发展质量仍需进一步提升；技术效率指数均值为3.3%、技术进步指数均值为3.1%，纯技术效率均值为2.3%，规模效率均值为1.0%，高技术产业生产率动力来源比较平均，技术效率改善和技术进步共同促进了中国高技术产业生产率的提升；高技术产业全要素生产率动力来源存在阶段性特征，转折点为2008年，技术效率在生产率变化中扮演了越来越重要的角色。以上发现具有非常重要的现实意义，作为高度技术密集的高技术产业，其技术进步提升可能存在需要进一步调整的必要性，需要大力推进自主创新，减少"路径依赖"，注重现有资源整合与结构优化，以释放更多的经济增长动能；政府应一方面实施"腾笼换鸟"策略，引进国际真正的先进产能，实现中国产业与国际高技术含量企业、高附加值产品和高端研发环节的直接对接，另一方面着力引导产业实现自主创新，改变产业目前在全国价值链分工的低端不利地位，实现成本优势向竞争优势的顺利转换。

研究还发现，高技术产业存在区域发展差异，虽然各地区的高技术产业生产率都呈现增长态势，不存在明显的短板区域，但从区域之间数值比较来看，中部地区的年均增长率最大为7.9%，其次是西部地区的7.3%，东部地区的年均增长率仅为最低的5.0%，东部地区的生产率变动呈现稳步增长态势，中西部地区的生产率变动呈现明显的阶段性特征；生产率动力也存在明显的区域差异，东部地区的动力主要是技术进步指数，西部地区的动力主要是技术效率指数，中部地区的生产率增长则来自技术进步指数与技术效率指数齐头并进的协调发展；进一步分解技术效率指数可以发现三大区域的规模效率指数均低于其纯技术效率指数，与全国整体的分解项特点是一致的，其中东部地区和西部地区的纯技术效率指数和规模效率指数较为均衡，中部地区的两项指数相差悬殊。东部地区技术进步指数领先于中西部地区，西部地区的技术效率指数改善情况最优，但技术进步水平偏低，与生产率增长规模不相匹配。区域经济特征及要素市场发展是高技术产业区域生产率差异的重要原因，建议准确认识东中西部经济发展进程的阶段特征，充分把握不同区域比较优势转变的契机，形成产业在地区间的自组织转移，推进高技术产业转型升级；持续完善要素自由流动的政策环境，减低空间交易成本，促进要素有序流动和融合，优化区域间的资源配置。

对于高技术产业而言，研发投入高、研发人员比重大、知识与技术密集等是其区别于传统其他产业的最大特征，这也决定了高技术产业的发展将更加依赖于高附加值的新技术发明及其运用带来的生产率增进。内生增长理论认为技术进步是经济增长最持久的源泉，新思想和新技术来源于R&D活动的投入及其知识存量的有效利用；换言之，研究与开发将创造和积累知识，而知识生产会促进产品升级和工艺创新（即技术进步）从而为产业和整体经济发展提供源源不断的支持和动力，成为产业和经济可持续发展的重要保证。由于内生增长理论假定新知识具有外部性，即当新知识诞生后，其在所有企业间都会被共享，它所带来的收益对于所有企业而言都是一样的，这就是知识的技术溢出效应。因此，知识投入既包含了高技术产业自主R&D所形成的知识投入，也包含其所能获取的其他所有组织及活动（包括公共研发机构、国际贸易活动等，而不仅限于企业）所能带来的一切知识，都应作为对产出有影响的知识投入，即自主R&D、公共R&D和技术溢出均会对经济增长产生影响。

第六章

人才流动对经济高质量发展的线性影响分析

根据第二章的理论机理分析，作为先进知识与技术的重要载体，科技人才在区域间的流动将显著加快知识的传播并促进新知识的创造，并通过技术进步和技术效率改善两条途径增进产业全要素生产率，本章将对此进行实证研究，在第三章全要素生产率及其分解项的测算结果的基础上，讨论科技人才是否促进了生产率进步，并作为下文进一步检验科技人才流动对全要素生产率影响门槛特征的基础。

第一节　模型构建

一、模型设定

生产过程是由多种要素构成的，是相互配合、组合的过程。作为人力资本的重要组成部分，人才也是一种生产要素，只有与其他生产要素进行充分结合，才能得到合理利用并获得更高的产出。流动迁徙是人力资本投资的重要渠道，人才要素流动既带来了要素种类、数量和结构的变化，又将原来由于缺少某一要素而无法构成生产活动的要素激发出来，使其参与生产过程，即激发了闲置生产要素①，进而提升了要素的边际生产率，推

① 张幼文，薛安伟．要素流动对世界经济增长的影响机理［J］．世界经济研究，2013（2）：3-8.

动经济增长。

自从 Lucas（1988）将人力资本视为一个独立于劳动力要素、资本要素之外的生产要素，引入内生经济增长理论模型之后，学者们关于人力资本与经济增长、人才流动与经济增长等的影响研究日趋深入。区际要素的配置与流动是引致经济增长水平变化进而影响区域经济差距的重要因素，如果生产要素可以不受约束地进行流动，则人力资本流动将导致经济体趋于均等收入状态，推动整体经济增长。新古典经济理论认为，由于报酬递减性质的存在，要素在区域间的自由流动将导致要素报酬均等化的趋势，从而最终使各地区的经济达到收敛稳态。具体到中国经济实际，蒋满元(2007)① 使用两部门模型论证了由相对落后但劳动力资源丰裕的中西部地区，向经济发达但劳动力资源欠丰裕的东部地区流出的大规模劳动力可以提高中西部和东部双方的均衡产出水平，推动中国整体经济增长。姚枝仲和周素芳（2003）、王小鲁和樊纲（2004）认为要素流动对区域经济产生了积极作用，劳动力流动可以在全国范围内优化资源配置，并通过追赶效应、收入转移效应、“干中学”效应等，消除地区间资源禀赋差异，缩小地区差距，使得经济走向趋同。内生增长理论则认为，不同主体通过直接或间接的互动方式进行信息交流，使得知识发生了传播；人才在企业之间、地区之间、国家之间的流动，会与周边个体发生互动，这种互动交流一方面将创造新的知识，另一方面还会促进原有知识和技术在个体之间、群体之间进行传播，从而产生了知识溢出技术进步效应，高素质人才在各区际间的流动将更有利于创新知识的传播与扩散，进而促进地区创新水平的整体提升和宏观经济的持续增长。

持相反观点的学者却认为，流动要素会在要素流入地不断累积，形成不断强化地区聚集力优势的循环累积过程，最终导致区域经济差异，要素的循环累积本质上是生产要素追逐“集聚红利”过程中呈现的向某一区域逐渐集中的过程，区域经济差距将由于累积效应逐渐扩大。中国经济在前期高增长发展阶段取得了举世瞩目的成就，在“两个大局”（中西部支持东部沿海地区加快对外开放，沿海地区发展起来后拿出更多力量来帮助内

---

① 蒋满元．要素跨区域流动对区域经济增长和波动的影响探讨［J］．财经科学，2007（8）：43-50.

地发展）思想的制度安排下，中国采取了非均衡发展道路，举全国之力重点倾斜发展特定区域，以期通过重点发展来带动一般、通过局部带动整体①，“为增长而失衡”、速度优先的发展模式在促使东部沿海地区率先发展并推动中国整体经济飞跃的同时，也催生了空间结构不平衡、区域发展差距扩大等问题②，制约了中国经济质量持续提升，不利于政治、社会稳定③。发达地区具有更大的市场容量、更完善的基础设施和更高的平均受教育水平等，人才在趋优机制的引导下自发向这些地区流动，以期获得更高的收益，但这却可能催生了人才要素空间分布不合理、区域人才结构不平衡等问题，影响了中国经济发展后劲。学者们也通过实证研究验证了劳动力的流动加剧了中国区域经济不平衡，认为由于劳动力流动规模差异、城市拥挤效应的存在，劳动力流动可能导致区域经济收敛，也可能扩大地区差距，存在不确定性。

从现有对人才流动与生产率之间关系的研究来看，存在以下不足。

一是研究结论不统一。学者们在人才流动与区域经济发展这一基本问题上还存在分歧，“抑制论”和“促进论”并存，实证结果也不尽相同甚至相互矛盾，出现此问题的原因可能在于现有成果对于人才流动与经济增长的考察过于粗放，没有针对区域特征差异、宏观政策调整、生产率增长动力等进行细致考察。经济增长是一个非常复杂的过程，如果不考虑其所处的宏观环境或自身条件，得到的结果难免有所偏颇。只有综合考量各类因素，才可能更准确地判断人才流动与产业发展之间的关系，并提出针对性的政策建议。

二是对人才流动重视不足。尚缺乏对人才流动与经济发展的直接研究，现有研究要么关注人口迁移、劳动力流动对经济的影响，要么将人才作为考察对象，从静态的、存量的角度考察作为生产要素的人才其投入数量对产出的推动作用，而对人才流动与经济发展关系的研究几乎是空白，可能的原因是数据可得性较差。事实上，虽然人才流动在数量规模、频率

---

① 刘志彪．为高质量发展而竞争：地方政府竞争问题的新解析［J］．河海大学学报（哲学社会科学版），2018，20（2）：1-6.

② 肖翔．改革开放以来党协调区域发展战略的历史演变与启示［J］．中国特色社会主义研究，2017（5）：26-32.

③ 李猛．中国区域非均衡发展的政治学分析［J］．政治学研究，2011（3）：111-126.

频次等方面不及人口迁移和劳动力流动，但由于其携带了较丰厚的知识和技术，对区域产业发展、国家整体创新能力等方面的影响也值得关注。

三是对高技术产业关注较少。高技术产业以高技术含量、高附加值、高智力密集性为特征，其科技创新活动直接推动了经济转型和创新型国家建设，决定着中国工业产业未来的技术进步和产品升级。高技术产业的人才密度明显高于其他产业，人才流动对产业发展的影响也更为深远，因此厘清科技人才流动与高技术产业发展之间的关系具有迫切性和重要性。

本章将讨论人才流动对中国高技术产业生产率的影响，以期更真实准确地检验人才流动对产业生产率的影响，为人力资本可持续开发提供新路径，为合理引导人才在区域间流动提供事实依据。

生产函数表示在特定时期、特定技术条件下，生产中所投入的各种生产要素的数量与其所能生产的最大产出产量之间的关系。最早提出生产函数概念的经济学派是 18 世纪的法国重农学派，该学派视农业为财富的基础，将土地生产物看作是各国收入的唯一来源或主要来源，假定生产的投入要素仅包括劳动和土地，即威廉·配第所说“劳动是财富之父，土地是财富之母”且规模报酬和技术水平不变。

随着经济思想的不断发展，学者们逐渐意识到仅仅将劳动力（土地被假定为不变）作为生产要素纳入函数可能不足以说明经济现实，还应当考虑除了劳动之外的其他生产要素，如资本。基于此，学者们对生产函数进行了改进：

$$Y_t = A_t \int (K_t,\ L_t) \tag{6.1}$$

式（6.1）假设生产投入包括劳动和资本两种要素，其中 Y 表示产出、K 表示资本、L 表示劳动、A_t 表示技术进步。以上生产函数主要基于新古典增长理论所构建，假定规模报酬不变、技术水平为希克斯的中性技术进步，比前期仅考虑劳动的重农学派生产函数更加符合经济现实，但其局限在于假定技术进步为外生的黑箱。

根据第三章中对于人才流动与生产力增进之间关系的机制分析，本研究参考 Lucas（1988）的思想，人力资本是一个独立于劳动力要素、资本要素之外的生产要素，人力资本积累是经济增长的真正源泉，对式（6.1）

进行进一步改进，生产函数可以表示为：

$$Y_t = A_t \int (K_t, L_t, H_t) \tag{6.2}$$

式（6.2）与式（6.1）相类似，Y 表示产出、K 表示资本投入，而 L 表示一般劳动投入（即“原始的”、未经改良的、非熟练的劳动）；H 表示通过人才流动而产生人力资本投入。由美国经济学家道格拉斯（P. H. Douglas）和数学家柯布（C. W. Cobb）发展的柯布-道格拉斯生产函数是目前最经典的生产率实证分析生产函数（王立平，2005），不失一般性，本研究构造包含人才流动的生产函数，通过考察各变量对全要素生产率的贡献来确定人才流动对经济增长的影响，对（6.2）式拓展如下：

$$Y_t = A_t K_t^{\alpha} L_t^{\beta} H_t^{\gamma} \tag{6.3}$$

式（6.3）中，Y_t、K_t、L_t 和 H_t 分别代表 t 年的产出、资本投入、一般劳动投入和由于流动形成的人力资本投入，α 表示资本的产出弹性，β 表示一般劳动力的产出弹性，γ 表示人才流动人力资本投入产出弹性。采用 TFP 表示全要素生产率，代表经济体中其他因素对产出的影响，进一步拓展式（6.3）为：

$$TFP_t = Y_t / (K_t^{\alpha} L_t^{\beta}) = A_t H_t^{\gamma} \tag{6.4}$$

对式（6.4）两边取对数可得本研究的基本模型：

$$\ln TFP_t = \gamma \ln H_t + C_1 + \varepsilon_{t1} \tag{6.5}$$

C 为常数项，ε 为随机扰动项。考虑一组影响 TFP 的控制变量，包括自主研发投入、人才密度等，则式（6.5）可以进一步表示为

$$\ln TFP_t = \gamma_1 \ln H_t + \gamma_2 \ln RD_t + \gamma_3 \ln TD_t + \gamma_4 \ln SIZ_t + \gamma_5 \ln GOV_t + \gamma_6 \ln NPD_t + \gamma_7 \ln TRA_t + \gamma_8 \ln TEC_t + C_2 + \varepsilon_{t2} \tag{6.6}$$

其中，RD_t、TD_t、SIZ_t、GOV_t、NPD_t、TRA_t、TEC_t 分别代表自主研发投入、人才密度、企业规模、政府资助、新产品开发、贸易依存度和技术依存度。

二、变量度量和数据说明

（一）科技人才流动

目前，国内外学者有关区域间科技人才流动的研究相对欠缺，且侧重

于理论分析，部分实证研究通过履历分析或深度访谈的方法，获取了特定科技人才的流动情况，如田瑞强等（2014）① 对233位海外华人高层次科技人才流动情况的研究，朱英等（2020）② 通过对323位国家“万人计划”科技创新领军人才的分析总结了中国科技创新人才的流动规律，吴道友和程佳琳（2018）③ 通过27位科技人才的深度访谈材料讨论科技人才流动阻滞因素及作用机理；在Almeida & Kogut（1999）关于硅谷科技人才流动的研究中，对438名拥有主要专利的半导体工程师在1974年至1994年的职业路径进行了追踪。这种通过直接访谈、询问和点对点个体分析获取原始数据的方法准确性高、针对性强，但适用范围较窄、代表性较弱，对企业数量超过3万个、科技活动人员接近72万人的中国高技术产业而言，显然不具有可行性。

通过文献、统计年鉴、数据库等获取次级数据，也是研究中经常使用的另一种数据搜集方法。现有统计年鉴以及历次全国人口普查数据等资料主要关注各种存量，如人口数量、农民工数量、大学生数量等，对流量的直接统计数据少之又少，高技术产业统计年鉴同样也没有针对科技人才流动的直接统计数据；少数考虑了流量的统计数据，如国家地球系统科学数据共享服务平台发布的流动人口动态监测调查数据，也以全国整体的流动人口为统计对象，缺乏对科技人才口径的考虑，且由于时间跨度较短、统计面较窄等原因，目前还较少应用在实证研究中。在区域间科技人才流动的研究中主要采用间接估计的方法，有学者以大专以上学历劳动者数量作为科技人才数量，选取各地区科技人才实际存量数目占劳动者的比例作为衡量科技人才流动情况的指标，学历是科技人才的标志之一，但仅凭学历这一单一要素对科技人才进行界定可能失之偏颇；并且，选取科技人才存量对科技人才的流动情况进行衡量，反映的依然是区域间科技人才静态的存量而非动态的流量，不足以刻画科技人才在区域间流动的真实情况，类

---

① 田瑞强，姚长青，潘云涛，等．基于履历数据的海外华人高层次科技人才流动研究：社会网络分析视角［J］．图书情报工作，2014，58（019）：92-99.

② 朱英，郑晓齐，章琰．中国科技创新人才的流动规律分析——基于国家“万人计划”科技创新领军人才的实证研究［J］．中国科技论坛，2020，287（3）：166-173.

③ 吴道友，程佳琳．基于扎根理论的科技人才流动阻滞因素及作用机理研究——以企业与高校科技人才双向流动为例［J］．财经论丛，2018，233（5）：87-96.

似的研究还包括徐倪妮和郭俊华（2019）。

由于现有对科技人才流动原始数据和次级数据的搜集方法均难以获取准确数据，本研究放松科技人才流动主题的限制，通过对相近研究主题变量度量方法的分析与对比，以期找到合适的度量方法。人才流动、人力资本流动都是与科技人才流动相近的主题，在这两个主题的研究中，Park（2004）、魏浩等（2012）采用了特定群体——留学生作为人才流动的替代变量，具体用历年的学成回国人员数来衡量，讨论了国际间人才流动情况及不同类型国家吸引人才的影响因素，李平等（2011）、朱敏和许家云（2013）在对人才流动技术溢出效应的研究中也采用了类似的方法。Beine et al.（2001）采用OECD报告的移民率指标代表人才流动；王恬（2008）以高技术员工中具有外企工作经历的人员比例表示人力资本流动变量，分析具有外企工作经历的高技术员工对制造业企业全要素生产率的影响；楚尔鸣和曹策（2019）[①] 采用受教育程度在大专及以上的就业人员占全部就业人员的区位商指标表示区域之间的人才流动情况。杜兴强和彭妙薇（2017）[②] 以公司高级管理者中具有博士学历的高级管理者人数定义高级人才流动，讨论了高铁开通与人才流动的关系。通过对现有人才流动、人力资本流动主题相关研究的梳理，可以发现现有数据来源及度量方法并不适用于本研究。一方面，由于数据可得性较好，现有研究许多都关注学生跨国流动、特定学历员工流动，其研究对象与本研究对象交集较少，无法参考其数据来源；另一方面，与对科技人才流动研究类似，现有对人才流动、人力资本流动研究的度量方法也存在以实际存量代表名义流动的问题，不能较好地满足本研究需要。

本研究再次放松主题限制，以劳动力流动作为研究主题，寻找合适的度量方法。科技人才是劳动力的一种，科技人才流动属于劳动力流动的范畴之内，虽然在作用机制、流动特征、流动影响等方面，科技人才流动与劳动力流动存在显而易见的差异，但作为度量方法而言应该是相通的，用

① 楚尔鸣，曹策．人才流动缩小了区域经济差距吗——来自技术转移的经验证据［J］．财经科学，2019（9）：99-112.

② 杜兴强，彭妙薇．高铁开通会促进企业高级人才的流动吗？［J］．经济管理，2017，39（12）：89-107.

于测量劳动力流动的方法也可以应用在对于科技人才流动的度量之上。前期中国经济处于以第一产业为主的经济转向以第二产业为主的经济结构调整期，劳动力也由较低生产率的农业部门向较高生产率的工业部门转移，因此学者们主要聚焦于农村剩余劳动力流动问题，相关研究文献汗牛充栋，采用的劳动力流动度量方法主要包括两种：一是直接数据度量，历次全国人口普查、1%人口抽样调查和国家统计局的《中国农村劳动力就业及流动状况》以及各省的相关统计年鉴等都提供了详尽的城-乡人口数据、农村劳动力转移数据等的时点数据，为学者们进行劳动力流动的研究提供了直接的研究数据①；二是间接估计方法，随着研究进一步深入，由于现有对劳动力流动的统计数据存在时间序列不连续、统计口径调整等不足，无法完全满足学者的研究要求，因此许多学者也根据研究需要对直接数据进行重新计算，以更加准确地讨论劳动力流动问题，如 Fujita & Hu (2001)②、沈坤荣和唐文健（2006）、郭文杰和李泽红（2009）、侯燕飞和陈仲常（2016）等，虽然在具体的指标设置和数据处理细节方面不完全一样，但学者们构建变量的思想基本一致，以本地劳动力与新增劳动力的差值即劳动力数量增长值与整体劳动力之比代表劳动力流动。李小平和陈勇(2007) 对区域劳动力流动的研究，在前期方法的基础上进行了调整和改进，采用各省域的劳动力数量占全国比重变动的方式来测度劳动力流动情况，该方法具有以下特点。

一是准确性。该方法采用省份份额变动情况作为劳动力流动的代理变量，符合经济学资源相对稀缺的假设。在总份额不变的情况下，劳动力(或者科技人才及其他生产要素) 的流动会导致生产要素在区域之间进行重新配置，即使在数量上可能出现绝对增长，但与其他地区相比仍可能是相对减少了，因此采用份额的变动可以较好地刻画区域间生产要素流动的情况，具有准确性。

二是完整性。应用该方法可以将人才流动定义为人才份额的增减变化

① 郑江淮，高彦彦．从劳动力流动到区域产业转移——江苏双二元经济结构的演变机制分析［J］．审计与经济研究，2009（04）：73-86.

② Fujita M，Hu D. Regional disparity in China 1985—1994：The effects of globalization and economic liberalization［J］. Annals of Regional Science，2001，35（1）：3-37.

情况，而非单纯的增长情况，根据该方法计算得到的数值既有正值也有负值，研究者可以直观地通过对单个地区人才流动指标数值正负符号的观察，判断该地区是出现了人才流入还是人才流出现象，弥补了以往采用增长率作为度量方法，导致计算得到的所有地区的人才流动数值均为正值，掩盖部分地区人才流出现实的不足，可以较为完整地反映人才流动的真实情况。

三是适用性。前期学者们使用的方法必须建立在完整的户籍人口、常住人口等基础数据之上，不适用于缺乏此类基础数据的高技术产业科技人才流动的研究，而李小平和陈勇（2007）的方法对数据种类的要求较少，适用于数据种类较少的研究，在保持测量精度的前提下拓展了方法的使用范围，不仅适用于对人才流动、劳动力流动的测量，还适用于对资本流动的测量，因此得到了较大范围的应用，后续也有许多研究借鉴了这一方法[①②]。

由于该方法具有以上特点，能较好地契合本研究需求，本研究参考了其对区域劳动力流动度量的方法，从宏观的角度以各省高技术产业科技活动人员变动情况来表征各省高技术产业科技人才相对流动情况，具体采用各省高技术产业科技机构科技活动人员数量在全国总高技术产业科技机构科技活动人员数量所占份额的变化进行衡量，计算结果如表 6.1 所示。

从表 6.1 各省高技术产业科技人才流动情况来看，每个省均出现过人才流出或人才流入的现象，但从整体观察期均值来看，陕西、四川、北京、黑龙江、河南、贵州、湖北在整体上存在科技人才相对流出的现象，特别是陕西、四川两省，其高技术产业科技人才在全国高技术产业科技人才所占比重均下降了超过 8%以上，年均流失约 0.5%；而广东、浙江、江苏等东部省份的人才份额则在整体上相对增长，特别是广东的人才流入倾向非常明显，在 1998—2016 年的 19 年中，广东省高技术产业人才在全国所占的比例年均增长超过 1.5%，总体增长了近 30%，即仅广东一个省便

① 张旭，冯南平．创新要素流动对产业转移影响的实证分析［C］．中国管理学年会，2015.

② 郭晗，任保平．中国区域结构转换的增长效应：要素流动与技术扩散［J］．经济问题探索，2017（12）：10-17.

虹吸了全国接近三分之一的人才。人才流动的决策则主要与预期收入差距相关①，因此科技人才纷纷涌入经济较发达的珠三角、长三角等地区。

表 6. 1 1998—2016 年各省份高技术产业科技人才流动情况（单位:%）

省份	年度最大值	年度最小值	年度均值	样本期合计
北京	-1. 877	0. 656	-0. 250	-4. 752
天津	-0. 941	0. 647	-0. 055	-1. 053
河北	-0. 352	0. 310	-0. 034	-0. 640
山西	-0. 367	0. 353	-0. 073	-1. 390
内蒙古	-0. 069	0. 064	-0. 002	-0. 042
辽宁	-0. 904	2. 248	-0. 066	-1. 263
吉林	-0. 942	0. 582	-0. 053	-0. 999
黑龙江	-0. 908	0. 885	-0. 129	-2. 443
上海	-1. 797	1. 746	-0. 043	-0. 825
江苏	-3. 976	8. 100	0. 210	3. 990
浙江	-2. 708	3. 076	0. 260	4. 948
安徽	-0. 709	0. 517	0. 075	1. 429
福建	-1. 260	0. 985	0. 096	1. 828
江西	-0. 986	0. 566	-0. 062	-1. 182
山东	-1. 725	2. 815	0. 052	0. 996
河南	-0. 943	0. 725	-0. 120	-2. 271
湖北	-1. 710	2. 000	-0. 080	-1. 526
湖南	-0. 958	0. 408	-0. 069	-1. 319
广东	-6. 043	8. 216	1. 576	29. 942
广西	-0. 583	0. 527	-0. 014	-0. 275

① 杜鑫．劳动力流动决策的理论与经验研究述评［J］．社会科学战线，2008（4）：70-77.

续表

地区	年度最大值	年度最小值	年度均值	样本期合计
海南	−0.083	0.111	0.004	0.069
重庆	−0.474	0.750	−0.073	−1.382
四川	−3.889	2.128	−0.454	−8.631
贵州	−1.528	2.140	−0.112	−2.132
云南	−0.257	0.268	−0.021	−0.393
陕西	−4.909	3.948	−0.492	−9.348
甘肃	−0.678	0.195	−0.069	−1.310
青海	−0.045	0.049	−0.001	−0.014
宁夏	−0.113	0.201	−0.001	−0.012

注：科技人才流动变化大于0代表该省份的科技人才在全国所占比例上升，小于0代表所占比例下降。

（二）控制变量

对于自主研发投入的度量：讨论企业的研发活动投入与生产率之间的关系是内生增长理论的重要研究内容之一，大多学者都认为研发活动与生产率有正相关关系，如 Mansfield （1988）① 对日本制造业的研究，Doraszelski （2009）② 对西班牙制造企业的数据检验、Aw et al. （2013） 对韩国的实证研究等，都认为研发活动提升了企业的生产率；但也有部分学者对此有所质疑，如 Verspagen （1995）③ 对9个主要 OECD 国家制造行业数据的分析，发现研发投入对生产率影响不能一概而论，而是存在国家之间、行业之间的差异性。具体到中国经济现实，学者们在研发活动与生产率之间的关系这个基本问题上存在较大争议，前期研究结论大多支持研发活动

① Mansfield，E. Industrial R&D in Japan and the United States：A Comparative Study ［J］ . The American Economic Review ，1988 （2）：223-228.

② Doraszelski U，Jaumandreu J. R&D and Productivity：Estimating Endogenous Productivity ［J］. Review of Economic Studies，2009，80 （4）：1338-1383.

③ Bart Verspagen. R&D and Productivity：A Broad Cross-Section Cross-Country Look ［J］. Journal of Productivity Analysis，1995，6 （2）：117-135.

的正向促进作用，如 Zhang et al.（2003）[①] 对 8341 个中国工业企业的样本研究，吴丹和王娅莉（2006）、吴延兵（2008）[②]、王玲和 Adam Szirmai（2008）等的研究；但随着研究的深入，越来越多学者提出了不同意见，谢建国等（2009）[③] 对中国省际面板数据的实证研究结果发现，研发投入阻碍了中国全要素生产率的提高，李宾（2010）则通过实证认为研发投入对全要素生产率提高产生了负向影响，张同斌等（2014[④]、2015[⑤]）则提出研发投入与生产率之间存在门槛效应，具体呈现倒"U"形的关系，方文中等（2016）[⑥] 讨论了研发投入与技术引进对生产率的作用，并采用上海数据进行检验，认为资本研发投入对全要素生产率提高产生了负向影响。综合以上文献的结论，本研究认为需要将自主研发投入作为控制变量纳入实证模型，对其与生产率之间的关系进行检验，基于数据的可得性，具体采用各省份高技术产业研发经费内部支出与营业收入之比进行表征。

对于人才密度的度量：人才密度是人才在一定区域内集聚程度的体现，许多学者认为人才密度的提升有助于促进产业发展，如刘兵等（2010）[⑦] 认为人才密度较高的地区，可以不断积累区域人才的结构优化与智力资本，通过特殊的信息共享效应、知识溢出效应、集体学习效应和激励效应等，从而为区域经济发展提供知识创新和技术创新的内在动力；曹威麟等（2015）[⑧] 则从三次产业的角度，讨论了人才集聚与产业集聚的问

---

① Zhang A, Zhang Y, Zhao R. A Study of the R&D Efficiency and Productivity of Chinese Firms [J]. Journal of Comparative Economics, 2003, 31 (3): 444-464.

② 吴延兵. 中国工业 R&D 产出弹性测算（1993—2002）[J]. 经济学（季刊），2008，7（3）：569-590.

③ 谢建国，周露昭. 进口贸易、吸收能力与国际 R&D 技术溢出：中国省区面板数据的研究 [J]. 世界经济，2009（9）：68-81.

④ 张同斌. 研发投入的非对称效应、技术收敛与生产率增长悖论——以中国高技术产业为例 [J]. 经济管理，2014（1）：131-141.

⑤ 张同斌，范庆泉，李金凯. 研发驱动高技术产业全要素生产率提升的有效性研究——基于断点检验与门限回归的结构变动分析 [J]. 经济学报，2015（3）：65-83.

⑥ 方文中，罗守贵. 自主研发与技术引进对全要素生产率的影响——来自上海高新技术企业的实证 [J]. 研究与发展管理，2016，28（1）：1-9.

⑦ 刘兵，李嫄，许刚. 开发区人才聚集与区域经济发展协同机制研究 [J]. 中国软科学，2010（12）：89-96.

⑧ 曹威麟，姚静静，余玲玲，等. 我国人才集聚与三次产业集聚关系研究 [J]. 科研管理，2015，36（12）：172-179.

题，认为两者之间存在马太效应。综合学者们的观点，本研究认为人才密度对高技术产业发展会产生显著影响，因此需要将人才密度作为控制变量纳入实证模型对其与生产率之间的关系进行检验，基于数据的可得性，参考王玉和许俊斌（2011）① 的度量方法，具体采用各省高技术产业研发活动人员折合全时当量与员工数之比进行表征。

对于企业规模的度量：目前学者们对企业规模与生产率之间关系的争议较大，传统观点认为随着企业规模提升，会带来规模经济成本优势，从而促进产业效率提升②，但所谓的“大企业病”也是客观存在的，企业规模过大则可能需要花费更多的时间、资源来协调企业内部各部门的协作关系，造成技术效率提升缓慢，对生产率的提升产生了不利影响③。综合学者们的观点，本研究认为企业规模对高技术产业发展会产生显著影响，因此需要将企业规模作为控制变量纳入实证模型，对其与生产率之间的关系进行检验，基于数据的可得性，具体采用各省份高技术产业平均从业人员数量进行表征。

对于政府资助的度量：从理论上讲，政府对企业研发活动的资助行为可能产生替代效应和互补效应，前者会挤出企业自身的研发投入活动，后者则可能吸引更多的企业研发投资。因此，政府提供的研发资助对产业发展也会出现两种影响，即存在“两面性”问题——可能弥补企业研发资金不足，推动高风险、高投入、长周期、基础研究、公用品研究等领域的研发进展，从而提升产业长期竞争力，促进产业健康持续发展；也可能挤出了企业研发投入④，推高了企业研发人员的薪酬，提高了企业研发成本，从而不利于生产率提升。因此，政府资助与高技术产业生产率之间存在关联性，需要将政府资助作为控制变量纳入实证模型，本研究具体采用各省

① 王玉，许俊斌．中国高新技术产业发展效率的影响因素［J］．经济管理，2011（9）：17-25.

② 范凌钧，陈燕儿．政府 R&D 资助对高技术产业技术效率的影响研究［J］．运筹与管理，2014（4）：246-253.

③ Song X M，Thieme R J，Xie J. The Impact of Cross-Functional Joint Involvement Across Product Development Stages：An Exploratory Study［J］．Journal of Product Innovation Management，1998，15（4）：289-303.

④ 白俊红，江可申，李婧．应用随机前沿模型评测中国区域研发创新效率［J］．管理世界，2009（10）：51-61.

份高技术产业科技活动经费筹集额中政府资金的比例进行表征。

对于新产品开发的度量：新产品对于企业特别是高新技术企业意义重大，有效的新产品开发是产业创新能力的重要体现，是企业成功和可持续发展的主要战略动力①，产业对新产品开发的投入可能带来创新产出，形成丰厚的回报；但新产品开发存在一定的不确定性，在新产品开发的筹划、实施过程中存在着客观风险②，如果新产品开发失败了，新产品开发所需的资金、人员等可能挤占了企业其他范畴所需投入，却并未创造充分的价值回报，则产业的投入将无法获得产出，进而降低生产率。因此，新产品开发的成功与否在一定程度上决定了企业的价值创造和经营③，会对产业生产率产生显著影响，需要将新产品开发作为控制变量纳入实证模型，本研究具体采用各省份高技术产业新产品开发经费支出占营业收入之比进行表征。

表 6.2　各变量的测度方法

变量	简称	测度方法
全要素生产率	TFP	Malmquist TFP 指数
人才流动	H	各省份科技人才份额的相对变动
自主研发投入	RD	研发经费内部支出与营业收入的比例
人才密度	TD	研发活动人员折合全时当量与员工数的比例
企业规模	SIZ	平均从业人员数量
政府资助	GOV	科技活动经费筹集额中政府资金的比例
新产品开发	NPD	新产品开发经费支出占营业收入的比例
贸易依存度	TRA	出口交货值与营业收入的比例
技术依存度	TEC	国外技术引进、消化吸收经费、国内技术购买与技术改造经费之和与营业收入的比例

---

① 毛义华，许庆瑞．新产品组合管理研究［J］．科研管理，2000（1）：99-105.

② 陈弘．企业新产品开发风险及其评估模型［J］．系统工程，2006（7）：102-104.

③ 李志远，赵树宽．跨部门整合、研发强度对新产品开发成功的影响——基于生物医药企业的实证研究［J］．科学学研究，2011，29（01）：49-55.

对于贸易依存度的度量：贸易依存度也称为贸易开放度，是一个地区对外开放程度的重要衡量指标，在一定程度上也反映了该地区进出口市场的竞争激烈程度。学者们认为企业在面对激烈的贸易竞争时，会通过各种方法如增加研发投入、购买设备机器等提升产品和企业在市场上的竞争能力①，因此贸易依存度的提升会在客观上督促企业不断提升自身技术水平，提供更加优质的产品或服务，以期在国际市场上站稳位置，企业面对竞争压力所采取的各种措施都显著提高了其生产率的增长，即存在"学习效应"②。因此，本研究认为贸易依存度会对产业生产率产生显著影响，需要将贸易依存度作为控制变量纳入实证模型，具体则采用各省份高技术产业出口交货值与营业收入之比进行表征。

对于技术依存度的度量：前期中国企业提升技术水平的重要手段之一便是通过引进、购买国内外技术，并进行本地化改造，从而迅速获得先进技术和知识，但是过于依赖技术引进和购买，不仅会花费较多的资金投入，从长期来看也可能产生技术依赖，不利于产业自身创新能力培育。因此，本研究认为技术依存度会对产业生产率产生显著影响，需要将技术依存度作为控制变量纳入实证模型，具体采用各省份国外技术引进、消化吸收经费、国内技术购买与技术改造经费之和与营业收入之比进行表征。

（三）数据说明

由于重庆1997年设立为直辖市，相关数据开始独立于四川省进行统计，且本研究的人才流动指标是相比上一年的相对变动值，因此本章数据的开始时间为1998年；由于2018年的《中国工业经济统计年鉴》《中国高技术产业统计年鉴》停止出版，无法获取相关指标2017年的数据，本研究的考察时间截至2017年的相关统计年鉴，则本研究使用的是1998—2016年共19年的数据，样本量足以进行面板数据分析。由于西藏、新疆相关数据缺失较多，研究中暂时不予考虑。如此，本研究以1998—2016年中国29个省级行政区为分析样本，不包含港澳台地区；涉及指标的原始数

① 邱斌，刘修岩，赵伟．出口学习抑或自选择：基于中国制造业微观企业的倍差匹配检验［J］．世界经济，2012（4）：23-40.

② 包群，叶宁华，邵敏．出口学习、异质性匹配与企业生产率的动态变化［J］．世界经济，2014（4）：26-48.

据来源包括历年的《中国统计年鉴》《中国高技术产业统计年鉴》和《中国工业经济统计年鉴》等。

第二节　模型估计结果分析

一、模型检验

是否存在多重共线性，是回归分析首先需要考虑的问题。因为各类经济要素共同构成了经济系统整体，要素与要素之间可能都会存在着相互制约、相互影响的关系，这种关系会具体体现在要素之间的数量关联上，因此对于多重共线性的检验是不可回避的。如果一个模型存在多重共线性，即模型中的两个或者多个自变量具有函数关系，则可能导致模型的估计结果分析不准确，对自变量效应的判断出现偏误。事实上，多重共线性是不可避免的，但只要共线性程度控制在一定范围内，不会对估计结果产生严重影响即可。具体判断多重共线性的方法可以采用条件数（condition index）判定法，根据 Belsley、Kuh & Welsch（1980）① 的研究，如果数值小于 30，则表示不存在明显的共线性问题，不会影响模型估计结果；如果条件数值在 30 和 100 之间，则说明可能存在一定的共线性问题，但不会对模型结果与解释产生显著影响；如果条件数值大于 100，则说明自变量之间存在较为严重的共线性问题，导致对自变量效应的分析不准确。经测算，本研究的条件数值为 23.44，小于 30，说明不存在明显的共线性问题，不会对估计结果产生影响。

为了避免模型中非平稳时间序列之间不存在协整关系而导致的伪回归问题，在进行回归分析之前，必须先进行面板数据的单位根检验，以考察各变量是否存在同阶单整，确保数据是平稳的。常用的单位根检验主要包括属于同质面板单位根检验的 LLC 检验、属于异质面板单位根检验的 Fisher-ADF 检验和属于不存在同质面板单位根检验的 Fisher-PP 检验，其区别

① Belsley D A, Kuh E, Welsch R E. Regression diagnostics: Identifying in data and sources of collinearity [J] . Journal of Marketing Research, 1980 (2): 157-158.

主要在于原假设的不同。为保证检验结果的稳健性，本研究同时采用以上三种方法对各个变量进行单位根检验，结果如表 6.3 所示。从检验结果可以看出，各变量都是水平序列平稳的，不存在伪回归问题，可以进行回归估计。

表 6.3　面板数据的单位根检验结果

变量	LLC 检验	Fisher-ADF 检验	Fisher-PP 检验
TFP	-8.051***	158.245***	438.664***
H	-8.172***	376.099***	896.887***
RD	-2.849***	91.833***	99.616***
TD	-3.564***	180.213***	92.331***
SIZ	-2.767***	82.153**	84.777**
GOV	-24.674***	396.968***	377.472***
NPD	-1.475*	166.659***	106.581***
TRA	-3.734***	91.186***	54.784
TEC	-1.931**	96.915***	126.658***

注：***、**、*分别表示在 1%、5%和 10%的显著性水平上显著。

二、面板模型选择

在考虑了多重共线性问题之后，还需要对面板模型进行选择。合理的模型设置有助于提高参数估计的有效性，面板数据模型一般包括两种：固定效应模型假设个体效应（或称为未观测效应），包括地区资源禀赋、文化传统等虽然没有被观察到的、但却与被解释变量存在显著相关关系的因素，这些因素与解释变量相关；随机效应模型则假设个体效应与解释变量不相关，只将其视为误差项的组成之一。因此，需要选择合适的面板模型形式，以避免估计结果的偏误。与一般做法保持一致，本研究采用 Hausman 统计量对面板数据进行检验，以 Hausman 统计量结果来判断面板模型形式。

Hausman 统计量的原假设为随机效应模型优于固定效应模型，如果 Hausman 统计量估计结果的 P 值较大，说明拒绝原假设的犯错概率很高，应该接受原假设；其备择假设是采用固定效应模型进行检验，在 P 值为零或者接近于零的情况下，应采用备择假设。经测算，本研究面板数据模型的 Hausman 统计量 P 值为 0.000，应采用备择假设。下文的分析均基于以固定效应模型的估计结果，具体估计结果如表 6.4 所示。

表 6.4　模型估计结果

自变量	系数	T 值	P 值
H	0.659*	1.75	0.092
RD	-10.547***	-5.16	0.000
TD	1.626**	2.11	0.044
SIZ	-0.506	-0.39	0.698
GOV	-0.125***	-4.83	0.000
NPD	4.446**	2.51	0.018
TRA	0.112	0.87	0.391
TEC	-0.843**	-2.20	0.036
C	1.147***	18.01	0.000

注：***、**、*分别表示在 1%、5%和 10%的显著性水平上显著。

三、估计结果分析

一个国家或地区竞争力的提升，依赖于经济发展、社会进步、科技创新，最终取决于人才竞争力。吸引人才，特别是对经济发展、技术创新和社会进步具有决定意义的科技人才，是各国各地区日益关注的中心议题。现有研究主要集中于国际科技人才流动对中国科技、经济发展的推动作用，特别是 2003 年公布的《中共中央、国务院关于进一步加强人才工作的决定》，强调高度重视引进海外人才和智力工作，提出要加大吸引海外高层次人才工作力度之后，学者们对国际科技人才流动问题进行了一系列的研究。2008 年实施的“千人计划”是目前我国人才引进力度最大的一个项目①，截至 2018 年 9 月已吸引了约 6000 名居住在国外的科学家、企业家

① 马万华，麻雪妮，耿玥．“千人计划”学者回归的动因、学术优势与挑战［J］．清华大学教育研究，2013，34（1）：94-97.

和学者回国。获得“千人计划”批准的国际科技人才需要在海外获得博士学位且不超过55岁，而对于外国国籍的专家学者，年龄限制为65岁，需要在中国每年至少工作6个月。董洁林（2013）[①] 通过对三个由中国“千人计划”专家主导的科技创业公司的研究发现，“千人计划”偏向于选择在国家战略行业进行创业的海归，而顶级高科技海归创业团队的“创业能力”和“技术能力”都较高，且偏向于跳过“技术模仿”直接采取“自主创新”模式来从事最新技术产品开发。彭伟和符正平（2015）[②] 认为海归创业者是当前中国创业浪潮中最为核心的主体之一，“千人计划”创业人才的创业行为有利于推动我国经济实现创新驱动发展。毫无疑问，科技人才的国际流动对中国的科技与经济发展进程意义重大，但本研究的实证检验表明，科技人才在国内区域间的流动对全要素生产率同样具有重要意义。

从表6.4模型的估计结果可以看出，科技人才的流动对区域高技术产业生产率的回归结果通过了10%的显著性检验且弹性系数为正，说明科技人才流动对生产率提升有正向作用，高技术产业科技人才的流动具有生产率效应。科技人才流动的生产率促进作用来自两个方面，一是作为生产要素的，二是作为知识携带者的。生产过程是由多种要素构成的，相互配合、组合的过程，要素流动既带来了要素种类、数量和结构的变化，又将原来由于缺少某一要素而无法构成生产活动的要素激发出来，使其参与生产过程，即激发了闲置生产要素，进而提升了要素的边际生产率，推动经济增长。作为一种重要的经济发展要素，人才总会从边际贡献率低的区域向边际贡献率高的区域流动，这种流动对于人才自身及其所在区域创新经济的发展都是有利的[③]。更重要的是，知识具有“非竞争性”和“非排他性”的部分公共品特征，基于知识植根于个体的客观事实，当掌握了知识和技术的科技人才在区域间流动时，凝结于科技人才自身的知识将进行扩

---

① 董洁林．“天生全球化”创业模式探讨：基于“千人计划”海归高科技创业的多案例研究［J］．中国软科学，2013（4）：26-35.

② 彭伟，符正平．基于扎根理论的海归创业行为过程研究——来自国家“千人计划”创业人才的考察［J］．科学学研究，2015，33（12）：1851-1860.

③ 杨省贵，顾新．区域创新体系间创新要素流动研究［J］．科技进步与对策，2011，28（23）：60-64.

散传播使得知识为科技人才之外的人所获取与拥有，从而创造更大的效用和价值。其中，许多编码知识具有很强的个人属性，需要通过面对面的口头交流才能得到更有效的传播与学习①，而不能被编码化的隐性知识更是需要从实际创新活动中才能进行传播，科技人才流动直接缩短了知识传播的链条，使得知识可以更加有效率地进行传播，且减少传播过程的损失，极大程度避免知识传播中可能出现的衰减效应。另外，科技人才在区域间的流动还将促进知识总量的增加，不同个体间会产生知识的交流与传递，可以对彼此现有的知识和技术进行系统整合，并在此基础上引起知识的再创造，而无论是知识的传播还是知识总量的增加，都将对全要素生产率产生显著的促进作用。

科技人才助力中国企业走向世界，引领中国新兴产业创新发展，促进中国传统制造业转型升级，助力中国创造、中国制造，是产业发展不可忽视的推动力量。原先限制人才流动的各种因素（如户籍制度）逐渐减弱，作为经济活动重要投入要素的人才正越来越趋于自由流动，科技人才特别是顶尖的科学家们在全球范围内的不断流动已逐渐成为一个普遍现象。随着市场经济体制深入改革，区域实力、企业竞争力取决于人才已成为各省市及企业的共识，地区之间的“人才大战”愈演愈烈，科技人才流动也越加频繁。

推动经济增长的动力不是一成不变的，而是会根据经济发展阶段的不同有所差异的。特别是对于发展中国家而言，在经济起步的工业化阶段，产业结构调整推动劳动力从农业部门向工业部门转移，大规模的劳动力与资本等生产要素的投入带来充分释放的“人口红利”和“结构红利”是此阶段经济增长的重要来源，并积累了人力资本与物质资本；而当工业化扩张逐渐完成时，整体经济将转向城市化发展进程，部门之间工资差异逐渐缩小导致了“人口红利”窗口逐渐关闭，资本贡献率随经济增长呈下降趋势出现了“结构性减速”，经济增长的动力从要素投入转变为由技术进步和技术效率改善推动的全要素生产率提升。中国目前正处于速度减缓、质量提升的经济发展新常态阶段，如何度过“增长速度换挡期、结构调整阵

① 刘满凤，唐厚兴．基于社会网络模型的知识溢出传导过程研究［J］．当代财经，2010（05）：63-72.

痛、前期刺激政策消化”的三期叠加状态，如何应对“资本积累速度下降、人口红利消失、‘干中学’技术进步效应削减”的三重冲击，是现阶段最重要的经济问题，发挥全要素生产率的引领作用将是保证经济高质量发展的关键基础。内生增长理论认为全要素生产率的提升来源于知识与技术增进，学者们对于如何提高全要素生产率进行了海量研究，主要关注R&D投入、技术溢出等途径是否促进了全要素生产率，考察研发投入和技术溢出是否有效的问题，许多来自国家、产业和企业等层面的实证分析肯定了研发投入带来的技术创新及对生产率的促进作用①，而根据Romer（1986）的分析，技术溢出途径也是获取先进生产知识进而提升产业生产率的重要方式。本章的实证结果表明，科技人才流动所带来的知识创新、知识分享等行为也可以夯实知识资本并提升全要素生产率，通过对科技人才这一特定生产要素配置结构的优化调整，可以提高要素边际产量和产出弹性，对全要素生产率有正向的显著贡献，是促进产业发展的新路径。

对科技人才流动的研究中有一种观点认为人才将从经济较落后的地区流动到经济较发达的地区，从而产生落后地区“人才流失”的问题，因为如果科技人才没有流出，其原属地的劳动力将更加熟练，知识存量会更丰厚，人均产出福利会更高，人才流动似乎不利于经济发展，特别是人才的跨国流动，大量从发展中国家向发达国家流动的科技人才可能给经济技术相对落后的发展中国家和地区带来了巨大损失。本研究则认为科技人才流动将促进经济增长，研究结论的不统一可能是由于数据或者方法的不同，但也有可能与人才流动生产率促进作用的影响因素有关。事实上，科技人才流动的生产率提升效应并不是随着人才流动而自发产生的，而是依赖于地区相应的发展基础和综合吸收能力等各类因素。只有在具备一定吸收能力的前提下，人才流动所带来的知识溢出、知识增长等才能起到提升生产率水平的效果，本研究在第五章也讨论了这个问题。

对于如何促进科技人才在区域间的合理流动，以提升对产业全要素生产率的贡献，或许可以借鉴前文所述的美国硅谷做法。

---

① 田先钰，张洁．R&D与生产率变动研究综述［J］．科学学与科学技术管理，2011，32（03）：44-49.

四、控制变量分析

关于自主研发投入，在理论上，自主研发投入创造的新思想和新技术是技术进步的最主要来源，是生产率提升和产业发展的重要保证，但越来越多的经验研究却发现现实并非如此，自主研发投入并不一定促进生产率提升，反而可能有负向影响。本研究表 6.4 的模型实证结果发现，自主研发投入对中国高技术产业生产率的弹性系数为负并且通过了 1%的显著性水平检验，与张同斌等（2014、2015）和方文中等（2016）的研究结论相类似，支持了研发投入“负向说”。作为技术和知识密集型产业，高技术产业创新活动成本高、周期长，而且无法在短时期内便获得丰厚回报，在占用了要素资源的情况下却无法贡献产出从而降低了生产率；另外，自主研发投入与资本、劳动力等一样遵循要素边际报酬递减规律，投入过多反而不利于产业的整体效益①。

关于人才密度，许多学者从空间集聚的角度解释现代经济增长过程，如马歇尔（Alfred Marshall）的外部经济理论、克鲁格曼（Paul R. Krugman）的产业集聚理论等，认为由于专业化社会劳动分工、外部规模经济、技术溢出等效应的存在，产业在空间维度上的集聚可以促进经济增长和生产率提升。与产业空间集聚伴生而来的工作机会、薪酬待遇、成长空间等因素促进了人才从不同地方向特定区域的流动，形成了人才集聚现象，本研究的实证结果发现人才同样具有与产业的空间集聚相类似的生产率促进作用，人才在一定区域内的集聚程度会对产业生产率提升产生显著影响，估计系数为 1.626 并在 5%水平上显著，区域内人才密度越大则生产率越高。类似的研究包括谢非和聂宇贤（2018）②讨论了金融人才密度和金融业发展之间的关系，实证发现相比物质资本投入和基础人力资本投入，金融人才密度对金融业发展的贡献率更高。人才密度高的地区，一方面拥有比人才密度低的地区更高的人力资本存量和知识存量，更有利于

---

① Ejermo O，Kander A，Henning M S. The R&D-growth paradox arises in fast-growing sectors [J]. Research Policy，2011，40（5）：664-672.

② 谢非，聂宇贤. 人才集聚对金融业发展的机理分析［J］. 重庆社会科学，2018（1）：48-56.

高技术产业的技术进步与效率改善，另一方面还能不断创造有利于创新创业的环境和条件，从而吸引更多新的人才向人才密度高的地区继续集聚，对高技术产业发展产生了显著影响。

关于企业规模，“熊彼特假说”认为企业规模有利于技术创新，企业规模越大其投入研发创新的要素资源越多，从而可以产出更多的创新产品。学者们沿着这一观点进行了细致研究，却得到了许多不同结论，有认同规模经济成本优势的“促进论”①，有质疑大企业内部管理效率的“抑制论”，也有认为企业规模与技术创新存在更复杂关系的“倒 U 形关系论”②。本研究通过实证发现，对于中国高技术产业而言，企业规模的增长并没有对生产率的提升有所贡献，甚至可能有负向抑制作用，具体的弹性系数为-0.506，但没有通过显著性检验。大企业虽然有更多的研发资源投入，但这些投入不一定能够全部转化为现实产出，且随着企业规模的扩大其内部运营流程越加复杂，管理成本也水涨船高，可能产生了不必要的冗余，对生产率的提升产生了不利影响。

关于政府资助，从表 6.4 的模型实证结果可以看出，政府资助对高技术产业生产率的影响在 1%的显著性水平下通过检验，弹性系数为-0.125，政府资助对产业全要素生产率的提升产生了不利影响。中央政治集权的“相对绩效考核”模式使得地方政府之间形成了竞争关系，地方政府会积极干预经济活动以期在“GDP 竞赛”、晋升博弈中获胜③。作为科技创新和产业结构调整的领头羊，高技术产业是地方政府重点关注的对象，希望通过对高技术产业的科技资助以发挥政府资金的引导作用、有效带动和引导社会投资、推动区域整体经济发展升级，但实证结果却发现政府对高技术产业的资助行为并没有产生预期的促进作用，反而可能推高了企业研发人员的薪酬，提高了企业研发成本，从而不利于生产率提升。闫雨等

① 李宇．产业成长阶段视角的企业规模与技术创新关系争议解析——中、美制造业的比较［J］．经济管理，2010（2）：38-45.

② 高良谋，李宇．技术创新与企业规模关系的形成与转化［J］．中国软科学，2008（12）：96-104.

③ 周黎安．中国地方官员的晋升锦标赛模式研究［J］．经济研究，2007（7）：37-51.

(2019)[①] 对省级生产率数据的分析显示，地方政府的干预抑制了生产率的提升，干预程度越强，对全要素生产率的抑制越明显；计小青和乔越(2018)[②] 分析认为政府干预行为促进了短期生产率的爆发性增长，却透支了长期增长潜力；本研究发现在高技术产业中也存在着类似的问题，政府提供的研发资助不利于全要素生产率提升，在中国经济由高速发展转向高质量发展的当下，应当尽可能减少有形之手的干预。

关于新产品开发，张海洋和史晋川（2011)[③] 认为新产品技术效率是衡量工业自主创新效率的有效标准，本研究的实证结果也支持了新产品开发对于高技术产业生产率的提升作用，新产品的发明将显著推动技术进步，特别是对于技术更新快、产品升级频率高的高技术产业而言，新产品开发对生产率的贡献会更明显，但由于开发周期、开发结果不确定性等原因，对新产品开发的投入也可能拖累了生产率的提升，从表6.4的结果可以看出新产品开发在5%的显著性水平上对生产率有正向影响。观察期内新产品开发对生产率的影响属于前者。新产品开发是一个相当复杂的过程，涉及技术设计、制造工艺、市场营销、财务规划、质量检验等业务流程[④]，开发流程之中伴随着大量的知识获取、整合、应用和共享，对积累企业知识存量、提升创新能力具有重要作用，而持续迅速地开发适合于市场需求的新产品还可以协助企业获得竞争优势，产业对新产品开发的投入会带来创新产出，形成丰厚的回报。

关于贸易依存度，高技术产业国际贸易与其生产率之间的关系具有重要意义，从产业自身而言，规模庞大的国际贸易是否促进生产率的增长将事关产业自身的可持续发展能力；从国家整体层面来看，如果高技术产业的国际贸易活动可以成为构成整体经济基础——产业生产率增长的重要促

① 闫雨，李成明，孙博文，等．政府干预、生产率与高质量发展［J］．技术经济与管理研究，2019（6）：78-83.

② 计小青，乔越．政府干预、资本深化与中国劳动生产率［J］．当代财经，2018，406（9）：5-16.

③ 张海洋，史晋川．中国省际工业新产品技术效率研究［J］．经济研究，2011（1）：83-96.

④ 荆宁宁，胡汉辉．新产品研发业务流程中的知识过程［J］．科学学与科学技术管理，2008（1）：84-87.

进因素，则企业积极参与全球贸易一体化的自发活动则可以成为国家经济可持续增长动力。从新兴工业化国家（如新加坡等）的经济发展历程分析，国际贸易导向的发展战略是促使这些国家实现经济起飞的重要因素。从本研究的实证结果而言，高技术产业的贸易依存度与生产率变动之间的关系并不显著，回归结果并没有通过10%的显著性检验。20年间中国高技术产业进口额增长超过了50倍，如此大规模的贸易活动对于产业的生产率却没有显著的促进作用。通过技术溢出的方式促使中国企业在学习、模仿国外产品的基础上，逐步达到局部性的外观设计、工艺改造，同时提高中国产业自身技术水平，最终实现自主创新的目标并没有实现，其中原因值得深入分析。仔细梳理中国高技术产业的国际贸易业务构成数据可以发现，近年来每年超过5000亿美元的进口高技术产品中绝大多数为高度集成的零部件中间产品，在国内进行组装加工后再出口，以“来料加工装配”和“进料加工”两者组成的出口贸易额占总出口额的65%以上，这种简单贸易模式在2013年时甚至超过了九成。发达国家转移的产业主要集中在组装最终产品、配套生产低端零部件等“低技术产业”，中国无法从这种带有简单加工贸易影子的进口商品中获得学习并积累工艺技术或生产知识，国际贸易对中国高技术产业生产率增长的贡献相当有限。

关于技术依存度，技术引进和购买是高技术产业迅速获取先进技术推动产业生产率提升的另一种方式，在中国高技术产业发展初期发挥了重要作用，但本研究实证发现高技术产业引进国外技术和购买国内技术的活动对生产率产生了显著负向影响，弹性系数为-0.843，并通过了5%的显著性检验，这与戴魁早（2011a）的研究结论相类似，说明现阶段引进国外技术、购买国内技术并没有促进高技术产业生产率的增长，通过购买引进技术方式迅速获取先进技术并促进产业发展的初衷并没有实现，可能的原因是引进购买的外部知识、技术与产业自身需求并不匹配，反而占用了资金等生产要素投入，却没有形成相应的回报，无法从引进购买的技术中获得学习并积累工艺技术或生产知识，反而可能产生技术依赖，从长远而言不利于产业创新能力和生产率的提升，俞立平等（2016）也认为我国对引进技术的消化吸收再创新能力不足，应适当控制规模。

五、稳健性检验

考虑模型估计的稳健性问题，本研究采用以下两种方法进行稳健性检验：一是采用 Hicks-Moorsteen TFP 指数估计得到的全要素生产率数据，代替 Malmquist 指数估计得到的全要素生产率数据作为因变量；二是采用各省份科技人才份额的增长率作为科技人才流动指标的度量方法，对实证模型进行重新估计，估计结果如表 6.5 所示。

表 6.5 稳健性检验估计结果

自变量	稳健性检验 1			稳健性检验 2		
	系数	T 值	P 值	系数	T 值	P 值
H	0.500*	1.80	0.083	0.022*	1.74	0.093
RD	-10.075***	-5.75	0.000	-10.437***	-4.99	0.000
TD	1.315**	2.17	0.039	1.629**	2.12	0.043
SIZ	0.247	0.24	0.816	-0.553	-0.43	0.672
GOV	-0.124***	-4.95	0.000	-0.125***	-4.80	0.000
NPD	3.888**	2.24	0.033	4.379**	2.43	0.022
TRA	0.082	0.74	0.463	0.116	0.90	0.375
TEC	-1.310***	-4.75	0.000	-0.831**	-2.21	0.036
C	1.126***	20.08	0.000	1.147***	17.81	0.000

注：***、**、*分别表示在 1%、5%和 10%的显著性水平上显著。

从表 6.5 的稳健性检验估计结果可以看出，与原始模型相比，稳健性检验模型的核心变量和控制变量的方向与显著性水平等数据都没有明显变化，科技人才流动对高技术产业生产率仍然有显著的正向影响。这说明虽然改用 Hicks-Moorsteen TFP 指数全要素生产率数据作为因变量，或改用人才份额增长率作为自变量，但并没有改变前文的基本结果，研究结果具有稳健性。

技术进步和技术效率提升是生产率提升的两个源泉，那么，科技人才流动是通过促进技术进步还是促进技术效率提升进而推动生产率进步的呢？或者两者兼有？两者之间是否存在差异性呢？本研究对此进行了进一步的估计分析。参考上文的建模过程，设定如下模型：

$$\ln TC_t = \theta_1 \ln H_t + \theta_2 \ln RD_t + \theta_3 \ln TD_t + \theta_4 \ln SIZ_t + \theta_5 \ln GOV_t + \theta_6 \ln NPD_t + \theta_7 \ln \mathrm{TRA}_t + \theta_8 \ln \mathrm{TEC}_t + \mathrm{C}_3 + \varepsilon_{t3} \quad (6.7)$$

$$\ln TE_t = \eta_1 \ln H_t + \eta_2 \ln RD_t + \eta_3 \ln TD_t + \eta_4 \ln SIZ_t + \eta_5 \ln GOV_t + \eta_6 \ln NPD_t + \eta_7 \ln TRA_t + \eta_8 \ln TEC_t + C_4 + \varepsilon_{t4} \quad (6.8)$$

其中，*TC*、*TE* 分别代表技术进步和技术效率变化，其余变量与上一节的变量设定一致。

首先，采用条件数判定法进行多重共线性检验，计算得到的条件数值分别为 21.83 和 31.84，说明不存在明显的共线性问题及虽然存在共线性问题，但不会对模型结果与解释产生显著影响，可以进行计量回归；其次，采用 Hausman 统计量对面板模型进行选择，测算得到的 Hausman 统计量 P 值分别为 0.007 和 0.000，说明应该采用备择假设，判定固定效应模型优于随机效应模型；最后，采用固定效应模型对上述模型进行估计，具体估计结果如表 6.6 所示。

高技术产业科技人才的流动对技术进步有正向作用且回归结果通过了10%的显著性检验，说明科技人才在区域间的流动可以显著促进高技术产业技术进步，但与此同时科技人才流动对高技术产业技术效率改善的贡献并不显著，回归结果没有通过 10%的显著性检验且系数为负。因此，本研究认为科技人才流动通过单一的技术进步路径推动生产率进步，而技术效率路径的作用并不显著。作为生产率提升的重要路径之一，技术效率改善在生产率变化中发挥了越来越重要的作用，生产率由技术变化推动逐渐转为技术变动和技术效率变化共同推动，而实证发现科技人才流动并没有显著促进高技术产业技术效率的改善，说明目前高技术产业生产率的提升还具有较大的潜力，可以深入挖掘科技人才流动在技术效率改善方面的作用以更有效地推动生产率提升。

表 6.6 科技人才流动促进生产率增长的路径估计结果

自变量	技术进步			技术效率		
	系数	T 值	P 值	系数	T 值	P 值
H	0.732*	1.70	0.099	-0.122	-0.35	0.728
RD	-9.849***	-4.12	0.000	-0.275**	-2.13	0.035
TD	1.693*	1.79	0.084	-0.294	-0.58	0.564
SIZ	1.347	1.53	0.138	-1.565*	-1.99	0.056
GOV	-0.097***	-4.46	0.000	-0.015*	-1.66	0.096
NPD	4.437***	3.17	0.004	-0.172**	-2.12	0.033
TRA	0.031	0.44	0.662	0.071	0.66	0.512
TEC	-0.929***	-3.16	0.004	0.123*	1.93	0.038
C	1.045***	29.15	0.000	1.100***	24.45	0.000

注：***、**、*分别表示在1%、5%和10%的显著性水平上显著。

高技术产业科技人才流动具有显著的技术进步效应，科技人才是技术转移的特殊载体，知识和技术内在地凝结于个体之中，掌握了相应的研究方法、操作技能、管理流程等的人才在区域间的流动会显著加快知识的传播并促进新知识的创造。由于知识外部性的存在，某一个地区的科技人才流动到另一个地区后，凝聚在科技人才身上的研究方法、操作技能、管理流程等也会进行相应的传播，并且在新的地区内转化为现实生产力，具体可以体现为新产品、新工艺或新方法等。科技人才流动对中国的高技术产业技术进步产生了正向影响，显著提高了高技术产业的技术创新能力，是全要素生产率提升的重要来源，进而促进地区创新水平的整体提升和宏观经济的持续增长。本研究的研究结论与罗思平和于永达（2012）、陈怡安和杨河清（2013）等对于国际人才流动的结论相类似，在肯定科技人才流动技术进步效应的同时进一步拓宽了研究思路，发现人才流动的技术进步效应不仅存在于“海归”群体，中国区域间的科技人才流动同样具有技术进步效应，科技人才在国内的流动同样可以促进技术进步并推动产业生产率增长。

科技人才流动对于高技术产业技术效率的影响并不显著，说明中国高技术产业目前科技人才流动的配置效应和“鲇鱼效应”还没有完全显现，而且，科技人才流动对技术效率的影响系数为负值，说明人才在区域间的流动可能对产业管理实际带来了一定的负向作用，可能的原因在于目前区域之间为争夺人才而导致的人才无序流动问题。由于中央政治集权的“相对绩效考核”，使得地方政府非常关注其他区域政府（即竞争对手）的行为①，在其他地区持续加大招商引资力度、纷纷上演“人才争夺战”的情况下，地方政府必然采取“策略性”行为吸引资本与人才等要素流入，以加快本地区经济发展应对竞争压力，却可能对产业管理实际产生负向影响。现有文献对此研究较少，与此相类似的是对于高校人才流动问题的研究。当前在“双一流”建设背景下，为了在世界范围内各种大学和学科排行榜上取得更好的名次，并顺利入选“一流大学”或“一流学科”建设的名单，高校间的“人才战”愈演愈烈，新的学术项目、科研设施和新的教师不断被引入，不断引进各种高层次人才，不断扩张学校和学科的体量成为各高校最重要的选择②。“职业发展前景”和“薪酬待遇水平”是影响高校人才流动的主要因素③。诚然，对于科技人才而言，根据薪酬的高低或待遇的好坏，从一个地区流动到另一个地区是完全正常的事情，全球化背景下职业流动本身就具有全球逐利的显著特征。但区域之间为争夺科技人才而导致的人才无序流动问题可能促使优秀的人才从资金不足的中西部和东北地区向资源丰富的东部地区流动，造成部分地区高层次人才短缺，发展速度减缓并给其他人才造成心理冲击，影响其工作积极性及队伍稳定性④。

---

① 周黎安．中国地方官员的晋升锦标赛模式研究［J］．经济研究，2007（7）：36-50.

② 王建华．我国高校高层次人才非正常流动的反思［J］．江苏高教，2018（2）：1-5.

③ 刘红梅，袁家明，包平．高校非理性人才竞争现状与治理对策研究［J］．江苏高教，2018（4）：40-43.

④ 徐长渝，于丽霞，吴明君．地方高校高层次人才非正常流动现状及成因分析［J］．山东社会科学，2014（1）：281-282.

第三节　小结

本章的研究目的在于检验科技人才流动对中国高技术产业生产率的影响，从动态变化的、流量的角度对科技人才促进生产率增长的效果作出评价。为了使结果更为可靠，本章首先对模型进行了检验，在讨论了多重共线性、单位根检验之后采用固定效应模型方法进行估计，以中国29个省份1998—2016年的高技术产业面板数据为考察样本，以科技人才流动为解释变量，以全要素生产率、技术进步和技术效率为被解释变量，实证检验和分析了科技人才流动对生产率的线性影响，并进一步讨论了其作用路径。

实证结果表明高技术产业的科技人才流动对高技术生产率有显著正向的促进作用，高技术产业科技人才在区域间的流动有助于产业全要素生产率的提升，科技人才流动所带来的知识创新、知识分享等行为可以夯实知识资本，提高要素边际产量和产出弹性，对全要素生产率有正向的显著贡献，促进科技人才在区域间的合理流动是产业发展的新路径。进一步分析发现，科技人才的流动对高技术产业的技术进步有正向作用，说明科技人才在区域间的流动可以显著促进高技术产业技术进步，具有技术进步效应，但与此同时科技人才流动对高技术产业技术效率的影响没有通过显著性检验，技术效率路径的作用并不显著，科技人才流动通过单一的技术进步路径推动生产率进步，说明目前高技术产业生产率的提升还具有较大的潜力，可以深入挖掘科技人才流动在技术效率改善方面的作用以更有效地推动生产率提升。考虑模型估计的稳健性问题，本研究采用Hicks-Moorsteen TFP指数估计、科技人才份额的增长率作为替代变量对实证模型进行重新估计，稳健性检验模型的核心变量和控制变量的方向与显著性水平等数据都没有明显变化，科技人才流动对高技术产业生产率仍然有显著的正向影响，说明本研究的研究结论具有稳健性。

随着中国市场经济的逐步发展和日益成熟，人才市场也将进一步完善，人才在企业之间、区域之间的充分流动将带动知识的合理分配，加速中国整体技术创新，充分利用科技人才流动所带来的知识和技术的流动，可以更好地帮助高技术产业不断创新和发展。对于政府而言，应为人才流动提供良好的环境政策支持，激励科技人才在区域间更充分的流动，解决区域创新资源不平衡问题，整合利用全国的创新资源以促使高技术产业效益不断提升，推动创新驱动战略的实施。对于企业而言，在开放式创新和区域协调发展的背景下，仅依靠内部有限的资源和能力来提升全要素生产率是不够的，应以积极开放的态度整合利用外部资源（如人才资源）弥补自身创新资源的不足，借助人才流动带来的新知识与技术满足创新所需的技术综合化和复杂化的要求。

第七章

人才流动对经济高质量发展的门槛效应分析

通过前面的检验分析，能够清晰地看出科技人才流动会对高技术产业全要素生产率产生影响，本章将在上一章分析的基础上，结合机理分析，继续讨论这种影响如何根据产业环境因素的改变而发生变化，研究中国高技术产业科技人才流动对生产率的门槛效应，以确定影响科技人才流动与生产率之间关系的中间变量，从而更准确判断人才流动对高技术产业发展的意义，并提出更具针对性的政策建议。

许多实证研究认为科技人才流动对生产率存在正面影响，本研究第五章也通过实证分析发现人才流动可以通过知识溢出效应等途径促进经济增长。但也有学者认为人才流动可能带来负面影响，即存在“人才流失”“智力外流”问题，从科技经济较不发达地区出走转而流向科技经济较发达地区的人才，对于培养他们的本土而言是一种显而易见的损失。也有学者持中立态度，认为人才流动在短期内会造成输出国的智力损失，但在长期中却可能通过“智力增益”促进输出国技术水平提升。现有研究结论的不统一可能是由于数据或者方法的不同，但也有可能与人才流动促进经济发展的影响因素有关。

科技人才流动对经济发展的影响是一个复杂系统，存在多种影响因素和制约因素。人才流动对生产率的促进作用并不是随着人才流动而自发产生的，而是依赖于产业相应的发展基础和综合吸收能力等各类因素，存在门槛水平条件；科技人才流动对生产率的影响效果，不仅取决于科技人才流动本身，还会受到环境因素的影响，只有在具备一定前提下，人才流动所带来的知识溢出、资源配置优化等才能起到提升经济发展水平的效果。但现有研究大多忽略了人才流动与经济发展之间可能存在的环境因素，简单估计人才流动对生产率的影响，难以刻画变量间的真实关系，其直接表现为来自不同样本的研究结果对于人才流动是否能促进生产率增长这个问题的回答并不一致。

基于现有研究不足，本章在线性分析的基础上，根据人才流动对高技术产业生产率影响概念模型，研究影响人才流动发挥作用的环境因素，并引入门槛分析框架进一步探索人才流动与生产率的关系。这将有助于更好地理解生产率提升的动力机制，在此基础上提出优化产业发展环境的针对性建议，充分发挥出人才流动对生产率改善的积极效应。本章将围绕科技人才流动与高技术产业发展这一主题，选取合适的检验方法和变量指标，对人才流动生产率促进作用的门槛效应进行实证研究，并揭示在人才流动促进产业发展作用的过程中产业环境的关键意义，这将有助于充分发挥出人才流动对高技术产业生产率改善的积极效应。

第一节　检验方法

门槛效应（Threshold Effects）是经济学研究中一种需要注意的现象，指的是自变量与因变量之间的关系取决于门槛变量，门槛变量的具体数据会影响图形趋势，两者关系会在门槛值附近出现显著差异，因此也可以称之为阈值效应；即自变量与因变量之间并不仅仅是线性关系，而是存在某一个拐点，使得两者间呈现非线性关系，常见的如“U形曲线”“倒U形曲线”等；常见的门槛变量即为解释变量本身，但也可以是其他变量。对于线性模型，考虑了门槛效应的检验模型可以更加精确地探索解释变量和被解释变量之间的关系，从而更加准确地刻画经济现实。常用的门槛效应检验模型主要包括以下三种。

交叉变量模型是以往研究中使用较多的方法，其一般做法是在普通线性回归的基础上增加解释变量与影响因素的交叉项变量，通过观察交叉项变量的估计系数和显著性水平来分析两者之间是否存在相互作用。交叉变量模型在测度FDI技术溢出的相关研究中得到广泛应用，学者们在回归方程中通过构建FDI与代表影响FDI技术溢出效应各因素指标（如研发投入、相对前沿面的技术差距等）的交互项来测度FDI在对本地企业发挥技术溢出效应时受到了哪些因素的制约。陈羽等（2009）[①] 采用交互项连乘模型考察了行业勒纳指数与平均规模对技术溢出效应的影响，发现在中国制造业中企业规模更大、市场势力更强的行业，有利于行业内技术溢出的实现；张海洋（2010）[②] 在对1999—2007年省级大中型工业全要素R&D效率分析的基础上，发现R&D投入与FDI的交互项显著为负，但与出口和国外技术引进的交换项都不显著，即FDI产生了逆向技术扩散，抑制了全要素R&D效率的提高。交互项连乘模型的缺点在于无法计算出具体的门槛值，即无法准确获取拐点信息。

分组检验模型是根据事先假设的门槛值直接对观察数据进行切割，子样本的数量根据假设门槛的数量而定，通过对子样本的回归结果差异性的比较来讨论自变量可能存在门槛效应。Javorcik（2004）基于企业层面的面板数据，采用分组检验模型对立陶宛的外资企业与当地企业的技术差距以及企业的外向程度进行了分析，证明了溢出效应的存在，且发现10%的下游行业外资份额增长将带来0.38%的当地企业产出增长；王红领等（2006）[③] 利用分组检验的方法检验了外商直接投资对本地企业的自主创新能力溢出的行业差距性。但是，分组检验模型所无法回避的问题是分组标准即门槛值的确定，人为的事先假设不一定符合经济现实，因此难以真实描述解释变量对被解释变量的影响程度。许多学者在运用分组检验模型时，只是简单将中位数作为门槛值，这显然过于草率。

门槛回归模型（Panel Threshold Model）是近年来逐渐发展起来的门槛效应检验方法，由Hansen（1999）[④] 提出并逐渐在经济学研究中得到了推

---

① 陈羽，邝国良．市场结构与FDI技术溢出——基于中国制造业动态面板数据的实证研究［J］．世界经济研究，2009（9）：63-68.

② 张海洋．中国省际工业全要素R&D效率和影响因素：1999—2007［J］．经济学：季刊，2010，9（3）：1029-1050.

③ 王红领，李稻葵，冯俊新．FDI与自主研发：基于行业数据的经验研究［J］．经济研究，2006（2）：44-56.

④ Hansen B E. Threshold Effects in Non-Dynamic Panels：Estimation，Testing，and Inference［J］. Journal of Econometrics，1999，93（2）：345-368.

广和应用。作为分组检验模型的一种扩展，门槛回归模型对交叉变量、分组检验两种方法进行了改进，以数据说话，根据数据的客观特征计算门槛值并进行分组，并进行估计和检验，适用于变量之间跳跃性或是结构性断点的非线性关系分析。

门槛回归模型的基本思想为：如果变量存在门槛水平，即

$$q_{it}\begin{cases}\leqslant \tau \\ > \tau\end{cases} \tag{7.1}$$

式（7.1）的 q_{it} 为模型中的某一个变量，τ 为假设可能存在的门槛值。q_{it} 可能大于门槛值，也可能小于或等于门槛值，且当其处于不同区间时，自变量对因变量的影响存在明显差异，具体可用以下模型进行表示：

$$\ln Y_{it}=\begin{cases}C_1+\eta\ln X_{it}+\theta_1\ln M_{it}\times I+\varepsilon_{it}q_{it}\leqslant\tau \\ C_2+\eta\ln X_{it}+\theta_2\ln M_{it}\times I+\varepsilon_{it}q_{it}>\tau\end{cases} \tag{7.2}$$

其中，q_{it} 是模型的门槛变量，τ 是待确定的门槛值；Y_{it} 是模型的因变量，M_{it} 为核心自变量，X_{it} 是一组除了 M_{it} 之外的与 Y_{it} 有关的控制变量，η 是系数向量；I 是一个虚拟变量，当 q_{it} 小于或等于门槛值时，I 的取值为 1；当 q_{it} 大于门槛值时，I 的取值为 0；ε_{it} 为模型的随机干扰项。

因此，可以将门槛回归模型视为一个根据门槛变量 q_{it} 进行总样本划分的分段函数，回归系数根据门槛变量 q_{it} 取值的不同而不同，当门槛变量 $q_{it}\leqslant\tau$ 时，M_{it} 对 Y_{it} 的影响系数为 θ_1；当门槛变量 $q_{it}>\tau$ 时，M_{it} 对 Y_{it} 的影响系数为 θ_2。门槛回归模型可以合并表示为：

$$\ln Y_{it}=C_3+\eta_1\ln X_{it}+\theta_1\ln M_{it}\times I(q_{it}\leqslant\tau)+\theta_2\ln M_{it}\times I(q_{it}>\tau)+\varepsilon_{it} \tag{7.3}$$

通常使用三个步骤对门槛回归模型进行估计。一是估计门槛值，即使用最小残差平方和进行估计，如果残差平方和 $S(\tau)=\hat{e}'(\tau)\hat{e}(\tau)$ 的估计结果越小则说明门槛值越接近真实值；如果模型中存在两个或以上的门槛值，则需要在第一个门槛值 τ_1 的估计结果基础之上，假设 τ_2 为第二个门槛值，再次使用最小残差平方和方法进行估计并以此类推对多个门槛值进行求解。二是对是否存在门槛效应进行判断，即讨论模型中是否真实存在 θ_1 和 θ_2 两个系数。可以对模型的原假设 H_0：$\theta_1=\theta_2$ 进行检验，如果接受原假设则说明该模型不存在明显的门槛特征，反之如果接受备择假设 H_0：$\theta_1\neq\theta_2$ 则说明存在门槛效应。由于原假设下门槛值无法得到估计结

果，传统的 F 检验统计量不服从χ^2 分布，检验无法进行。Hansen（1999）建议采用自抽样法（Bootstrap）解决这一问题，对每个可能的门槛值进行重复抽样后，将原假设 F 检验定义的统计量与模拟的统计量与总模拟统计量进行比较，其占比记为 Bootstrap P 值，与普通计量方法得出的相伴概率 P 值相类似，可以用于判断检验的显著性水平。三是对门槛值的显著性进行判断，即门槛估计值是否等于其真实值，在原假设成立的条件下可以计算得到临界值并计算出置信区间。同理，当存在两个或者多个结构突变点时，可以采用类似的方法将门槛回归模型拓展为双重门槛模型或多重门槛模型。

相对于交叉变量模型和分组检验模型，门槛回归模型通过严格的统计推断根据数据客观地对样本进行区间划分，克服了交叉变量模型无法计算门槛值的缺陷，还解决了分组检验模型门槛值选取的主观随意性的不足，可以根据样本数据确定门槛个数和具体门槛数值，并对门槛效应和门槛值的正确性进行显著性检验，具有较高的可靠性。基于以上分析，本研究采用门槛回归模型对科技人才流动对高技术产业全要素生产率的影响进行门槛效应分析。

第二节　实证模型构建与研究假设

一、模型构建

根据第四章的研究结论，可以发现科技人才流动对高技术产业全要素生产率存在显著的正向促进影响，本章将采用门槛回归模型继续讨论两者之间的关系。为考察科技人才流动与高技术产业生产率之间是否存在门槛效应，本研究基于门槛回归的思想设定科技人才流动的门槛回归模型为：

$$\ln TFP_{it}=C_4+\eta_2\ln X_{it}+\theta_3\ \ln H_{it}\times I(q_{it}\leqslant\ \tau_1)+\theta_4\ \ln H_{it}\times I(\tau_1<q_{it}\leqslant\tau_2)+\cdots+\theta_n\ln H_{it}\times I(\tau_{n-1}<q_{it}\leqslant\tau_n)+\varepsilon_{it} \tag{7.4}$$

其中，$\ln TFP_{it}$ 为全要素生产率，$\ln H_{it}$ 为受门槛变量影响的核心自变量即科技人才流动，$\ln X_{it}$ 为控制变量，q_{it} 为门槛变量，τ_1 等为待估算的门槛值。

二、研究假设

根据第二章构建科技人才流动对高技术产业生产率影响的概念模型，本研究认为知识吸收能力、技术设施基础和产业发展水平是科技人才流动对生产率的促进影响的门槛变量，只有在产业越过相应门槛值时，在区域之间流动的科技人才才能带来知识的增进与效率的改善，分别提出以下三个假设。

H1：吸收能力（AC）对科技人才流动生产率效应具有门槛作用。高技术产业需具备一定的吸收能力，才可以获取人才流动所带来的知识与技术，从而促进生产率提升。

根据 H1 可以设定如下的实证模型：

$$\ln TFP_{it}=C_5+\eta_3\ln X_{it}+\theta_4\ \ln H_{it}\times I(AC_{it}\leqslant\tau_1)+\theta_5\ \ln H_{it}\times I(\tau_1<AC_{it}\leqslant\tau_2)+\cdots+\theta_n\ln H_{it}\times I(\tau_{n-1}<AC_{it}\leqslant\tau_n)+\varepsilon_{it}\tag{7.5}$$

AC 表示吸收能力，在具体的指标选取方面，学者们一般采用企业的 R&D 衡量产业的吸收能力，R&D 的两面性（Two Faces）是创新经济研究中的热门话题，许多研究都认为除了传统的刺激创新作用外，R&D 还会通过提高公司的吸收能力来增强其领先优势。Griffith & Reenen（2004）① 通过 13 个 OECD 国家 1970 年以来的行业数据进行实证分析，认为存在行业间的生产率收敛现象，且在此追赶过程中 R&D 的吸收能力作用和促进创新方面作用在统计和经济上同样显著重要。R&D 活动不仅可以提高企业的创新能力，而且能够增强吸收能力（Cohen & Levinthal，1989）②，企业需要具备一定的吸收能力，才能促进人才流动的知识、技术进行扩散，吸收能力的强弱决定了技术扩散的强弱，企业 R&D 活动是构建知识吸收能力、提升知识转移效率的关键。企业 R&D 活动的活跃程度与人才流动知识技

① Griffith R，Reenen R J V. Mapping the Two Faces of R&D：Productivity Growth in a Panel of OECD Industries［J］. The Review of Economics and Statistics，2004，86（4）：883-895.

② Cohen W M，Levinthal D A. Innovation and Learning：The Two Faces of R&D［J］. Economic Journal，1989，99（397）：569-596.

术扩散密切相关，因此本研究将吸收能力变量以高技术产业的 R&D 活动进行衡量，具体采用各省高技术产业研发经费内部支出来表征。

H2：技术设施基础（TI）对科技人才流动生产率效应具有门槛作用。高技术产业需具备一定的技术设施基础，才可以获取人才流动所带来的知识与技术，从而促进生产率提升。

根据 H2 可以设定如下的实证模型：

$$\ln TFP_{it}=C_6+\eta_4\ln X_{it}+\theta_6\ \ln H_{it}\times I(TI_{it}\leqslant\tau_1)+\theta_7\ \ln H_{it}\times I(\tau_1<TI_{it}\leqslant\tau_2)+\cdots+\theta_n\ln H_{it}\times I(\tau_{n-1}<TI_{it}\leqslant\tau_n)+\varepsilon_{it} \tag{7.6}$$

TI 表示技术设施基础，在具体的技术设施基础指标方面，参考戴魁早（2011b）[①] 的研究，采用各地区人均年末固定资产净值来反映，类似的研究还包括朱钟棣和李小平（2005）[②]、李小平和陈勇（2007）等。

H3：产业发展水平（ID）对科技人才流动生产率效应具有门槛作用。高技术产业需具备一定的产业发展水平，才可以获取人才流动所带来的知识与技术，从而促进生产率提升。

根据 H3 可以设定如下的实证模型：

$$\ln TFP_{it}=C_7+\eta_5\ln X_{it}+\theta_8\ \ln H_{it}\times I(ID_{it}\leqslant\tau_1)+\theta_9\ \ln H_{it}\times I(\tau_1<ID_{it}\leqslant\tau_2)+\cdots+\theta_n\ln H_{it}\times I(\tau_{n-1}<ID_{it}\leqslant\tau_n)+\varepsilon_{it} \tag{7.7}$$

ID 表示产业发展水平，在具体的产业发展水平指标方面，参考许箫迪等（2007）的研究，采用平均营业收入衡量高技术产业发展水平。

第三节　实证结果及分析

一、知识吸收能力

面板门槛的估计分为两步：一是对门槛效应进行显著性检验；二是对

① 戴魁早．中国高技术产业的 R&D：投入与生产率增长——基于行业层面和 Malmquist 指数的实证检验［J］．山西财经大学学报，2011（3）：63-71.

② 朱钟棣，李小平．中国工业行业资本形成、全要素生产率变动及其趋异化：基于分行业面板数据的研究［J］．世界经济，2005（9）：51-62.

门槛值及系数进行估计。知识吸收能力门槛效应检验结果如表 7.1 所示。

表 7.1　生产率知识吸收能力门槛效应检验

门槛数量	残差平方和	标准误差	F 值	P 值	不同显著性水平的临界值		
					90%	95%	99%
单门槛	14.594	0.027	23.250***	0.000	10.870	12.410	16.985
双门槛	14.521	0.027	2.670	0.877	10.992	13.003	16.171

注：表中的 F 值及相关临界值为采用自举法反复抽样 300 次得到的，***表示在 1%水平上显著。

从表 7.1 中的单门槛检验结果可以看到，单门槛值检验统计量 F 值为 23.250，超过了 1%水平上的临界值，P 值为 0.000，意味着知识吸收能力的单门槛模型存在性在 1%的水平上显著，可以在单门槛模型的基础上假设存在双门槛模型，进行二次门槛值检验；同时，表示随机误差效应的残差平方和较小为 14.594，以及反映参数估计值与参数真值之差平方的期望值的标准误差较小为 0.027，说明预测模型具有较好的精确度。知识吸收能力双门槛检验结果如表 7.1 所示，F 值为 2.670，P 值为 0.877，无法通过 10%水平的显著性检验，意味着需要接受只存在一个门槛值的原假设，双重门槛效应不存在，知识吸收能力不存在更复杂的门槛特征，因此，知识吸收能力只存在一个门槛值。

知识吸收能力的门槛效应检验结果可以通过似然比（LR）图进行直观的展示，绘图结果如图 7.1 所示。似然比图展示的是对知识吸收能力等门槛变量进行真实性检验的结果，当门槛变量通过似然比检验时，似然比图会有一个低于显著性临界水平（在似然比图中以横线表示）的峰值，说明参数可以反映真实的约束情况。从图 7.1 可以看出，知识吸收能力存在一个低于横线的峰值，即存在一个真实的知识吸收能力门槛值使得似然比 LR 为零通过检验，且门槛值介于 5 和 10 之间。

在知识吸收能力门槛显著性检验的基础上，本研究计算知识吸收能力的具体门槛值，具体的知识吸收能力门槛值估计结果如表 7.2 所示；并运用面板门槛估计方法实证检验模型 7.5，相关参数计算结果如表 7.3 所示。

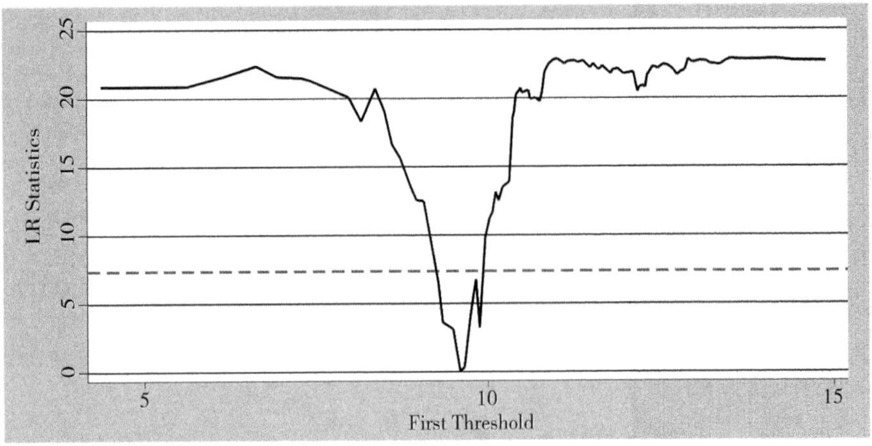

图 7.1　生产率知识吸收能力门槛效应检验的似然比图

表 7.2　生产率知识吸收能力的门槛值估计结果

门槛值	下界	上界
9.590	9.359	9.650

表 7.2 的门槛值估计结果说明，被搜索到的知识吸收能力门槛值为 9.590，代表高技术产业研发知识吸收能力积累到此门槛值时，科技人才流动对生产率的影响将发生结构性变化，以知识吸收能力为门槛，科技人才流动与高技术产业生产率之间存在门槛效应，以 9.590 为分界点可以将人才流动对生产率的影响分为两个阶段。

从知识吸收能力的门槛检验结果显示，科技人才流动对高技术产业生产率的促进作用存在着基于知识吸收能力的门槛效应，即人才流动与高技术产业生产率存在显著的门槛效应，检验结果显示知识吸收能力共有 1 个门槛值，可以将样本划分为 2 个区间：H_{s1} 表示知识吸收能力低于 9.590 时科技人才流动对生产率的影响估计结果，此时人才流动变量的系数为负且通过了 10%水平的显著性检验，说明当知识吸收能力较低时，人才流动并不能促进高技术产业的生产率，反而可能抑制了生产率的提升；H_{s2} 表示知识吸收能力低于 9.590 时科技人才流动对生产率的影响估计结果，此时科技人才流动对生产率有显著的正向促进作用，人才流动变量的系数为

0.069 且通过了 1%的显著性水平检验。因此，对于人才流动而言，知识吸收能力的最优取值区间为大于 9.590，此时的人才流动可以显著促进生产率提升，知识吸收能力越大越有利于发挥科技人才流动的生产率效应进而促进高技术产业生产率提升。

表 7.3　生产率基于知识吸收能力的门槛模型估计结果

自变量	系数	T 值	P 值
H_{s1}	-0.032*	-1.80	0.073
H_{s2}	0.069***	3.29	0.001
RD	-10.667***	-5.26	0.000
TD	1.464**	2.36	0.019
SIZ	-0.770	-1.10	0.271
GOV	-0.110***	-4.41	0.000
NPD	4.031**	2.23	0.026
TRA	0.089	1.05	0.292
TEC	-0.745**	-2.19	0.029
C	1.120***	27.04	0.000

注：***、**、*分别表示在 1%、5%和 10%的显著性水平上显著。

知识吸收能力是企业认知新的外部知识的价值并将其吸收和应用于自身商业目的的能力，通过外部知识内部化的过程，企业促进了自身的创新能力①。前期学者们主要关注吸收能力对 FDI 技术溢出的门槛作用，本研究通过实证发现对于希望通过人才流动这一路径带动知识积累、技术提升的经济体而言，其自身的知识吸收能力同样发挥了重要的门槛作用。人才所带来的先进知识和技术存在基于知识吸收能力的门槛要求，只有当经济体的知识积累足够丰裕时，人才流动才能产生生产率提升效应，单纯的人才流动并不是推动经济体全要素生产率提升的充分条件。研发投入是高技术产业生产率提升过程中的重要环境因素，不仅对生产率有显著的促进作

① 杨蕙馨，刘春玉．知识溢出效应与企业集聚定位决策［J］．中国工业经济，2005（12）：41-48.

用且能发挥“吸收能力”作用，有利于科技人才生产率提升作用的发挥，企业研发活动在完成内部产品研发、技术改进的同时积累了相应的知识，内部知识的提升降低了与外部新知识、新技术衔接难度与消耗时间，有利于外部技术和知识的吸收，可以更具针对性地获取科技人才流动产生的知识和技术，开发出更具有竞争力的产品。

包括 FDI、R&D 投入、科技人才流动等在内所带来的知识与技术扩散依赖于本国或地区的“吸收能力”，本土必须具有一定的吸收能力，才能成功模仿、吸收和消化先进知识特别是关键核心技术。一个国家或地区的吸收能力越强，就越能成功地识别和应用外来的知识与技术，并具有更大的技术利用能力，吸收能力还可以放大人才流动的生产力增长效应；相比之下，吸收能力弱的国家或地区无法吸收及利用外来的知识与技术，不能利用其促进自身生产力提升。人才流动对高技术产业生产率促进作用是建立在一定的知识吸收能力基础之上的，当高技术产业的知识吸收能力较弱时，人才的流入并没有带来相应的生产率提升，反而可能因为伴随着人才流动而带来的人工成本增加、管理协调难度攀升等原因导致高技术产业生产率的下滑；而知识吸收能力提升带来了知识差距的缩小，高技术产业吸收人才流动的新知识和技术所需成本也逐步降低，接受新知识的效果越来越好。吸收能力可以协助高技术产业识别、吸收、同化和运用外部知识，并提升自身的生产率，具有高知识吸收能力的经济体能够更有效地进行知识管理活动，进行创新活动并获得竞争优势。

二、技术设施基础

与知识吸收能力的检验相类似，首先对技术设施基础进行门槛效应检验，检验技术设施基础是否具有门槛效应以及门槛个数，检验结果如表 7.4 所示。

表 7.4　生产率技术设施基础门槛效应检验

门槛数量	残差平方和	标准误差	F 值	P 值	不同显著性水平的临界值		
					90%	95%	99%
单门槛	14.718	0.027	18.560***	0.010	10.783	13.677	18.497
双门槛	14.683	0.027	1.270	0.972	10.884	13.175	18.938

注：表中的 F 值及相关临界值为采用自举法反复抽样 300 次得到的，***表示在 1%水平上显著。

从表 7.4 的单门槛检验结果可以看到，技术设施基础的单门槛值检验统计量 F 值为 18.560，超过了 1%水平上的临界值，P 值为 0.010，意味着技术设施基础存在单门槛效应，且在 1%的水平上显著，可以在单门槛模型的基础上假设存在双门槛模型，进行二次门槛值检验；同时，表示随机误差效应的残差平方和较小为 14.718，以及反映参数估计值与参数真值之差平方的期望值的标准误差较小为 0.027，说明预测模型具有较好的精确度。技术设施基础双门槛检验结果如表 7.4 所示，F 值为 1.270，P 值为 0.972，无法通过 10%水平的显著性检验，意味着需要接受只存在一个门槛值的原假设，与知识吸收能力相类似的，技术设施基础并不存在更加复杂的双重门槛效应。因此，可以将模型设定为只包含一个门槛值。

图 7.2 为技术设施基础门槛检验的似然比图，反映了技术设施基础的门槛效应真实性的检验结果。从图中可以看出存在一个技术设施基础的门槛值使得似然比 LR 为零，说明门槛值是真实存在的，且门槛值介于 0 与 10 之间，具体的门槛值计算结果如表 7.5 所示。

表 7.5　生产率技术设施基础的门槛值估计结果

门槛值	下界	上界
5.057	4.632	5.218

技术设施基础在 95%置信水平上的门槛估计值为 5.057，代表技术设施基础积累到此门槛值时，人才流动对生产率的影响将发生结构性变化，呈现门槛效应，以门槛值为分界点可以将人才流动对生产率的影响分为两个阶段，具体模型估计结果如表 7.6 所示。

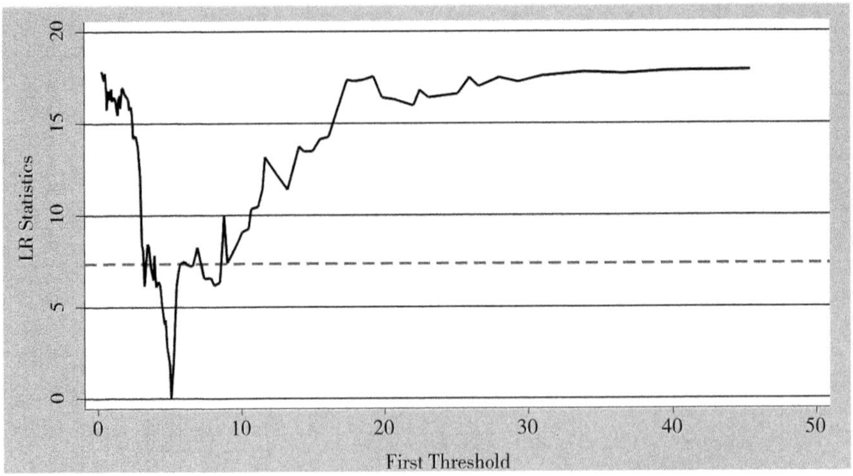

图 7.2　生产率技术设施基础门槛效应检验的似然比图

从模型的估计结果可以看出，人才流动对生产率的促进作用存在着基于技术设施基础的门槛效应，即人才流动与高技术产业生产率存在显著的门槛效应，检验结果显示技术设施基础共有 1 个门槛值，可以将样本划分为 2 个区间：H_{s1} 表示当技术设施基础低于 5.057 时科技人才流动对生产率的影响估计结果，此时人才流动变量的系数为负且通过了 10%水平的显著性检验，说明此时的人才流动可能抑制了高技术产业生产率的提升；H_{s2} 表示当技术设施基础高于 5.057 时科技人才流动对生产率的影响估计结果，此时人才流动对生产率有显著的正向促进作用，人才流动变量的系数为 0.034 且通过了 10%的显著性水平检验。因此，对于人才流动而言，技术设施基础的最优取值区间为大于 5.057，此时的人才流动可以显著促进生产率提升。

表 7.6　生产率基于技术设施基础的门槛模型估计结果

自变量	系数	T 值	P 值
H_{s1}	−0.031*	−1.71	0.087
H_{s2}	0.034*	1.93	0.054
RD	−9.953***	−4.87	0.000

续表

自变量	系数	T 值	P 值
TD	0.915	1.42	0.157
SIZ	-0.312	-0.44	0.657
GOV	-0.106***	-4.20	0.000
NPD	3.639**	2.00	0.046
TRA	0.0755	0.88	0.380
TEC	-0.458	-1.29	0.197
C	1.159***	27.92	0.000

注：***、**、*分别表示在1%、5%和10%的显著性水平上显著。

现有研究主要明晰了设施基础对人才流动的牵引作用，认为除东部地区外，固定资产投资额对科技人才流动的影响不显著，原因可能在于固定资产投资并不是吸引人才流动的直接因素，在科技人才进行流动决策时，不会将设施基础作为关键因素。但是，单纯的人才流动并非区域或产业的最终政策落脚点，其本意应是通过人才流动带动本地区或产业的科技进步和快速发展，因此除了了解设施基础是否影响了人才流动这一基础问题之外，更重要的是澄清设施基础是否影响了人才流动所带来的生产率增进效应及其作用机理。本研究对此进行了进一步的探讨，发现设施基础是人才流动对生产率的促进作用的门槛条件之一，寄希望于通过人才流动提升自身发展的经济体还应注重自身设施基础的建设，才能获得人才流动红利，才能从人才流动中获取生产率的增进。

本研究认为，技术设施基础主要通过以下途径影响人才流动对高技术产业生产率的作用。

一是知识具体化。人才流动所带来的知识与技术是内含于科技人才的，是模糊与抽象的，需要借助完善的技术设施才能将其具体化，完整而全面地释放出来，必须具备一定的技术设施基础，才有可能融合人才流动所带来的新知识，并创造新产品、新设计、新材料、新工艺、新装置，或对现有产品、材料、设计、工艺方法、工艺流程以及装置进行技术改进。

二是降低交易成本。交易成本是经济制度运行所耗费的费用。对于已经获得的知识与技术，良好的技术设施基础能够帮助其进行快速的扩散，完善的技术设施基础有利于产业更加便利地传播人才流动所带来的知识与技术，减少技术分析的信息成本和知识扩散的时间周期，尽快实现对先进技术的模仿与吸收。特别对于高技术产业而言，与非高技术产业相比独有的资金密集、技术先进、高投入性、高风险性、高渗透性等特征①，使得高技术产业的效益与交易成本、管理效率等密切相关，而技术设施基础（如信息基础设施）是信息化、信息技术发挥作用的重要载体，信息化水平等因素将影响企业内部管理效率与信息传播，从而对人才流动与高技术产业生产率之间的关系产生影响。

三、产业发展水平

与上文的研究安排保持一致，首先对产业发展水平进行门槛效应检验，检验产业发展水平是否具有门槛效应以及门槛个数。

表 7.7　生产率产业发展水平门槛效应检验

门槛数量	残差平方和	标准误差	F 值	P 值	不同显著性水平的临界值		
					90%	95%	99%
单门槛	14.357	0.027	32.410***	0.000	10.520	13.775	19.324
双门槛	14.224	0.026	4.970	0.472	9.838	11.161	16.454

注：表中的 F 值及相关临界值为采用自举法反复抽样 300 次得到的，***表示在 1%水平上显著。

从表 7.7 中的单门槛检验结果可以看到，产业发展水平的单门槛值检验统计量 F 值为 32.410，超过了 1%水平上的临界值，P 值为 0.000，意味着产业发展水平的单门槛模型存在性在 1%的水平上显著，可以在单门槛模型的基础上假设存在双门槛模型，进行二次门槛值检验；同时，表示随机误差效应的残差平方和较小为 14.357，以及反映参数估计值与参数真值之差平方的期望值的标准误差较小为 0.027，说明预测模型具有较好的精确度。产业发展水平双门槛检验结果如表 7.7 所示，F 值为 4.970，P 值为

① 孙早，徐远华．信息基础设施建设能提高中国高技术产业的创新效率吗？——基于 2002-2013 年高技术 17 个细分行业面板数据的经验分析［J］．南开经济研究，2018，200（2）：72-92.

0.472，无法通过10%水平的显著性检验，因此应该接受只存在一个门槛值的原假设，产业发展水平不存在更加复杂的双重门槛效应。

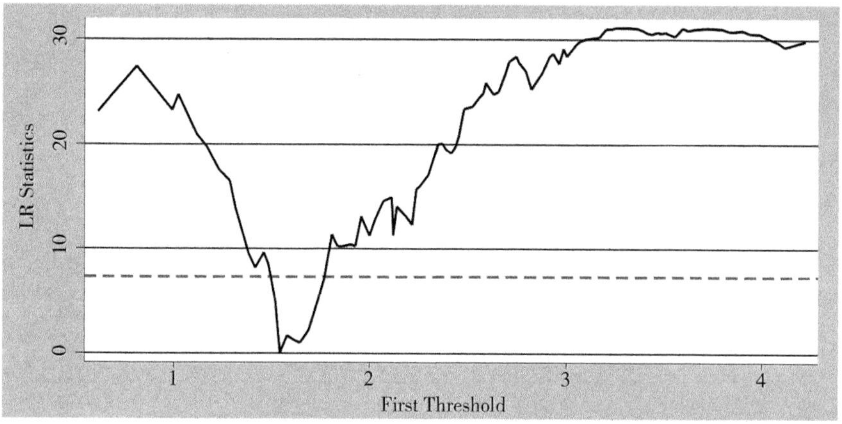

图 7.3 产业发展水平门槛检验的似然比（LR）图

图 7.3 反映了产业发展水平的门槛效应检验结果。从图中可以看出存在一个产业发展水平的门槛值使得似然比 LR 为零，说明门槛值是真实存在的，且门槛值介于 1 与 2 之间，具体的产业发展水平门槛值计算结果如表 7.8 所示。

表 7.8 生产率产业发展水平的门槛值估计结果

门槛值	下界	上界
1.567	1.511	1.58

产业发展水平在95%置信水平上的门槛估计值为 1.567，代表当产业发展水平积累到此门槛值时，人才流动对生产率的影响将发生结构性变化，呈现门槛效应，以门槛值为分界点可以将人才流动对生产率的影响分为两个阶段，具体模型估计结果如表 7.9 所示。

从模型的估计结果可以看出，人才流动对生产率的促进作用存在着基于产业发展水平的门槛效应，即人才流动与高技术产业生产率存在显著的门槛效应，检验结果显示产业发展水平共有 1 个门槛值，可以将样本划分为 2 个区间：H_{s1} 表示当产业发展水平低于 1.567 时科技人才流动对生产率的影响估计结果，此时人才流动变量的系数为负且通过了 1%水平的显著性检验，说明当产业发展水平较低时，人才流动可能抑制了高技术产业生产率的提升；H_{s2} 表示当产业发展水平高于 1.567 时科技人才流动对生产率的影响估计结果，此时人才流动对生产率有显著的正向促进作用，人才流动变量的系数为 0.035 且通过了 5%的显著性水平检验。因此，对于人才流动而言，产业发展水平的最优取值区间为大于 1.567，此时的人才流动可以显著促进生产率提升。

表 7.9　生产率基于产业发展水平的门槛模型估计结果

自变量	系数	T 值	P 值
H_{s1}	-0.078***	-3.61	0.000
H_{s2}	0.035**	2.12	0.035
RD	-9.381***	-4.64	0.000
TD	1.205*	1.95	0.052
SIZ	-0.583	-0.84	0.399
GOV	-0.086***	-3.38	0.001
NPD	3.310*	1.84	0.066
TRA	0.067	0.80	0.426
TEC	-0.411	-1.19	0.236
C	1.138***	27.89	0.000

注：***、**、*分别表示在 1%、5%和 10%的显著性水平上显著。

现有学者主要关注不同区域的环境因素对科技人才流动方向的影响，发现科技人才存量会随着人均 GDP 的增长而增长，侧面反映了科技人才倾向于流入经济发展水平更高的地区，认为经济发展水平越高的地区对科技人才的吸引力越强。在前人研究的基础上，本研究讨论了产业发展水平是否会影响科技人才流动与产业生产率之间关系的问题，检验结果表明科技人才流动促进生产率增长中存在着基于产业发展水平的门槛效应：当产业发展水平较低即营业收入数值不高的情况下，企业可能没有充裕的资金去支持科技人才流动所带来的知识传播、技术扩散等创新活动，无法为科技人才提供良好的创新环境，从而制约了科技人才流动对生产率的促进作用；当产业发展水平达到最低门槛值之后，拥有一定营业收入的产业便有足够的资金稳定地支持科技人才的创新活动，并且这种支持大概率随着营业收入的增加而增加，另外产业发展水平的提升也意味着科技人才职业发展前景更加广阔、收入待遇更加优厚、可使用的设施设备更加齐全以及能接触到的产品更加齐全，这些一方面对科技人才的积极主动性有所帮助，另一方面也便于流动人才进行知识传播，从而对生产率提升都会有所帮助。

科技人才流动的技术进步效应通过发生在经济发展水平较高、基础设施较完善的发达国家或部分发展较好的发展中国家或地区，一个国家或地区只有当其经济发展达到一定水平后，才能形成对高素质人才的吸引力，并对其所带来的先进知识和技术实现有效的学习和模仿，进而促进本地生产力水平的提升，如陈怡安和杨河清（2013）实证发现东部的人才流动技术进步效应较明显，西部地区则较为有限，而北京、上海、广州的人才流动技术进步效应又显著高于其他省份。经济增长有赖于所有资源的相互配合以及技术的进步，当资源面临不足时就会产生瓶颈问题，成为经济发展的阻力。产业生产需要多方面条件的配合，科技人才或者更宽泛的知识投入仅是生产要素的一种，若是只注重单一资源的投入而其他资源条件无法配合时，也有可能形成另一项资源的限制。地方政府渴望在新兴的知识型产业中获得竞争优势，希望通过科技人才的流入进而获得知识与技术，但通过本研究的实证结果则发现，人力需要与相应的财力、物力相结合，才能发挥提升产业竞争力的作用。单纯依靠人才引进并不能解决产业发展问题，科技人才流动仅仅是产业提升生产率的必要条件而非充分条件，“打铁还需自身硬”，产业自身仍需加强业务水平，以创造良好的发展环境，才能充分发挥科技人才流动的生产率提升效应。

科技人才流动对高技术产业全要素生产率的促进作用存在知识吸收能力、技术设施基础和产业发展水平三个门槛变量，那么对于技术进步和技术效率提升这两个生产率提升路径而言，是否也同样存在这三个门槛变量？其门槛特征与生产率变化相比有什么特殊性？技术进步和技术效率提升两者的门槛值是否有所区别？本研究对此进行了进一步的估计分析。参考模型 7.4，设定检验科技人才流动与技术进步、技术效率改善之间门槛效应的模型如下：

$$\ln TC_{it}=C_8+\eta_6\ln X_{it}+\theta_{10}\ln H_{it}\times I(q_{it}\leqslant\tau_1)+\theta_{11}\ln H_{it}\times I(\tau_1<q_{it}\leqslant\tau_2)+\cdots+\theta_n\ln H_{it}\times I(\tau_{n-1}<q_{it}\leqslant\tau_n)+\varepsilon_{it} \tag{7.8}$$

$$\ln TE_{it}=C_9+\eta_7\ln X_{it}+\theta_{12}\ln H_{it}\times I(q_{it}\leqslant\tau_1)+\theta_{13}\ln H_{it}\times I(\tau_1<q_{it}\leqslant\tau_2)+\cdots+\theta_n\ln H_{it}\times I(\tau_{n-1}<q_{it}\leqslant\tau_n)+\varepsilon_{it} \tag{7.9}$$

其中，$\ln TC_{it}$ 为技术进步，$\ln TE_{it}$ 为技术效率提升，$\ln H_{it}$ 为受门槛变量影响的核心自变量即科技人才流动，$\ln X_{it}$ 为控制变量，q_{it} 是门槛变量，包括知识吸收能力、技术设施基础和产业发展水平，τ_1 等为待估算的门槛值。

四、技术进步

本研究首先对门槛效应进行显著性检验，技术进步的知识吸收能力、技术设施基础和产业发展水平门槛效应检验结果如表 7.10 所示。

表 7.10　技术进步的门槛效应检验

门槛变量	门槛数量	残差平方和	标准误差	F 值	P 值	不同显著性水平的临界值		
						90%	95%	99%
知识吸收能力	单门槛	16.925	0.318	8.890*	0.070	8.203	9.713	12.7330
	双门槛	16.830	0.316	3.010	0.650	7.758	8.859	11.429
技术设施基础	单门槛	16.115	0.030	36.090***	0.000	11.657	13.624	21.362
	双门槛	15.733	0.029	12.910**	0.037	9.826	11.836	27.617
	三门槛	15.601	0.029	4.510	0.965	33.740	47.126	61.886
产业发展水平	单门槛	16.840	0.031	11.630**	0.015	7.084	8.600	12.127
	双门槛	16.665	0.031	5.570	0.200	6.871	8.608	12.346

注：表中的 F 值及相关临界值为采用自举法反复抽样 300 次得到的，***表示在 1%水平上显著，**表示在 5%水平上显著，*表示在 10%水平上显著。

从表 7.10 的门槛检验结果可以看到，技术进步的知识吸收能力单门槛值检验统计量 F 值为 8.890，在 10%水平上显著，但其双门槛统计量没有通过 10%的显著性水平，因此技术进步仅存在基于知识吸收能力的单门槛效应，不存在更复杂的门槛特征；技术进步的技术设施基础的单门槛、双门槛检验分别通过了 1%和 5%的显著性水平检验，其 P 值分别为 0.000 和

0.037，但三重门槛检验并不显著，说明技术进步存在基于技术设施基础的双重门槛效应；在产业发展水平方面，其单门槛检验在5%的临界水平上显著，但双门槛检验无法通过10%水平的显著性检验，意味着需要接受只存在一个门槛值的原假设，双重门槛效应不存在，技术进步的产业发展水平只存在一个门槛值。

在三个门槛变量的显著性检验的基础上，本研究计算技术进步门槛变量的具体门槛值，结果如表7.11所示，并运用面板门槛估计方法实证检验模型7.8，相关参数计算结果如表7.12所示。

表7.11　技术进步的门槛值估计结果

门槛变量	门槛值	下界	上界
知识吸收能力	9.719	9.101	9.765
技术设施基础	0.524	0.422	0.590
	5.101	4.189	5.273
产业发展水平	1.567	1.434	1.589

技术进步被搜索到的知识吸收能力门槛值为9.719，与生产率的知识吸收能力门槛值9.590相差不大，代表研发知识吸收能力积累到此门槛值时，科技人才流动对高技术产业技术进步的影响将发生结构性变化。根据知识吸收能力的取值大小可以将科技人才流动对技术进步的影响划分为效果截然不同的两个区间：当知识吸收能力偏低时，科技人才流动的系数值为-0.019但没有通过10%显著性水平检验，说明此时的科技人才流动并不能促进高技术产业的技术进步，反而可能有不明显的抑制作用；当知识吸收能力越过门槛值9.719时，科技人才流动的系数值为0.042且通过了10%的显著性水平检验，说明此时的科技人才流动将对高技术产业的技术进步发挥正面的促进作用。技术进步的知识吸收能力门槛效应与生产率的相类似，说明知识吸收能力是科技人才流动促进技术进步进而推动生产率提升的重要前提条件，知识吸收能力越大越有利于发挥科技人才流动的技术进步效应，促进高技术产业生产率提升。

表 7.12 技术进步的门槛模型估计结果

自变量	知识吸收能力	技术设施基础	产业发展水平
H_{s1}	-0.019（-1.03）	0.002（1.79）*	-0.050（-2.16）**
H_{s2}	0.042（1.91）*	-0.027（-1.47）	0.022（1.67）*
H_{s3}	/	0.030（1.69）*	/
RD	-9.950（-4.55）***	-8.916（-4.22）***	-9.127（-4.17）***
TD	1.547（2.31）**	0.839（1.25）	1.415（2.11）**
SIZ	1.207（1.61）	0.487（0.66）	1.276（1.70）*
GOV	-0.089（-3.31）***	-0.095（-3.64）***	-0.072（-2.62）***
NPD	4.200（2.16）**	4.493（2.38）**	3.743（1.92）*
TRA	0.012（0.14）	0.102（1.14）	0.103（0.93）
TEC	-0.839（-2.28）**	-0.630（-1.72）*	-0.647（-1.73）*
C	1.031（23.14）***	1.058（24.65）***	1.040（23.53）***

注：括号内的数值为 T 值，***、**、*分别表示在 1%、5%和 10%的显著性水平上显著。

技术设施基础有两个门槛值，分别为 0.524 和 5.101，其中第二个门槛值与生产率的技术设施基础门槛值 5.057 相近，以技术设施基础为门槛，科技人才流动与高技术产业技术进步之间存在门槛效应，以 0.524 和 5.101 为分界点可以将人才流动对技术进步的影响分为三个阶段。技术设施基础是唯一具有两个门槛值的门槛变量，可以根据门槛值的取值大小将科技人才流动对技术进步的影响划分为三个区间：当技术设施基础较低时，科技人才流动对技术进步有促进作用，说明即使在基础硬件条件没有得到明显改善的时候，作为软件条件的科技人才流动仍然可以通过知识增进、知识溢出等效应促进技术进步；当技术设施基础有一定改善但改善不明显的时候，科技人才流动的系数值为-0.027 且没有通过显著性检验，此时的科技人才流动并不能促进技术进步，说明单纯依靠人才流动并不能完全解决高技术产业的技术进步问题，如果技术设施基础工作没有跟上，即使引进了科技人才也无法激发产业的创新活动；当技术设施基础得到明显改善，越过第二个门槛值 5.101 时，科技人才流动对技术进步又发挥了正向促进作用，系数为 0.030 且通过了 10%的显著性检验，此时凝聚在科技人才身上的研究方法、操作技能、管理流程等在配套的技术设施配合之下，可以在新组织内部进行相应的传播，从而推动产业技术进步。

技术进步的产业发展水平的门槛值为 1.567，与生产率的产业发展水平门槛值相同，说明当产业发展水平积累到此门槛值时，人才流动对生产率和技术进步的影响都将发生结构性变化。人才流动对技术进步的促进作用存在着基于产业发展水平的单门槛效应，产业发展水平的门槛值将样本划分为两个区间：在第一个区间即产业发展水平低于 1.567 时，人才流动对技术进步有显著的抑制作用，系数为-0.050 且通过了 5%的显著性检验；在第二个区间即产业发展水平高于 1.567 时，科技人才流动可以促进高技术产业技术进步，这与科技人才流动对生产率的区间效应相类似，说明只有当地区经济发展达到一定水平后，才能发挥科技人才流动的技术进步效应，进而提升全要素生产率。

五、技术效率改善

与上文对技术进步的分析步骤相类似，本研究对技术效率改善的门槛效应进行显著性检验后对门槛值及系数进行估计，技术效率改善的知识吸收能力、技术设施基础和产业发展水平门槛效应检验结果如表 7.13 所示：

表 7.13　技术效率改善的门槛效应检验

门槛变量	门槛数量	残差平方和	标准误差	F 值	P 值	不同显著性水平的临界值		
						90%	95%	99%
知识吸收能力	单门槛	7.377	0.013	7.200	0.500	14.923	18.089	24.230
技术设施基础	单门槛	6.701	0.012	61.660**	0.010	28.902	34.351	49.509
	双门槛	6.644	0.012	4.550	0.772	18.179	24.733	30.589
产业发展水平	单门槛	7.126	0.013	26.200***	0.007	14.168	16.768	24.213
	双门槛	7.076	0.013	3.790	0.827	12.684	14.845	19.705

注：表中的 F 值及相关临界值为采用自举法反复抽样 300 次得到的，＊＊＊表示在 1%水平上显著，＊＊表示在 5%水平上显著。

从表 7.13 的门槛检验结果可以看到，技术效率改善的知识吸收能力单门槛值检验统计量F值为7.2，没有通过10%的显著性水平，因此技术效率改善不存在基于知识吸收能力的门槛效应。技术设施基础和产业发展水平门槛变量的统计量F值分别为61.66和26.2，分别通过5%和1%的显著性水平检验，但两者的双门槛统计量都没有通过10%的显著性水平，因此技术效率改善仅存在基于技术设施基础和产业发展水平的单门槛效应，不存在更复杂的门槛特征。由于技术效率改善不存在基于知识吸收能力的门槛效应，下文中的门槛值估计和模型估计均不进行基于知识吸收能力门槛变量的分析。

在两个门槛变量显著性检验的基础上，本研究计算技术效率改善门槛变量的具体门槛值，结果如表7.14所示，并运用面板门槛估计方法实证检验模型7.9，相关参数计算结果如表7.15所示。

表7.14 技术效率改善的门槛值估计结果

门槛变量	门槛值	下界	上界
技术设施基础	6.164	5.888	6.519
产业发展水平	1.168	1.115	1.229

技术效率改善被搜索到的技术设施基础门槛值为6.164，高于生产率的5.057和技术进步的5.101，代表技术设施基础积累到此门槛值时，科技人才流动对高技术产业技术效率改善的影响将发生结构性变化，可以分为两个阶段；产业发展水平的门槛值为1.168，低于生产率和技术进步的1.567，说明产业发展水平对生产率、技术进步和技术效率改善的门槛效应存在差异性。在技术设施基础和产业发展水平的第一个区间时，科技人才流动变量的估计系数均为负，系数分别为-0.186和-0.106且均通过了1%的显著性水平检验，说明此时的科技人才流动对高技术产业的技术效率改善产生了明显的抑制作用；当技术设施基础和产业发展水平数值提升到越过门槛值时，科技人才流动对技术效率改善的影响处于第二个区间，其估计系数均为正值0.013和0.007但没有通过10%的显著性水平检验，说明此时的科技人才流动对高技术产业技术效率改善有正向作用但并不显著。

表 7.15　技术效率改善的门槛模型估计结果

自变量	技术设施基础	产业发展水平
H_{s1}	-0.186（-7.01）***	-0.106（-4.25）***
H_{s2}	0.013（1.30）	0.007（0.66）
RD	-1.069（-1.78）*	-0.351（-1.25）
TD	-0.206（-1.79）*	-0.322（-0.74）
SIZ	-0.622（-1.28）	-1.566（-3.21）***
GOV	-0.041（-2.12）**	0.004（0.27）
NPD	-0.188（-2.15）**	-0.065（-1.05）
TRA	-0.020（-0.35）	0.052（0.88）
TEC	0.164（1.72）*	0.211（0.89）
C	1.093（39.23）	1.096（38.08）

注：括号内的数值为 T 值，***、**、*分别表示在 1%、5%和 10%的显著性水平上显著。

结合上文的分析结果，可以发现技术效率改善的门槛效应与技术进步和生产率的门槛效应有明显的差别，技术效率改善不存在知识吸收能力门槛，而当技术设施基础和产业发展水平达到最低门槛值时，科技人才流动对技术进步和生产率都有正向促进作用，但对于技术效率而言，仅仅是扭转了负向抑制作用，却没有产生显著推动影响。可能的原因在于，首先，科技人才流动通过知识增进等效应提升高技术产业技术进步，其带来的知识主要集中在科技研发、产品创造、工艺改进等方面，因此需要企业具有相应的研发知识沉淀才能将此类知识迅速转化为现实生产力，但科技人才流动在效率改善方面所发挥的作用却与研发知识储备无关，企业知识积累的多少并不能对科技人才流动的配置优化等效应产生影响，因此对于技术效率改善而言不存在知识吸收能力的门槛效应。其次，技术进步对技术设施基础的依赖程度较高，企业较先进的技术设施可以为科技人才进行科研创造活动提供必要的硬件条件，是科技人才流动推动企业技术进步的基础，但对于技术效率而言，技术设施基础的提升只能减缓原先因设施条件不足而导致的软硬件错位所带来的效率损失，却无法促进资源配置的优化和鲇鱼激励促进作用。最后，当产业发展水平低于门槛值时，科技人才工作积极性难以被激发，其流动并不能为组织内部的其他员工注入活力与动力，更谈不上资源的优化配置，反而可能会因人员调整、工作环境变动等带来内部摩擦，从而抑制了技术效率的改善，产业发展水平的提升扭转了科技人才流动对技术效率的负面影响但却并没有产生正向促进作用，其原因可能在于作为“知识型员工”科技人才不仅仅满足于物质条件的改善，还需要团队氛围、精神关怀等。即使技术设施基础和产业发展水平达到门槛值，科技人才流动对技术效率改善的估计结果仍为不显著，这也在一个侧面与本研究第四章对科技人才流动促进生产率提升的路径分析相互印证，即科技人才流动通过单一的技术进步路径推动生产率进步，而对技术效率改善的作用并不明显。

第四节 小结

本章的研究目的在于检验科技人才流动，对中国高技术产业生产率的影响是否会随着产业相应的发展基础和综合吸收能力等各类因素的变化而变化，在对现有门槛检验方法进行了比较之后，采用门槛回归模型并根据第三章的机制分析选取了知识吸收能力、技术设施基础和产业发展水平作为门槛指标研究科技人才流动与高技术产业全要素生产率之间的门槛效应。研究结果表明：

科技人才流动对高技术产业全要素生产率的作用均呈现出明显的门槛特征。人才流动对生产率的促进作用并不是随着人才流动而自发产生的，而是依赖于产业相应因素，存在门槛水平条件；科技人才流动对生产率的影响效果，不仅取决于科技人才流动本身，还会受到环境因素的影响，只有在具备一定前提下，人才流动所带来的知识溢出、资源配置优化等才能起到提升经济发展水平的效果。

科技人才流动对高技术产业全要素生产率的促进作用存在知识吸收能力、技术设施基础和产业发展水平三个门槛变量。对于人才流动而言，知识吸收能力的最优取值区间为大于 9. 590，只有当经济体的知识积累足够丰裕时，才能识别、吸收、同化和运用外部知识，将企业的外部知识进行内部化；技术设施基础的最优取值区间为大于 5. 057，人才流动所带来的知识与技术需要借助一定的技术设施基础才能实现具体化、本地化，良好的技术设施基础能够降低知识和技术的交易成本并帮助其进行快速的扩散；产业发展水平的最优取值区间为大于 1. 567，产业经济效益的增长有利于资金实力和抗风险能力的增强，有利于吸引更多人才，产业发展水平是人才创新活动的基本保障条件，过低的产业发展水平可能无法吸引人才流动，则更谈不上人才流动对生产率的促进作用。只有当高技术产业的知识吸收能力、技术设施基础和产业发展水平都超越最低门槛值后，科技人才流动才会对生产率起到促进作用。知识吸收能力、技术设施基础和产业发展水平的数值越大，越有利于发挥科技人才流动的生产率效应进而促进高技术产业生产率提升。

进一步分析发现，科技人才流动对技术进步的促进作用存在着知识吸收能力、技术设施基础和产业发展水平三个门槛变量，其中知识吸收能力和产业发展水平等为单门槛效应，而技术设施基础为双门槛效应，当产业的知识吸收能力、技术设施基础和产业发展水平不满足门槛条件时，科技人才流动对技术进步影响不显著甚至有抑制作用，而当门槛值提升时，科技人才流动可以显著促进技术进步；对于技术效率改善而言，并不存在知识吸收能力的门槛效应，只存在技术设施基础和产业发展水平两种单门槛效应，且随着门槛值的提升，仅仅是扭转了负向抑制作用，没有产生显著推动影响。

第八章

结　论

高质量发展阶段经济增长的质量变革、效率变革和动力变革，关键在于提升全要素生产率。作为创新发展的第一资源，人才流动对全要素生产率增长发挥了什么样的作用？是否存在制约因素？在人才相对稀缺的情况下，如何合理利用人才区域间流动所带来的知识增进效应提升经济发展质量？这些都是本研究希望回答的重要问题。

第一节　主要结论

本研究重点讨论了人才流动与经济高质量发展之间的关系，在作用机制分析的基础上构建概念模型，并采用1997—2016年中国高技术产业分省份面板数据，应用Malmquist指数、门槛面板回归等方法对人才区域间流动与中国经济高质量发展之间的关系及其门槛效应进行了实证分析，主要结论如下。

第一，人才流动所形成的人力资本将促进经济增长。人才为了实现工作流动而付出了时间、金钱等方面的投资会提升知识水平与技能存量，在流动过程中与周边个体的互动交流将创造新的知识，还会促进原有知识和技术在个体之间、群体之间进行传播。因此，人才流动会提升知识水平与技能存量，并有利于创新知识的传播与扩散，进而促进地区创新水平的整体提升和宏观经济的持续增长。

人才流动通过技术进步和技术效率提升两条路径对全要素生产率产生影响。一方面，由于知识外部性的存在，人才在区域间的流动将显著加快知识的传播并促进新知识的创造，通过知识溢出效应和知识增长效应推动技术水平提升；另一方面，区域间的合理流动可以实现人才资源的有效配置，减少区域间人才资源错配程度，通过配置效应和“鲇鱼效应”改善区域经济技术效率并最终影响中国经济发展质量。

第二，中国高技术产业在观察期内呈现平稳向好的发展态势，但与营业收入规模扩大的速度相比，全要素生产率的增长并不尽如人意，产业发展质量仍需进一步提升；高技术产业生产率动力来源比较平均，技术效率改善和技术进步共同促进了中国高技术产业生产率的提升；高技术产业全要素生产率动力来源存在阶段性特征，技术效率在生产率变化中扮演了越来越重要的角色。

高技术产业存在区域发展差异，东部地区的生产率变动呈现稳步增长态势，中西部地区的生产率变动呈现明显的阶段性特征；生产率动力也存在明显的区域差异，东部地区的动力主要是技术进步，西部地区的动力主要是技术效率，中部地区的生产率增长则来自技术进步与技术效率齐头并进的协调发展。

第三，区域间科技人才流动对高技术生产率有显著正向的促进作用。高技术产业科技人才在区域间的流动有助于产业全要素生产率的提升，科技人才流动所带来的知识创新、知识分享等行为可以夯实知识资本，提高要素边际产量和产出弹性，对全要素生产率有正向的显著贡献，促进科技人才在区域间的合理流动是产业发展的新路径。科技人才的流动对高技术产业的技术进步有正向作用，但科技人才流动对高技术产业技术效率的影响没有通过显著性检验，技术效率路径的作用并不显著，科技人才流动通过单一的技术进步路径推动生产率进步，说明目前高技术产业生产率的提升还具有较大的潜力，可以深入挖掘科技人才流动在技术效率改善方面的作用以更有效地推动生产率提升。

人才流动对高技术产业全要素生产率的作用均呈现出明显的门槛特征。人才流动对生产率的促进作用并不是随着人才流动而自发产生的，而是依赖于产业相应因素，存在知识吸收能力、技术设施基础和产业发展水平三个门槛变量。科技人才流动对高技术产业全要素生产率的促进作用只有当高技术产业的知识吸收能力、技术设施基础和产业发展水平都超越最低门槛值后，科技人才流动才会对生产率起到促进作用。知识吸收能力、技术设施基础和产业发展水平的数值越大，越有利于发挥科技人才流动的生产率效应进而促进高技术产业生产率提升。

第二节　政策建议

根据实证研究结论，本研究提出以下五方面的政策建议。

第一，重视要素流动的增长效应，减少影响再配置的限制性因素。目前，中国区域之间存在一定的“市场分割”，其形成原因较复杂，既来源于客观地理条件限制，也有现实公共治理的行政分权，但却真实影响了各类生产要素在区域间的充分流动，可能带来知识、技术、信息等溢出的“断层”，从而制约了要素流动生产率增长效率的发挥。包括人才在内的各类生产要素在跨区域流动过程中遇到的制度性、行政性限制因素，阻碍了资源再配置效率，制约了中国全域性经济增长，也是区域发展不平衡的重要原因之一。因此，应当转变狭隘的地方保护主义思想、打破区域行政层级的壁垒，为培育中国全域的要素市场“松绑”。在中国“人口红利”时代即将结束的现状情况下，重视生产要素流动所带来的生产率增长效应，减少影响要素再配置的限制性因素，充分释放“制度红利”将是推动中国经济持续健康增长的重要手段。

第二，合理引导要素流动，化解区域经济发展不平衡问题。区域发展不平衡是中国目前最重要的现实经济问题之一，其最直接的表现便是各地区的产业发展阶段存在差异、产业规模大小相去甚远、产业发展动力及其转换有所不同，而要素会在趋优机制的引导下，自发向能获得更高收益的地区流动，流动要素在要素流入地不断累积将形成不断强化地区聚集力优势的循环累积，区域经济差距将由于要素流动的累积效应而呈现逐渐扩大的趋势，因此需通过政策合理引导要素流动的方向、数量和质量，促进各类要素在空间上的合理配置，推进区域经济发展从速度型增长向质量型平衡发展转变，有利于化解区域经济发展不平衡问题，提升中国整体经济发展质量。

第三，抢抓海外人才回归契机，加快产才融合破局。新冠肺炎疫情“中国之治”和“西方之乱”形成鲜明对比，加速了海外人才回流，可以锚定世界高技术产业研发高端人才流动方向，融入全球高端人才创新网络，实施灵活性政策，采取超常规举措，引进海外高端人才。我国出国留学人员众多，可以摸底排查、畅通联系交流渠道，为高端人才回国创新创业提供优质服务。西方对我国科技创新和高端人才引进的封锁打压将成为常态，要抢抓机遇引进更多的海外人才。摸清全球专利发明人信息和核心论文作者信息，加强对欧美等发达国家高技术产业高端人才跟踪分析，加强对高端人才的引进力度，聚焦日、韩、以色列等国家，拓宽引才来源渠道。同时，要加快人才与高技术产业的深度融合，以产聚才、以才促产，推动人才链与产业链、创新链深度对接、融合发展，构建“人才+项目+资本”模式，加强产学研合作。

第四，技术创新与技术效率同步提升，全面提升全要素生产率。由于环境和资源的双重制约，在中国经济“新常态”的背景下，无法通过传统的生产要素累积以获得产业持续发展，单纯的资源投入无法满足产业突破性发展的要求。技术进步依然是中国全要素生产率的重要动力，高技术产业的技术更新速度、产品升级频率将更频繁，要继续强化科技政策支持，鼓励技术、知识、信息等在区域间、产业间的扩散，形成科学研究与生产实践密切结合的长效机制，提升科学技术、研究开发与市场需求的耦合程度，提高科技转化效率，进一步挖掘技术进步提升的潜力。高技术产业的技术进步提升路径存在进一步调整的必要性，需要大力推进自主创新，减少“路径依赖”，注重现有资源整合与结构优化，以释放更多的经济增长动能。一方面实施“腾笼换鸟”策略，实现中国产业与国际高技术含量企业、高附加值产品和高端研发环节的直接对接；另一方面着力引导产业实现自主创新，改变产业目前在全国价值链分工的低端不利地位，实现成本优势向竞争优势的顺利转换。技术效率改善逐渐成为高技术产业全要素生产率提升的动力源泉，政府可以合理引导产业在注重技术进步的前提下，同步改变组织能力，通过对投入要素重新整合配置、对组织结构重新梳理优化、对管理流程重新调整权责，引进先进的管理经验，向管理要效率，积极求新求变，促使技术创新与技术效率同步提升，全面提升全要素生产率。区域经济特征及要素市场发展是高技术产业区域生产率差异的重要原因，建议准确认识东中西部经济发展进程的阶段特征，充分把握不同区域比较优势转变的契机，形成产业在地区间的自组织转移，推进高技术产业转型升级，中西部可以借助后发优势，可以引进先进技术和吸收东部技术溢出推动技术进步，从而促使生产率快速增长。

第五，促进理论研究与实践探索，多渠道开发人力资本。劳动力的流动问题是整体经济发展的一个缩影。前期中国经济主要聚焦于工业化发展，由以第一产业为主的经济转向以第二产业为主的经济进行产业结构调整，劳动力也由较低生产率的农业部门向较高生产率的工业部门转移，因此学者们主要聚焦农村剩余劳动力的转移问题，讨论产业间劳动力资源的要素再配置效应对经济增长的贡献；而在工业化进程逐渐完成的当下，中国开始向城市化发展跃迁，产业结构将再次进行调整，随之而来的便是第三产业部门的人才流动问题，以及在区域发展不平衡背景下的人才跨区域配置问题，这应当是未来研究的重点领域。人力资本对生产力和经济增长具有重要的积极影响，人力资本可以通过保健投资、教育投资、职业培训、人力迁移投资等方式形成，但目前学者们主要关注教育投入和健康投入两种人力资本形成方式对经济增长的作用，而对人力资本流动与经济之间的关系却未得到应有的重视。人的能力在很大程度上是后天获得的，可以通过劳动市场上的流动而开发出来，作为先进知识与技术的重要载体，正确认识人才流动与中国经济发展的内在联系，科学合理地引导人才资源流动，对整体经济的健康发展具有重要意义，应当充分认识流动对于人力资本开发的重要意义，促进理论研究与实践探索，多渠道开发人力资本。政府可以立足制度创新，注重区域间协调发展，形成东中西部地区差异化发展的产业格局，一方面通过有效的转移机制促使中西部地区承接东部高技术产业的梯度转移，另一方面引导中西部地区向组织化程度高、创新性强的产业集群发展，吸引更多的各类人才，实现生产要素的优化配置；产业可以立足管理创新，改革和完善分配激励制度，加强对高水平的研发人才、管理人才、技能人才等的培养和引进，培育自身长期、持续的创新能力。

第三节　研究展望

本研究是初步的，也是不完善的，一些问题还有待于在今后的研究中逐步解决：

第一，在研究视角方面，本研究讨论了人才在区域间流动对高技术产业全要素生产率的影响，将人才视为区别于一般劳动力的存在，但事实上，人才内部也存在异质性，后期可以通过问卷调查、案例研究的方式获取更加详尽且具有个性特征的微观数据，从企业、个体等角度讨论人才流动的经济增长效应，提升研究的完整性。

第二，在研究内容方面，本研究在考察影响人才流动与全要素生产率之间关系的因素时，主要基于产业相应的发展基础和综合吸收能力等进行考量，但事实上，可能还有一些其他因素会影响人才的生产率促进效应，如技术距离、空间效应等，特别是人才流动可能存在的空间关联性，是目前空间经济学研究的热门话题，下一步可以将人才流动所可能引致的空间关联性纳入考量，利用空间计量方法对人才流动对区域经济增长的影响进行机制分析和实证检验。

第三，在研究对象方面，本研究以创新集聚、智力密集的高技术产业为研究对象讨论科技人才区域流动的影响，认为科技人才区域间的流动有助于全要素生产率的提升，那么，对于整体中国经济而言，科技人才流动所带来的知识创造、技术溢出等是否也存在生产率增长效应，其影响路径有何特点，这些还需要进一步的研究。

附　录

附表 1　中国各省份高技术产业 1998—2016 年 Malmquist 生产率指数

	北京	天津	河北	山西	内蒙古	辽宁	吉林	黑龙江	上海	江苏	浙江	安徽	福建	江西	山东	河南	湖北	湖南	广东	广西	海南	重庆	四川	贵州	云南	陕西	甘肃	青海	宁夏
2016	1.024	1.013	0.980	0.996	0.923	0.875	1.068	0.888	0.983	1.090	1.056	1.033	1.051	1.026	1.002	1.036	1.116	1.092	0.946	1.120	1.005	1.101	1.211	1.008	1.166	1.091	0.995	1.077	1.254
2015	0.998	1.123	1.127	1.164	0.914	0.878	1.149	1.115	1.035	1.104	1.090	1.184	1.082	1.124	1.158	1.176	1.155	1.147	0.958	1.219	1.238	1.066	0.934	1.161	1.043	1.235	1.184	1.542	2.022
2014	1.071	0.924	1.101	1.111	1.078	1.032	1.159	1.102	1.005	1.033	1.047	1.134	1.011	1.025	1.086	1.128	1.114	1.102	0.975	1.151	1.279	1.161	1.066	0.979	0.958	1.138	1.229	0.955	1.064
2013	1.043	1.275	1.039	1.179	1.235	1.051	1.292	1.143	0.892	1.064	0.895	1.146	1.004	1.163	1.121	1.122	1.117	1.137	0.994	1.286	0.716	1.162	1.294	1.167	1.100	1.040	1.191	1.265	1.076
2012	1.025	1.131	1.309	1.911	0.949	1.157	1.080	1.143	0.975	1.210	0.928	1.220	0.958	1.344	1.115	1.250	1.143	1.188	0.951	1.480	1.458	1.135	1.120	1.506	1.084	1.284	1.356	1.607	0.783
2011	0.868	1.197	1.128	1.269	1.227	1.236	1.135	1.186	0.894	1.115	0.920	1.569	1.023	1.297	1.184	1.055	1.179	1.181	0.943	1.533	1.040	1.666	1.131	1.071	1.287	1.106	1.318	1.143	1.384
2010	0.875	0.877	0.977	0.884	0.735	1.138	1.317	0.890	0.995	0.952	1.048	1.022	0.995	0.961	0.954	0.932	1.017	1.062	1.031	1.004	1.087	1.251	1.045	0.967	0.983	1.127	0.997	1.198	0.923
2009	1.066	1.056	1.348	1.360	1.425	1.240	1.156	1.473	1.123	1.234	0.964	1.349	1.088	1.414	1.261	1.355	1.287	1.277	1.065	1.211	1.231	1.145	1.357	1.417	1.341	1.169	1.237	1.343	1.397
2008	0.899	0.922	1.070	1.059	0.976	1.070	1.089	1.019	1.014	0.903	0.782	1.028	0.906	1.040	1.124	1.118	1.028	1.037	0.963	1.075	0.954	1.168	1.095	1.068	1.226	1.070	1.143	0.973	1.085
2007	1.135	0.865	1.155	0.939	1.328	1.179	1.197	1.237	1.062	0.953	0.942	1.056	0.815	1.272	1.145	1.178	1.079	1.184	0.969	1.160	1.000	1.174	1.173	1.227	1.117	1.200	1.141	1.450	1.069
2006	1.247	1.135	1.121	1.060	1.232	1.112	1.293	0.889	1.054	0.841	1.089	1.170	0.918	1.179	1.194	1.139	1.218	1.151	0.980	1.069	0.999	0.936	1.226	0.996	1.239	0.997	0.981	1.213	1.639
2005	1.164	1.292	1.131	1.219	1.143	0.867	1.427	1.787	0.987	0.923	0.995	1.081	0.947	0.910	1.119	1.010	1.263	1.142	0.973	1.081	1.095	0.873	1.147	1.200	1.011	0.968	1.004	1.127	1.729
2004	0.972	1.268	0.866	0.902	1.091	0.965	1.032	0.635	1.191	1.039	0.966	1.110	0.994	0.824	1.065	1.064	0.973	1.009	1.105	0.981	1.167	0.881	0.959	1.075	1.033	1.078	0.931	1.129	0.852
2003	1.038	0.998	1.058	0.735	1.168	0.996	1.100	0.904	1.466	0.770	1.045	1.004	0.869	0.487	1.016	1.047	1.055	1.137	1.116	0.689	0.964	0.865	1.073	0.848	0.624	0.862	0.724	0.841	0.860
2002	0.906	1.191	1.204	0.736	1.339	1.046	1.266	1.429	1.087	0.931	0.851	0.770	1.142	0.797	0.911	1.065	0.759	1.263	1.087	0.672	1.158	0.869	0.964	1.101	0.614	0.913	0.838	1.456	1.444
2001	1.208	1.205	1.213	0.763	0.961	1.065	0.902	1.237	1.134	0.973	0.845	0.691	0.968	1.018	1.188	0.866	0.986	0.890	1.129	0.948	1.099	1.114	0.965	0.724	0.933	0.975	1.130	0.989	0.699
2000	1.209	1.192	1.025	0.960	1.117	1.168	0.953	1.159	1.180	0.988	0.948	1.032	0.958	1.015	1.002	1.045	0.918	0.868	1.010	0.902	1.070	1.046	1.035	1.019	0.944	0.886	0.905	1.137	0.951
1999	1.265	1.298	1.260	0.740	0.879	1.185	0.630	1.122	1.147	1.040	0.685	1.175	0.994	1.000	1.109	1.068	1.036	1.089	1.024	0.873	0.945	0.842	0.985	0.889	0.832	0.694	1.103	1.045	1.025
1998	1.736	1.360	1.285	0.795	1.103	1.221	1.231	1.502	1.485	1.170	1.076	1.053	0.828	1.027	0.916	1.276	1.191	1.314	1.028	0.735	1.591	0.935	0.957	1.045	1.071	1.080	0.692	0.874	1.165

注：基于数据可得性，本表数据不包括西藏、新疆和港澳台。

附表 2 中国各省份高技术产业 1998—2016 年 Malmquist 生产率指数分解——技术进步

	北京	天津	河北	山西	内蒙古	辽宁	吉林	黑龙江	上海	江苏	浙江	安徽	福建	江西	山东	河南	湖北	湖南	广东	广西	海南	重庆	四川	贵州	云南	陕西	甘肃	青海	宁夏
2016	1.024	1.013	1.015	1.013	1.015	1.015	1.015	1.015	1.003	1.023	1.061	1.015	1.027	1.015	1.014	1.014	1.015	1.015	0.946	1.015	1.015	1.014	1.013	1.020	1.013	1.015	1.015	1.015	1.014
2015	0.998	1.102	1.121	1.110	1.121	1.121	1.121	1.121	0.974	1.081	1.045	1.121	1.069	1.121	1.120	1.119	1.121	1.121	0.958	1.120	1.121	1.120	1.115	1.104	1.119	1.120	1.121	1.121	1.120
2014	1.071	0.942	0.942	0.965	0.942	0.942	0.942	0.942	1.058	0.985	1.054	0.942	1.027	0.942	0.942	0.942	0.942	0.942	0.975	0.942	0.942	0.942	0.942	0.942	0.942	0.949	0.942	0.942	0.942
2013	1.043	1.194	1.228	1.118	1.228	1.228	1.228	1.228	1.013	1.125	1.033	1.228	1.064	1.228	1.218	1.190	1.228	1.228	0.994	1.216	1.180	1.228	1.189	1.216	1.228	1.168	1.228	1.228	1.228
2012	1.025	1.025	1.025	1.022	1.025	1.025	1.025	1.025	0.975	1.025	0.965	1.025	0.996	1.025	1.025	1.025	1.025	1.025	0.951	1.025	1.025	1.025	1.025	1.025	1.025	1.025	1.025	1.025	1.025
2011	0.868	0.960	0.960	0.925	0.960	0.960	0.960	0.960	0.869	0.908	0.822	0.960	0.839	0.960	0.960	0.960	0.960	0.960	0.943	0.960	0.939	0.960	0.960	0.870	0.960	0.960	0.959	0.960	0.960
2010	0.875	0.975	0.975	0.975	0.975	0.975	0.975	0.975	0.975	0.975	0.797	0.975	0.917	0.975	0.975	0.975	0.975	0.975	0.887	0.975	0.975	0.975	0.975	0.927	0.975	0.975	0.975	0.975	0.975
2009	1.066	1.074	1.074	1.074	1.074	1.074	1.074	1.074	1.074	1.074	1.058	1.074	1.066	1.074	1.074	1.074	1.074	1.074	1.058	1.074	1.074	1.074	1.074	1.074	1.074	1.074	1.074	1.074	1.074
2008	0.899	0.910	0.910	0.910	0.910	0.910	0.910	0.910	0.910	0.910	0.888	0.910	0.888	0.910	0.910	0.910	0.910	0.910	0.888	0.910	0.910	0.910	0.910	0.910	0.910	0.910	0.910	0.910	0.910
2007	1.135	1.075	1.075	1.075	1.075	1.075	1.075	1.075	1.075	1.135	1.199	1.075	1.199	1.075	1.075	1.075	1.075	1.075	1.199	1.075	1.075	1.075	1.075	1.147	1.075	1.138	1.135	1.075	1.075
2006	1.247	1.204	1.205	1.204	1.204	1.230	1.204	1.204	1.204	1.202	1.112	1.214	1.125	1.222	1.222	1.224	1.213	1.204	1.005	1.221	1.204	1.215	1.217	1.216	1.227	1.208	1.212	1.204	1.204
2005	1.164	1.075	1.119	1.081	1.032	1.134	1.032	1.032	1.044	1.023	0.969	1.144	0.972	1.121	1.150	1.086	1.110	1.096	0.973	1.143	1.032	1.040	1.153	1.097	1.124	1.057	1.032	1.032	1.080
2004	0.972	1.162	1.067	1.010	1.161	0.970	1.184	1.143	1.191	0.948	1.001	1.036	0.989	0.994	1.014	0.933	1.075	1.078	1.054	0.967	1.188	0.997	1.028	0.949	0.945	0.927	1.023	1.188	1.147
2003	1.038	1.207	1.101	0.929	1.125	0.998	1.180	1.150	1.227	0.896	0.873	1.041	0.873	0.842	1.074	1.028	1.056	1.102	0.881	0.920	1.233	0.845	1.082	0.963	0.940	0.941	0.827	1.172	1.157
2002	0.906	0.910	0.910	1.049	0.958	1.018	0.910	0.910	0.910	1.043	1.050	0.988	1.066	1.031	0.951	0.968	0.977	0.908	1.022	1.046	0.910	1.040	0.929	1.043	1.047	1.038	1.034	0.910	0.910
2001	1.208	1.208	1.208	0.984	1.081	1.091	1.183	1.208	1.208	0.973	0.983	1.055	1.033	0.937	1.127	1.110	1.079	1.178	1.121	0.955	1.208	0.959	1.152	1.007	0.937	1.051	0.937	1.184	1.135
2000	1.209	1.225	1.225	0.978	0.983	0.999	1.088	1.206	1.225	0.978	0.978	0.973	0.962	0.978	1.044	1.007	0.988	1.069	1.070	0.978	1.225	0.978	1.053	0.978	0.978	0.981	0.978	1.098	0.997
1999	1.265	1.289	1.289	0.833	0.903	1.097	0.994	1.252	1.289	0.860	0.860	0.878	0.994	0.834	1.164	1.152	1.023	1.142	1.178	0.876	1.289	0.866	1.161	0.863	0.834	0.871	0.825	1.101	0.982
1998	1.510	1.576	1.483	0.616	0.700	0.997	0.732	1.450	1.496	0.864	0.701	0.823	0.828	0.710	1.157	1.149	0.929	1.140	1.198	0.733	1.576	0.729	1.159	0.786	0.660	0.754	0.669	0.861	0.889

注：基于数据可得性，本表数据不包括西藏、新疆和港澳台。

附表 3 中国各省份高技术产业 1998—2016 年 Malmquist 生产率指数分解——技术效率

	北京	天津	河北	山西	内蒙古	辽宁	吉林	黑龙江	上海	江苏	浙江	安徽	福建	江西	山东	河南	湖北	湖南	广东	广西	海南	重庆	四川	贵州	云南	陕西	甘肃	青海	宁夏
2016	1.000	1.000	0.965	0.984	0.910	0.863	1.052	0.875	0.980	1.065	0.996	1.018	1.024	1.011	0.987	1.022	1.100	1.076	1.000	1.104	0.991	1.086	1.196	0.988	1.151	1.075	0.980	1.062	1.236
2015	1.000	1.019	1.006	1.049	0.815	0.784	1.025	0.995	1.062	1.021	1.044	1.057	1.012	1.003	1.034	1.052	1.031	1.024	1.000	1.088	1.105	0.951	0.838	1.052	0.932	1.102	1.056	1.376	1.805
2014	1.000	0.981	1.169	1.151	1.144	1.095	1.231	1.170	0.949	1.048	0.994	1.204	0.984	1.088	1.153	1.197	1.182	1.170	1.000	1.222	1.358	1.233	1.131	1.039	1.017	1.199	1.304	1.013	1.130
2013	1.000	1.068	0.845	1.055	1.005	0.855	1.052	0.931	0.881	0.946	0.867	0.933	0.943	0.947	0.920	0.942	0.910	0.926	1.000	1.057	0.607	0.946	1.088	0.960	0.896	0.890	0.969	1.030	0.876
2012	0.998	1.104	1.278	1.869	0.926	1.129	1.054	1.116	1.000	1.181	0.961	1.191	0.962	1.311	1.088	1.220	1.116	1.160	1.000	1.445	1.423	1.108	1.094	1.470	1.058	1.253	1.324	1.568	0.764
2011	1.000	1.247	1.175	1.372	1.278	1.287	1.183	1.236	1.028	1.227	1.119	1.634	1.220	1.351	1.234	1.099	1.228	1.230	1.000	1.597	1.107	1.735	1.178	1.230	1.341	1.152	1.374	1.190	1.441
2010	1.000	0.900	1.002	0.906	0.754	1.167	1.350	0.913	1.020	0.976	1.315	1.048	1.084	0.985	0.978	0.956	1.043	1.089	1.163	1.030	1.114	1.283	1.071	1.043	1.008	1.156	1.022	1.229	0.946
2009	1.001	0.983	1.255	1.266	1.326	1.154	1.076	1.372	1.046	1.149	0.911	1.256	1.020	1.317	1.174	1.261	1.198	1.189	1.006	1.127	1.146	1.066	1.263	1.319	1.248	1.088	1.152	1.250	1.301
2008	1.000	1.014	1.176	1.164	1.073	1.176	1.197	1.120	1.115	0.993	0.881	1.130	1.020	1.143	1.235	1.229	1.130	1.140	1.085	1.181	1.049	1.283	1.203	1.174	1.348	1.176	1.256	1.069	1.192
2007	1.000	0.805	1.075	0.874	1.236	1.096	1.114	1.151	0.988	0.839	0.786	0.982	0.679	1.183	1.066	1.096	1.004	1.101	0.808	1.079	0.931	1.092	1.092	1.069	1.039	1.054	1.005	1.349	0.995
2006	0.999	0.942	0.930	0.880	1.023	0.904	1.074	0.738	0.876	0.700	0.979	0.964	0.816	0.965	0.978	0.931	1.004	0.956	0.975	0.876	0.830	0.770	1.008	0.819	1.011	0.826	0.810	1.007	1.361
2005	1.000	1.201	1.010	1.128	1.107	0.764	1.383	1.731	0.946	0.902	1.027	0.945	0.974	0.812	0.973	0.930	1.138	1.043	1.000	0.946	1.061	0.840	0.995	1.094	0.900	0.915	0.973	1.091	1.601
2004	1.000	1.091	0.812	0.893	0.940	0.996	0.872	0.555	1.000	1.096	0.965	1.071	1.005	0.829	1.051	1.140	0.905	0.936	1.048	1.014	0.982	0.883	0.933	1.132	1.092	1.163	0.911	0.950	0.743
2003	1.000	0.827	0.961	0.791	1.038	0.998	0.932	0.786	1.195	0.859	1.197	0.964	0.995	0.579	0.946	1.018	1.000	1.032	1.266	0.749	0.782	1.023	0.992	0.881	0.664	0.916	0.875	0.718	0.743
2002	1.000	1.309	1.323	0.701	1.398	1.028	1.391	1.570	1.195	0.892	0.811	0.780	1.071	0.773	0.957	1.100	0.777	1.390	1.064	0.642	1.273	0.836	1.037	1.056	0.586	0.879	0.811	1.600	1.587
2001	1.002	0.997	1.003	0.776	0.888	0.976	0.763	1.023	0.939	1.000	0.860	0.655	0.938	1.086	1.054	0.781	0.914	0.756	1.007	0.992	0.909	1.162	0.838	0.719	0.996	0.928	1.206	0.835	0.615
2000	1.000	0.973	0.837	0.982	1.137	1.169	0.875	0.961	0.963	1.010	0.969	1.060	0.996	1.037	0.960	1.038	0.929	0.812	0.943	0.923	0.873	1.069	0.983	1.042	0.965	0.903	0.926	1.035	0.953
1999	1.000	1.007	0.977	0.889	0.973	1.080	0.634	0.897	0.889	1.210	0.796	1.338	1.000	1.199	0.953	0.927	1.012	0.954	0.869	0.997	0.733	0.972	0.849	1.030	0.997	0.797	1.337	0.949	1.044
1998	1.149	0.863	0.867	1.291	1.575	1.226	1.680	1.036	0.993	1.355	1.534	1.279	1.000	1.447	0.792	1.111	1.282	1.152	0.858	1.003	1.010	1.283	0.826	1.331	1.622	1.432	1.035	1.015	1.311

注：基于数据可得性，本表数据不包括西藏、新疆和港澳台。

附表 4 中国各省份高技术产业 1998—2016 年 Malmquist 生产率指数分解——纯技术效率

	北京	天津	河北	山西	内蒙古	辽宁	吉林	黑龙江	上海	江苏	浙江	安徽	福建	江西	山东	河南	湖北	湖南	广东	广西	海南	重庆	四川	贵州	云南	陕西	甘肃	青海	宁夏
2016	1.000	1.000	0.962	0.965	0.901	0.862	1.047	0.880	1.000	1.000	1.013	1.013	1.025	1.009	1.000	1.031	1.098	1.071	1.000	1.097	1.233	1.088	1.200	0.951	1.075	1.068	0.963	1.000	1.000
2015	1.000	1.017	0.998	1.049	0.779	0.786	1.019	0.973	1.000	1.000	1.061	1.055	1.011	1.001	1.000	1.039	1.030	1.023	1.000	1.077	1.080	0.952	0.829	1.046	0.956	1.096	0.955	0.999	1.000
2014	1.000	0.983	1.167	1.120	1.152	1.096	1.228	1.172	1.000	1.000	0.987	1.197	0.984	1.086	1.000	1.204	1.179	1.169	1.000	1.216	1.025	1.229	1.063	1.011	0.988	1.181	1.291	1.000	1.000
2013	1.000	1.068	0.847	1.038	0.998	0.857	1.051	0.932	1.000	1.000	0.890	0.933	0.944	0.947	1.000	0.948	0.909	0.924	1.000	1.052	0.820	0.944	1.154	0.967	0.924	0.902	0.964	0.998	1.236
2012	0.998	1.100	1.265	1.684	0.920	1.125	1.042	1.092	1.000	1.000	0.960	1.174	0.952	1.299	1.110	1.211	1.108	1.151	1.000	1.398	1.091	1.091	1.113	1.347	0.994	1.240	1.156	1.000	0.815
2011	1.000	1.242	1.156	1.331	1.182	1.280	1.148	1.188	1.000	1.000	1.123	1.577	1.219	1.325	1.304	1.078	1.215	1.200	1.000	1.511	0.932	1.643	1.169	1.020	1.228	1.135	1.061	1.000	1.159
2010	1.000	0.898	0.988	0.893	0.758	1.159	1.316	0.920	1.000	1.000	1.318	1.016	1.087	0.974	0.962	0.946	1.035	1.065	1.000	0.967	1.020	1.226	1.064	1.142	0.975	1.140	0.896	1.001	0.922
2009	1.001	0.982	1.221	1.197	1.244	1.143	1.045	1.318	1.000	1.052	0.911	1.207	1.006	1.285	1.182	1.238	1.180	1.162	1.000	1.070	1.082	1.032	1.252	1.232	1.174	1.078	1.090	1.000	1.063
2008	1.000	1.014	1.136	1.098	1.022	1.163	1.109	1.081	1.000	1.002	0.880	1.074	1.007	1.096	1.268	1.194	1.091	1.057	1.000	1.050	0.950	1.180	1.185	1.033	0.981	1.159	0.894	1.001	0.983
2007	1.000	0.810	1.071	0.809	1.234	1.088	1.091	1.141	1.000	1.027	0.786	0.962	0.684	1.160	1.063	1.079	1.009	1.085	1.000	1.005	1.023	1.057	1.082	0.935	1.019	0.941	0.876	1.000	0.890
2006	0.999	0.946	0.926	0.795	0.985	0.858	1.043	0.789	1.000	0.978	0.969	0.876	0.818	0.826	0.977	0.814	0.988	0.942	1.000	0.714	0.843	0.631	0.999	0.888	0.880	0.845	0.864	1.000	1.182
2005	1.000	1.182	0.968	0.876	1.067	0.794	1.361	1.469	1.000	0.987	1.040	0.905	1.000	0.816	0.966	0.975	1.062	0.980	1.000	0.886	1.110	0.708	0.967	1.158	0.804	0.975	0.782	1.000	1.125
2004	1.000	1.091	0.874	0.690	0.909	1.022	0.882	0.663	1.000	1.064	0.969	1.159	1.000	0.754	1.048	1.084	0.977	1.016	1.000	0.935	0.917	0.954	0.967	1.064	1.073	1.107	1.151	1.001	1.140
2003	1.000	0.838	1.001	1.241	1.177	1.011	1.034	0.823	1.017	0.898	1.200	1.007	1.000	0.706	0.950	1.148	1.020	1.095	1.000	1.020	1.126	1.291	1.015	1.178	1.059	1.020	1.399	1.000	1.260
2002	1.000	1.297	1.261	0.707	0.922	1.001	1.257	1.486	1.321	1.000	0.790	0.734	1.036	0.767	0.938	1.032	0.761	1.242	1.000	0.648	0.920	0.870	1.008	0.946	0.601	0.853	0.894	1.000	0.956
2001	1.002	1.000	1.018	0.870	1.021	1.010	0.845	1.047	0.973	1.000	0.865	0.756	0.965	1.128	1.070	0.861	0.956	0.846	1.000	1.105	1.104	1.226	0.865	0.812	1.043	0.976	1.212	1.000	0.836
2000	1.000	0.969	0.836	0.909	0.922	1.175	0.871	0.960	0.927	1.000	0.989	0.991	1.000	1.071	0.964	1.046	0.924	0.817	1.000	0.954	0.839	1.067	0.991	1.035	0.959	0.897	0.851	1.002	0.747
1999	1.000	1.011	1.006	0.997	1.061	1.081	0.655	0.922	0.836	1.000	0.797	1.392	1.000	1.244	0.956	0.948	1.031	0.978	1.000	1.086	0.994	1.061	0.856	1.101	1.096	0.816	1.455	1.000	1.310
1998	1.136	0.857	0.874	1.412	1.715	1.229	1.705	1.044	1.116	1.000	1.163	1.341	1.000	1.469	0.792	1.104	1.279	1.154	1.000	1.078	1.000	1.334	0.823	1.383	1.741	1.437	1.273	1.000	1.360

注：基于数据可得性，本表数据不包括西藏、新疆和港澳台。

附表5 中国各省份高技术产业1998—2016年Malmquist生产率指数分解——规模效率

	北京	天津	河北	山西	内蒙古	辽宁	吉林	黑龙江	上海	江苏	浙江	安徽	福建	江西	山东	河南	湖北	湖南	广东	广西	海南	重庆	四川	贵州	云南	陕西	甘肃	青海	宁夏
2016	1.000	1.000	1.004	1.020	1.009	1.001	1.005	0.994	0.980	1.065	0.983	1.004	0.999	1.003	0.987	0.991	1.002	1.004	1.000	1.006	0.803	0.998	0.996	1.039	1.071	1.006	1.018	1.062	1.236
2015	1.000	1.002	1.007	1.000	1.047	0.998	1.005	1.022	1.062	1.021	0.984	1.002	1.000	1.002	1.034	1.012	1.001	1.001	1.000	1.010	1.023	0.999	1.011	1.005	0.975	1.006	1.106	1.376	1.805
2014	1.000	0.998	1.001	1.028	0.993	1.000	1.002	0.998	0.949	1.048	1.007	1.006	1.000	1.002	1.153	0.994	1.003	1.001	1.000	1.005	1.324	1.003	1.064	1.027	1.029	1.015	1.010	1.013	1.130
2013	1.000	1.000	0.998	1.017	1.007	0.998	1.001	0.999	0.881	0.946	0.974	1.001	0.999	1.000	0.920	0.994	1.000	1.002	1.000	1.005	0.741	1.003	0.943	0.993	0.969	0.987	1.005	1.030	0.709
2012	1.002	1.003	1.011	1.110	1.006	1.004	1.012	1.022	1.000	1.181	1.001	1.014	1.011	1.009	0.980	1.007	1.007	1.008	1.000	1.033	1.304	1.015	0.983	1.091	1.064	1.010	1.145	1.568	0.938
2011	1.000	1.004	1.016	1.030	1.081	1.006	1.030	1.040	1.028	1.227	0.997	1.036	1.000	1.020	0.946	1.020	1.011	1.025	1.000	1.057	1.188	1.056	1.008	1.206	1.092	1.015	1.295	1.190	1.244
2010	1.000	1.002	1.015	1.015	0.995	1.007	1.026	0.992	1.020	0.976	0.997	1.032	0.998	1.011	1.017	1.011	1.008	1.022	1.163	1.065	1.093	1.047	1.006	0.913	1.034	1.014	1.141	1.229	1.026
2009	0.999	1.001	1.027	1.058	1.066	1.010	1.030	1.041	1.046	1.092	1.000	1.041	1.014	1.024	0.993	1.019	1.015	1.024	1.006	1.053	1.060	1.033	1.009	1.070	1.063	1.009	1.057	1.250	1.224
2008	1.000	1.000	1.035	1.061	1.050	1.011	1.079	1.036	1.115	0.991	1.001	1.052	1.013	1.043	0.974	1.030	1.035	1.079	1.085	1.125	1.104	1.088	1.015	1.137	1.373	1.015	1.405	1.069	1.213
2007	1.000	0.994	1.004	1.080	1.001	1.008	1.021	1.009	0.988	0.817	1.000	1.021	0.993	1.020	1.003	1.015	0.995	1.015	0.808	1.074	0.910	1.033	1.009	1.144	1.020	1.120	1.146	1.349	1.118
2006	1.001	0.996	1.004	1.107	1.039	1.054	1.030	0.935	0.876	0.715	1.011	1.100	0.997	1.169	1.001	1.144	1.016	1.016	0.975	1.226	0.984	1.221	1.009	0.922	1.149	0.977	0.937	1.007	1.151
2005	1.000	1.016	1.044	1.287	1.038	0.963	1.016	1.178	0.946	0.914	0.987	1.044	0.974	0.994	1.007	0.954	1.071	1.064	1.000	1.068	0.956	1.186	1.029	0.945	1.119	0.939	1.243	1.091	1.423
2004	1.000	1.000	0.929	1.294	1.035	0.974	0.988	0.838	1.000	1.030	0.996	0.925	1.005	1.100	1.003	1.052	0.927	0.922	1.048	1.085	1.071	0.925	0.965	1.064	1.018	1.051	0.791	0.950	0.652
2003	1.000	0.987	0.960	0.638	0.882	0.987	0.902	0.955	1.175	0.956	0.997	0.957	0.995	0.819	0.996	0.887	0.980	0.942	1.266	0.734	0.695	0.793	0.978	0.748	0.627	0.898	0.625	0.718	0.590
2002	1.000	1.009	1.049	0.992	1.516	1.026	1.107	1.057	0.905	0.892	1.026	1.062	1.034	1.009	1.021	1.066	1.021	1.119	1.064	0.991	1.384	0.960	1.029	1.117	0.976	1.030	0.907	1.600	1.660
2001	0.998	0.998	0.986	0.891	0.870	0.966	0.903	0.978	0.965	1.000	0.995	0.866	0.971	0.962	0.985	0.907	0.956	0.894	1.007	0.898	0.823	0.948	0.968	0.885	0.955	0.951	0.995	0.835	0.736
2000	1.000	1.004	1.001	1.080	1.233	0.995	1.005	1.001	1.038	1.010	0.979	1.069	0.996	0.968	0.995	0.993	1.005	0.993	0.943	0.967	1.040	1.002	0.992	1.006	1.006	1.008	1.088	1.035	1.276
1999	1.000	0.996	0.972	0.891	0.916	0.999	0.968	0.972	1.064	1.210	0.999	0.961	1.000	0.964	0.996	0.978	0.981	0.976	0.869	0.918	0.737	0.916	0.991	0.935	0.910	0.976	0.919	0.949	0.797
1998	1.012	1.007	0.991	0.915	0.918	0.997	0.985	0.993	0.889	1.355	1.319	0.953	1.000	0.985	0.999	1.006	1.002	0.998	0.858	0.930	1.010	0.961	1.004	0.962	0.932	0.996	0.813	1.015	0.964

注：基于数据可得性，本表数据不包括西藏、新疆和港澳台。

后 记

本书是在我的博士论文基础上进一步丰富后的成果。我本科和硕士研究生学习的均为人力资源专业，之后又从事了较长时间的人力资源实际工作，继续博士学习并转到经济学领域后就希望能够将原来的人力资源背景和经济学研究结合起来，几经调整，最后选择了科技人才流动与全要素生产率作为博士论文选题，致力于探讨人才要素的区际流动与中国经济增长的问题。

本书得以出版最想感谢的是我的导师蒋伏心教授。是蒋老师领我步入经济学研究的殿堂，使我觉得所做的研究不是纸上谈兵，是具有重要的研究价值与社会意义的事情，增加了自己对专业的热爱和个人价值感。蒋老师经常对学生们说的话是："这是不是一个真问题？"问题意识是蒋老师对学生们进行学术研究的首要要求，要求学生应当通过对经济现象的分析发现问题、发现真问题、发现好问题，遵循思想深邃性与逻辑严谨性的统一。蒋老师渊博的知识、扎实的功底、对前沿问题的敏锐以及爱生如子、宽厚为人都是我一直所敬仰和学习的。无论是三年博士求学期间，还是毕业之后的工作阶段，老师的治学之道、处世之道都对我有重要影响。

同时，感谢我的父母、先生和家人，是他们的爱与支持使得本书最终得以出版。

衷心感谢南京邮电大学人口研究院、高质量发展评价研究院领导和同事们的支持与帮助，感谢南京邮电大学高质量发展评价研究院给予的出版资金资助。

感谢中国社会出版社杨春岩编辑为本书顺利出版所做的细致而辛苦的工作。

陈燕儿

2021 年 9 月